本专著由国家社科基金项目（23BGL148）
"信息生态视阈下社交媒体数据要素流通与隐私保护的协同机制研究

信息生态视阈下

社交媒体数据要素流通 与隐私保护的协同机制

赵江　吴丹／著

中国财经出版传媒集团

经济科学出版社
Economic Science Press
·北京·

图书在版编目（CIP）数据

信息生态视阈下社交媒体数据要素流通与隐私保护的协同机制／赵江，吴丹著 . -- 北京：经济科学出版社，2025.7. -- ISBN 978 - 7 - 5218 - 6770 - 1

Ⅰ. G206. 2

中国国家版本馆 CIP 数据核字第 2025XX1257 号

责任编辑：周胜婷
责任校对：杨　海
责任印制：张佳裕

信息生态视阈下社交媒体数据要素流通与隐私保护的协同机制

赵江　吴丹　著

经济科学出版社出版、发行　新华书店经销

社址：北京市海淀区阜成路甲 28 号　邮编：100142

总编部电话：010 - 88191217　发行部电话：010 - 88191522

网址：www. esp. com. cn

电子邮箱：esp@ esp. com. cn

天猫网店：经济科学出版社旗舰店

网址：http://jjkxcbs. tmall. com

北京季蜂印刷有限公司印装

710×1000　16 开　27.75 印张　470000 字

2025 年 7 月第 1 版　2025 年 7 月第 1 次印刷

ISBN 978 - 7 - 5218 - 6770 - 1　定价：120.00 元

P序 reface

　　随着信息时代的到来，社交媒体已经成为人们日常生活中不可或缺的一部分。社交媒体的兴起可以追溯到互联网的普及，特别是 Web 2.0 时代的网络互动给社交媒体发展带来新的革命。Web 2.0 概念强调了用户生成内容（UGC）和互动性的重要性，为社交媒体发展奠定了理论基础。从 Friendster、MySpace 到脸书（Facebook）、X 平台、Instagram 等平台，再到抖音、快手、微信短视频、小红书等，社交媒体已经演变成社交和媒介宣传的重要载体，成为信息传播、社交互动、商业营销等多个领域的重要工具。人们通过社交媒体平台分享生活的点滴，交流思想和观点，获取信息资讯，扩大社交圈子。与此同时，社交媒体平台也成为数据收集、分析、传播的重要渠道。用户的社交信息通过网络节点迅速传播，形成了庞大的数据网络。然而，随着社交媒体的普及和数据化程度的提升，个人隐私面临着前所未有的挑战。用户在社交媒体上的行为和信息轨迹被广泛收集和分析，个人隐私不断受到侵犯。这种情况不仅引发了用户对隐私保护的担忧，也引发了社会各界对数据安全和个人权益的关注。用户在享受社交媒体平台带来的便利的同时，也面临着个人隐私数据泄露的巨大风险。

　　随着社交媒体的迅速发展和普及，如何在保障个人隐私的前提下实现数据要素的有效流通显得尤为重要。数据要素不仅包括用户的个人信息、社交关系、行为习惯等，还包括用户在社交媒体平台上产生的各类信息、观点、评论等。这些数据要素一旦泄露或被滥用，可能对用户的个人隐私、信息安全等造成严重影响。因此，研究如何建立协同机制来保护社交媒体数据要素的流通和用户隐私，成为当前亟待解决的热点问题。在这一背景下，《信息生态视阈下社交媒体数据要素流通与隐私保护的协同机制》一书的问世为读者提供了一扇了解信息时代隐私保护与数据流通之间复杂关系的窗口。该书不仅是一部关于社交媒体数据流通与隐私保护的研究，更是一部深入探究信息生态理论与实践的佳作。在全球信息生态逐渐融合的今天，人工智能技术的飞速发展使得数据的产生、传播和利用呈现出前所未有的规模和速度。面对外部环境的重大变化，如何在保障个人隐私前提下实现数据的有效流通，充分保障用户的隐私权和信息安全已成为企业发展的一项重要任务。

为了解决社交媒体数据流通与隐私保护之间的矛盾，该书提出了一系列协同机制，包括技术手段、法律法规、行业自律和用户教育等方面的措施。例如，技术手段可以通过加密、权限控制、匿名化等方式保护用户数据的安全；法律法规可以制定相关法律规定，明确社交媒体平台的责任和用户的权利；行业自律可以促使社交媒体企业建立健全的数据管理机制，保障用户隐私；而用户教育则可以提高用户对隐私保护的意识，加强个人信息安全意识和自我保护能力。这些协同机制并非一蹴而就，而是需要多方共同努力和持续改进。只有社会各界共同合作，形成合力，才能有效解决社交媒体数据流通与隐私保护之间的矛盾，建设起一个更加安全、公正和高效的信息生态。

该书深刻揭示了社交媒体数据流通与隐私保护之间错综复杂的关系，并提出了一系列协同机制和路径，以平衡这两者之间的利益冲突。一是平台建立健全数据安全管理机制，制定严格的隐私保护政策和规定，明确用户数据的收集、使用、分享范围和目的。二是建立健全数据使用权限控制机制，明确用户对数据的控制权，避免未经授权的数据流转，提高数据使用的规范性。三是强化数据使用透明度和可追溯性，明确数据流通的具体路径和流程，确保数据不被滥用。四是构建有效的互信和合作机制。推动社交媒体平台、数据使用者和用户之间在数据流通和隐私保护方面的共识与合作。这一协同机制的提出不仅可以解决当前社交媒体环境下面临的隐私信息保护困境，更为未来信息生态体系的良性发展奠定了基础。该书的研究成果不仅对学术界具有重要意义，更对政策制定者、企业决策者、社交媒体用户以及法律实务工作者提供了实用的建议和方向，促进了参与者之间合作共赢的理想局面，有效平衡了个人隐私保护与数据流通之间的利益冲突，为构建一个更加安全、公正和高效的信息生态提供了理论依据。这需要学术界深入研究社交媒体的前沿技术，包括生成式人工智能技术（如 ChatGPT）、法律支持、数字伦理等方面的基础问题，深入分析数据流通的关键要素；完善"政府－媒体平台－企业－用户"等多维度体系，明确各方的责任。具体来说就是：政府加强对社交媒体信息传播的隐私监管和立法；企业提升自律意识和责任担当；媒体平台优化平台算法，避免算法陷阱；用户提高隐私保护意识和行为规范。只有通过多方的协同，才能实现社交媒体数据流通与隐私保护的良性循环，为信息社会的发展贡献力量。希望该书能够引起社会各界的广泛关注和深入讨论，推动社交媒体数据流通与隐私保护工作的深入开展，促进信息社会的健康发展。

复旦大学　刘杰

2024 年 12 月

P前言
reface

　　在当前全球信息生态不断融合的背景下，社交媒体已经成为数据要素流通的关键平台。社交媒体平台的特性使得其不仅成为信息传播和交流的主要渠道，同时也成为隐私保护问题的焦点。本书通过洞见和系统的归纳总结，从信息生态的角度出发，通过系统性的理论构建和实证研究，深入揭示了在社交媒体环境下数据流通与隐私保护之间的复杂关系，并提出了一系列的协同机制，旨在平衡这两者的利益冲突，通过综合性的研究视角构建一个更加和谐的信息生态系统，从而为信息传播和隐私保护实践提供理论基础。本书所提出的协同机制并非仅限于理论层面的探讨，而是紧密结合了社会的实践需求和具体的政策环境。在社交媒体平台和数据使用者之间建立起的数据使用权限控制机制，以及对数据使用透明度和可追溯性的要求，都为实现数据流通和隐私保护的协同奠定了坚实的基础。同时，通过强调"政府－平台－企业－用户"各方利益相关者之间的信任和合作氛围的建立，促进各方共同参与隐私保护和信息安全维护，为实现社交媒体环境中的数据要素流通和隐私保护目标提供了重要路径。

　　从框架体系看，本书内容涉及的研究范围广泛且深入，从信息生态理论的阐释入手，逐步展开对社交媒体数据流通的特点分析，再引入具体案例，深入探讨隐私权的概念与实践问题。接着，本书设计了翔实的研究方法，以理论模型和数据实证相结合的形式，细致探究社交媒体中的隐私政策、用户行为与法律法规的相互作用。最后，基于对社交媒体流通的边界、内涵与隐私保护范畴进行充分的理论与实践分析，提出协同机制的实施策略和有效的政策建议。

从思想逻辑看，本书的核心思想是认识到个人数据在社交媒体中的自由流通与用户隐私权利紧密相连，并且两者在信息传播过程中往往难以分割。书中指出，在当下的信息社会中，强化隐私保护与保障数据流通的活力是构建健康信息生态的关键。为此，本书提出了有效的协同机制，旨在探究如何在社交媒体平台上实现数据的有效流通与隐私保护的最优平衡点，寻求整个生态信息系统的帕累托最优，以期达到信息利用的最大效率与个体隐私权的最佳保障。

本书的价值不仅在于对现有社交媒体理论、隐私经济学理论的继承与创新，更在于它为相关利益方如政策制定者、企业决策者、社交媒体用户以及法律实务工作者提供了实用的建议和方向。笔者希望通过这些深入的研究，可以鼓励更多的学者和实践工作者关注信息生态学的重要性，并为建设一个更加安全、公平且效率高的社交媒体环境作出贡献。

全书分为十三章。第一章介绍了研究的背景和动机，指出了强化隐私保护与保障数据流通的活力对构建健康信息生态的关键作用；并指出如何在社交媒体平台上实现数据的有效流通与隐私保护的最优平衡点，这对于实现信息利用的最大效率与个体隐私权的最佳保障至关重要。第二章介绍了数据要素流通的概念和内涵，明确了数据要素在社交媒体环境中的特点和意义；并探讨了数据开放过程中的隐私保护技术和实践困境，分析了社交媒体数据要素流通的维度和指标，为后续研究提供了理论与实践相结合的视角。第三章从不同角度解析了数据要素流通的内涵和影响因素；通过对数据要素流通概念及特征的分析，揭示了社交媒体数据要素流通的多维度特点。第四章阐述了社交媒体数据要素流通的框架，结合定量研究方法，探讨了用户行为与社交媒体数据要素流通之间的关系，并基于品牌认同视角展开了实证研究。第五章探讨了数据流通对用户隐私保护策略的建立与评估模型，分析了用户个体隐私决策的动因和行为，并针对隐私保护策略的指导原则进行了阐释，为建立更加有效的隐私保护策略提供了指导。第六章分析了隐私暴露的影响范畴与程度评估，通过调查用户行为特征，对风险识别进行了分析，对隐私保护策略的制定与实施效果进行了评估，为隐私保护提供了有效的管理策略。第七章分析了信息风险与隐私披露行为的关联性，并对隐私信息披露风险进行了评估与预警策略研究，为隐私保护提供了有效的管理路径。第八章对隐私风险管理策略进行了深入研究，建立了隐私保护效果评估指标，并对隐私政策与标准的实践效果进行了分析，为隐私保护提供了有效的管理路径。第九章构建了数据要素流通与隐私保护的博弈模型，并提出了隐私保护框架设计与动态均衡机制模型；研究了隐私泄露防范与动态补救措施策略的实施，为隐私保护提供了更加全面的保障。第十章构建了风险控制优化模型，根据隐私信息保险对决策影响的定性与定量分析进行深入探讨。第十一章探讨了社交媒体用户隐私感知风险对数据要素流通程度的影响，通过多维度下的隐私风险评估及综合权重计算，深入探讨了用户隐私感知风险对数据要素流通的影响机制。第十二章深入分析了社交媒体数据要素流通过程中可能存在的隐私风险，构建了社交媒体数据要素流通的监管控制路径，对社交媒体隐私保护信息生态路径进行规划，明确了不同主体的责任和角色；并针对监管控制路径提出相应的建议和措施，为社交媒体隐私保护提供了全面的管理支持。第十三章总结了本研究的主要结论和创新点，并对未来社交媒体数据要素流通的发展趋势进行了展望，为相关领域的研究和实践提出了建议。

随着人工智能、大数据分析等技术的不断成熟和普及，社交媒体平台对用户数据的收集、分析和利用已经变得更加高效和精确。这种技术进步既为社交媒体的数据流通提供了便利，也对用户隐私带来了新的挑战。在这一背景下，一方面，社交媒体平台和相关利益方需要进一步加强技术创新并构建完善的隐私保护机制，从而应对新形势下的隐私安全风险。例如，可以通过严格的数据加密和匿名化技术，确保用户个人数据在传输和存储过程中的安全性。同时，加强数据使用的限制和访问权限控制，防止数据滥用和不当用途。另一方面，协同的关键在于社交媒体用户需要增强自我保护意识，合理设置隐私属性，控制个人信息的发布范围和可见性。此外，加强对数据使用者的监督和约束，建立有效的投诉和举报机制，对违规行为及时进行处罚和纠正，也是保护用户隐私的重要手段。

总之，本书旨在寻求数据流通与隐私保护之间的协同平衡点，以推动形成一个既能保护个人信息安全，又能充分发挥数据价值的社交媒体环境，实现"1+1＞2"的效果，提升信息传播的价值。本书对未来社交媒体发展的展望、在信息流通与隐私保护间取得平衡的策略构建，以及提供的协同机制方案，都将为迎接数字化时代数据流通带来的一系列挑战提供理论指导和实践参考。

赵江　吴丹

2025 年 6 月

目 录
Contents

第一章 绪 论

第一节 研究背景和动机

一、研究背景

社交媒体是基于移动通信和网络技术创建的高度交互性平台，倡导用户自主进行内容的生产、协作和分享（Jan et al.，2011）。华经情报网数据显示，全球社交网络用户规模已经从 2017 年的 29.37 亿人稳步增长到 2022 年的 38.11 亿人，以脸书（Facebook）与微信为代表的全球移动社交活跃用户约占总社交媒体用户数的 92%。用户在使用移动社交媒体搜集、发布和分享个人信息之际，意味着对数据内容的开放形式和展现方式作出决策（张学波等，2018）：一方面，通过朋友圈更新、文件和地理位置共享等服务将相同兴趣爱好或经历的用户相关联；另一方面，通过云计算服务将用户的许多重要隐私数据呈现在云端。数据要素流通使得用户的基本信息、兴趣爱好等隐私暴露在社交网络。然而，共享信息的各方多为社交关系网的个人，人们通过信息获取、发布和交互行为维持、加强或重构已有的社会关系（陈明红等，2017）。即便用户进行身份的隐匿，由于开放共享的数据具有对比提取和精细信息关联性的黏合功能，若干"模糊性"信息的综合亦可能指向隐私主体（冯登国等，2014）。一方面，数据开放流通帮助社交媒体企业根据用户在线浏览习惯和社交网络购买行为识别用户偏好，并投放定向广告（Bilro & Dias，2022）；另一方面，社交媒体中的信息和数据流潜藏各种广告信息、冗余信息甚至虚假信息，加之隐私泄露等安全隐患，大大降低了用户持续信息共享的意愿（蒋玉石等，2015）。移动社交媒体隐私悖论现象产生的三种路径包括利益和成本权衡、单一动机驱动、收益 - 需求驱动，并且研究发现感知收益和感知成本等原因变量和隐私披露这一结果变量之间存在着非对称的因果关系（张晓娟，2020）。对同一个数据集下的数据，企业进行匿名隐私保护的同时，也可进行数据共享，这都可能遭受数据攻击（Ameen & Begum，2022）。隐私的载体是个人或团体，结合社交媒体数据的生命周期，可知在信息生态下隐私保护系统的主要参与者包括数据生成者、数据收集者、数据用户和数据攻击者。

从管理角度看，如果隐私策略设置不当，将可能造成用户的隐私信息泄露，特别是对敏感数据的滥用、泄露、过度分析会严重侵害用户利益。从实践角度，根据 2018 年 4 月 17 日英国《观察家报》和《卫报》以及美国《纽约时报》报道，2018 年，数据分析公司 Cambridge Analytica 获得了脸书公司 5000 万用户数据并违规滥用，引发公众对移动社交媒体个人隐私安全的担忧。《中国网民权益保护调查报告（2017）》显示：79% 的受访者认为个人隐私不安全，但用户愿意接受自我披露带来的隐私风险以换取潜在收益。2022 年，第二届中国网络与数据安全法治 50 人论坛，方滨兴院士提出了"破解隐私保护与数据要素流通相悖之局"。信息生态学利用生态学观点将用户、信息与信息环境看作一个信息生态系统加以研究，社交媒体的信息生态系统主要包括社交媒体数据资源整合系统、数据资源循环系统和数据互利共生系统三方面。故本研究认为移动社交媒体的数据要素流通性对个人隐私的私密性构成挑战，如何平衡数据要素流通和隐私保护成为优化社交媒体信息传播亟待解决的现实问题。

数据要素流通使得用户信息更加透明化，导致出现数据要素流通和隐私保护的边界困境问题。这涉及隐私定义、属性、社交模式等方面的研究。其一，从定义看，隐私指归属于自然人的，与社会公共生活或公共利益无关的个人事项（陈堂发，2019）。沃伦和布兰代斯（Warren & Brandeis，2012）首次将隐私权界定为他人享有的一种独处权。而在移动社交媒体环境下，隐私权是指信息所有者对其个人信息（网络数据信息和网络空间等）的控制权（徐漪和沈建峰，2018）。其二，从属性看，隐私的内涵和外延是一对密切相关的范畴。其中，隐私内涵指"私""隐"兼备的涉私事项和行为、个人信息等具有的特定属性；隐私外延指具有这些特定属性的所有涉私信息或事项。理论上，隐私的内涵越丰富、具体，其外延就越清晰、涵盖范围越小。何佳等（2022）研究表明个人信息披露行为可能存在非理性成分，因此，隐私外延边界很模糊。其三，从社交模式看，隐私保护成为突出的社会问题源自基于用户生成内容的双向互动模式（殷乐和李艺，2016）。由于移动社交模式具有小众化特征，社交圈呈半封闭状态，模糊了一般性和个人隐私界限，用户主动炫耀或被动泄露都可能造成危害。其"边界渗透"程度被社交网络支配（Mosteller & Poddar，2017）。然而，用户明知社交媒体的隐私安全问题，却忽视隐私风险，当意识到可以通过技术手段对信息内容进行保护时，会增大隐私披露频率和程度（Liang et al.，2017）。无论是技术知识、隐私意识还是财务因素都不会影响用户通常的矛盾行为（Barth et al.，2020），但不同的隐私政策内容和外观形态对用户阅读感知评价结果有显著差异（张艳丰等，2021）。

移动社交媒体数据流通范畴和制度设计研究。有学者认为"数据流通"是指向公众提供的数字信息，通过自由或市场化方式供用户在不同时间或地点自由使用、再分发（Borgesius et al.，2015）。在实践中，拥有数据与需求数据的企业之间可以通过协议分享数据方式流通。从数据流通内容范畴看，需要界定数据权利，确定哪些数据可以流通，哪些有条件流通，哪些不能流通；从数据流通制度设计看，需充分释放数据的社会价值和商业价值，实现媒体数据的社会化利用和分层管理；从数据流通安全来讲，一定要在保护好数据主体权益和数据安全的前提下，实现数据细致化和社会化协同（Barn，2016）。在资源观概念下，数据资源供给应具有持续性和稳定性，保证流程可控和数据责任可追溯，强调社群平衡和结合二元性（郑大庆等，2020）。然而，社交媒体监管问题在于流通数据处于不治理或无法治理的状态，无法做到流程和风险可控，故应建设统一化的数据技术保障，强化运营监管制度，让社交媒体成为数据分析资源的供应者、数据风险和合规管理的责任者（李唯嘉和杭敏，2019）。针对数据开放、数据应用与服务过程中的不同形态，窦悦（2021）提出基于"层次数据"与"算法问责"相结合的应对策略；王勇和王蒲生（2016）强调了流通数据要素的有效配置。

移动社交媒体中的风险感知和隐私保护研究。其一，从风险感知属性看，通过内容呈现和媒介数据交互，社交媒体用户得以维持和发展人际关系（牛静和孟筱筱，2019）。然而，用户会担忧个人信息遭不当使用或披露，即风险感知。受教育程度、隐私风险认知程度及社交媒体使用经历，将不同程度影响个体对隐私的风险感知（Jozani et al.，2020）。针对性地采取隐私保护行为，包括提供不完整信息或虚假资料予以信息掩饰和积极隐私保护行为，从而提升信息安全性（Zhang et al.，2017）。当前社交应用服务商隐私政策存在服务商单向制定、默认设置不合理等问题（Obar & Oeldorf-Hirsch，2020）。其二，从隐私保护方式看，丁红发等（2019）认为企业需要运用技术和管理双重手段完善隐私泄露风险评估方法和用户反馈机制，保障隐私安全。一方面，从数据监管角度构建隐私风险数据类型、数据开放类型、影响因素的平衡框架实现用户隐私权益保护（Kassen，2017）。另一方面，从政府政策建构、数据管理和利益相关者参与等角度识别和解决数据开放各阶段隐私安全问题（Isaak & Hanna，2018）。随着移动社交媒体非结构化数据增多，需运用分散式系统、区块链等手段加强数据安全防护（Qi et al.，2019）；建立以数据安全管理为核心的数据保护制度，做好数据要素流通和数据开放前评估、脱敏、监测等综合安全评估（Ghani et al.，2019）。故政府需要推动数据要素分类治理体系的建立（刘涛雄等，2023）。

社交网络隐私关注行为和隐私管理研究。其一，从隐私特征看，移动社交媒体下的数据挖掘和商业运用，使得原本无关的"自然型隐私"数据拼合成具有指向功能的"合成型隐私"，对用户隐私行为产生广泛影响。隐私关注是消费者隐私行为的重要前置变量，过高的隐私关注可能导致消费者担心隐私泄露而不再主动披露个人数据，甚至放弃社交服务（张会平等，2017）。这与消费者内在隐私偏好有关（Lin，2022）。其二，从隐私管理方式看，用户不断攀升的隐私关注度和愈发谨慎的隐私披露行为对在线服务产生巨大影响。彼得罗尼奥（Petronio，2017）提出沟通隐私管理（CPM）理论解释隐私保护和用户披露行为，将隐私边界看成从完全开放到完全封闭的连续体。谢（Xie et al.，2019）用劝说性知识模型（PKM）和技术采纳模型（TAM）理论分析社交媒体用户隐私关注和隐私保护行为。安纳德（Anard，2023）用深度学习理论分析数据传输隐私问题。还有学者认为应帮助用户权衡共享信息的预期收益，以决定是否选择分享隐私数据（Gruzd，2018）或支付额外费用保护自己的消费行为（王雪芬等，2015）。然而，如何准确划定隐私边界，加强用户隐私保护成为社交媒体隐私管理需解决的核心问题。

相关研究述评：（1）数据要素流通尺度标准和隐私保护具体范畴形成的"隐私悖论"不仅是用户个人隐私安全得不到保障的体现，更影响移动社交网络信息交换的效率。现有研究对数据要素流通范畴、内涵进行了详细分析，然而对如何利用社交媒体数据进行精准营销缺乏系统性研究。（2）社交媒体拥有较高技术优势和管理权限，随意获取用户隐私数据存在较大的技术性风险，而用户的隐私披露行为进一步加重了这一风险，现有研究较多借鉴国外量表对社交媒体隐私保护进行研究，缺乏综合考虑隐私保护和个性化服务下的隐私管理。（3）数据要素流通伴随个人隐私权范围缩小的过程，企业无法对自身和其他用户信息进行全方位监管，现有研究对"数据要素流通"和"隐私保护"悖论缺乏现实路径，对优化隐私保护的政府监管和市场机制相结合的整体治理策略指导不明确。

二、研究的学术价值和应用价值

本研究以信息生态为研究视角，对社交媒体数据流动中的数据主体、数据客体、数据环境和相互关系进行分析，深入阐述社交媒体数据流通中产生的数据安全和隐私保护问题，以期对社交媒体管理、隐私保护政策制定等提供借鉴。

（一）学术价值

（1）本研究从保护动机理论、媒介伦理观等角度研究隐私暴露风险形成机制，为隐私管理理论研究提供新视角，通过演化博弈证明社交媒体市场博弈趋向动态均衡并形成隐私悖论的必然性，是对"数据要素流通"和"隐私保护"边界理论的丰富和发展，也是对社交媒体用户隐私行为理论的补充和完善。

（2）本研究构建了移动社交媒体隐私风险评估模型和隐私披露意愿模型，试图通过社交媒体数据要素机制、隐私风险评估、隐私保护均衡等维度对隐私风险管理理论进行拓展，并对社交媒体传播与精准营销理论予以补充。

（二）应用前景

（1）本研究提出了加强数据管理并构筑受控制的数据利用框架，可降低社交媒体数据的交互风险，尤其是利用客户数据进行定向广告推送和定向营销活动，真正体现了社交媒体数据开放的商业价值和社会价值。

（2）研究分析微博和微信两个移动社交媒体平台的隐私悖论存在性及表现差异，通过模型系统阐述社交媒体平台广告信息推送面临的隐私风险问题，有利于社交媒体平台和相关的媒体企业强化风险意识、加强隐私风险管理并构建防隐私泄露体系。

（3）本研究为切实保护个人隐私和防范化解隐私风险提供了有效政策建议，这对加强社交媒体行业数据流通监管，提升用户隐私保护意识和能力有较强的现实意义。

第二节　研究目的和研究意义

一、研究目的

本书的主要研究目的是探讨在信息生态系统的框架下，如何实现社交媒体数据要素的有效流通与隐私保护之间的平衡与协同。这一研究不仅关注数据要素的流通效率和价值创造，还特别重视用户隐私保护，以期建立一种既能促进数据价值最大化又能保障用户隐私的机制。具体来说，研究目的包括以下几个方面。

（一）构建理论框架

建立一个系统的信息生态理论框架是本研究的首要目标。该理论框架将利用信息生态学的基本原理来解释社交媒体数据要素流通与隐私保护之间的动态关系。首先，需要明确"信息生态系统"的定义，包括其组成元素、功能及相互作用关系。通过这个框架，研究将探讨在数据生成、存储、传输和使用的每个环节中，隐私保护和数据流动之间的交互作用。例如，数据的实时流通可能会与隐私保护产生矛盾，因此，需要建立一个包含数据生命周期各个阶段的模型，以揭示数据流通和隐私保护的关键环节以及可能的冲突和协调机制。

（二）分析数据要素流通与隐私保护现状与挑战

一方面，随着社交媒体的快速发展，用户生成的数据呈现出爆炸式增长，但同时也带来了数据滥用和隐私泄露等问题。本研究将重点识别以下几个方面的挑战：（1）分析社交媒体平台如何利用用户数据进行商业变现，以及用户在这一过程中可能面临的权益损失，以应对数据滥用；（2）详细探讨已经发生的社交媒体领域重大隐私泄露事件，剖析其内在原因及社会影响，以应对隐私泄露；（3）评估现行法律法规在保护用户隐私方面的不足之处，尤其是在跨境数据流动和大数据环境下的适用性问题，以应对法规不完善。因此，深入分析当前社交媒体数据要素流通和隐私保护的现状，识别存在的主要问题和挑战，是提出精准对策的重要基础。

（三）设计数据要素流通和隐私保护的协同机制

在识别出主要问题和挑战后，本研究将提出具体的协同机制和策略。这些策略将围绕如何在技术、管理和政策层面实现数据流通与隐私保护之间的平衡展开。技术手段方面，包括数据加密、去标识化处理和区块链技术等；管理措施方面则探讨平台自律、用户权利教育和数据使用控制等；政策制定方面关注立法与监管机制的完善。例如，可以建立一个"数据使用透明度报告"制度，促使社交媒体平台定期向用户和监管机构披露数据使用情况。同时，还探讨多方利益相关者的参与机制，如政府、企业、用户和学术界的有效合作，以实现数据要素流通的协同治理。

（四）案例研究与实证分析

通过案例研究和实证分析验证提出的协同机制的可行性和有效性是本研究的重要组成部分。案例研究将选择一些具有代表性的社交媒体平台及其数据管理实践，通过定量和定性的研究方法评估不同机制的实施效果。

例如，分析某些社交媒体平台在数据隐私保护方面的政策实施效果，并将其与数据流通效率进行对比，找出关联系数。此外，可以通过用户调查与访谈，对用户在使用社交媒体过程中对隐私保护的认知和态度进行深入研究，为提出的机制提供实证支持。

（五）政策建议

依据研究结果，提出有助于政府和企业制定数据管理和隐私保护政策的建议是本研究的最终目标。这些政策建议应综合考虑技术进步、社会需求及法律环境的变化，力求为政策制定者提供切实可行的参考。例如，可以建议实施"隐私优先"政策，引导企业在数据使用时优先考虑用户隐私，严格遵循"知情同意"原则。此外，针对监管缺失的问题，可以建议政府建立跨部门的协调机制，以共同制定与时俱进的数据流通和隐私保护法律法规，促使各类社交媒体平台加强对数据安全和用户隐私保护的责任意识。同时，可以探索建立用户数据保护机构，为用户提供信息和支持，增强其对数据流通与保护机制的理解和参与感。

本研究将为社交媒体数据要素流通与隐私保护之间的协同机制提供理论基础和实践路径，以期实现数据利用与用户隐私之间的良性平衡。最终，该研究的目标是在信息生态视阈下，为建立一个更加安全、透明与高效的社交媒体环境贡献有建设性的思考与建议，为用户、企业和社会的共同利益服务。

二、研究意义

在当前信息化和数字化迅速发展的背景下，社交媒体已经成为人们获取信息、交流互动的重要平台，产生了大量的数据要素。这些数据要素不仅具有巨大的商业价值和社会价值，也涉及用户的隐私和安全问题。因此，研究社交媒体数据要素的流通与隐私保护具有重要的现实意义和理论价值。

（一）促进数据价值最大化

数据是数字经济的核心要素，其重要性不亚于传统经济中的土地、劳动力和资本。通过研究社交媒体数据要素的流通机制，可以深入理解数据如何在不同平台和系统间流动，从而促进其有效利用和价值挖掘。例如，在社交媒体平台上，用户生成的数据包括帖子、评论、点赞和分享等，这些数据不仅反映了用户的兴趣和行为模式，还可以用于市场分析、广告精准投放、产品开发等方面。有效的数据流通机制有助于打破"数据孤岛"，实现数据的互联互通。通过数据共享和交换，不同平台和企业可以整合多源数据，获得更加全面和深刻的认识。例如，电商平台可以通过分析社交媒体数据，了解用户的购买倾向和消费习惯，从而优化产品推荐和营销策略。此外，数据流通还可以推动新兴技术的发展，如人工智能和机器学习，通过大量数据的训练和优化，提高算法的精度和效果。

然而，数据流通过程中也存在一定的挑战，如数据的标准化问题、数据质量问题、数据安全和隐私问题等。因此，研究数据流通机制不仅要关注数据的有效利用和价值挖掘，还需要考虑如何在确保数据安全和隐私保护的前提下，促进数据的流通和共享。通过系统的研究和创新，建立起一套科学、高效、安全的数据流通机制，可以推动数字经济的发展，提升经济的整体竞争力和创新能力。

（二）保护用户隐私

在数据价值不断挖掘和利用的过程中，用户隐私保护显得尤为重要。随着互联网技术的发展和大数据的广泛应用，用户的个人信息越来越多地被收集和分析，这不仅带来了巨大的商业价值，也引发了隐私泄露和滥用的风险。例如，未经授权的个人信息泄露可能导致用户面临身份被盗用、财产损失等严重后果，进而引发用户对平台的信任危机。有效的隐私保护机制是保障用户权益的重要手段。首先，通过技术手段如数据加密、匿名化处理、差分隐私等，可以在数据利用的同时，最大程度地保护用户的隐私信息。例如，差分隐私技术可以在统计分析和数据挖掘中添加适当的噪声，防止个体信息被反向推导，从而实现数据保护和数据利用的平衡。其次，保护隐私需要完善的管理措施和政策法规。例如，明确用户数据的采集、存储、使用和分享的权限和责任，制定严格的数据保护法规，确保企业在数据处理过程中遵守法律和伦理规范。提高用户隐私保护意识，增强用户对自身数据权益的认知和保护能力，也是一项重要的工作。因此，通过研究和实施有效的隐私保护机制，不仅可以保障用户的权益和安全，提升用户对平台的信任度，还可以促进数据生态系统的健康发展。用户愿意分享更多数据，企业能够合法合规地利用数据，从而实现数据价值的最大化，推动数字经济的可持续发展。

（三）提升监管效能

当前，随着数字经济的快速发展，数据隐私保护面临着新的挑战。尽管许多国家和地区已经出台了相关法律法规，如欧盟的《通用数据保护条例》（GDPR）、美国的《加州消费者隐私法案》（CCPA）等，但在实际执行中仍存在诸多不足和漏洞。例如，不同国家和地区的法律法规标准不一，跨境数据流动监管困难；企业在实际操作中存在合规性不足，用户隐私保护意识不强等问题。通过系统的研究，可以为政策制定者提供科学的依据和实证支持，提升监管效能。首先，研究可以揭示当前隐私保护法规和政策的不足之处，提出改进建议。例如，通过对典型案例的分析，总结法律法规在实际执行中的问题和挑战，提出有针对性的解决方案。其次，研究还可以探索新的监管手段和技术，如利用区块链技术进行数据监管，实现数据流通的可追溯和不可篡改，从而提升数据监管的透明度和可信度。此外，研究还可以帮助制定更加科学和合理的隐私保护标准，推动各国和地区之间的法规标准的协调和统一。例如，通过国际合作和交流，借鉴先进国家的经验和做法，制定统一的数据隐私保护标准，促进跨境数据流动的合规和安全。通过提升监管效能，不仅可以有效保护用户隐私，维护社会公共利益，还可以增强企业的合规性和竞争力，推动数字经济的健康和可持续发展。同时，科学的监管措施还可以增强用户对数据处理和使用的信任，促进数据的合法合规利用，实现数据价值的最大化。

（四）推动技术创新以平衡数据流通和隐私平衡

数据流通与隐私保护的平衡需要依赖新的技术手段和创新解决方案。随着大数据、云计算、人工智能等技术的快速发展，数据处理和隐私保护面临的技术挑战和机会也在不断变化。通过研究和探索，可以催生新的技术发明和应用，推动技术进步。例如，隐私增强技术（PETs）是当前数据隐私保护领域的一个重要研究方向。PETs通过技术手段实现数据的隐私保护和安全共享，包括数据加密、匿名化处理、差分隐私、多方安全计算、联邦机器学习（简称联邦学习）等。这些技术可以在保障数据隐私的前提下，实现数据的安全流通和共享，推动数据价值的挖掘和利用。

区块链技术也是一种潜在的解决方案。区块链具有去中心化、不可篡改和可追溯的特点，可以用于数据的安全存储和共享。例如，通过区块链技术，可以实现数据交易的透明化和自动化，确保数据交易的安全和合规。同时，区块链还可以用于实现用户对自身数据的控制和管理，提高用户对平台的信任度。此外，人工智能技术在隐私保护中的应用也越来越受到关注。例如，通过机器学习和深度学习技术，可以实现对数据的智能分析和处理，提升数据利用效率。同时，人工智能还可以用于隐私保护，如通过智能算法实现对数据隐私风险的检测和预警，提高数据保护的效果和效率。通过推动技术创新，不仅可以提升数据处理和隐私保护的水平，还可以促进相关产业的发展，推动经济增长。例如，隐私保护技术的研发和应用，可以催生新的产业和就业机会，提升企业的创新能力和竞争力。同时，技术创新还可以增强社会对数据流通和隐私保护的信心，推动数据生态系统的健康和可持续发展。

（五）加强平台监管，增强社会信任

在现代社会，信任是社交媒体平台和用户之间关系的基石。用户在平台上分享个人信息和数据，是基于对平台的信任，期望平台能够保护他们的隐私和数据安全。然而，近年来频发的数据泄露事件和隐私侵权问题，极大地削弱了用户对社交媒体平台的信任度，甚至引发了广泛的社会不安和对平台的强烈质疑。研究社交媒体数据要素流通与隐私保护的协同机制，可以有效增强社会信任。首先，通过建立透明、高效的数据管理和隐私保护机制，确保用户数据在流通和利用过程中的安全性和合规性。例如，通过制定严格的数据保护政策和操作规程，明确数据的采集、存储、使用和分享的权限和责任，避免数据滥用和隐私泄露。同时，通过透明的数据处理流程和机制，提升用户对平台数据管理的信任感。

其次，用户隐私保护意识的提升也是增强社会信任的重要途径。通过

教育和宣传，提高用户对自身数据权益的认知，增强其对数据隐私保护的重视。例如，通过开展隐私保护宣传活动、提供隐私保护知识培训等，增强用户对平台隐私保护措施的理解和认同，提高其对平台的信任度。此外，技术手段的应用也是增强社会信任的重要保障。例如，通过加密技术、匿名化处理等隐私保护技术，确保用户数据在传输和存储过程中的安全性和隐私性。同时，通过差分隐私、多方安全计算等新兴技术，实现数据利用和隐私保护的平衡，提升用户对数据处理和使用的信任度。通过增强社会信任，不仅可以提升用户对社交媒体平台的满意度和黏性，还可以促进数据的合法合规利用，实现数据价值的最大化。同时，增强社会信任还可以促进社交媒体平台的健康和可持续发展，为构建一个和谐、安全、可持续的数字社会提供坚实的基础。

（六）推动信息生态的可持续发展

数据要素的合理流通和隐私保护有助于建立一个可持续的信息生态系统，为未来的数字社会提供坚实的理论基础。在当前数字化转型的大背景下，数据作为一种重要的生产要素，已经渗透到经济社会的各个领域，成为推动经济增长和社会进步的重要动力。然而，数据的滥用和隐私保护的不足，也带来了诸多负面影响，威胁到信息生态系统的可持续发展。

通过研究数据要素流通与隐私保护的协同机制，可以促进数据的合理流通和有效利用，推动经济的可持续发展。例如，通过构建科学的数据治理框架，明确数据的所有权、使用权和收益分配机制，确保数据在合法合规的前提下流通和利用，实现数据价值的最大化。同时，通过隐私保护技术和措施，确保用户数据在流通过程中的安全性和隐私性，提升用户对数据流通的信任度和参与度。此外，研究还可以为政策制定者提供科学的依据和实证支持，推动政策和法规的完善和落实。例如，通过对不同国家和地区隐私保护法规的比较研究，借鉴先进国家的经验和做法，提出有针对性的政策建议，推动全球隐私保护标准的协调和统一，促进跨境数据流动的安全和合规。

信息生态的可持续发展，不仅可以推动数字经济的健康发展，还可以提升社会的整体福利和幸福感。例如，通过数据的合理流通和有效利用，可以促进创新创业，提升经济活力和竞争力；通过隐私保护，可以保障用户的基本权益和隐私安全，提升社会的整体信任度和稳定性。同时，可持续发展还可以为未来的数字社会提供坚实的基础，推动社会的全面进步和和谐发展。

综上所述，本研究不仅具有重要的理论价值，还有显著的现实意义。通过系统研究二者的协同关系，可以为社交媒体平台的数据管理提供科学的指导，帮助平台实现数据价值最大化和用户隐私保护的平衡。同时，也为政策制定者提供科学依据，提升监管效能，推动数字经济和信息社会的可持续发展。总之，该研究将为建立一个健康、安全、可持续的信息生态系统提供参考。

第三节 研究方法与研究框架

一、研究方法

（一）博弈论

博弈论是一种通过数学模型研究参与者之间策略互动及其结果的理论，在数据要素流通与隐私保护的冲突与协调方面具有重要应用价值。博弈论可以提供一个系统化的框架来分析不同参与者之间的相互作用，并预测结果，为改进现有政策和技术方案提供依据。

1. 数据流通与隐私保护冲突

在数据流通和隐私保护之间，存在一个悖论关系。一方面，通过数据流通能够有效利用数据并推动科技进步、促进商业创新；另一方面，数据流通过程也可能侵犯个人隐私，导致数据泄露。博弈论模型可以用于分析不同参与方（如数据提供者、数据使用者、监管机构等）在数据流通与隐私保护方面的利益博弈。通过构建博弈模型，探讨各方在不同策略下的收益和损失，找出可能的均衡点。

（1）参与方及策略集合。在数据流通与隐私保护的博弈中，参与方主要有数据提供者、数据使用者和监管机构。数据提供者希望能在保障隐私的前提下，最大化数据的利用价值；数据使用者希望获得越多越具体的数据以进行深入分析；而监管机构则需要制定政策，既鼓励数据流通，又能保护隐私。第一，对于数据提供者，其策略可以分为完全共享、部分共享和不共享。完全共享意味着对数据进行最小程度的隐私保护处理，部分共享意味着对数据进行一定程度的匿名化或加密，而不共享则意味着数据保持绝对私密。第二，对于数据使用者，其策略可以包括现有数据的最大化利用、申请更多数据以及无条件接受政策限制等。第三，对于监管机构，其策略可能包括严格监管、中等程度监管和放宽监管。

（2）静态博弈和动态博弈模型。本书构建静态博弈或动态博弈模型系统分析数据流通和隐私保护博弈关系。对于静态博弈模型，假设所有参与者的策略集合不变，通过二维矩阵找到均衡策略。对于动态博弈模型，假设参与者的策略与时间相关，可能会随着外部环境变化或内部机制调整而变化，通过时间序列分析找到长期均衡策略。

2. 隐私保护技术选择

博弈论还可以分析不同隐私保护技术（如数据加密、匿名化处理、差分隐私等）在实际应用中的博弈情况，评估各技术在不同场景下的效果和适用性，从而优化隐私保护策略。

（1）数据加密。数据加密是一种基本的隐私保护技术，它通过将数据转化成一种难以理解的形式，保护数据在传输和存储过程中不被未经授权的访问者读取。然而，数据加密的应用也存在博弈问题：过于复杂的加密算法可能导致计算和存储资源的过度消耗，而过于简单的算法又可能无法有效保护隐私。

（2）匿名化处理。匿名化处理旨在通过去除或模糊化识别信息，从而降低个人数据被重新识别的风险。不同的匿名化技术（如假名化、聚合数据等）在实际应用中也会面临博弈：隐私保护强度和数据可用性之间需要找到一个平衡点。

（3）差分隐私。差分隐私是一种更为先进的隐私保护技术，它通过增加噪声来保护个体数据，同时保证总体数据的统计属性不变。然而，差分隐私技术的参数设置（如 ε 值）需要慎重考虑，因为过高的 ε 值可能导致隐私保护不力，而过低的 ε 值又可能影响数据的分析精度。

3. 具体步骤

通过以下具体步骤，可以系统地应用博弈论进行数据流通与隐私保护的研究。

（1）模型构建。首先需要明确研究对象和问题，构建博弈论模型。博弈模型包括参与者（各个利益相关方）、策略集合（各方可选的行动方案）和收益函数（各方在不同策略组合下的收益）。例如，在数据共享与隐私保护的冲突研究中，可以定义数据提供者、数据使用者和监管机构作为参与者，分别选择完全共享、部分共享、不共享，以及严格监管、中度监管、宽松监管等策略。

（2）策略分析。通过求解博弈模型，分析不同策略组合下的均衡结果，探讨各方的最优策略选择。例如，在数据流通与隐私保护冲突中，通过构建静态博弈模型和动态博弈模型，分析各方在不同情境下的策略选择，包括纳什均衡、帕累托最优等。

（3）政策建议。博弈论模型的结果需要与现实中的数据和案例进行对比，确保模型的有效性和适用性。通过验证，进一步优化博弈模型，并提出相应的政策建议和改进措施。例如，通过调研和数据分析，验证欧盟GDPR和美国CCPA等法规在数据共享和隐私保护中的实际效果；然后基于博弈论结果，提出具体的政策建议。例如，设置合理的激励机制，鼓励企业在保护用户隐私的同时，积极参与数据共享和合作，从而实现数据要素流通与隐私保护的协同发展。具体措施可以包括政策引导、法律约束、经济激励等。

（二）案例研究

通过具体的案例研究，可以深入探讨不同平台和政策在数据流通与隐私保护方面的实际效果。

1. 典型平台分析

选择具有代表性的社交媒体平台，深入分析其数据管理和隐私保护措施，总结成功经验和失败教训。对比不同平台在数据隐私保护和数据流通方面的具体做法，揭示不同策略的差异化影响。

（1）脸书案例分析。脸书作为全球最大的数据驱动型社交平台，其数据隐私政策和管理措施一直备受关注。从剖析脸书的隐私保护政策、数据泄露事件处理及后续改进措施中，可以获知在全球监管压力下，企业应如何平衡商业价值和用户隐私。

（2）X 平台案例分析。X 平台作为另一大社交平台，其数据政策和措施与脸书有一定差异。推特更注重开放数据的实时性和透明度，但也因此面临更多的隐私保护挑战。研究 X 平台的数据泄露防范措施和隐私政策，可以了解不同策略对用户信任度和数据安全性的影响。

（3）微信案例分析。微信作为中国最广泛使用的社交平台，其数据管理政策和隐私保护措施与欧美的社交平台有显著区别。微信如何在满足严格监管要求的同时，维持数据流通和应用的高效性，其经验和教训对于全球其他平台具有很大的参考价值。

2. 政策影响评估

（1）欧盟的 GDPR 实施效果。GDPR 的实施使平台公司不得不首先重新审视和调整其隐私政策，以满足新法规的要求；平台通常需要投入更多资源用于合规，包括数据匿名化和定期进行隐私审计；这些合规措施不仅增加了运营成本，还提高了企业内部的数据治理能力。随着 GDPR 的广泛宣传和实施，用户对自身数据隐私权利的意识显著提升，用户更频繁地行使其删除权、访问权和数据携带权等隐私权利，这种意识的增强促进了用户与平台之间更透明的互动。GDPR 在实施中也面临着跨境数据流动的复杂问题，因为欧盟不同成员国在具体执行上存在差异，这种不一致性可能影响法规整体效力和合规性。这些挑战为数据管理提供了宝贵的反馈，有助于优化和完善未来的立法实践。

（2）美国的 CCPA 实施效果。其一，数据实践变革方面。CCPA 促使平台在数据收集、共享和出售等方面进行重大调整；由于明确了用户的隐私权利，平台必须优化其隐私保护措施来履行法律义务；这种调整影响了平台与用户之间的关系，并推动了更高的数据保护标准。其二，立法创新方面。CCPA 提供了一种州级立法模式，为其他立法提供了参考模板；由于联邦层面缺少类似法律，CCPA 面临法律适用和执行的障碍；立法创新的同时也暴露了在美国全国范围内建立统一隐私标准的必要性。其三，商业影响方面。由于 CCPA 要求对数据使用进行严格记录和透明化，企业的数据商业化途径受到一定限制；不同的隐私条款改变了广告收入模式，迫使企业寻找新的盈利方式。这些都促使企业在隐私保护与商业利益之间重新寻找平衡。

（3）各国政策对比。

各国在隐私保护政策设计上的差异体现在法律内容、实施机制和监管力度上，这些差异直接影响企业在不同国家的合规策略和运营模式。通过分析这些不同，我们能更好地理解全球隐私法律环境的多样性。

不同文化和政治背景下，隐私保护的执行效果和用户感知往往差异显著，这影响到企业在全球范围内实施统一数据管理策略的可能性。理解这些影响有助于在政策设计中考虑文化和社会因素。

通过对不同国家隐私法律的对比分析，明确了各国政策协调的必要性，这种协调有助于提升数据治理的一致性和效率，并为未来的全球隐私政策设计提供了有价值的实践参考。

3. 具体案例解析

（1）事件细节与平台应对。首先，通过分析具体事件（如脸书的 Cambridge Analytica 事件和 X 平台的 API 泄露事件）的细节，我们可以了解信息泄露的性质和严重性。其次，评估平台在通知用户、切断数据泄露及进行危机公关方面的应对措施。最后，分析这些应对措施为未来类似事件提供的警示和借鉴。

（2）反思与改进策略。第一，这些事件提供了反思和调整现有隐私和数据管理策略的机会。第二，平台在应对过程中积累的经验与教训有助于形成有效的应对策略。第三，预防类似事件需要持续改进数据安全措施和用户教育。

（3）制度与技术防范。首先，加强数据加密和用户访问控制是基础的防范手段。其次，提升员工的安全意识和技术素养同样至关重要。最后，平台还需不断通过技术创新来提高整体数据安全性，为用户提供更可信赖的服务。

（三）结构方程模型

结构方程模型（SEM）是用于分析复杂因果关系和多变量分析的强大统计工具。它在社会科学和管理研究中具有广泛应用，因为其能够同时处理多个因果关系及潜变量与观测变量之间的关系。尤其在分析数据流通与隐私保护之间的复杂关系时，SEM 能够提供深入的见解和系统化的分析框架。

1. 用户行为分析

通过 SEM，可以深刻揭示用户在数据共享与隐私保护方面的行为及其影响因素。这为理解用户如何在不同条件下权衡隐私保护与数据共享提供了基础。

（1）用户隐私保护意识。用户隐私保护意识是一个多维度的潜变量，需通过问卷调查将其具体化。量化此意识可从以下几个方面入手：用户对隐私风险的认知，即用户能否准确识别潜在风险源；对现有隐私保护措施的了解，用户须具备辨别有效措施与无效措施的能力；对隐私保护措施效果的评价，包括用户对保护措施可信度和便利性的主观看法。通过统计分析和潜在变量的建模，挖掘用户隐私意识对行为决策的影响。

（2）数据共享意愿。用户的数据共享意愿基于其在特定情境下的态度和偏好。例如，在商业推广或研究调查等背景下，这一愿意共享的意愿具体化为用户愿意共享的数据类型（如个人信息、浏览历史等），以及影响这些决策的因素，如对平台的信任程度、经济激励和社会认同感等。通过 SEM，可以理解在不同冲突情境下，哪些因素对用户共享意愿具有显著的影响。

（3）实际行为分析。分析用户在社交媒体等平台上的实际行为（如数据发布频率和隐私设置的变化）则是检验 SEM 模型预测效度的重要环节。这一步骤不仅能够验证模型的理论推断，还能揭示用户真实行为模式的异同，细化理论向实践的过渡。

2. 影响因素研究

通过结构方程模型系统识别和结构化分析多因素对数据流通与隐私保护的交互影响。

（1）技术手段。技术手段对数据流通和隐私保护起到双重作用。通过 SEM 模型分析可以评估数据加密、匿名化处理和差分隐私等技术在不同应用场景中的效果。这一分析能够识别技术手段对用户信任和数据安全感知的不同影响，从而优化技术应用策略。

（2）政策法规分析。通过政策法规分析，例如 GDPR 和 CCPA 的影响，SEM 模型可以揭示法规在推动数据管理实践变革中的角色。通过问卷调查和行为数据，评估相关法规对用户行为及平台策略的现实影响，帮助政策制定者理解法规执行的有效性及局限性。

（3）平台管理措施。平台管理措施，如增强政策透明度或制订明确的数据使用声明，直接影响用户信任和数据流通。通过 SEM 模型，可以深入分析这些措施在用户认知中的地位及其对数据共享行为的具体触发机制，揭示平台如何通过管理改善用户体验并促成更为安全的数据信任环境。

3. 具体步骤

（1）理论构建。第一步，基于现有文献和实践背景，确定研究的核心问题，如用户隐私保护与数据共享行为之间的平衡关系。这一步骤是理论构建的起点，确保研究具有明确的方向和目标。第二步，在进行理论模型构建之前，系统回顾相关研究文献，厘清已有的理论框架和研究空白，避免重复研究和指引研究方向。第三步，概念界定与变量识别。在理论模型构建过程中，需要对涉及的关键概念进行明确界定，并识别出所有相关的潜在变量，如用户隐私保护意识和数据共享意愿等。这一阶段是确保研究的科学性和实证性。第四步，在明确变量关系后，提出具体的研究假设。这些假设应反映潜在变量之间的预期关系，如用户隐私保护意识对数据共享意愿的影响程度等。这是构建理论模型的核心，决定了后续数据分析的方向。第五步，模型验证与修正。初始理论模型需通过实证研究进行验证，若发现不符合预期，需适时进行修正和调整，以确保理论的科学性和实用性。

（2）问卷设计。首先，基于理论模型中的各潜在变量，设计出相应的测量项，这些测量项须紧密联系于变量概念，确保问卷内容的准确与代表性。其次，在正式数据收集前通过小样本预测试来检验问卷的可靠性和有效性。根据预测试结果进行必要的调整和修正，提高问卷精度和适用性。再其次，确保问卷的多维测量。为了提高测量的可靠性和有效性，每个潜在变量应包括多个测量项，覆盖变量的不同侧面，防止单一测量项可能带来的误差。最后，选择合适的测量工具（如利克特量表）和问卷呈现方式（如电子问卷或纸质问卷），以确保问卷易于理解和填写。

（3）数据收集。首先，确定研究样本选取方法和样本量，确保样本的代表性与多样性。考虑不同年龄、性别、职业、地域的用户群体，以反映广泛的社会现实。其次，明确数据收集方法。利用网络问卷调查、线下问卷或其他方式进行数据收集。选择方便易行且符合研究需求的数据采集工具，尽量减少样本偏差。再其次，在数据收集过程中，确保遵循伦理规范，包括用户知情同意和数据的匿名处理，保护受访者隐私权益，增强问卷的可信度。最后，在数据收集过程中实时监控数据质量，及时发现和处理数据异常或缺失，确保收集到的数据准确、完整且高质量。

（4）数据分析。使用统计软件（如 AMOS、LISREL、SmartPLS 等）对数据进行分析。分析过程包括模型拟合、参数估计、假设检验等。一是通过多种拟合指标（如卡方值、自由度、RMSEA、CFI、TLI 等）评估模型的拟合度，确保模型能够较好地解释数据。二是估计模型中的路径系数，分析各变量之间的关系及其显著性。路径系数反映了变量间的直接和间接影响。三是根据参数估计结果，检验理论模型中的假设。通过显著性检验（如 p 值）判断假设是否成立，确定各变量间的因果关系。

（5）结果解释。对分析结果进行解释，揭示数据流通与隐私保护之间的复杂关系。例如，分析用户隐私保护意识对数据共享意愿的影响，探讨平台信任在其中的中介作用等。通过详细的数据分析，可以形成更为科学、系统的政策建议和技术优化方案。在数据共享和隐私保护之间，存在一定的冲突。数据共享能够推动科技进步、促进商业创新，但同时也可能侵犯个人隐私，导致数据泄露。博弈论模型可以用于分析不同参与方（如数据提供者、数据使用者、监管机构等）在数据共享与隐私保护方面的利益博弈。通过构建博弈模型，探讨各方在不同策略下的收益和损失，找出可能的均衡点。

（四）深度访谈

深度访谈是一种通过与研究对象进行深入交流，以获取丰富和详细信息的方法，适用于探索性研究和理解复杂现象。一方面，通过深度访谈，了解用户在数据共享和隐私保护方面的具体行为和态度，揭示用户决策的内在动机和影响因素。另一方面，通过访谈数据管理和隐私保护领域的专家，获取专业的意见和建议，为研究提供指导。

（1）访谈设计。根据研究目标和问题，设计访谈提纲。访谈提纲应包括开放性问题，鼓励受访者自由表达自己的观点和看法。例如，关于用户隐私保护意识的提问可以包括："您在使用社交媒体平台时，最关心的隐私问题是什么？""您对平台的隐私保护措施有什么建议？"

（2）样本选择。选择具有代表性的受访者进行访谈。受访者应包括不同年龄、性别、职业、地区的用户，以及数据管理和隐私保护领域的专家，确保样本的多样性和广泛性。

（3）数据收集。通过面对面访谈、电话访谈或视频访谈等方式，收集受访者的详细信息和观点。访谈过程应录音并详细记录，确保数据的完整性和准确性。

（4）数据分析。对访谈数据进行整理和分析，提炼出关键问题和核心观点。分析过程可以包括编码、主题分析、模式识别等方法。具体步骤如下：一是编码。将访谈数据进行编码，标注重要的信息和观点。编码可以基于预设的主题，也可以从数据中归纳出新的主题。二是主题分析。通过对编码数据的分析，提炼出主要的主题和模式，揭示受访者的共性观点和差异。三是模式识别。识别数据中的模式和趋势，揭示用户在数据共享和隐私保护方面的行为和态度，以及专家对数据管理和隐私保护的意见和建议。

总之，本研究通过多种方法的综合应用，从不同角度和层面深入探讨数据流通与隐私保护之间的关系，为构建科学合理的协同机制提供坚实的理论和实证支持。

二、研究框架

本研究的核心是探究信息生态视阈下社交媒体数据要素流通与隐私保护的协同机制问题，主要围绕社交媒体数据要素的流通机制以及社交媒体隐私风险识别和隐私协同路径两个核心内容，通过案例分析、理论建模、策略构建等方法进行系统研究。研究内容主要包含了四个部分（见图1-1）。第一部分主要围绕数据要素流通展开，重点分析数据要素流通内涵标准以及数据开放的意愿和行为；第二部分识别隐私风险，重点分析数据流通对隐私的影响以及对隐私评估进程的影响；第三部分系统研究动态均衡机制，重点构建隐私保护均衡模型并阐述隐私效用以及防泄露机制；第四部分分析隐私保护的协同机制，重点分析隐私感知风险的具体影响以及数据流通隐私协同路径。

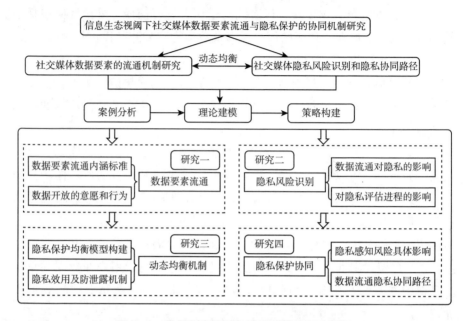

图 1－1　数据要素流通与隐私保护的研究框架

第二章　社交媒体数据要素
流通的理论框架

　　在数字化时代，社交媒体已经成为人们日常生活不可或缺的一部分。随着 20 世纪 90 年代互联网技术的飞速发展，社交媒体平台如雨后春笋般涌现，从早期的博客、论坛到现在的微博、微信、脸书、X 平台、Instagram 等，社交媒体的种类和影响力都在不断扩大。社交媒体不仅是信息交流的平台，更是数据生成的源头。这些数据包含了用户的基本信息、行为习惯、喜好倾向、社交网络等丰富内容，构成了一个庞大的数据宝库。然而，社交媒体数据的流通并非总是无障碍。数据的私有性、网络安全、隐私保护、法律法规等因素都对数据流通造成了限制。同时，社交媒体数据的价值挖掘和利用也面临着技术和方法的挑战。因此，构建一个合理的社交媒体数据要素流通的理论框架显得尤为重要。

　　本章旨在探讨社交媒体数据要素流通的理论基础，分析数据流通的关键要素，探讨数据流通的模式和机制，以及探索数据流通中的挑战和机遇。

第一节　数据要素流通的概念和内涵

一、数据要素与数据开放的定义

　　20 世纪 90 年代中期，经济合作与发展组织（OECD）开始推动数据开放，并提出了促进学术界之间科研数据共享的重要建议，旨在打破数据孤岛，增强研究的透明度，推动科技进步和知识创新。我国政府也支持数据开放政策，积极搭建数据共享平台，推动数据共享。2019 年 10 月，党的十九届四中全会把数据列为继土地、劳动、资本和技术之后的第五大生产要素。在数字时代，数据要素成为主要的生产要素，是推动时代前进的主要动力（赵需要等，2022），充分利用数据为产业赋能，可以充分激发产业的活力，带动上下游产业链，打造完整的产业集群。近年来，随着信息通信技术的飞速发展，极大地减少了数据收集、储存、加工和分析的成本，数据的数字化、数字化存档和数字化访问也推动了数据开放（Chauvette et al.，2019）。开放数据是指公开数据在低成本、低代价、高自由共享情况下发布、收集、处理和使用的过程（Murray，2008）。数据开放是一个动态循环的过程，涵盖数据流通的各个环节。这些环节环环相扣，形成完整的数据链，促进了数据流动（赵需要等，2019）。

二、数据要素开放过程所涉及的相关权利

数据要素开放涉及数据所有权、数据收益权和数据隐私权等多种权利。从权利归属来看，数据所有权归数据提供者所有，他人未经许可不得使用或披露。数据收益权是数据开放的核心，强调数据收益权和数据所有权分离，促进数据高效利用（温亮明等，2022）。保护数据隐私权是数据开放过程中的重中之重，数据权力的落实有助于数据要素的高效配置，为经济社会发展注入新活力。

传统的产权观念强调所有权为核心，其他权利依附于所有权，主体不能与所有权相分离，也称为数据的一元权力结构（Serwadda et al. 2018）。然而，数据要素的特殊性正在主张数据要素所有权与数据要素收益权相分离。有学者声明反对数据所有权，将数据视为私有财产可能阻碍数据的共享和流动，认为所有权会形成数据获得壁垒而阻碍数据的可获得性，不利于数据的广泛应用和创新（Drexl & Hilty，2017）。还有学者认为，将完全所有权授予数据使用者可能会产生专有垄断，限制其他用户的获取和利用，导致数据市场出现扭曲现象（Duch-Brown et al.，2017）。反对数据所有权实际上是反对企业拥有数据所有权，担忧企业获得某些专利数据所有权或者拥有过多数据所有权而形成垄断，从而妨碍数据的流通和利用。

基于数据一元结构的弊端，有学者提出了"数据所有权＋数据用益权"的二元权力结构，这种方式是借鉴了财产法中的权利分割思想。申卫星（2020）指出数据用益权是从数据所有权派生而来的，数据所有权是数据用益权的母权，数据采集和处理等通常只涉及数据用益权，数据用益权可以通过法定或者约定的方式产生，也可以通过有偿交易或者无偿授权的方式取得。龚强等（2022）提出数据的使用权模式（可用不可见模式）相比所有权模式更能促进数据开放和提高数据采集，同时，数据使用权模式是打破"数据流通"和"数据安全"悖论的关键，这种模式有助于推动数据要素市场化改革，实现数据要素的自由流动和优化资源配置，促进社会财富增长。

对于数据隐私权不同学者有不同观点，维克托（Vietor，2013）将数据隐私理解为一种财产权。欧盟制定的《通用数据保护条例》中确立了默认权利原则，规定了处理数据的责任与义务，这一条例为数据保护工作提供了明确的法律依据，有利于平衡数据处理者与数据主体之间的权益关系。高莉（2020）认为数据中的个人信息无法商品化、数据流通中存在利益竞争、保护数据客体的边界区分困难等原因，将数据隐私权认定为准财产权。张宝山（2023）总结了将为数据所有权赋予人格权的路径，该路径主要包括阻止个人数据商品化和不可转让性。人格权的理论支持者认为应该扩展人权治理范围至数据治理领域，确保个人信息不能从数据中剥离，并将数据保护和隐私视为基本权利。将数据赋予人格权虽无法从数据中获得利益，但是每个人对自己的数据拥有自主权力（Viljoen，2021）。人格权概念并未在我国得到广泛宣传和应用。《中华人民共和国民法典》确立了个人信息权益与数据财产权益的分置原则，分置有助于平衡个人信息保护与数据利用的关系，推动数据产业发展。

三、数据要素开发利用思路

对于数据要素的开发利用，我国不同学者有不同的主张，主要包括三方面内容：倡导将数据"先用起来"；倡导明确数据要素的权利界定以建立责任机制和激励机制；倡导建立公平竞争的数据生态环境。部分学者倡导实用主义政策思路，主张数据使用先于理论，把数据"先用起来"。2020

年中国政府发布《关于构建更加完善的要素市场化配置体制机制的意见》，将数据作为重要生产要素之一，并提出加快推进数据市场建设等措施。随后，《中共中央、国务院关于构建数据基础制度更好发挥数据要素作用的意见》（简称"数据二十条"）强调数据合规流通的重要性，与实体经济相结合推动实体经济发展。这一思路旨在推动数据市场发展，但需注意数据安全和隐私保护。

实用主义政策路径已在许多实践中取得成果，例如探索建立数据交易机构和其他数据交易中介机制。也有学者主张明确数据产权、数据所有权及数据隐私权等数据相关权利的界定，建立清晰的权责关系和明确的激励机制，以促进数据要素市场的健康发展。然而，针对大数据与一般物品的差异，蒋余浩（2017）指出数据公有产权和数据私有产权都含有"绝对产权"的性质，不符合大数据的特性。认为为数据要素进行"赋权"和"法律保护"可以保证不同主体的相关权益。周汉华（2023）提出了模糊数据产权的概念，主张采用责任规则来保护不同主体的相对权益，从而鼓励数据流动和使用，实现不同主体分享数据利益。王淑瑶等（2025）认为数据要素显著提升了供应链的韧性和安全性，尤其是在数字经济发展水平较高、环境不确定性较低的国有企业中表现出更强的赋能效果。

还有学者主张建立有利于公平竞争的数据生态环境。近年来针对巨型科技公司的反垄断监管在全球范围内掀起了一场新的运动，这一运动不再以消费者权益为中心，而是更强调从结构性角度审视企业规模问题——"企业的巨大规模就是一种诅咒"（Brown，2023）。邓崧等（2022）指出，中国在政策和制度上一直高度重视通过反垄断和公平竞争来构建良好市场环境的理念，最近的文献特别指出了公共数据垄断与商业数据垄断的区别以及相应的对策。蒋余浩和贾开（2024）结合昂格尔（Unger，2004）提出的动态权益保护机制、拓宽资源获取渠道、生产要素组合方式创新等"改变现状权"理念，指出广东省推出的"广东方案"，体现了"改变现状权"的制度创新，强调动态权益保护机制，避免大型科技平台的"赢者通吃"效应，改变了大型企业垄断现状，有助于推动数据共享式开放为中小企业和小农户提供信用担保。

四、我国数据开放现状

2012 年，上海建成了我国第一个数据开放平台，标志着数据开放利用工作在全国范围内逐步展开。近年来，各省份陆续完成数据开放平台的建设，数据开放利用水平不断提升。截至 2023 年 8 月，全国范围内已有 22 个省级和 204 个市级数据开放平台，开放数据数量和容量初具规模（郑磊和刘新萍，2024）。但是，我国尚未建立起完善的数据要素市场，截至 2020 年，各地的数据交易所已有超 14 家处于关停或半关停状态。贵阳大数据交易所作为最早建成的交易所，其对数据交易市场的预期也已由 2015 年的"预计未来 3 ~ 5 年，日交易额达 100 亿元"转变为"全年力争突破亿元"（王林，2022）。并且，我国数据利用率较低，全社会年均数据增长量达 40%，但是数据利用率的年均增长率却只有 5.4%（刘新萍等，2019）。目前的数据市场建设明显滞后于数字经济的发展现状，并逐渐成为我国市场体系的一块短板。

目前我国还缺少专门针对公共数据开放利用的法规政策。曾诗阳（2022）指出，法规政策是推进公共数据开放的法治基础和重要依据。没有完善的法规政策体系，公共数据开放工作就难以得到有效保障和规范，也难以得到公众的信任和支持。因此，我们需要进一步加强法规政策的研究和制定工作，为数据开放提供更加完善、系统、有力的法治保障。只有基础牢固，才能使数据开放走得远、走得稳。同时，也需要加强公众对数据开放的认知和理解，提高公众对数据开放工作的信任和支持，推动数据开放工作不断向前发展。

五、数据开放过程中存在的问题

（一）数据开放过程中的隐私泄露问题

数据开放过程中存在潜在隐私泄露风险已成为社会的广泛共识。首先，在用户数据收集方面，存在"信息不对称"的情况，用户往往在不知情的情况下被各类应用软件收集个人信息。孟小峰和张啸剑（2015）认为，在大数据的收集、集成融合以及储存、分析和解释过程中，均存在数据隐私安全问题。在数据收集的过程中，存在用户无"知情同意"权的情况，在数据融合和数据分析的过程中能够分析出大量个人数据，加大了数据隐私保护的困难，隐私风险巨大。孙卓和孙福强（2018）认为信息不对称导致用户承担更多隐私风险；用户与服务方无法实施法律意义的"知情同意"，互联网业务提供方多在用户不知情、无选择的情况下提供虚假不真实的信息，或在用户不知情的情况下出售隐私信息，并且认为如果用户在社交媒体过度披露展示自我则很难再要求绝对的隐私保护。

其次，不法分子可能采用不正当或非法手段对数据进行收集。毛典辉（2019）指出，在数据交互过程中，不法分子采取不当措施追踪、搜集甚至通过非法访问等手段窃取用户留在服务器上的数据信息，以牟取不正当利益；同时，也可能造成数据隐私泄露。王忠（2016）认为现实生活里，个人数据的控制权往往不在个人手中，并且个人数据具有巨大的商业价值，这使得隐私面临泄露的风险。尤其是企业，由于追求利润，企业可能会非法出售隐私信息，并且如果企业信息安全防护能力较低，可能会导致黑客入侵造成数据泄露。此外，企业内部管理不严也可能使员工有机会出售数据。

最后，市场上各类应用软件都在收集用户信息为自己所用，导致隐私侵害的发生。薛孚和陈红兵（2015）指出，数据挖掘通过反复分析数据发现其中的潜在价值，为组织提供决策支持，且不受数据所有者的控制，侵犯了数据所有者的隐私权。数据预测通过分析大量个人信息可以对个人未来的隐私信息进行预测，这些被预测的隐私直接影响到个人名誉和个人财产安全。李文才（2023）指出，企业在获取用户信息后，可能进行存储、使用、信息推送（当在电商平台搜索某种商品时，电商平台会根据搜索内容进行同类型商品的推送）、信息共享（当在某个保险公司咨询保险业务后，其他保险公司也对咨询者进行电话销售等情况）甚至是信息贩卖等行为，用户对于频频推送的广告不胜其烦；而超出法律边界的行为，如贩卖信息等行为，则侵犯了用户隐私并造成利益损害。何佳等（2022）研究了网络借贷平台数据指出，"芝麻信用分"作为信用评估工具，强制收集用户信息，增加了用户对信息披露的偏好成本；这种行为导致用户更倾向于提供更多信息以获得更高评分，从而引发挤入效应；此外，用户的披露行为受到环境影响，存在非理性成分，可能过度追求高"芝麻信用分"而忽视信息安全。在大数据时代，数据的收集、整合、关联等活动都依赖于各种技术手段。由于这些技术对个人数据的反复收集和关联分析，隐私安全面临着更大的风险（Belkin & Croft, 1992）。

（二）数据开放过程中的法律问题

数据开放过程中的法律问题主要可以分为两个方面：一方面公共数据开放缺少国家层面的法规保障；另一方面我国在数据开放过程中对于隐私权保护的法律不完善。在公共数据开放的法规保障方面，郑磊和刘新萍（2024）指出，各省份已经颁布了多种级别的法规政策，明确规定了数据开放的具体要求。然而，数据开放尚未有国家层面的专门立法规范，也未形成全国统一的数据标准规范。标准规范在数据开放制度建设中直接影响着开放数据的质量，对于推动和规范数据开放工作具有重要意义。王敏（2018）指出，尽管我国已经出台了一些关于网络安全和个人信息安全的法律规范，如《中华人民共和国网络安全法》《信息安全技术个人信息安全规范》等，但对个人隐私数据保护的法规还比较分散，需要加强相关法律法规建设，从法律层面加强隐私保护。

在隐私权法律保护方面，狄振鹏和姜士伟（2022）认为，数据开放共享在隐私保护方面存在法律体系滞后的风险问题；现行法律以促进经济和整合资源为主，缺乏对隐私权的保护细节；在保障国家安全、个人隐私安全方面缺乏完善的法律体系。刘子赫和申来津（2023）指出，在事前监管方面，我国虽有《关于加强网络信息保护的决定》《中华人民共和国数据安全法》《中华人民共和国网络安全法》《中华人民共和国民法典》等法律，但常态化监督缺失导致数据使用和收集不规范；在事后监管方面，我国缺少对数据侵权行为的监督管理，应该借鉴欧洲经验，加大对于隐私侵权行为的罚款力度，加强执法力度应对数据侵权挑战；并且我国面临多头监管与监管空白共存的问题，监管机制建设仍面临挑战。张晓娟等（2016）指出，我国政府在数据开放与数据隐私保护的过程中还存在立法层次低、立法权威性不足等问题，应从国家层面完善相关法律体系，并加大监管力度。

第二节　数据要素流通与隐私保护的协同关系研究

随着信息技术的迅猛发展，数据已经成为推动经济社会创新和发展的重要因素。然而，数据要素的流通与隐私保护之间存在着复杂的协同关系。一方面，数据的高效流通促进了信息的共享和价值的最大化，为各行业带来了前所未有的机遇；另一方面，大量敏感信息的流动也带来了隐私泄露的风险，这不仅威胁到个人和企业的安全，还可能引发社会信任危机。因此，如何在保障数据流通效率的同时，有效保护个人隐私，成为当前亟须解决的重要课题。本节将深入探讨数据要素流通与隐私保护之间的协同关系，分析当前实践中存在的问题，并提出相应的解决方案，以期为构建和谐的数据生态提供理论支撑和实践指导。

一、数据开放过程中的隐私保护

不同学者从数据隐私保护技术、完善法律政策和监管、加强个人隐私权利保护、技术和管理相结合以及加强个人数据保护意识等方面探讨了数据隐私保护。在数据隐私保护技术方面，路越（2019）指出，数据隐私保护旨在最小化隐私泄露风险并最大化数据利用价值，保持两者之间的平衡。蔡红云和田俊峰（2014）指出，在云计算中防止个人信息泄露是数据隐私保护的关键，在数据保护的过程中需要采用数据加密、访问控制和数据匿名化等信息技术；此外，法律法规的支持和监管也至关重要，同时个人也应提高数据隐私保护意识；只有综合多方面的努力，才能有效保护个人信息的安全，维护社会信任和法律道德的底线；在技术层面，需要利用如数据隔离、访问控制和加密存储来确保数据安全；同时，涉及数据的各种操作和管理也需要确保数据的完整性和隐私性。

首先，在法律政策和监管方面。伊萨克和汉纳（Isaak & Hanna，2018）指出，互联网上的数据收集、分析和应用已经对全球经济、思想交流和创新产生了深远的影响，他们呼吁技术专家、研究人员和创新者积极参与隐私政策的制定，以确保公民的隐私权得到保护，但隐私保护问题仍然远未得到解决。凯勒等（Keller et al.，2018）介绍了大数据和保险之间的关系。利用大数据分析可以显著降低保险成本，减少信息不对称，并使得保险公司根据个人数据更好地评估风险。然而，大数据也引发了对于隐私、个性化保险和竞争的担忧。保险公司必须根据个人数据的使用情况评估数据安全问题的影响，没有简单的"一刀切"解决方案。对于政策制定者和监管者来说，应该在数字化和数据安全中找到适当的平衡，建立灵活的监管框架。

其次，在个人隐私权利保护方面。霍维茨和穆利根（Horvitz & Mulligan，2015）探讨了人工智能在隐私和数据使用方面的挑战，认为大型数据分析威胁个人隐私，尽管有隐私法律规定，但在处理大量辅助性数据时往往不够有效，为保护个人隐私，需要开发新的技术和系统；他们结合欧洲隐私法关于透明度和公平性提出建议：法规需要强调个人的访问、准确性和纠正权利，并且提高数据处理透明度。

再其次，在技术与管理相结合方面。有学者针对大数据时代个人数据隐私安全问题进行研究，分析了中国数据隐私问题的原因，认为主要原因在于披露与保护之间的矛盾，并从技术和管理两个角度提出了建议：技术角度，未来的研究应关注系统技术与制度管理相结合，关注隐私私密性与数据可用性的动态平衡；法律法规的改进应该强调数据隐私作为基本人权具有信息性和数字化特征；管理角度应该将技术管理、系统管理和意识管理三个方面相结合，以促进数据隐私保护与数据开放性的平衡，提高媒体素养和个人品质，最终建立正确的隐私观和价值观（Wu & Chen，2022）。

最后，在加强个人数据保护意识方面，王璐瑶等（2019）研究了社交媒体中的数据隐私保护问题，研究建议平台运营商制定隐私披露与保护的管理制度，提高用户对隐私风险的感知和应对能力；同时用户应提高自己的互联网隐私素养，定期管理和维护账号的安全性。陈素白和韦娟（2024）研究了隐私侵犯经历对用户隐私保护意愿和倦怠感的影响，研究发现，隐私侵犯经历能正向影响用户对隐私的顾虑，但过多的隐私侵犯会导致用户产生情绪耗竭和倦怠感；隐私侵犯经历与隐私保护倦怠之间呈先上升后下降的倒 U 型关系，自我效能感削弱了隐私侵犯经历与隐私保护倦怠间的倒 U 型关系。

二、数据隐私保护技术

数据隐私保护技术包括数据匿名技术、数据加密技术、差分隐私以及区块链技术等。1998 年，萨马拉蒂和斯威尼（Samarati & Sweeney, 1998）提出了数据匿名化，是指在确认公开数据的真实性和可用性的条件下，将个人身份数据替换为无法直接识别的其他值，使数据与个人之间的联系无法识别，达到保护个人隐私的目的。如加密检验方法，将虚假信息添加到隐私字段中并使用其他算法进行加密，以使恢复原始数据更加困难。黄等（Huang et al., 2019）通过加密暗语方法（cryptographic salting）对一组来自中国台湾地区的电子收费数据进行数据匿名化。去识别化增强了隐私字段的安全性，混淆数据原始内容，但不改变原始数据，使隐私字段更难观察，却保持数据的一致性和可用性。

此外，数据加密技术进一步发展。彭宁波（2021）总结了云平台数据隐私保护采用的多种方法，包括 BSBC 法、分级加密、动态数据隐私密码机制、改进概率公钥加密、细粒度跨云访问控制机制、可搜索加密方案和安全外包计算技术等，这些方法共同保护云平台数据的安全和隐私。近年来，差分隐私技术在数据隐私保护过程中应用广泛。廖龙龙等（2013）指出，差分隐私通过添加干扰信息使原始数据失真，且添加干扰信息之后并不会影响最终的结果，隐私保护效果良好。朱悦（2024）指出差分隐私还具备两项优势：一是后处理无关性，即无需担心后续处理削弱个人信息的受保护程度；二是可组合性，可组合性意味着个人信息的受保护程度能够通过机制的设计和参数的取值来定量地管理、分配和审计。而区块链方式由于其无中心化特点也成为重要的数据隐私保护技术，通过将数据存储在多个节点上，并通过密码进行加密以保证数据的安全性（大数据战略重点实验室，2017）。区块链技术已从比特币交易拓展至金融、医疗以及保险等多个领域。

三、数据隐私保护实践困境

数据隐私保护困难主要是由于数据隐私边界难以界定、数据隐私损害难以衡量、我国数据隐私保护的相关法律法规不到位以及个人隐私保护意识薄弱等原因。

首先，对于数据隐私边界。邹东升（2018）指出个人隐私界定的复杂之处在于：政府收集个人数据后，会对个人信息进行匿名化处理，处理后的数据不再具有个人属性，不受数据保护法保护；只有当信息被认为是个人信息时，数据才会受到保护。李惊雷和崔明利（2023）指出，数据的边界和隐私保护强度紧密相连；有些数据的边界具有强制性的要求，边界非常清晰，但是对于保护强度较弱的个人信息，数据的边界具有一定的弹性，或者说界限具有一定的模糊性。田新玲和黄芝晓（2014）指出，云端数据共享平台缺乏物理隔离，隐私数据与公共数据混杂，规模庞大，保护范围难以界定，易导致技术性泄露，远端存储涉及复杂网络链路，增加了用户数据安全隐患。

其次，在数据隐私侵害难以衡量方面。杨祖卿（2023）指出，传统的竞争违法行为常常造成有形经济损害，比如消费者因不公平价格行为支付过高；而在数字市场中，消费者数据隐私受侵犯造成的损害是非经济性的、无形的，使隐私损害难以评估和量化，如消费者因隐私数据被过度收集而感到不安；消费者很难证明自己因隐私侵害而遭受了经济损害。

再其次，在数据隐私保护法律不到位方面。杨祖卿（2023）指出在我国反垄断法体系下，由于法律没有直接规定反垄断执法机构无须证明损害后果，故仍然存在难以将侵害数据隐私利益造成的无形非经济损害纳入分析的困境；欧盟法律对数据隐私保护程度相对较高，消费者无需证明经济损害。王天琦（2024）指出，在目前我国政府数据开放中，个人隐私受到侵犯后的赔偿机制还存在诸多缺陷；在《中华人民共和国政府信息公开条例》中，第五十一条规定的投诉、举报、行政复议和行政诉讼等法律手段，无法适应政府数据开放中个人隐私保护的需求。承上（2023）指出数据隐私保护与反垄断监管冲突明显，尽管目标一致，但实际操作中两者常产生矛盾，容易产生顾此失彼的情况。

最后，在个人隐私保护意识薄弱方面。个人隐私保护的重要阻碍因素是隐私保护意识的缺乏；社交网络提供了在线展示和实时分享的机会，但许多人更注重被关注，导致隐私泄露；除了外部保护措施，个体也需要提高隐私保护意识，珍惜并尊重自己的隐私权，以维护自身权益（Jacobs，2013）。

第三节　社交媒体数据要素流通的
维度指标建模分析

在数字化迅猛发展的今天，社交媒体已成为人们日常生活中不可或缺的一部分，同时也成为企业、政府、学术研究机构等各领域获取信息与进行互动的重要平台。从最初的文字分享、图片传递，到如今的视频直播、即时通信，社交媒体的发展不断推动着信息传播的速度和广度。社交媒体所产生的庞大数据，蕴含着丰富的个体与群体行为信息，为研究者分析用户特征、社交网络结构以及信息流通提供了强大的数据支持。因此，深入理解社交媒体数据要素的流通，并对其进行指标建模，已成为当今社会科学研究中的一项重要任务。社交媒体数据的流通涉及多个维度，其中包括数据的生成、传播、使用和反馈等环节。每个环节都充满了复杂的互动关系，同时也受到技术、社会和文化等多因素的影响。在数据生成方面，用户在社交媒体上的每一次互动、每一条评论、每一张照片都会产生大量的数据，而这些数据在不同平台之间的流通又受到了多种因素的制约，包括用户的隐私设置、算法推荐机制以及社交网络的特征等。信息的传播不仅是数据的简单转发，其背后更是社交关系的建立与重塑。因此，社交媒体的数据流通不仅要考虑信息内容本身，还必须分析用户在信息传播过程中扮演的多重角色。

为了有效分析社交媒体数据要素的流通，需要构建一套科学、系统的指标体系，不仅需要涵盖数据流动的各个维度，还应注重反映不同用户群体的特征和需求。比如，在商业领域，企业可能更加关注数据流通对品牌传播和用户转化的影响，而在公共政策领域，政府则可能更在意社交媒体数据流通对公共舆论生成和民意监测的作用。因此，在指标设定时，必须充分考虑应用场景的多样性与复杂性，力求通过量化的方式，为决策者提供数据依据。在社交媒体数据要素流通的维度指标建模过程中，必须采用多种研究方法的结合，包括定性与定量分析、案例研究与实验设计等。在定量研究方面，数据挖掘和机器学习等技术可以帮助识别用户在社交媒体上的行为模式和偏好，进而量化数据流通效率。定性研究则能够深入理解用户的使用动机、心理需求及其背后的社会文化背景。此外，随着社交媒体平台的不断变化与更新，社交媒体数据的流通特征也随之发生动态变化。这就需要不断监测和分析新兴社交媒体平台上的用户行为及数据流通特征，及时调整和优化指标体系，以适应不断变化的社交媒体环境。这一过程不仅体现在指标的扩展与细化上，还涉及对新技术、新媒体形式对数据流通的影响。

本节将从多个维度对社交媒体数据要素流通进行深入分析，旨在通过系统的指标建模方法，探讨社交媒体数据流通的内在机制、特征与趋势。

一、社交媒体数据要素流通的维度指标

在研究社交媒体数据要素流通时，建立一套系统的维度指标是十分必要的。这样的指标体系不仅能帮助研究者深入理解数据流通的机制与特征，还能为相关的实践提供科学依据。

（一）数据类型

在社交媒体中，数据的类型可以分为多种，每种类型的数据在流通过程中具有不同的特性和用途。

1. 用户生成内容

用户生成内容（UGC）是指用户在社交媒体平台上发布或生成的各种形式的内容。这些内容通常具有高度的个性化，并能反映用户的观点、情感和生活。UGC可以进一步细分为三类。（1）文本内容：包括用户的状态更新、评论、帖子等。这类内容往往具有高度的即时性，能够反映用户对某一事件的实时反应。（2）图片：用户上传的照片及其附带的说明文本。图片内容具有很强的视觉吸引力，可以更直观地传递情感和信息。（3）视频：短视频或直播内容日益成为社交媒体的重要组成部分。视频不仅能够展示复杂的信息，还能通过声画结合提供更丰富的用户体验。

2. 元数据

元数据是对用户生成内容的附加信息，通常用于描述和管理数据。有效的元数据可以帮助平台更好地组织和推送内容。元数据的主要类型包括三种。（1）位置信息：用户发布内容时的地理位置。这可以帮助分析用户

的地域分布与兴趣偏好。（2）设备信息：用户使用的设备类型，包括手机、平板、电脑等。这类信息能反映用户的使用习惯与平台特性。（3）时间戳：记录内容发布的时间。这是分析数据流动及其时效性的重要依据。

3. 行为数据

行为数据指用户在社交媒体平台上的各种互动行为。这些数据能够揭示用户的兴趣、喜好以及社交网络的动态。行为数据的具体类型包括四种。（1）点赞：用户对内容的初步认可，点赞数据可以帮助平台判断内容的受欢迎程度。（2）评论：用户对内容的反馈与讨论。评论不仅反映用户对内容的看法，还可能揭示用户之间的互动关系。（3）分享：用户将内容分享给其他用户，分享行为是内容传播的重要途径。（4）浏览记录：记录用户查看过的内容，浏览数据可以用于个性化推荐和广告投放。

（二）数据来源

社交媒体数据的来源多样，主要可以分为内部数据和外部数据。

1. 内部数据

社交媒体平台自身生成和收集的数据，包括用户注册信息、行为记录、互动数据等。这类数据通常具有较高的准确性和完整性，能够反映平台整体用户行为。（1）用户注册信息：用户在平台注册时填写的个人资料，包括姓名、性别、年龄等。这些信息对于用户行为分析、市场调研等具有重要意义。（2）平台活动记录：包括用户的登录时间、活跃度、使用时长等。这些信息可以帮助平台分析用户黏性与留存率。

2. 外部数据

外部数据是指通过合作、购买等方式从第三方获取的数据。这类数据的利用可以为平台补充更多维度的信息，增强数据分析的深度与广度。外部数据主要来源包括：（1）合作伙伴数据。平台与其他企业或机构形成数据共享协议，可获得用户在其他平台的行为数据。（2）公开数据集。这是从公开渠道获取的数据，例如政府发布的统计数据、社交媒体上的开放数据等。

（三）数据用途

社交媒体数据的流通和利用具有广泛的应用场景，这些场景可以在多个领域产生重要影响。

1. 营销和广告

社交媒体数据在营销和广告中的应用日益普遍。通过对用户行为的分析，企业可以实现个性化推荐和精准广告投放。个性化推荐是指基于用户的历史行为和偏好，推荐符合用户兴趣的内容或产品，从而提高用户的参与感和满意度。广告投放是指通过分析社交媒体上的用户群体特征和行为数据，企业可以更加高效地进行广告投放，提升广告的转化率和投资回报。

2. 产品优化

社交媒体数据不仅可以用于营销，还可以为产品的改进和优化提供宝贵参考。一方面，通过社交媒体渠道收集用户对产品的反馈，分析用户的痛点与需求，可以指导产品设计和功能改进；另一方面，竞品分析：通过监测竞争对手在社交媒体上的表现，了解市场动态，为自己的产品定位提供依据。

3. 用户研究

社交媒体数据的流通也为用户研究带来了新的机遇，从而改善市场调研的质量和效率。

（1）用户行为分析：通过对用户在平台上的行为数据进行分析，研究用户的使用习惯、消费行为及其背后的动机。

（2）市场调研：利用社交媒体数据收集用户意见和反馈，进行市场趋势分析，帮助企业制定更有效的市场策略。

（四）数据共享方式

社交媒体平台在数据流通中采用多种共享方式，这些方式关系到数据的安全性与有效利用。

1. 内部共享

内部共享是指在同一平台或公司内部不同部门之间共享数据。这种共享方式能够提高数据使用效率，实现资源的优化配置。一方面，各部门可以在数据共享的基础上，开展联合调研与分析，提高决策的科学性。另一方面，将不同部门收集的数据进行整合，形成全方位的用户画像，支撑企业的整体战略目标。

2. 外部共享

外部共享是指与合作伙伴、第三方企业或机构共享数据。这种共享方式通常涉及数据隐私和合规性问题。

（1）合作发展：通过与其他企业共享数据，形成互惠互利的合作关系，共同开发新市场。

（2）行业标准：在行业内推动数据的共享和开放，促进行业的整体发展与竞争力的提升。

（五）数据隐私保护

在社交媒体数据流通的过程中，数据隐私和安全问题愈发重要。企业必须采取有效措施来保护用户隐私。

1. 数据加密

数据加密是保护用户隐私的重要手段。通过对敏感数据进行加密处理，能够有效防止数据在传输和存储过程中被非法访问。

（1）传输加密：在数据传输过程中采用 SSL、TLS 等加密协议，确保数据在网络上安全传输。

（2）存储加密：对存储在数据库的用户敏感信息进行加密，防止数据泄露。

2. 数据匿名化

数据匿名化是指在处理个人数据时去除明显身份标识的信息，以减少隐私泄露的风险。

（1）去标识化处理：通过去除用户的身份信息或用虚拟身份替代，降低数据被追溯的可能性。

（2）聚合数据分析：将个人数据聚合为群体数据，进行统计分析，避免使用者的隐私被单独暴露。

3. 数据访问控制

数据访问控制是指通过权限管理来控制数据的访问和使用，确保只有授权用户才能访问特定数据。

（1）身份验证：通过用户认证（如密码、双重认证等）确保只有合格的用户才能访问数据。

（2）权限管理：制定清晰的数据访问权限策略，确保各部门和人员的访问权限适应其工作需要，防止数据的滥用与泄露。

（六）数据质量

数据质量是影响社交媒体数据流通效率与效果的重要因素。高质量的数据不仅能够提高分析和决策的准确性，还能增强用户体验。

1. 准确性

准确性是指数据反映真实情况的程度。确保数据的准确性是社交媒体平台进行数据分析的基础。

（1）数据校验：在数据录入和处理的过程中，进行数据校验，防止错误数据的产生。

（2）定期审计：定期对数据进行审计检查，及时发现和纠正数据中的错误与不一致。

2. 完整性

数据的完整性是指数据集合中是否包含所有必需的信息。在社交媒体数据流通中，数据的完整性直接影响后续分析的深度。

（1）缺失值处理：对缺失数据进行合理处理，使用填补、删除或其他方法来弥补数据的缺失部分。

（2）数据整合：在整合多源数据时，要确保每个数据源中的信息都能够完整融合，形成统一的数据库。

3. 及时性

及时性是指数据反映情况的时效性。在快速变化的社交媒体环境中，及时更新数据至关重要。

（1）实时监测：通过实时监测工具，跟踪用户行为及内容更新，确保数据的实时性与准确性。

（2）定期更新：建立定期更新的机制，确保历史数据能够随着新数据的产生而被及时更新与维护。

社交媒体数据要素流通的维度指标构成了一个复杂的体系，涵盖了数据类型、数据来源、数据用途、数据共享方式、数据隐私保护和数据质量等多个方面。这一维度指标体系不仅为社交媒体研究提供了理论框架，同时也为企业的实际运营、产品优化和市场研究等多个领域提供了坚实的基础。

二、基于直觉模糊的数据要素流通评价

直觉模糊数学模型是一种适用于处理不确定性和模糊性问题的数学方法。它可以用来分析社交媒体数据要素流通的各个维度指标。

1. 直觉模糊集的定义

一个直觉模糊集 A 在某个论域（X）上定义为：$A = \{\langle x, \mu_A(x), \nu_A(x) \rangle \mid x \in X\}$。其中，$\mu_A(x)$ 和 $\nu_A(x)$ 分别表示 x 属于 A 的隶属度和非隶属度，并且满足 $0 \leqslant \mu_A(x) + \nu_A(x) \leqslant 1$。

2. 模糊综合评价

本书提出可以利用直觉模糊综合评价法对社交媒体数据要素流通的各个维度指标进行评价。

步骤一，建立评价指标体系。假设有 n 个评价指标，分别为 E_1，E_2，…，E_n。

步骤二，构建直觉模糊判断矩阵。设 m 个专家对 n 个指标进行评价，构建直觉模糊判断矩阵 R：$R = \{r_{ij}\}$。其中 $r_{ij} = \langle \mu_{ij}, \nu_{ij} \rangle$，表示第 i 个专家对第 j 个指标的评价。

步骤三，计算指标权重。可以采用层次分析法（AHP）或熵值法等方法计算各指标的权重 $W = (w_1, w_2, …, w_n)$。

步骤四，计算综合评价值。综合评价值 S 由式（2-1）计算：

$$S = W \times R = \left(\sum_{j=1}^{n} w_j \mu_{ij}, \sum_{j=1}^{n} w_j \nu_{ij} \right) \qquad (2-1)$$

其中，$\sum_{j=1}^{n} w_j \mu_{ij}$ 和 $\sum_{j=1}^{n} w_j \nu_{ij}$ 分别表示综合隶属度和非隶属度。

3. 实例分析

本书以某社交媒体平台的数据要素流通为例，进行直觉模糊综合评价。

（1）假设的评价指标体系：E_1 表示数据类型的丰富度；E_2 表示数据来源的多样性；E_3 表示数据用途的广泛性；E_4 表示数据共享方式的安全性；E_5 表示数据隐私保护的有效性；E_6 表示数据质量的可靠性。

（2）构建直觉模糊判断矩阵 R（假设三位专家对六个指标作出评价）：

$$R = \begin{bmatrix} \langle 0.8,0.1 \rangle & \langle 0.7,0.2 \rangle & \langle 0.9,0.05 \rangle & \langle 0.85,0.1 \rangle & \langle 0.75,0.15 \rangle & \langle 0.9,0.05 \rangle \\ \langle 0.7,0.2 \rangle & \langle 0.8,0.1 \rangle & \langle 0.85,0.1 \rangle & \langle 0.9,0.05 \rangle & \langle 0.8,0.1 \rangle & \langle 0.85,0.1 \rangle \\ \langle 0.75,0.15 \rangle & \langle 0.8,0.1 \rangle & \langle 0.9,0.05 \rangle & \langle 0.85,0.1 \rangle & \langle 0.8,0.1 \rangle & \langle 0.9,0.05 \rangle \end{bmatrix}$$

$$(2-2)$$

（3）计算各指标的权重 W，假设权重为：

$$W = (0.2,0.15,0.25,0.1,0.2,0.1) \qquad (2-3)$$

（4）计算综合评价值 S：

$$S = W \times R = (0.8,0.15) \qquad (2-4)$$

因此，上述综合评价结果显示综合隶属度为 0.8，综合非隶属度为 0.15。

4. 结果分析与建议

根据综合评价结果，该社交媒体平台的数据要素流通总体上较为顺畅，但在隐私保护和数据共享安全性方面仍需进一步加强，故提出三大建议。（1）加强数据隐私保护。社交媒体企业需要实施更严格的数据加密和访问控制措施，提升用户对平台的信任。（2）优化数据共享机制。媒体企业需要建立安全可靠的数据共享协议，确保数据在社交媒体共享过程中的安全性和合规性。（3）提升数据质量管理。加强数据治理，确保数据的准确性、完整性和及时性，提高数据流通的可靠性。

通过直觉模糊数学模型的分析，可以对社交媒体数据要素流通的各个维度进行全面评价，识别存在的问题并提出改进建议，从而推动数据流通的健康发展。

第三章 社交媒体数据要素流通的内涵和影响因素

在数字化时代，数据已成为各行业的核心驱动力，对经济、社会和产业发展至关重要。数据驱动的决策和业务已成为企业竞争的关键，带来了更高效、更快速的成长和更强的市场地位。数据要素流通是数据在产生、交换、加工和应用等过程中的动态变化，包括采集、存储、治理、加工和使用等环节。随着大数据、人工智能和云计算等技术的迅速发展，数据要素流通的价值日益凸显，数据不再被动地收集和存储，而是成为一个持续流动的资源。数据要素流通涉及整合、转换和分析，使数据更具实时性、可靠性和可用性。通过数据要素流通，企业可以更好地了解市场趋势、预测客户需求、优化产品和服务，并实现更高效的运营和管理。数据要素流通也对个人和社会产生着深远影响。2022年以来，《中共中央 国务院关于构建数据基础制度更好发挥数据要素作用的意见》《"数据要素×"三年行动计划（2024－2026年）》《企业数据资源相关会计处理暂行规定》等政策文件陆续发布，各项举措并行探索下，我国进入了数据要素流通发展的萌芽和探索期。个人可以通过共享自己的数据要素获得个性化服务，更好地掌握自己的数据权益。在社会层面，数据要素流通促进信息共享和协作，推动科技创新和社会进步。根据国家工信安全发展研究中心测算的数据，2021年我国数据要素市场规模已达到704亿元，预计"十四五"期间市场规模复合增长率超过25%，2025年数据要素市场达到1749亿元（见图3－1），数据要素市场整体进入快速发展阶段。

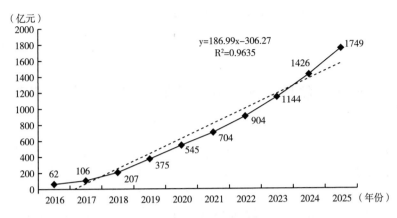

图3-1　2016～2025年中国数据要素市场规模

资料来源：国家工信安全发展研究中心。

　　从社交媒体层面来看，社交媒体数据要素流通的内涵涉及社交媒体平台上各种信息、内容和数据在用户之间或用户与平台之间传递和交换的复杂过程。这些数据要素包括文字、图片、视频、链接等形式的信息，它们不仅是信息传播的载体，也是社交网络形成与演化的基础。社交媒体数据要素的流通方式直接影响信息的传播效果、社交关系的建立和维系，以及用户间的互动模式。同时，社交媒体数据要素流通受多方面因素的影响。技术因素是其中之一，包括平台的算法设计、数据处理和存储技术，以及网络传输速度等。用户因素同样至关重要，用户的行为习惯、兴趣爱好和社交关系都会影响他们在社交媒体上的信息传播和接受度。此外，内容因素如内容的质量、话题的热度、情感倾向等也在塑造着信息的传播效果。而平台的政策和外部环境，如政治、经济和文化因素，则进一步影响着社交媒体数据要素的流通方式与规律。

　　社交媒体数据要素流通对个人、社会和商业领域都具有深远影响。在个人层面，它改变了信息获取的方式，拓展了社交圈子，提高了个人的社交参与度，但也可能导致个人隐私暴露和信息泛滥等问题。在社会层面，社交媒体数据要素的流通加速了信息传播速度和范围，推动了舆论和社会事件发展，但也带来了信息碎片化和舆论造势等挑战。在商业领域，社交媒体数据要素流通为企业提供了广阔的营销渠道和用户数据分析手段，但也带来了竞争加剧和信息失真性等问题。

因此，深入了解社交媒体数据要素流通的内涵和影响因素，有助于更好地理解社交媒体在当今社会的作用和影响。

第一节　数据要素流通的内涵、过程及模式构建

随着信息技术的发展和企业数字化转型的深入，数据已成为推动社会经济发展的生产要素之一，与传统的生产要素如土地、劳动力和资本一起形成以数据为核心的新型生产关系。在这一背景下，数据流通不仅仅是信息的传递，更是资源的有效配置和创新能力的提升。因此，研究数据要素的流通概念及其特征尤为重要，有助于我们理解数据在现代经济社会中的价值作用及其潜在影响。数据要素流通是指数据在不同主体之间的传递与交换过程。这一过程涉及数据的生成、存储、共享、使用和反馈等多个环节，贯穿于数据生命周期的各个阶段。在数字经济背景下，数据的流通打破了传统信息传播的界限，形成了全新的数据生态系统。特别是在社交媒体、电子商务、物联网等领域，数据要素的流通充分展现了其独特的经济价值与社会意义，成为推动技术革新和商业模式变革的重要动力。从经济学的角度来看，数据要素流通具有诸多特征。首先，数据的易复制性使得其交换成本显著降低，促进了数据的快速流通与普及。其次，数据具有网络效应，用户在使用数据的过程中，数据本身的价值会随着使用者的增多而不断提升。这种特性在社交媒体平台、在线服务等领域得到了充分体现，用户的参与与互动为数据流通注入了活力。同时，数据流通还具有实时性特征，数据能够在瞬息万变的市场环境中被迅速获取、分析和应用，从而支持企业及时决策和响应市场变化。然而，数据要素流通的特征并非只有正面的影响。随着数据流通的加速，隐私泄露、数据安全等问题也随之显现，数据治理成为亟待解决的难题。如何平衡数据流通的效率与安全性，确保数据价值的同时保护用户隐私，成为当前研究的重要方向。此外，不同国家和地区在数据流通的政策法规、文化背景和市场环境上存在较大差异，这也为数据流通的国际化带来了诸多挑战。

一、数据流通的内涵、过程与前景

在5G、物联网、人工智能和区块链等新技术的推动下，数据的生成和流通将达到前所未有的规模和速度，这将继续推动商业模式和社会结构的转型。同时，数据隐私保护和数据安全也将是未来数据流通中不可忽视的问题。随着人们对个人信息保护意识的提升，建立健全数据流通的法律法规体系，将成为各国政府和企业面临的重要任务。如何在实现数据流通效率与保护用户隐私之间找到平衡点，将是今后发展的重要课题。数据要素流通作为数字经济时代的重要组成部分，关乎社会经济的各个领域，其概念和特征的研究将为更好地利用数据推动社会进步、实现可持续发展提供基础性理论支持与实践指导。

（一）数据要素流通的基本定义

1. 数据要素流通的含义

数据要素流通是指在社交媒体平台上各种信息、内容和数据在用户之间传递、交换和分享的过程。这一定义涵盖了社交媒体平台作为信息传播和社交互动的载体所具有的基本属性和功能，是社交媒体生态系统中至关重要的一环。数据要素流通的含义不仅仅是简单的信息传递，而是涉及信息内容、用户行为、传播路径等多个方面，具有深远的意义和影响。

首先，数据要素流通包括了信息的发布、转发、评论等行为。在社交媒体平台上，用户可以通过发布信息的方式向其他用户传递自己的观点、想法和信息，同时也可以通过转发、评论等方式参与到他人发布的信息中，形成信息的交流和传播。这种信息的流通过程不仅是用户之间进行信息交流和社交互动的方式，也是社交媒体平台实现信息传播和影响扩散的重要途径。其次，数据要素流通涉及数据要素在平台内部和跨平台之间的传播和交流。在社交媒体平台上，用户可以在同一平台内进行信息的传递和交流，也可以将信息分享到其他社交媒体平台上，实现跨平台的信息传播。这种跨平台的信息流通不仅扩大信息的传播范围，也促进了不同平台之间的信息交流和互动，形成了一个复杂而庞大的社交媒体生态系统。此外，数据要素流通还包括了信息在传播过程中的动态变化和演化。在社交媒体平台上，信息的产生、传播和消亡是一个动态的过程，受到外部环境和用户行为的影响。用户可能会受到突发事件、个人情绪、社交关系等因素的影响而产生信息发布行为，而话题的热度和流行程度也可能会受到外部环境、媒体报道等因素的影响而产生变化。因此，数据要素流通的过程是一个动态变化的过程，需要不断地进行监测和分析。

数据要素流通的含义还涉及信息的多样性和交互性。在社交媒体平台上，用户可以通过文字、图片、视频等多种形式发布信息，涵盖各种主题和话题，包括新闻、娱乐、科技、体育等各个领域。同时，用户之间的信息流通是双向的，不仅可以接收他人发布的信息，也可以通过转发、评论等方式参与到信息的传播和交流中。这种信息的多样性和交互性促进了社交媒体平台上信息的丰富性和活跃性，也为用户之间的社交互动提供了更多的可能性。可见，数据要素流通涵盖了信息在社交媒体平台上的传播、交流和演化过程，是社交媒体平台作为信息传播和社交互动的载体所具有的基本属性和功能的体现。数据要素流通不仅是用户之间进行信息交流和社交互动的重要方式，也是社交媒体平台实现信息传播和影响扩散的重要途径，对于理解社交媒体平台的运行机制和用户行为具有重要意义。

2. 数据要素流通的过程

（1）数据的生成。数据生成是数据流通的起点，涉及用户在日常活动中所产生的数据。这类数据可以是用户在社交平台上的动态发布、购物行为、互动评论等，涵盖了个人和组织在各类场景下的行为记录。随着数据生成方式的多样化，以及用户参与度的提高，数据量呈几何级数增长。这种规模效应不仅提升了数据的多样性，也为后续的数据分析提供了丰富的素材。

（2）数据的存储。数据一旦生成随即进入存储环节。现代社会的数据存储方式已从传统的本地存储向云计算和分布式存储转变。云存储不仅能降低数据存储成本，还提升了数据访问的便捷性和灵活性。数据存储和管理涉及大数据存储技术、数据库管理系统等信息技术应用，以确保数据在高并发访问和大规模存储中的安全与有效性。

（3）数据的共享。数据共享是数据流通的重要环节，它旨在实现数据价值的最大化。企业之间、机构与用户之间的数据共享，可以促进资源的整合与创新，从而提高市场的运行效率。数据共享循序渐进，涉及数据开源、数据市场、数据合作等形式。为了确保数据共享的顺利进行，还需要建立合理的数据治理机制，明确数据共享所需的隐私保护、合规性和安全性等标准。

（4）数据的应用。数据的流通最终目的在于应用，数据分析、数据挖掘和数据建模等方法，可以为决策提供可靠依据。企业通过数据分析，识别市场趋势、挖掘用户需求和优化业务流程，在竞争中获得优势。随着人工智能和机器学习的快速发展，数据应用的领域不再局限于传统行业，已扩展到金融、医疗、交通、教育等众多领域，为各行各业注入了新的活力。

（5）数据的反馈。数据流通的循环过程最终以反馈环节结束。通过数据反馈机制，用户和消费者的意见或建议能够反馈至数据生成环节，促进数据源的改进与完善。同时，反馈数据在商业决策中也至关重要，企业在推广新产品或服务时，需通过用户的反馈数据不断调整产品策略和市场策略，确保持续适应用户变化的需求。数据流通的特征可以从多个维度进行分析，包括易复制性、网络效应、实时性、动态性以及不对称性等。这些特征共同构成了数据流通的独特性质，影响着其在社会经济发展中的角色与作用。

（二）数据要素流通的产业意义

从产业角度来看，数据流通对提升企业竞争力、促进创新、优化供应链管理等方面都发挥着至关重要的作用。其运营模式在于 M×N 的数据运营网络中，数据提供者通过与数据运营方合作，持续提供数据价值服务的过程。

1. 提升企业竞争力

在当今竞争激烈的市场环境中，企业的成功离不开对数据流通的有效管理。通过优化数据流通链条，企业可以快速获取市场信息，分析用户行为，识别市场趋势，从而实现对竞争对手的战略调整。数据流通使得企业能够以数据为基础进行决策，制定更符合市场需求的产品和服务，从而提升企业在市场中的竞争力。

2. 促进创新

良好的数据流通环境能够促进知识的共享与联结，不同主体之间的数据交流为技术创新和商业模式创新提供灵感和资源。这种创新不仅限于产品和服务的提升，更体现在业务流程、运营模式和市场拓展等方面。企业通过不断整合外部数据与自身数据，实现新技术的开发和应用，推动整个行业的创新升级。

3. 优化供应链管理

在供应链管理中，数据流通的提升可以有效提高供应链的敏感性和响应速度。通过实时数据流动，相关企业能够实时掌握市场需求、库存情况及物流状态，快速调整生产计划和配送方案，降低库存成本，提高运营效率。此外，数据流通还可以增强供应链各环节协同，优化资源配置，提升供应链整体韧性和抗风险能力。

（三）数据要素流通带来的现实困境

移动社交媒体在现代社会中扮演着重要的角色，为人们提供了便捷的沟通交流平台。然而，移动社交媒体数据流通的模糊性以及隐私边界的不明确性给用户隐私保护带来了现实的困境，如何在数据流通与隐私保护之间取得平衡成为亟待解决的问题。为了深入探讨这一问题，我们需要对比分析国内新浪微博、腾讯微信与国外脸书以及 X 平台等代表性社交媒体平台的隐私条款差异性，以便更好地了解各平台在隐私保护方面的政策和措施，并从中汲取经验教训，为未来的隐私保护标准和政策制定提供参考。首先，我们来看国内的两大主流社交媒体平台：新浪微博和腾讯微信。新浪微博是中国最大的微博平台之一，其隐私条款着重强调用户数据的保护和隐私权利，包括用户数据的收集、存储、使用和分享等方面。新浪微博在隐私条款中规定用户有权控制自己的个人信息，并对第三方获取用户信息设定了明确的限制和规范。相比之下，腾讯微信在隐私条款中也强调用户数据的保护和隐私权利，但在具体政策上可能有所不同，例如在用户数据使用范围或第三方数据分享方面存在差异。另外，国内社交媒体平台在隐私保护方面受中国相关法规和监管政策的制约，这也会影响其隐私条款的内容和执行。

接着，我们将目光转向国外的社交媒体巨头——脸书和 X 平台。这两家公司在全球范围内拥有庞大的用户群体，其隐私条款设计与执行也备受关注。脸书作为全球最大的社交网络平台之一，其隐私政策内容十分复杂，涵盖了用户数据的广泛应用及分享情况。脸书致力于为用户提供个性化的服务，但也面临着隐私泄露和滥用的批评。相较之下，X 平台在隐私政策上更加注重用户信息的保密性和私密性，对用户数据的使用和分享设置了更为严格的限制，并对第三方应用程序的接入进行了严格管控，以确保用户数据的安全性和隐私保护。

通过对新浪微博、腾讯微信、脸书和 X 平台四家社交媒体平台的隐私条款进行对比分析，可以发现，不同平台在隐私保护政策的设计和执行上存在一定的差异。在数据流通和隐私保护方面，每家平台都有其独特的制度安排和政策偏好，这反映了其在用户数据处理和隐私保护方面的理念和重视程度。同时，随着全球数据保护意识的不断提升和法规标准的日益完善，社交媒体平台在隐私政策设计中也在不断调整和优化，以满足用户对隐私保护的需求和期望。在这种背景下，为了更好地处理移动社交媒体数据流通和隐私保护之间的关系，需要从多维度入手，包括技术、法律、伦理等方面的考量。首先，社交媒体平台需要加强对用户数据的收集、存储和使用管理，确保用户数据得到充分保护和合法合规处理。其次，政府部门在数据保护立法和监管方面也需要加大力度，促使社交媒体平台遵守相关法规和规定，保障用户隐私权益。最后，用户自身也需要增强隐私意识，掌握个人信息的控制权和保护方法，在使用社交媒体平台时保持警惕和谨慎，避免个人隐私泄露和数据滥用的风险。

二、数据要素流通的特征分析

数据要素流通的特征分析是对社交媒体平台上各种信息、内容和数据在传递和交换过程中所具有的特点进行深入研究和描述的过程。

（一）数据要素的多样性和复杂性

数据要素的多样性和复杂性是指社交媒体平台上各种信息、内容和数据在传递和交换过程中所具有的丰富多样性和复杂性。这一特征涉及数据要素的形式、内容以及彼此之间的关联关系，对于理解社交媒体数据的本质及其传播方式至关重要。首先，数据要素的多样性体现在其形式和内容的多样性上。在社交媒体平台上，数据要素可以以文字、图片、视频、链接等多种形式存在。文字可以是简短的文字消息、长篇的文章或评论，图片和视频则可能包含各种主题和风格的视觉内容,链接则是指向外部资源或其他社交媒体内容的指针。这种多样性使得用户在社交媒体上能够以更加丰富的方式表达自己的观点、情感和体验,也为社交媒体平台提供了更加多元化的内容。

其次,数据要素的复杂性主要体现在其内容的丰富性和相互关联的复杂性上。社交媒体上的数据要素不仅仅是简单的信息载体,还包含着丰富的语义和情感信息。文字信息可能包含着不同的语言风格和情感色彩,图片和视频则可以传达更加生动的视觉信息和情感表达。此外,数据要素之间还存在着复杂的关联关系,比如一条文字消息可能会附带图片或链接,不同用户发布的内容可能会互相引用或转发,这些关联关系构成了社交媒体上庞大的信息网络。

在研究数据要素的多样性和复杂性时,可以采用多种方法和技术来进行分析和描述。首先,可以通过数据挖掘和文本分析技术对社交媒体上的数据要素进行提取和分类,以便进一步分析其特征和关联关系。例如,可以利用自然语言处理技术对文字信息进行分词、情感分析等处理,对图片和视频进行图像识别和内容分析。其次,可以利用网络科学的方法来研究数据要素之间的关联关系和网络结构,如社交网络分析和复杂网络分析等。通过这些方法和技术,可以更加全面地理解社交媒体数据要素的多样性和复杂性,为进一步研究其传播方式和影响机制提供理论基础和方法支持。

此外,数据要素的多样性和复杂性也对社交媒体的管理和应用提出了挑战。在社交媒体平台管理中,需要设计和优化算法和系统,以更好地处理和展示各种形式的数据要素,提升用户体验和信息传播效果。在社交媒体数据分析和应用中,需要开发和应用更加智能和高效的技术和方法,以挖掘和利用数据要素中蕴含的丰富信息和价值。

(二)数据要素流通的特征

1. 易复制性

数据的易复制性是指在数字环境中,数据可以在不影响原始数据的基础上进行无限复制。这一特性降低了数据的传播成本,促进了信息的快速流通与广泛传播。在社交媒体平台上,用户可以轻松转发他人的帖子或者分享信息，通过转发行为，数据迅速扩散至更广泛的受众。与传统商品的稀缺性不同，数据的丰富性和可再生性使其在经济活动中获得了新的价值。

2. 网络效应

网络效应是指数据价值随用户数量的增加而不断提升。在社交媒体和在线平台中，用户的参与越多，平台所能获取的数据量越大，从而形成良性循环。例如，在线购物平台的用户评价数据，能够吸引更多消费者浏览和购物，同时这些新用户的购买行为又为平台生成新的数据，进一步提升了平台的服务质量。这种网络效应使得数据流通不仅是个体行为的简单累积，还是整体生态系统的协同发展。

3. 实时性

在现代经济环境中，数据流通的实时性特征显得尤为重要。尤其是在快速变化的市场环境中，企业需要通过实时的数据分析及时捕捉市场动态，作出敏捷的决策。实时性使得数据能在瞬间被传递与处理，支持即时响应，帮助企业保持竞争优势。这一特性在在线广告投放、金融交易及供应链管理中得到了充分应用。

4. 动态性

数据流通具有动态性，意味着数据的生成、共享和应用是不断变化的。随着技术的进步和市场的变化，数据流通的模式和渠道也在不断演进。例如，在区块链等新兴技术的推动下，数据流通能够更好地实现去中心化，从而提升数据流转的安全性和透明度。这一特性要求企业和机构在数据治理和管理过程中，保持对数据流通现状的高度敏感性与适应性。

5. 不对称性

数据流通中的不对称性指的是，某些主体在数据的获取、处理和分析上具有明显的优势。这种不对称性往往体现在企业与消费者、机构与个体之间。企业在数据资源和技术能力上通常优于普通用户，这使得企业能够利用数据进行精准营销、用户画像和市场分析。然而，这种不对称性也可能产生隐私侵权、数据安全等问题，引发社会对此的广泛关注与讨论。因此，在提升数据流通效率的同时，如何平衡数据权利和义务，降低信息不对称是当前的重要挑战之一。

三、数据要素流通的模式

（一）数据要素流通模式分类

当考虑数据要素在主体间的流向时，可以将数据要素流通模式划分为开放、共享和交易三种模式，如图 3 - 2 所示。

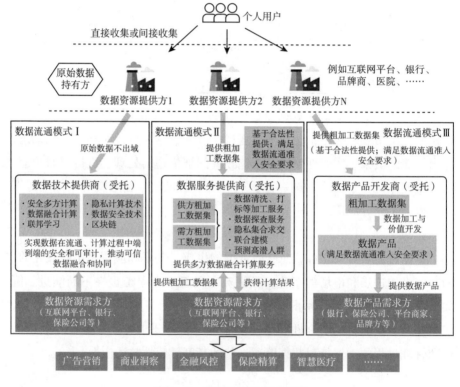

图 3 - 2　数据要素流通的模式

1. 流通模式 Ⅰ：开放模式

在开放模式下，数据要素被公开、免费地提供给广泛的社会参与者使用和访问。这种模式的主要特点是数据的开放性和透明性，任何人都可以自由获取和利用数据要素，促进了信息的自由流动和共享。开放数据通常以开放数据格式和标准发布，如 CSV、JSON 等，并且通常包含丰富的元数据，以便用户理解和使用数据。开放模式适用于推动创新、促进科学研究和社会发展等领域。

2. 流通模式Ⅱ：共享模式

共享模式是指数据要素在一定的条件下被有限的主体共享使用。共享数据可能需要通过特定的平台、协议或许可证进行访问和使用，而非完全开放给所有人。共享模式可以帮助提高数据的可访问性和可用性，同时也保护了数据的隐私和安全。共享数据通常需要遵守一定的规定和约束，例如数据使用协议、许可证协议等。共享模式适用于需要在一定范围内共享数据，但又不希望完全公开的场景，如企业间数据共享、合作研究项目等。

3. 流通模式Ⅲ：交易模式

交易模式是指数据要素以一定的交换方式和价值衡量单位进行交换和流通。在这种模式下，数据要素被视为一种资源，可以通过购买、出售或交换等方式进行交易。交易模式通常涉及数据的所有权和权益问题，需要有明确的合同和交易机制来规范交易行为。交易模式可以促进数据市场的形成和发展，吸引更多的主体参与数据生态系统，推动数据经济的发展。交易模式适用于数据具有明确的经济价值，并且需要进行市场化交换的场景，如数据交易平台、数据市场等。

这三种数据要素流通模式在实际应用中可能会相互交叉和混合，取决于数据的特性、所有者的需求以及社会环境的要求。有效地管理和利用数据要素，需要综合考虑这些模式的特点，以最大化地释放数据的价值和潜力。

（二）要素流通模式的数学模型机制研究

1. 模型假设

假设 N 个数据主体，主体集合为 $\{S_1, S_2, \cdots, S_n\}$，数据集合为 $\{D_1, D_2, \cdots, D_m\}$。

（1）在开放模式下，数据要素在所有主体间自由流动，所有主体均可访问所有数据。可以用矩阵 A 表示数据主体对数据的访问情况：$A = [a_{ij}]$，其中，$a_{ij} = 1$ 表示主体 S_i 可以访问数据 D_j，$a_{ij} = 0$ 表示主体 S_i 不能访问数据 D_j。

（2）在共享模式下，数据要素在特定主体间共享，访问受限制。可以用矩阵 B 表示数据主体对数据的访问情况：$B = [b_{ij}]$，其中 $b_{ij} = 1$ 表示主体

S_i 可以共享数据 D_j，$b_{ij} = 0$ 表示主体 S_i 不能共享数据 D_j。

（3）在交易模式下，数据要素通过交易在主体间流动，数据的使用需要支付一定费用或交换条件。可以用矩阵 C 表示数据主体对数据的交易情况：$C = [c_{ij}]$，其中，c_{ij} 表示主体 S_i 为访问数据 D_j 需要支付的费用或交换的条件。$c_{ij} > 0$ 表示主体 S_i 需要支付费用或交换条件来访问数据 D_j，$c_{ij} = 0$ 则表示主体 S_i 无法访问数据 D_j 或不需要支付费用。

2. 数学模型分析

（1）在开放模式下，所有主体均可访问数据集合的数学模型可以表示为：

覆盖率：
$$\rho_{open} = \frac{\sum a_{ij}}{N \times M} = 1 \qquad (3-1)$$

流通效率：
$$\eta_{open} = \frac{1}{T_{open}} \times \rho_{open} \qquad (3-2)$$

其中，T_{open} 是开放模式下的数据流通时间。

（2）在共享模式下，数据流通覆盖率和流通效率取决于共享的主体和数据范围。

覆盖率：
$$\rho_{share} = \frac{\sum b_{ij}}{N \times M} = 1 \qquad (3-3)$$

流通效率：
$$\eta_{share} = \frac{1}{T_{share}} \times \rho_{share} \qquad (3-4)$$

其中，T_{share} 是共享模式下的数据流通时间。

（3）在交易模式下，数据流通覆盖率和流通效率取决于交易的主体和数据范围，以及交易的成本。

覆盖率：
$$\rho_{trade} = \frac{\sum (c_{ij} > 0)}{N \times M} = 1 \qquad (3-5)$$

流通效率：
$$\eta_{trade} = \frac{1}{T_{trade}} \times \rho_{trade} \qquad (3-6)$$

其中，T_{trade} 是交易模式下的数据流通时间。

3. 结果分析

通过该数学模型可知不同数据要素流通模式的覆盖率和流通效率，从而选择最适合特定应用场景的流通模式。其中，开放模式下覆盖率和流通效率最高，但存在数据隐私和安全问题。在共享模式下覆盖率和流通效率适中，数据共享范围受限，安全性较好。而在交易模式下，覆盖率和流通效率较低，但可以通过交易获得收益，适用于数据商业化场景。

4. 数据流通成本与收益分析

在三种模式下，数据流通成本不同。可以用 C_{open}、C_{share} 和 C_{trade} 分别表示开放模式、共享模式和交易模式下的数据流通成本。

$$开放模式：C_{open} = C_{infra} + C_{seucrity} \tag{3-7}$$

其中，C_{infra} 表示基础设施成本，$C_{seucrity}$ 表示安全措施成本。

$$共享模式：C_{share} = C_{infra} + C_{security} + C_{agreement} \tag{3-8}$$

其中，$C_{agreement}$ 表示达成共享协议的成本。

$$交易模式：C_{trade} = C_{infra} + C_{security} + C_{transaction} \tag{3-9}$$

其中，$C_{transaction}$ 表示交易过程中的成本，包括支付费用、时间成本等。

数据流通效益可以用收益和使用效果来衡量。设 R_{open}、R_{share} 和 R_{trade} 分别表示开放模式、共享模式和交易模式下的数据流通收益。开放模式收益表示为 $R_{open} = \sum r_{ij}$，其中，r_{ij} 表示主体 S_i 通过访问数据 D_j 获得的收益。共享模式收益表示为 $R_{share} = \sum (r_{ij} \times b_{ij})$，仅考虑共享数据带来的收益。交易模式收益表示为 $R_{trade} = \sum (r_{ij} \times (c_{ij} > 0))$，仅考虑通过交易获得的数据带来的收益。

各模式的综合效益可以用效益成本比来表示：

$$开放模式综合效益 E_{open} = \frac{R_{open}}{C_{open}} \tag{3-10}$$

$$共享模式综合效益 E_{share} = \frac{R_{share}}{C_{share}} \tag{3-11}$$

$$交易模式综合效益 E_{trade} = \frac{R_{trade}}{C_{trade}} \tag{3-12}$$

5. 优化策略

通过比较三种模式的综合效益 E_{open}、E_{share} 和 E_{trade}，可以选择效益成本比最高的模式。根据以上分析，可得到各模式的优化策略。对于开放模式，可以提高数据安全性，降低安全成本，同时通过优化基础设施降低整体成本；对于共享模式，可以优化共享协议，简化共享流程，减少协议成本，提升共享数据的利用率和收益；对于交易模式，可以降低交易成本，例如通过智能合约减少交易中介费用，同时提升交易数据的价值，增加收益。在实际应用中，可以采用混合模式，根据具体情况灵活调整数据流通模式，以达到最优的综合效益：

$$E_{mix} = \frac{\sum R_{mix}}{\sum C_{mix}} \qquad (3-13)$$

其中，R_{mix} 和 C_{mix} 分别表示混合模式下的综合收益和综合成本。

6. 实例分析与优化

假设某社交媒体平台采用开放 + 共享混合模式，具体情况如下：开放模式下的数据集为 {D1，D2，D3}；开放模式矩阵 A = [1，1，1；1，1，1；1，1，1]；共享模式下的数据集为 {D4，D5，D6}；共享模式矩阵 B = [1，0，1；1，1，0；0，1，1]；混合模式矩阵 M = A∪B = [1，1，1，1，0，1；1，1，1，1，1，0；1，1，1，0，1，1]。

假设数据流通的成本和收益为：$C_{open} = 1000$，$R_{open} = 5000$；$C_{share} = 2000$，$R_{share} = 4000$。则：

综合成本 $C_{mix} = C_{open} + C_{share} = 3000$ $\qquad (3-14)$

综合收益 $R_{mix} = R_{open} + R_{share} = 9000$ $\qquad (3-15)$

综合效益 $E_{mix} = \dfrac{\sum R_{mix}}{\sum C_{mix}} = \dfrac{9000}{3000} = 3$ $\qquad (3-16)$

通过优化分析可以发现混合模式下的综合效益相对共享模式较高（$E_{open} > E_{mix} > E_{share}$），而总收益最高（$R_{mix} > R_{open} > R_{share}$）。因此，适合在该平台中推广应用。同时，通过优化安全措施和共享协议，可进一步提升数据流通的效益和效率。

可见，不同的数据要素流通模式有不同的优缺点，选择合适的流通模式需要根据具体应用场景进行权衡和取舍。

（三）基于存储方式差异性下的流通模式

根据数据要素存储方式的物理差异性，可以将数据要素流通模式分为四种方式：集中式模式、分布式模式、边缘计算模式以及混合模式。

1. 集中式模式（centralized model）

在集中式模式中，数据要素被集中存储在一个中心位置或数据中心中，通常由组织或机构负责管理和维护。数据在需要时从中心位置提取，经过处理后再返回到中心位置。这种模式下，数据的安全性和管理效率相对较高，因为所有的数据都在一个位置，易于监控和保护。然而，集中式模式也存在单点故障的风险，一旦中心位置发生故障，可能导致整个数据系统的瘫痪。

2. 分布式模式（distributed model）

在分布式模式下，数据要素存储在多个地点，可能分布在不同的服务器、云端或设备上。数据可以在这些地点之间自由流动，根据需求实时访问。分布式模式具有较强的容错性和灵活性，因为数据不集中存储，一旦某个地点发生故障，其他地点仍然可以继续提供服务。然而，分布式模式也增加了数据管理和安全性方面的挑战，需要更复杂的管理和监控机制。

3. 边缘计算模式（edge computing model）

边缘计算模式下，数据要素在接近数据源的地方进行处理和分析，而不是传输到远程数据中心。这种模式适用于需要实时响应和低延迟的场景，如物联网设备和智能传感器网络。边缘计算模式可以减少数据传输和存储成本，并提高数据隐私和安全性。因为数据在接近源头的地方进行处理，可以更快地响应和处理数据，同时也减少了对网络带宽的依赖。

4. 混合模式（hybrid model）

混合模式结合了集中式、分布式和边缘计算等多种模式的特点。根据数据的特性和需求，灵活选择合适的数据存储和处理方式。例如，对于一些核心数据可以选择集中式存储，而对于一些临时性或实时性要求较高的数据可以选择边缘计算。混合模式可以兼顾数据安全性、效率和灵活性的需求，是当前较为流行的数据要素流通模式之一。

四、数据要素的动态性和时空特性

数据要素的动态性和时空特性是指社交媒体平台上各种信息、内容和数据在传递和交换过程中所具有的随时间和空间变化的特点。这一特征涉及数据要素在时间和空间上的变化规律，对于理解社交媒体数据的传播方式和影响机制具有重要意义。数据要素流通的动态性和时空特征也是其重要特征之一。社交媒体数据要素在时间和空间上都呈现出不断变化的特点，这与用户行为、话题热度等因素密切相关。我们可以采用时间序列分析和空间统计分析来探究数据要素流通的时序规律和空间分布特征，进而建立相应的数学模型进行描述和预测。

首先，数据要素的动态性体现在其随时间变化的特点上。在社交媒体平台上，用户发布的信息、内容和数据是时刻在发生变化的，这与用户的行为、话题的热度以及外部事件等因素密切相关。例如，某一话题可能会因为突发事件而在短时间内引发大量讨论和转发，而随着时间的推移，其热度和讨论量可能会逐渐减少。此外，用户的活跃程度和发布频率也会影响到数据要素的动态变化，有些用户可能会在特定时间段内发布大量信息，而在其他时间段则相对较少。因此，社交媒体数据要素的动态性体现在其随时间变化的趋势和规律上，对于分析其传播效果和影响力具有重要意义。

其次，数据要素的时空特性主要体现在其空间上的分布和传播过程中的时序关系上。在社交媒体平台上，用户可以随时随地通过互联网进行信息发布和交流，这使得数据要素在空间上具有广泛的分布特点。不同地区、不同用户群体之间可能存在着信息传播的差异，而这种差异可能会受到地域文化、语言习惯等因素的影响。同时，数据要素在传播过程中也具有时序关系，即某一数据要素的发布和转发可能会引发连锁反应，导致信息传播的扩散和加速。例如，一条热门话题的出现可能会引发大量用户的转发和评论，从而形成信息传播的高峰期。因此，数据要素的时空特性不仅体现在其空间上的分布和传播过程中的时序关系上，还反映了用户行为和外部环境对信息传播的影响。

（一）数据要素流通的动态性和时空特性分析

为了更深入地分析数据要素流通的动态性和时空特性，我们可以引入微分方程来描述数据要素在时间和空间上的变化规律。

1. 数据要素流通的基本假设

设有 N 个数据主体，主体集合为 $\{S_1, S_2, \cdots, S_N\}$，数据集合为 $\{D_1, D_2, \cdots, D_M\}$。数据要素的动态性和时空特性可以通过数据量的变化、数据流通速度、数据流通的空间分布等进行分析。

2. 建立微分方程模型

设 $D_{i(t)}$ 表示时间 t 时刻主体 S_i 持有的数据量，数据量的变化可以用以下微分方程描述：

$$\frac{\mathrm{d}D_i(t)}{\mathrm{d}t} = \sum_{j=1}^{N} T_{ji}(t) - \sum_{j=1}^{N} T_{ij}(t) + S_i(t) - L_i(t) \qquad (3-17)$$

其中，$T_{ij}(t)$ 表示时间 t 时刻主体 S_i 向主体 S_j 传输的数据量，$S_i(t)$ 表示时间 t 时刻主体 S_i 生成的数据量，$L_i(t)$ 表示时间 t 时刻主体 S_i 丢失或删除的数据量。

设 $V_{i(t)}$ 表示时间 t 时刻主体 S_i 的数据流通速度，可以定义为数据量变化的速率：

$$V_i(t) = \frac{\mathrm{d}D_i(t)}{\mathrm{d}t} \qquad (3-18)$$

数据流通速度的变化可以用以下微分方程描述：

$$\frac{\mathrm{d}V_i(t)}{\mathrm{d}t} = \alpha_i \sum_{j=1}^{N} (T_{ji}(t) - T_{ij}(t)) + \beta_i(S_i(t) - L_i(t)) \qquad (3-19)$$

其中，α_i 和 β_i 分别表示主体 S_i 在数据传输和生成/丢失方面的敏感度系数。

3. 数据流通的空间分布

设 $D(x, y, t)$ 表示时间 t 时刻在空间位置 (x, y) 上的数据量密度，可以用扩散方程描述数据在空间上的分布：

$$\frac{\partial D(x,y,t)}{\partial t} = \nabla \times (D(x,y,t)\nabla\phi(x,y,t)) + S(x,y,t) - L(x,y,t)$$

$$(3-20)$$

其中：∇ 表示梯度算子，即 Hamilton 算子；$\phi(x, y, t)$ 表示数据流通的势函数；$S(x, y, t)$ 表示时间 t 时刻在位置 (x, y) 上生成的数据量；$L(x, y, t)$ 表示时间 t 时刻在位置 (x, y) 上丢失或删除的数据量。

数据要素流通的空间分布如图 3 – 3 所示。

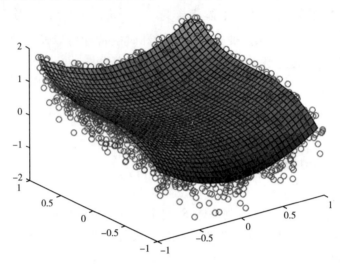

图 3 – 3   数据要素流通的空间分布

为了求解微分方程式（3 – 20），我们需要设定初始条件和边界条件。

初始条件：设定初始时刻（$t = 0$）时，每个主体持有的数据量为 $D_{i(0)}$，数据流通速度为 $V_{i(0)}$，空间位置上的数据量密度为 $D(x, y, 0)$。

边界条件：设定数据流通的空间边界条件，例如在边界上的数据流通速度为零或固定值。

假设存在下面的实际应用场景，即：一个由三个数据主体组成的小型数据网络，主体分别为 S_1，S_2，S_3；每个主体都有自己的数据生成、传输和删除机制。应用上述微分方程模型来分析和优化该网络的数据流通动态性和时空特性。

假设初始时刻（$t = 0$）时每个主体持有的数据量分别为 $D_{1(0)} = 100$，$D_{2(0)} = 150$，$D_{3(0)} = 200$；数据生成速率分别为 $S_{1(t)} = 10$，$S_{2(t)} = 5$，$S_{3(t)} = 15$；数据删除速率分别为 $L_{1(t)} = 2$，$L_{2(t)} = 1$，$L_{3(t)} = 3$。数据传输速率函数 $T_{ij(t)}$ 初始设定为常量，假设 $T_{12(t)} = 5$，$T_{13(t)} = 8$，$T_{21(t)} = 4$，$T_{23(t)} = 7$，$T_{31(t)} = 6$，$T_{32(t)} = 3$。

对于主体 S_1：

$$\frac{\mathrm{d}D_1(t)}{\mathrm{d}t} = T_{21}(t) + T_{31}(t) - (T_{12}(t) + T_{13}(t)) + S_1(t) - L_1(t)$$

$$= 4 + 6 - (5 + 8) + 10 - 2 = 5 \tag{3 – 21}$$

对于主体 S_2：

$$\frac{\mathrm{d}D_2(t)}{\mathrm{d}t} = T_{12}(t) + T_{32}(t) - (T_{21}(t) + T_{23}(t)) + S_2(t) - L_2(t)$$

$$= 5 + 3 - (4 + 7) + 5 - 1 = 1 \qquad (3-22)$$

对于主体 S_3：

$$\frac{\mathrm{d}D_3(t)}{\mathrm{d}t} = T_{13}(t) + T_{23}(t) - (T_{31}(t) + T_{32}(t)) + S_3(t) - L_3(t)$$

$$= 8 + 7 - (6 + 3) + 15 - 3 = 18 \qquad (3-23)$$

利用 Python 和 SciPy 库进行数值模拟如下：

```
import numpy as np

import matplotlib. pyplot as plt

from scipy. integrate import odeint
定义微分方程组
def data_flow(D,t):
    当前时刻的数据量
    D1,D2,D3 = D
    数据生成速率
    S1,S2,S3 = 10,5,15
    数据删除速率
    L1,L2,L3 = 2,1,3
    数据传输速率
    T12,T13,T21,T23,T31,T32 = 5,8,4,7,6,3
    微分方程
    dD1_dt = T21 + T31 - (T12 + T13) + S1 - L1
    dD2_dt = T12 + T32 - (T21 + T23) + S2 - L2
    dD3_dt = T13 + T23 - (T31 + T32) + S3 - L3
    return[dD1_dt,dD2_dt,dD3_dt]
初始条件
D0 = [100,150,200]
时间点
t = np. linspace(0,10,100)    从 0 到 10 时间单位的 100 个点
解微分方程
```

```
D = odeint(data_flow, D0, t)
  提取结果
D1 = D[:, 0]
D2 = D[:, 1]
D3 = D[:, 2]
  绘图
plt. plot(t, D1, label = 'D1(t)')
plt. plot(t, D2, label = 'D2(t)')
plt. plot(t, D3, label = 'D3(t)')
plt. xlabel('Time')
plt. ylabel('Data Amount')
plt. legend()
plt. title('Data Flow Dynamics')
    plt. show()
```

通过数值方法对这些微分方程进行求解，以获取数据在不同时间点上的动态变化情况。为此，本书提出数据要素流通的优化策略：

第一，优化数据传输速率。调整 $T_{ij}(t)$ 使得数据在主体间的传输更加均衡，减少某些主体的数据过载或数据不足。例如，增加 $T_{12}(t)$ 和 $T_{13}(t)$ 的传输速率，使得数据更快地流向 S_1。

第二，调整数据生成和删除策略。根据主体的实际需求，优化数据生成 $S_{i(t)}$ 和删除 $L_{i(t)}$ 的速率。比如，减少 S_3 的数据生成速率或增加 S_3 的数据删除速率，平衡数据量的增长。

第三，改进数据流通机制。通过引入智能合约或自动化数据管理系统，提高数据传输的效率和安全性，减少人为干预带来的延迟和错误。

（二）模型扩展

在数据流通过程中，数据生成、传输与应用环节中存在各种随机波动，针对这些不确定性可以使用随机微分方程（SDE）进行建模分析。利用 Matlab 仿真可得到布朗运动仿真（见图 3 - 4）：

$$\mathrm{d}D_i(t) = \left(\sum_{j=1}^{N} T_{ji}(t) - \sum_{j=1}^{N} T_{ij}(t) + S_i(t) - L_i(t) \right) \mathrm{d}t + \sigma_i \mathrm{d}W_i(t)$$

$$(3 - 24)$$

其中，σ_i 表示随机波动强度，$W_i(t)$ 表示标准布朗运动。

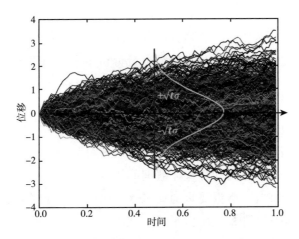

图 3 - 4　数据要素流通过程中的布朗运动仿真示意

对上述几何布朗运动模型求解，根据伊藤引理（Itô），可得引理 3 - 1：

引理 3 - 1　存在一个伊藤过程 X_t，其微分为 $\mathrm{d}X_t = u(t)\,\mathrm{d}t + v(t)\,\mathrm{d}B_t$，其中，$B_t$ 是布朗运动，$u(t)$ 和 $v(t)$ 是普通的时间函数。

因此，对任意二次可微的函数 $g(t,\ x)$，定义 $Y_t = g(t,\ X_t)$，则 Y_t 也是一个伊藤过程，其微分为：

$$\mathrm{d}Y_t = \left(\frac{\partial g}{\partial t}(t,X_t) + u(t)\frac{\partial g}{\partial x}(t,X_t) + \frac{1}{2}v^2(t)\frac{\partial^2 g}{\partial x^2}(t,X_t) \right)\mathrm{d}t$$

$$+ v(t)\frac{\partial g}{\partial x}(t,X_t)\,\mathrm{d}B_t \qquad (3-25)$$

代入式（3 - 17）可知解析解如下：

$$D(t) = \left(\sum_{j=1}^{N} T_{ji}(0) - \sum_{j=1}^{N} T_{ij}(0) + S_i(0) - L_i(0) \right)$$

$$\exp\left(\left(1 - \frac{1}{2}\sigma_0^2 \right) \right)t + \sigma_0 W(t) \qquad (3-26)$$

可见，通过建立微分方程模型可以对数据要素流通的动态性和时空特性进行深入分析，这不仅有助于理解数据流通的基本规律，还能为优化数据流通模式提供理论支持。例如，可以通过调整数据传输速率、优化数据生成和删除策略来提升数据流通效率，或者通过改进数据流通的空间分布来实现数据资源的最优配置。

在研究数据要素的动态性和时空特性时，可以采用多种方法和技术来进行分析。首先，利用时间序列分析和空间统计分析技术对社交媒体数据要素的动态变化趋势和空间分布特征进行分析。通过构建时间序列模型和空间统计模型，可以揭示数据要素在时间和空间上的变化规律，为进一步研究其影响机制提供理论支持。其次，利用地理信息系统（GIS）和复杂网络方法来研究数据要素在空间上的分布和传播过程中的时序关系。通过构建空间网络模型和时序关系模型，可以深入理解数据要素在空间上的传播路径和时序演变规律，为社交媒体数据的传播效果优化和社交网络的管理提供决策支持。此外，数据要素的动态性和时空特性也对社交媒体的管理和应用提出了挑战。在社交媒体平台管理中，需要及时监测和分析数据要素的动态变化趋势和时空分布特征，以便及时调整策略和优化服务。

五、数据要素的影响力和传播效果

社交媒体数据要素的传播效果受到多种因素的影响，如内容质量、情感倾向、用户关系等，可以运用传播学中的信息传播模型，如 SIR 模型、SI 模型等，来分析数据要素的传播过程和影响力扩散规律，从而深入理解其特征和机制。

首先，数据要素的影响力体现在其内容质量和情感倾向上。在社交媒体平台上，用户发布的信息、内容和数据质量良莠不齐，一些高质量的内容可能会吸引更多的关注和转发，从而产生更大的影响力。内容的情感倾向也会影响到其传播效果，积极、正面的内容通常会受到更多用户的欢迎和转发，而消极、负面的内容可能会引起争议和负面评价。因此，数据要素的影响力受到其内容质量和情感倾向的影响，对于提升传播效果具有重要意义。

其次，数据要素的传播效果体现在其传播路径和传播效果的量化评估上。在社交媒体平台上，数据要素的传播通常通过用户的转发、评论等行为来实现，形成复杂的传播路径和传播网络。传播路径的选择和传播过程的影响因素多种多样，可能受到内容特点、用户关系、平台算法等因素的影响。为了评估数据要素的传播效果，可以采用多种方法和指标来进行量化分析，如转发量、评论量、点赞量等，以及相关的网络分析指标，如影响力指标、传播范围指标等。通过对传播效果的量化评估，可以更客观地分析数据要素影响力和传播效果的广度和深度。

在研究数据要素的影响力和传播效果时，可以采用多种方法和技术来进行分析和评估。首先，可以利用自然语言处理技术和文本挖掘技术对数据要素的内容进行情感分析和内容质量评估，以便更好地理解其影响力来源和传播效果。其次，可以利用网络科学的方法来分析数据要素在传播过程中的传播路径和网络结构，揭示其影响力扩散规律、传播效果和传播范围。此外，还可以借助机器学习和数据挖掘技术，构建预测模型和优化算法，以提升数据要素的传播效果和影响力。

六、数据要素的随机性和非线性特征

数据要素的随机性和非线性特征是指社交媒体平台上各种信息、内容和数据在传递和交换过程中所表现出的随机性和非线性特性。这一特征涉及数据要素的产生、传播和影响过程中存在的不确定性和复杂性，对于理解社交媒体数据的行为和效果具有重要意义。

（一）数据要素的随机性

首先，数据要素的随机性体现在其产生和传播过程中的不确定性上。在社交媒体平台上，用户的行为和话题的热度往往是随机的，受到多种因素的影响。用户可能会受到突发事件、个人情绪、社交关系等因素的影响而产生信息发布行为，而话题的热度和流行程度也可能会受到外部环境、媒体报道等因素的影响而产生变化。因此，数据要素的产生和传播过程具有一定的随机性，难以完全预测和控制。本研究中数据要素可以包括用户行为数据、交易数据、传感数据等。假设将数据要素表示为一个随机变量 X_t，其中 t 表示时间。因为数据要素的随机性通常来自两个方面：一是确定性趋势；二是随机波动，所以：

$$X_t = X_0 + \int_0^t \mu(s)\,\mathrm{d}s + \int_0^t \sigma(s)\,\mathrm{d}B_s \qquad (3-27)$$

其中，X_0 表示初始数据值。$\sigma(s)$ 是扩散项，表示数据流动中的随机波动强度。

本研究中将漂移项 $\mu(s)$ 视为数据流动的平均变化率，可以依据数据要素的特性来设定，比如根据历史观察数据设定参数。构建如下函数：

$$\mu(s) = \alpha \times X_s \qquad (3-28)$$

其中，α 是常数，表示数据增长的速率，X_s 表示数据要素流动值。

本研究中用扩散项表示数据波动的标准差，它可以是一个常量，也可以是随时间变化的函数。例如：

$$\sigma(s) = \beta \sqrt{X_s} \qquad (3-29)$$

其中，β 是常数，表示数据波动的强度。

因此，当考虑时间变化时，数据要素流动值表示为 X_t，最终的随机微分方程可以表示为：

$$\mathrm{d}X_t = \alpha X_t \mathrm{d}t + \beta \sqrt{X_t} \mathrm{d}B_t \qquad (3-30)$$

根据式（3-30）可知本随机方程具有以下三个重要性质。第一，随机性。由于包含了布朗运动项，所以数据要素 X_t 的演变是随机的，受到随机因素的影响。第二，非线性。方程中的扩散项和当前数值项 X_t 有关，因此是非线性的，这使得模型能够捕捉到数据流动的复杂性。第三，由于扩散项依赖于 X_t 本身，较大的数据值会导致更大的波动，而较小的数据值则会导致相对较小的波动。

对于模型（3-30），本研究使用解析方法或数值模拟法来求解，如果 α 和 β 是常数，则简化模型为几何布朗运动形式：

$$\mathrm{d}X_t = \alpha X_t \mathrm{d}t + \beta X_t \mathrm{d}B_t \qquad (3-31)$$

因此，可以得到解析解为：

$$X_t = X_0 \exp\left(\left(\alpha - \frac{1}{2}\beta^2\right)t + \beta B_t\right) \qquad (3-32)$$

（二）数据要素的非线性

根据上述几何布朗运动模型，假设某种数据要素的变化流通不仅取决于其当前值，还受到复杂非线性关系的影响，则构建如下非线性 SDE 模型：

$$dX_t = (\alpha X_t + \beta X_t^2)\,dt + (\gamma X_t + \delta X_t^2)\,dB_t \qquad (3-33)$$

这一非线性 SDE 模型包括了线性项 αX_t 和 γX_t，以及非线性项 βX_t^2 和 δX_t^2，从而描述了数据要素的复杂动态行为。可见，数据要素的非线性特征主要体现在其传播和影响效应的复杂性上。在社交媒体平台上，数据要素的传播往往呈现出非线性的特征，即信息传播的效果可能不是简单的线性累积效应，而是受到多种因素相互作用的结果。例如，一条信息的传播效果可能会受到用户行为、社交关系、内容质量等多个因素的综合影响，这些因素之间存在着复杂的非线性关系。此外，数据要素的影响效应也可能呈现出非线性特征，即一些信息可能会引发连锁反应，产生指数级的传播效果，而另一些信息可能只在局部范围内传播，难以形成广泛的影响力。因此，在研究数据要素的随机性和非线性特征时，可以采用多种方法和技术进行描述。首先，可以利用统计学方法和随机过程模型来分析数据要素的随机性特征，如随机游走模型、马尔可夫链模型等。通过对数据要素产生和传播过程的随机性进行建模和分析，可以揭示其内在的随机规律和趋势。其次，可以利用复杂系统理论和网络科学的方法来研究数据要素的非线性特征，如复杂网络模型、非线性动力学模型等。通过构建复杂网络模型和非线性动力学模型，可以深入理解数据要素的传播过程和影响机制，揭示其非线性特征和复杂性。

在社交媒体数据的管理和应用中，对数据要素的随机性和非线性特征进行深入研究和理解具有重要意义。首先，可以帮助社交媒体平台优化内容推荐和信息过滤算法，更好地适应数据要素的随机性和非线性特征，提升用户体验和信息传播效果。其次，可以为广告主和营销者提供科学的数据支持和决策依据，优化营销策略和广告投放效果。此外，还可以为政府和公共机构提供科学的数据分析和政策建议，加强舆情监测和风险预警，促进社会治理和舆论引导。

七、数据要素流通对社交媒体的影响

基于数据要素流通对社交媒体的影响，可以构建有效的数学模型来描述和分析社交影响、影响力扩散和舆论引导。

（一）社交影响

数据要素流通对社交的影响是社交媒体平台的核心功能之一。通过数据要素的流通，用户可以了解到他人的观点、想法和感受，从而促进社交互动和信息交流。设 $S_i(t)$ 表示时间 t 时刻用户 i 的社交影响力，则社交影响数学模型如下：

$$\frac{\mathrm{d}S_i(t)}{\mathrm{d}t} = \sum_{j=1}^{N} \beta_{ji}\left(\frac{1}{1+\mathrm{e}^{-\alpha_j(I_j(t)-\theta_j)}}\right) - \gamma_i S_i(t) \tag{3-34}$$

其中：β_{ji} 表示用户 j 对用户 i 的影响力系数。$I_j(t)$ 表示用户 j 在时间 t 时刻的信息发布和互动量。α_j 和 θ_j 是用户 j 的信息发布和互动影响参数。γ_i 是用户 i 的社交影响力衰减系数。根据本模型可知社交影响主要体现在以下三个方面：

（1）信息分享与互动。数据要素的流通促进了用户之间的信息分享和互动。用户可以通过转发、评论等行为参与到他人发布的信息中，表达自己的看法和观点，从而加强了用户之间的社交联系和交流。

（2）社交圈子扩展。通过参与数据要素的流通，用户可以扩展自己的社交圈子，与更多的人建立联系和互动。用户可以通过关注感兴趣的话题或关注有共同兴趣的用户，从而扩大自己的社交圈子，结识新的朋友或建立专业联系。

（3）情感表达与共鸣。数据要素的流通也是用户表达情感和寻求共鸣的重要途径。用户可以通过发布个人动态、分享心情等方式表达自己的情感和感受，与他人建立情感共鸣，从而增强了用户之间的情感联系和认同感。

（二）影响力扩散

数据要素流通是信息传播和影响力扩散的重要途径。通过用户之间的转发和分享行为，一些信息可能会迅速扩散，产生广泛的影响。设 $I_i(t)$ 表示时间 t 时刻用户 i 的信息传播量，则影响力扩散的数学模型为：

$$\frac{\mathrm{d}I_i(t)}{\mathrm{d}t} = \sum_{j=1}^{N} \kappa_{ji} R_j(t) - \lambda_i I_i(t) \tag{3-35}$$

其中，κ_{ji} 表示用户 j 对用户 i 的信息传播影响系数，$R_j(t)$ 表示用户 j 在时间 t 时刻的转发和分享量，λ_i 是用户 i 的信息传播衰减系数。

根据上述模型，可知这种影响力扩散主要体现在以下三个方面：

（1）热点话题传播。通过数据要素的流通，热点话题和热门事件可以迅速在社交媒体上传播。当某一话题引起了用户的关注和讨论，通过用户之间的转发和分享行为，该话题的传播范围会不断扩大，形成广泛的影响力。

（2）产品推广与营销。数据要素的流通也是产品推广和营销的重要途径。通过社交媒体平台上用户之间的转发和分享行为，一些产品信息可以快速传播到目标用户群体中，促进产品的推广和销售。

（3）意见领袖效应。一些具有影响力的用户，如知名博主等，通过其在社交媒体上的转发和分享行为，可以对他人产生较大的影响力。当这些用户转发或分享某一信息时，会吸引大量粉丝关注和参与，从而加速信息的传播和影响力的扩散。

（三）舆论引导

数据要素流通也会对舆论和社会情绪产生影响。一些热点话题和事件可能会在社交媒体上引发广泛讨论和争议，从而影响舆论导向和社会氛围。设 $O(t)$ 表示时间 t 时刻的总体舆论强度，则舆论引导的数学模型如下：

$$\frac{\mathrm{d}O(t)}{\mathrm{d}t} = \sum_{i=1}^{N} \mu_i \left(\frac{1}{1 + e^{-\nu_i(I_i(t) - \varphi_i)}} \right) - \rho O(t) \qquad (3-36)$$

其中，μ_i 表示用户 i 对总体舆论强度的影响系数，ν_i 和 ϕ_i 是用户 i 的舆论引导参数，ρ 是总体舆论强度的衰减系数。

根据上述模型，可知这种舆论引导主要体现在以下三个方面：

（1）话题设置与引导。通过数据要素的流通，一些特定的话题或观点可能会被放大和强化，引导用户关注和讨论。媒体、意见领袖等在社交媒体上的行为，可能会对话题的设置和引导产生重要影响，影响舆论的走向和发展。

（2）舆情监测与风险预警。社交媒体上的舆情和社会情绪也是政府、企业等组织关注的重要对象。通过监测和分析社交媒体上的数据要素流通情况，可以及时发现舆情变化和风险预警，为决策提供重要参考。

（3）社会争议调解与危机公关。一些社会争议和危机事件可能会在社交媒体上引发广泛的讨论和争议。通过引导社交媒体上的舆论，可以有效缓解社会矛盾，进行危机公关，维护组织的声誉和形象。

以下是使用 MATLAB 进行数值模拟的代码示例：

```matlab
…matlab
% 社交影响模型
function dSdt = socialInfluence(t,S,beta,I,alpha,theta,gamma)
    N = length(S);
    dSdt = zeros(N,1);
    for i = 1:N
        influence = 0;
        for j = 1:N
            influence = influence + beta(j,i)  (1/(1+exp(-alpha(j)  (I(j)-theta(j)))));
        end
        dSdt(i) = influence - gamma(i)  S(i);
    end
end


% 影响力扩散模型
function dIdt = influenceDiffusion(t,I,kappa,R,lambda)
    N = length(I);
    dIdt = zeros(N,1);
    for i = 1:N
        diffusion = 0;
        for j = 1:N
            diffusion = diffusion + kappa(j,i)  R(j);
        end
        dIdt(i) = diffusion - lambda(i)  I(i);
    end
end


% 舆论引导模型
```

```
function dOdt = opinionGuidance(t,O,mu,I,nu,phi,rho)
    N = length(I);
    opinion = 0;
    for i = 1:N
        opinion = opinion + mu(i) (1 / (1 + exp( - nu(i) (I(i) - phi(i)))));
    end
    dOdt = opinion - rho O;
end


% 参数设置
N = 3;% 用户数量
tspan = [0 10];% 时间跨度


% 初始条件
S0 = [1;2;3];
I0 = [5;3;1];
O0 = 10;


% 社交影响模型参数
beta = [0,0.2,0.3;0.1,0,0.4;0.2,0.3,0];
I = [5;3;1];
alpha = [1;1;1];
theta = [2;2;2];
gamma = [0.1;0.1;0.1];


% 影响力扩散模型参数
kappa = [0,0.3,0.5;0.2,0,0.4;0.4,0.5,0];
R = [2;3;1];
lambda = [0.2;0.2;0.2];


% 舆论引导模型参数
mu = [0.3;0.4;0.5];
nu = [1;1;1];
phi = [2;2;2];
```

```matlab
rho = 0. 1;

% 数值模拟
[t,S] = ode45(@(t,S) socialInfluence(t,S,beta,I,alpha,theta,gamma),tspan,S0);
[t,I] = ode45(@(t,I) influenceDiffusion(t,I,kappa,R,lambda),tspan,I0);
[t,O] = ode45(@(t,O) opinionGuidance(t,O,mu,I0,nu,phi,rho),tspan,O0);

% 结果可视化
figure;
subplot(3,1,1);
hold on;
for i = 1:N
    plot(t,S(:,i),'DisplayName',['S' num2str(i) '(t)']);
end
hold off;
xlabel('Time');
ylabel('Social Influence');
legend('show');
title('Social Influence Dynamics');
grid on;

subplot(3,1,2);
hold on;
for i = 1:N
    plot(t,I(:,i),'DisplayName',['I' num2str(i) '(t)']);
end
hold off;
xlabel('Time');
ylabel('Information Spread');
legend('show');
title('Information Spread Dynamics');
grid on;

subplot(3,1,3);
```

```
plot(t,O,'DisplayName','O(t)');
xlabel('Time');
ylabel('Opinion Intensity');
legend('show');
title('Opinion Intensity Dynamics');
grid on;
```

综上所述，数据要素流通对社交影响、影响力扩散和舆论引导都产生了重要影响，成为社交媒体平台信息传播和社交互动的核心过程。

第二节　社交媒体数据要素流通的标准与规范研究

社交媒体数据不仅反映了用户的行为模式和兴趣偏好，还包含了大量关于社会动态、公共事件以及市场趋势的重要信息。因此，如何有效地管理和利用这些数据，尤其是在保证数据隐私和安全的前提下，已经成为学术界和产业界共同关注的焦点。社交媒体数据的独特性和复杂性决定了其管理和流通面临诸多挑战。例如，数据来源多样，格式不统一，数据量庞大且实时更新，数据质量参差不齐等。此外，数据的生成和传播还涉及用户隐私保护、数据版权、信息安全等多个方面的问题。因此，建立一套科学、规范的社交媒体数据要素流通标准，对于提升数据利用效率，保障数据安全和隐私具有重要意义。现有研究主要集中于两个方面：一是社交媒体数据的采集与存储，二是社交媒体数据的分析与应用。数据采集与存储的研究主要包括数据提取技术、数据清洗方法和数据存储策略；而数据分析与应用的研究则涵盖了情感分析、用户行为分析、热点话题检测等。然而，针对社交媒体数据流通的标准与规范体系的研究相对较少，这使得数据在流通过程中容易出现隐私泄露、数据失真、效率低下等问题。因此，系统研究和制定社交媒体数据要素流通的标准与规范，显得尤为必要和紧迫。

一、社交媒体数据要素流通的技术标准和要求

数据要素流通的技术标准和要求是确保数据在传输、存储和处理过程

中的安全性、可靠性和规范性的一系列技术规范和要求。这些标准和要求涉及数据传输协议、加密技术、数据存储管理、数据处理算法等多个方面，旨在保障数据的完整性、保密性和可用性。

（一）数据传输协议

（1）安全传输协议。数据要素在传输过程中需要采用安全的传输协议，如 HTTPS 等，以确保数据在传输过程中的机密性和完整性。

（2）稳定性要求。传输协议应具备高稳定性，能够保证数据传输的可靠性和连续性，避免数据丢失或损坏。

（3）实时性要求。对于需要实时传输的数据要素，传输协议应具备较低的延迟和高速的传输能力，以满足实时数据流通的需求。

（二）数据加密技术

（1）数据加密算法。对于敏感数据要素，要采用适当的加密算法对数据进行加密，确保数据在存储和传输过程中的安全性。

（2）密钥管理。要合理管理加密算法所需的密钥，包括密钥生成、存储、分发和更新等环节，确保密钥的安全性和有效性。

（3）数据隐私保护。对用户隐私数据要素要采取差异化的加密策略，确保用户隐私信息保护和安全。

（三）数据存储管理

（1）安全存储环境。数据要素的存储环境应具备高安全性，包括物理安全、网络安全和访问控制等方面，防止数据被非法获取或篡改。

（2）备份和恢复机制。要建立健全的数据备份和恢复机制，定期对数据进行备份，并能够快速有效地进行数据恢复，确保数据的可用性和持久性。

（3）数据生命周期管理。要对数据要素的全生命周期进行管理，包括数据的创建、存储、使用、归档和销毁等环节，确保数据的合规性和安全性。

（四）数据处理算法

（1）数据脱敏技术。对于不需要直接访问的数据要素，应采用数据脱敏技术对数据进行处理，以降低数据泄露的风险。

（2）数据清洗和过滤。在数据处理过程中，应对数据进行清洗和过滤，排除无效数据和错误数据，提高数据质量和准确性。

（3）数据分析和挖掘。利用数据处理算法对数据要素进行分析和挖掘，发现数据的潜在价值和规律，可为决策提供有力支持。

（五）数据安全监测与防护

（1）安全监测系统。建立完善的数据安全监测系统，可以对数据要素的流通和处理过程进行实时监测和分析，及时发现和应对安全威胁。

（2）安全防护措施。采用防火墙、入侵检测系统等安全防护措施，加强对数据要素的安全保护，可防止数据被恶意攻击和非法访问。

二、社交媒体数据要素流通的标准

社交媒体数据要素流通的标准涵盖了内容、行为、机制和交流等多个方面，旨在规范和管理社交媒体平台上的数据要素流通行为，促进社交媒体平台的健康发展和用户权益保护。这些标准不仅是社交媒体平台自身的规范，也是社会监督和法律法规约束下的产物，需要平台运营者和用户共同遵守和维护。

（一）社交媒体数据要素流通标准包含的范畴

1. 内容标准

第一，合法合规。社交媒体平台应确保用户发布的内容符合法律法规，不得含有违法违规内容，如暴力、色情、侵权等。

第二，真实性和可信度。社交媒体平台应加强对用户发布内容的审核和管理，保障信息的真实性和可信度，防止虚假信息和谣言的传播。

第三，尊重用户权益。社交媒体平台应尊重用户的个人隐私和知识产权，不得非法获取用户信息或侵犯用户权益。

2. 行为标准

第一，用户行为规范。社交媒体平台应制定用户行为规范，明确用户在平台上的行为准则和规定，如不得恶意攻击他人、传播谣言等。

第二，数据处理透明。社交媒体平台应公开数据处理的透明度和流程，保障用户对自己数据的知情权和控制权，避免滥用用户数据。

3. 机制标准

第一，信息审核机制。社交媒体平台应建立完善的信息审核机制，对用户发布的内容进行及时审核和处理，确保内容符合规范。

第二，投诉举报机制。社交媒体平台应建立健全的投诉举报机制，接受用户投诉和举报，并及时处理违规内容和行为。

第三，数据安全保障。社交媒体平台应加强数据安全管理，保障用户数据的安全和隐私，防止数据泄露和滥用。

4. 交流标准

第一，文明交流。社交媒体平台应倡导文明交流和理性讨论，防止恶意攻击和人身攻击，营造良好的交流氛围。

第二，信息分享规范。社交媒体平台应鼓励用户合理分享信息，但同时要求用户遵守著作权法和相关规定，不得非法传播他人知识产权内容。

（二）基于网络流模型的数据要素流通

为了具体阐述社交媒体数据要素流通的标准，本书采用网络流模型来描述各个数据要素在平台上的流通过程。其中节点和边分别代表用户、内容、行为和数据要素的流动，以及不同标准在其中的约束。

1. 节点（nodes）

U_i 代表用户节点，表示社交媒体平台上的用户。C_j 代表内容节点，表示用户发布的内容。B_k 代表行为节点，表示用户在平台上的行为（如点赞、评论、分享）。

2. 边（edges）

$E_{U_i C_j}$ 代表从用户节点 U_i 到内容节点 C_j 的边，表示用户发布内容的行为。$E_{C_i B_k}$ 代表从内容节点 C_i 到行为节点 B_k 的边，表示用户对内容的互动行为。$E_{U_i B_k}$ 代表从用户节点 U_i 到行为节点 B_k 的边，表示用户的行为记录。

3. 约束（constraints）

（1）内容标准。首先，合法合规性。设定约束 $\forall C_j \in \mathcal{C}$，$\text{Law}(C_j) = 1$，其中，$\mathcal{C}$ 是所有内容的集合，$\text{Law}(C_j)$ 表示内容 C_j 是否符合法律法规。其次，真实性和可信度。设定约束 $\forall C_j \in \mathcal{C}$，$\text{True}(C_j) \geq \theta$，其中 $\text{True}(C_j)$ 表

示内容 C_j 的真实性评分，θ 是可信度的阈值。最后，尊重用户权益。设定约束 $\forall U_i \in \mathcal{U}$，Privacy($U_i$) = 1，其中，$U$ 是所有用户的集合，Privacy(U_i) 表示用户 U_i 的隐私是否得到保护。

（2）行为标准。首先，用户行为规范。设定约束 $\forall B_k \in \mathcal{B}$，Norm($B_k$) = 1，其中，$\mathcal{B}$ 是所有行为的集合，Norm(B_k) 表示行为 B_k 是否符合平台的行为规范。其次，数据处理透明。设定约束 $\forall U_i \in \mathcal{U}$，Transparency($U_i$) = 1，其中，Transparency($U_i$) 表示用户 U_i 对其数据处理的知情权和控制权是否得到保障。

（3）机制标准。首先，信息审核机制。设定约束 $\forall C_j \in \mathcal{C}$，Review($C_j$) = 1，其中，Review($C_j$) 表示内容 C_j 是否通过了平台的信息审核。其次，投诉举报机制。设定约束 $\forall U_i \in \mathcal{U}$，Complaint($U_i$) = 1，其中 Complaint($U_i$) 表示用户 U_i 的投诉举报是否得到处理。最后，数据安全保障。设定约束 $\forall U_i \in \mathcal{U}$，Security($U_i$) = 1，其中，Security($U_i$) 表示用户 U_i 的数据安全是否得到保障。

（4）交流标准。首先，文明交流。设定约束 $\forall B_k \in \mathcal{B}$，Civility($B_k$) = 1，其中 Civility($B_k$) 表示行为 B_k 是否符合文明交流的要求。其次，信息分享规范。设定约束 $\forall C_j \in \mathcal{C}$，Share($C_j$) $\leqslant \gamma$，其中 Share(C_j) 表示内容 C_j 的分享次数，γ 是信息分享的上限，确保分享行为遵守版权法和相关规定。

4. 构建数据要素流通模型

综合考虑数据要素流通的过程，构建用户、行为、内容不同节点间的最小流，构建模型如下所示：

$$\text{maxmin} \sum_i \sum_j \sum_k f(E_{U_i C_j}) + f(E_{C_j B_k}) + f(E_{U_i B_k}) \qquad (3-37)$$

约束条件：Law(C_j) = 1，$\forall C_j \in \mathcal{C}$

True(C_j) $\geqslant \theta$，$\forall C_j \in \mathcal{C}$

Privacy(U_i) = 1，$\forall U_i \in \mathcal{U}$

Norm(B_k) = 1，$\forall B_k \in \mathcal{B}$

Transparency(U_i) = 1，$\forall U_i \in \mathcal{U}$

Review(C_j) = 1，$\forall C_j \in \mathcal{C}$

Complaint(U_i) = 1，$\forall U_i \in \mathcal{U}$

$$\text{Security}(U_i) = 1, \forall U_i \in \mathcal{U}$$

$$\text{Civility}(B_k) = 1, \forall B_k \in \mathcal{B}$$

$$\text{Share}(C_j) \leqslant \gamma, \forall C_j \in \mathcal{C}$$

通过本模型，可以系统地描述和分析社交媒体平台上的数据要素流通标准，确保数据流通过程中各个方面的合规性、真实性和用户权益的保护。

5. 算例分析

假设存在一个社交媒体平台，其中包括以下用户、内容和行为：用户 U_1 和 U_2；内容 C_1 和 C_2；行为 B_1（点赞）和 B_2（评论）。平台上有以下属性和标准：

（1）内容标准。Law(C_j) 表示内容 C_j 的合法性（0 或 1），True(C_j) 表示内容 C_j 的真实性评分（0 到 1 之间），Review(C_j) 表示内容 C_j 的审核状态（0 或 1）。

（2）用户标准。Privacy(U_i) 表示用户 U_i 的隐私保护状态（0 或 1），Transparency(U_i) 表示用户 U_i 对数据处理的知情权和控制权状态（0 或 1），Security(U_i) 表示用户 U_i 的数据安全状态（0 或 1）。

（3）行为标准。Norm(B_k) 表示行为 B_k 的合规状态（0 或 1），Civility(B_k) 表示行为 B_k 的文明交流状态（0 或 1）。

（4）输入数据。

内容的属性：

C_1：Law(C_1) = 1, True(C_1) = 0.9, Review(C_1) = 1

C_2：Law(C_2) = 0, True(C_2) = 0.6, Review(C_2) = 0

用户的属性：

U_1：Privacy(U_1) = 1, Transparency(U_1) = 1, Security(U_1) = 1

U_2：Privacy(U_2) = 1, Transparency(U_2) = 1, Security(U_2) = 1

行为的属性：

B_1：点赞行为，用户 U_1 对内容 C_1 点赞，Norm(B_1) = 1，Civility(B_1) = 1

B_2：评论行为，用户 U_2 对内容 C_2 发表评论，Norm(B_2) = 1，Civility(B_2) = 1

（5）代入模型中进行验证。

当用户 U_1 发布内容 C_1：Law(C_1) = 1（合法）；True(C_1) = 0.9（高可信度）；Review(C_1) = 1（已审核）；Privacy(U_1) = 1（隐私保护）；Transparency(U_1) = 1（数据透明）；Security(U_1) = 1（数据安全）。

当用户 U_2 发布内容 C_2：$\mathrm{Law}(C_2) = 0$（不合法）；$\mathrm{True}(C_2) = 0.6$（低可信度）；$\mathrm{Review}(C_2) = 0$（未审核）；$\mathrm{Privacy}(U_2) = 1$（隐私保护）；$\mathrm{Transparency}(U_2) = 1$（数据透明）；$\mathrm{Security}(U_2) = 1$（数据安全）。

（6）行为分析。

用户 U_1 对内容 C_1 点赞 B_1：$\mathrm{Norm}(B_1) = 1$（行为规范）；$\mathrm{Civility}(B_1) = 1$（文明交流）。

用户 U_2 对内容 C_1 评论 B_2：$\mathrm{Norm}(B_2) = 1$（行为规范）；$\mathrm{Civility}(B_2) = 1$（文明交流）。

根据上述计算，我们可以得出以下结论：

对于内容 C_1：第一，符合法律法规、真实性高且已审核，符合所有内容标准。第二，用户 U_1 的隐私、透明度和数据安全均得到保障。第三，用户 U_2 对内容 C_1 的点赞和评论行为均符合行为标准。

对于内容 C_2：第一，不符合法律法规、真实性低且未审核，不符合内容标准。第二，用户 U_2 的隐私、透明度和数据安全均得到保障，但内容 C_2 无法通过审核发布。

通过该算例，本书验证了社交媒体平台上的数据要素流通标准。内容 C_1 符合标准并成功发布，而内容 C_2 由于不合法、真实性低和未审核，不能发布。这表明模型在确保内容合法合规、保障用户权益和规范用户行为方面发挥了有效作用。这个示例展示了如何利用复杂数学模型来分析和验证社交媒体平台上的数据要素流通标准，确保平台的健康发展和用户权益的保护。

三、社交媒体数据要素流通的规范研究

社交媒体作为信息传播和社交互动的重要平台，在其发展过程中面临着诸多挑战和问题，其中包括如何规范社交媒体数据要素流通行为。社交媒体数据要素流通的规范研究涉及内容、行为、机制和交流等多个方面，旨在确保社交媒体平台上的信息传播和社交互动能够遵循法律法规、保护用户权益、促进社会和谐稳定。以下将从内容规范、行为规范、机制规范三个方面展开阐述。

（一）内容规范

在社交媒体数据要素流通的规范研究中，内容规范是至关重要的一环。内容规范旨在确保社交媒体平台上的信息内容合法合规、真实可信，避免虚假信息和不良内容的传播。内容规范的研究主要包括以下几个方面：

（1）新兴内容的规范管理。随着社交媒体的不断发展和演变，新兴内容形式如短视频、直播等的快速崛起，对内容规范提出了新的挑战。规范新兴内容的研究包括：如何针对新兴内容类型制定相应的规范管理策略，有效防范新型违规行为的发生；如何确保用户发布的内容符合法律法规，不含有违法违规内容，如暴力、色情、侵权等。这些需要建立健全的内容审核机制，对用户发布的内容进行及时审核和处理，确保内容的合法性和合规性。

（2）用户生成内容的规范管理。用户生成内容在社交媒体中占据重要地位，然而，由于其来源复杂、形式多样，其规范管理面临着一定的困难。规范用户生成内容的研究包括：如何针对用户生成内容制定科学合理的规范管理措施，平衡内容监管和用户创造的需求；如何提高社交媒体上信息的真实性和可信度，防止虚假信息和谣言的传播。这些需要加强对用户发布内容的审核和管理，采取技术手段和人工审核相结合的方式，确保信息的真实来源和可信度。

（3）内容安全与网络生态建设。内容规范不仅涉及单一内容的审核，更需要考虑内容的总体安全和网络生态的健康发展。规范内容安全与网络生态建设的研究包括：如何通过内容规范促进社交媒体网络生态的良性循环，营造积极向上、健康有序的网络环境；如何保护用户的个人隐私和知识产权，防止用户信息被非法获取或滥用。这些需要建立健全的用户隐私保护机制，对用户数据进行严格管理和保护，确保用户权益得到有效保障。

（二）行为规范

除了内容规范外，社交媒体数据要素流通的规范研究还需要关注用户行为的规范。行为规范旨在规范用户在社交媒体平台上的行为，促进文明交流和健康互动。行为规范的研究主要包括以下几个方面：

（1）用户行为准则。明确用户在社交媒体平台上的行为规范和规定，如不得恶意攻击他人、传播谣言等。这需要平台运营者加强用户教育和引导，提高用户的法律意识和道德素养。规范用户行为主要是研究用户在社交媒体平台上的行为心理学，探究用户参与社交互动的动机、需求和心理状态，为制定更加科学有效的用户行为规范提供理论支持。

（2）社交媒体平台治理机制。

社交媒体平台的治理涵盖平台规则制定、执行和监督机制，这就需要探讨如何建立更加透明、公正、高效的社交媒体平台治理机制，加强对用户行为的规范管理。此外，为了加强平台治理，打击社交媒体上的恶意行为，包括网络欺凌、谣言传播、造谣生事等，需要建立健全的投诉举报机制，对恶意行为进行及时处理和处罚，维护社交媒体平台良好秩序和用户体验。

（3）跨平台行为规范。

研究跨不同社交媒体平台的用户行为规范主要包括的内容有：探讨如何在不同平台间实现信息和行为的协同管理，防止用户通过跨平台行为规避规范，造成社交媒体治理的漏洞；如何保障用户对自己数据的知情权和控制权，防止滥用用户数据。这些需要建立数据使用和共享的透明机制，明确用户数据的来源、用途和安全措施，确保用户数据的合法合规使用。

（三）机制规范

在社交媒体数据要素流通的规范研究中，机制规范是关键环节之一。机制规范旨在建立健全的管理机制，确保社交媒体平台的正常运行和信息传播的有效管理。

（1）信息审核机制。研究建立完善的信息审核机制，对用户发布的内容进行及时审核和处理，这需要采用技术手段和人工审核相结合的方式，确保审核的及时性和准确性。

（2）投诉举报机制。要实现收到用户投诉和举报后能及时处理违规内容和行为，就需要建立高效的投诉处理机制，对投诉进行及时受理和处理，以保障用户的合法权益。投诉举报机制研究如何加强社会各界对社交媒体规范管理的参与和监督，促进社会共治和多方治理，形成社会监督、政府监管、企业自律等多层次、多维度的规范管理机制。

（3）数据安全保障。数据安全保障一方面研究加强数据安全管理，保障用户数据的安全和隐私，这需要建立健全的数据安全保障机制，包括数据加密、权限管理、漏洞修复等措施，防止数据泄露和滥用；另一方面研究新技术在社交媒体规范管理中的应用，如人工智能、大数据分析等技术，探讨其在信息审核、用户行为分析、数据安全保障等方面的作用和效果，推动社交媒体规范管理的智能化和自动化发展。

第三节　数据要素流通比例动态变化下的用户效用与偏好分析

在这个数据驱动的时代，社交媒体、电子商务平台、智能设备等不断生成大量的数据，这些数据的流通和共享进一步推动了数字经济的发展。数据要素的流通比例动态变化不仅影响到数据资源的合理配置和利用效率，也对用户的效用和偏好产生深远的影响。因此，研究数据要素流通比例动态变化下的用户效用与偏好分析，具有重要的理论和现实意义。在传统经济学中，用户效用和偏好是消费行为研究的核心概念。效用是指用户从消费一种商品或服务中获得的满足感或幸福感，而偏好则反映了用户对不同商品或服务的选择倾向。在数据经济中，数据要素的流通比例同样影响着用户的效用与偏好。例如，当一个用户能够获取更多的高质量社交媒体数据时，他可以更好地进行社交互动和信息获取，从而提升其效用；而当数据流通受到限制或不均衡时，用户的效用可能会降低，甚至降低用户对平台的信任度和忠诚度。

数据要素流通比例的动态变化直接影响到用户获取信息的广度和深度。在社交媒体平台上，数据要素的流通比例较高，意味着用户能够及时获取全面、多样化的信息，这不仅可以提升用户的决策质量，还能增加用户的社交互动机会，这些都将增强用户的效用。然而，数据要素流通比例的动态变化并非总是正向的。当用户面临信息过载或虚假信息时，数据要素的高流通比例可能反而降低用户的效用。因此，理解并控制数据流通比例的动态变化，是提升用户体验和平台价值的重要举措。

数据要素的流通除了影响用户的即时效用，还影响其长期偏好。例如，用户在多次互动和数据消费中形成的偏好，可能会受到数据流通规律的深刻影响。用户在平台上获取到的推荐信息，常常取决于数据流通的频率和内容。例如，算法推荐系统通过挖掘用户历史数据和兴趣偏好，为其提供个性化的内容，这需要高效的数据显示和提取。然而，当数据流通不均衡，过度集中于某些特定领域时，用户的兴趣范围可能会受到限制，长期下来，用户偏好会变得狭隘，甚至形成信息茧房。因此，合理规划和引导数据要素流通比例，对于平衡用户偏好，拓宽其兴趣领域具有重要作用。

数据要素的流通比例还受制于多种外部因素，如政策法规、技术环境和市场需求等。政策法规可以通过数据保护和隐私政策，直接影响数据流通的自由度和范围；技术环境则通过数据分析与处理能力影响数据要素的提取与传播效率；市场需求的变化也会迫使平台调整数据流通策略以适应用户的需求变化。这些外部因素与数据要素流通比例的动态变化交织在一起，共同塑造了用户的效用和偏好。因此，深入了解外部因素与数据要素流通比例之间的互动关系，有助于构建更加科学合理的数据流通机制。

总之，数据要素流通比例动态变化下的用户效用与偏好分析，是一个多维度的复杂问题，涉及经济学、行为科学、数据科学和信息技术等多领域知识。对社交媒体平台和其他互联网服务提供商来说，针对数据流通比例进行科学管理和优化，不仅能提升用户的即时效用和长期偏好，还能增强用户黏性和平台竞争力。因此，探讨数据要素流通与用户行为间的关系，为理解数字经济背景下的用户行为模式和经济效应提供了新的视角和方法论。这一研究不仅具有理论创新意义，还具有强化数据管理实践的重要应用价值。因此，本章将通过理论分析与实证研究相结合的方式，系统探讨数据要素流通比例动态变化对用户效用与偏好的影响机制及其内在规律，为数据经济的发展提供理论支持和实践指导。

一、数据要素流通比例动态变化下的用户效用分析

在当今数字化时代，数据要素的流通比例动态变化对用户的效用产生了深远的影响。本书将从数据要素流通比例的动态变化、用户效用的概念与特征以及用户效用的分析方法三个方面展开，对这一话题进行深入探讨。

（一）数据要素流通比例的动态变化

数据要素流通比例指的是数据在不同主体之间的传递比例。随着数字化技术的发展和应用场景的变化，数据要素流通比例呈现出动态变化的特点。首先，技术驱动下的变化。随着云计算、物联网、人工智能等技术的不断发展，数据要素流通比例出现了由传统的单向数据传输向多向、多维度数据交互的变化趋势。其次，行业和应用场景的影响。不同行业和应用场景对数据要素流通比例的需求有所不同，例如，在金融领域，随着金融科技的兴起，数据要素流通比例更加倾向于多方共享和交互。最后，政策和法规对数据流通的影响。政府部门对数据安全和隐私保护的要求越来越严格，这也影响着数据要素流通比例的动态变化，促使数据流通更加合规和安全。

（二）用户效用的概念与特征

用户效用是指用户通过参与某项活动或享受某种产品或服务所获得的满足感和实用性。在数据要素流通比例动态变化下，用户效用表现出以下特征：一是个性化需求。用户对数据要素的流通比例有着不同的个性化需求，根据自身的行业背景、工作需求或个人兴趣等因素，会对数据流通比例产生不同的效用体验。二是信息获取效率。数据要素流通比例的动态变化会影响用户获取信息的效率，合理的数据流通比例可以提高用户获取信息的效率，从而提升用户的效用体验。三是数据安全和隐私保护。用户对数据安全和隐私保护的要求越来越高，合理的数据要素流通比例能够保障用户的数据安全和隐私权，提升用户的效用感。

（三）用户效用的分析方法

针对数据要素流通比例动态变化下的用户效用，可以采用以下分析方法进行研究：一是通过用户调研、深度访谈等方法，了解用户对于数据要素流通比例变化的认知、态度和需求，从而把握用户效用的主观感受和心理需求。二是通过数据统计和分析方法，量化用户在不同数据要素流通比例下的效用体验，比较不同情境下用户的效用水平，找出影响用户效用的关键因素。三是基于理论框架和实证研究，构建用户效用的分析模型，从用户特征、数据要素流通比例、应用场景等多个维度出发，系统性地分析用户效用的形成机制和影响因素。可见，数据要素流通比例动态变化下的用户效用分析是一个复杂而重要的课题，需要综合运用定性和定量分析方法，结合实证研究和理论模型构建，全面深入地理解和把握用户效用的特点和规律，为提升数据要素流通的效率和用户体验提供科学依据。

二、数据要素流通比例动态变化下的用户偏好分析

随着数据要素在社交媒体中的流动性增加，用户行为、偏好及效用体验的动态变化成为研究的热点。流通比例的变化反映了数据在不同用户群体、不同平台以及不同商业实体间的共享与传播程度。这一流动性对用户效用产生直接影响，并间接体现在用户偏好的变化上。以下将从数据流动的影响机制、用户效用的多维度评估以及用户偏好动态变化的分析三个方面进行详细阐述。

（一）数据流动的影响机制

数据流动性影响两个关键方面：一是信息的可获取性，二是隐私的保护程度。数据流通的比例增加，意味着用户可以更轻松地获得更多样化的信息，这可能提高决策效率，增加个人收益。但与此同时，数据过度流动可能导致隐私泄露的风险增加，这会降低用户对社交媒体平台的信任，进而影响其使用意愿。

（二）用户效用的多维度评估

一是信息效用。随着数据流通比例增加，用户能够访问到更多的信息资源，从而提升知识水平和决策质量。社交媒体的推荐系统能更准确地提供个性化的内容推荐。二是时间效用。流通性提高可以减少用户寻找信息的时间成本，特别是当算法优化后，能够为用户筛选出更相关的内容时。三是关系效用。数据流通性的增加有助于加强用户间的联系，促进社交媒体上的社区建设，用户可以通过共享和交流信息与他人建立更深层次的关系。四是隐私效用。在用户享受便捷服务的同时，他们也关心个人信息的

安全。隐私效用的高低很大程度上取决于社交媒体平台如何处理个人数据，以及用户对平台的信任度。

（三）偏好动态变化的分析

用户偏好变化是对数据流通动态调整的直接响应。一是透明度偏好。当用户意识到个人数据的价值与风险时，他们可能更倾向于选择那些提供透明数据使用政策的平台。二是控制力偏好。用户可能更偏好能够提供更多隐私控制选项的服务，例如数据访问权、数据更正权和"被遗忘的权利"。三是个性化偏好。数据流动性增加，带来更准确的个性化服务。用户可能对这类基于自己历史数据来个性化推荐的服务有更高的期待。四是安全偏好。频繁的数据泄露事件可能导致用户更倾向于那些可以提供更安全保障的平台。用户效用和偏好分析表明了数据流通动态变化的复杂性。为了维护用户的最大利益，社交媒体平台和相关监管机构需要在数据流通性、信息效用和隐私保护之间寻找到合适的平衡点，在满足用户信息需求的同时也能够保证他们的隐私安全。

三、基于演化博弈的社交媒体数据要素流通

在使用演化博弈论模型分析社交媒体中数据要素流通比例动态变化下的用户效用变化时，我们首先需要定义几个关键概念和策略。演化博弈论的基本前提是参与者（在本书中是社交媒体用户）基于自身利益最大化的原则选择策略，并且这些策略的分布和效用会随着时间的演化而变化。

（一）定义

（1）分享策略。这里指用户积极分享个人数据，包括发布动态、填写个人信息、参与在线讨论等。

（2）保护策略。这是指用户谨慎处理个人数据，限制分享的信息量和范围，采取隐私保护措施。

（3）定义隐私悖论。这里指尽管用户对个人隐私保护表现出高度关注，但在实际行为中却往往倾向于分享更多个人数据，以获得更为个性化的服务或社交利益，从而导致隐私风险的增大。

（二）演化博弈论模型分析

演化博弈理论是用来研究个体策略在动态竞争环境中的变化与适应的理论。它特别适合用于分析社交媒体中用户在数据要素流通中的行为和策略适应过程。基于演化博弈的社交媒体数据要素流通模型可以帮助理解用户如何选择不同的传播策略、这些策略如何在时间维度上演化，以及不同策略的稳定性和效益。

1. 模型设定

设有 N 个用户在社交媒体上进行数据要素流通。每个用户 i 可以选择一种策略 s_i 来进行数据传递和互动。可以有多种策略，例如：$s_i = 1$ 表示积极分享、转发和评论。$s_i = 0$ 表示被动浏览，不主动传播。假设每个用户的效用函数（payoff）u_i 依赖于其自身策略和他人策略的分布。

2. 成本和收益

对每个用户 i，其选择策略 s_i 的成本和收益设定如下：$C(s_i)$ 表示策略 s_i 的成本，积极分享的成本较高，被动浏览的成本较低。$R(s_i, \bar{s})$ 表示策略 s_i 的收益，依赖于整体策略分布 $\bar{s}$，比如较多的互动能带来更多的关注度。

3. 效用函数

每个用户 i 的效用函数可以表示为：

$$u_i(s_i, \bar{s}) = R(s_i, \bar{s}) - C(s_i) \qquad (3-38)$$

其中 $\bar{s} = \dfrac{1}{N} \displaystyle\sum_{j=1}^{N} s_j$ 表示整体策略的平均水平。

4. 演化动力学

用户策略的演化可以通过复制动态（replicator dynamics）来建模。设 $x(t)$ 表示在时间 t 选择积极策略的用户比例。则复制动力方程为：

$$\frac{\mathrm{d}x(t)}{\mathrm{d}t} = x(t)(u_A - \bar{u}) \qquad (3-39)$$

其中，u_A 表示选择积极策略的用户的平均效用，$\bar{u}$ 表示总体的平均效用。

5. 平衡点

演化稳定策略（evolutionarily stable strategy，ESS）是指在策略上没有

玩家有动力单方面改变策略的状态。通过解复制动力方程可以找到平衡点 x^*。

基于 MATLAB 的模型数值模拟程序：

```matlab
% 演化博弈模型
function dxdt = replicatorDynamics(t,x,alpha,beta,c1,c2)
    % x：选择积极策略的比例
    % alpha,beta：利益参数
    % c1,c2：成本参数
        % 选择积极策略的效用
    u_A = alpha  x - c1;
        % 选择被动策略的效用
    u_B = beta  x - c2;
     % 总体平均效用
    avg_u = x  u_A + (1 - x)  u_B;
        % 复制动力方程
    dxdt = x  (u_A - avg_u);
end
% 参数设置
alpha = 2;% 积极策略收益系数
beta = 1;% 被动策略收益系数
c1 = 0.5;% 积极策略成本
c2 = 0.1;% 被动策略成本
% 初始比例
x0 = 0.1;
% 时间跨度
tspan = [0 20];
% 数值模拟
[t,x] = ode45(@(t,x) replicatorDynamics(t,x,alpha,beta,c1,c2),tspan,x0);
% 结果可视化
figure;
plot(t,x,'LineWidth',2);
xlabel('Time');
```

```
ylabel('Proportion of Active Strategy');
title('Evolution of Strategy Proportion in Social Media');
grid on;
```

通过上述模型和数值模拟，可以研究用户在社交媒体上选择不同策略的演化过程及其稳定性。模型中，用户的策略选择取决于成本和收益的权衡，整体策略比例通过复制动力学进行演化。

（三）数据要素流通和演化策略理论分析

数值模拟结果能够展示策略选择在时间维度上的演变趋势，从而为理解社交媒体数据要素流通和优化策略提供理论支持。

（1）效用函数设置。在本模型中，每个策略的效用函数受数据要素流通比例、用户效用（包括信息效用、时间效用、关系效用）和隐私风险的影响。分享策略可能带来较高的信息效用和关系效用，但同时伴随较高的隐私风险；保护策略则在减少隐私风险的同时，可能损失一定的信息和关系效用。

（2）策略演化动态。在社交媒体环境中，用户根据自己和他人的效用来不断调整策略。如果分享策略带来的综合效用高于保护策略，则更多的用户倾向于选择分享策略。反之，则会有更多用户倾向于保护策略。

（3）稳态分析。模型会分析不同初始条件下系统达到的动态稳态，即社交媒体环境中用户策略分布的稳定模式。当数据要素流通使得分享策略带来的边际效用超过隐私风险时，系统可能达到一个以分享策略为主导的稳态；如果隐私保护的意识和技术提高，使得保护策略的效用增加，系统可能朝着一个更加均衡或以保护策略为主的稳态演化。

（4）隐私悖论的合理性及演化规律。隐私悖论的存在揭示了用户在个人效用和隐私保护之间的冲突。演化博弈论模型显示，隐私悖论的产生是合理的，因为在短期内，用户通过提供个人数据获得的即时效用往往超过了其隐私泄露的潜在风险评估。该模型还指出，随着用户对隐私风险认识的深入和保护技术的改进，系统有可能逐渐向保护策略转移，这表明用户行为和偏好有可能随着时间的推移而经历演化，最终可能在分享与保护之间达到新的动态平衡。

　　该模型表明，隐私悖论的存在与社交媒体平台上的数据要素流通比例动态变化密切相关，并且用户效用与偏好的演化规律也随之变化。理解这一动态演化过程，可以为社交媒体平台设计更好的隐私保护措施和用户数据管理政策提供指导。综上所述，数据要素流通比例的动态变化构成了一个复杂的系统，影响着用户行为、效用和偏好。评估这些变化对于理解社交媒体生态和提高平台策略的效果至关重要。通过综合信息的利益与隐私的风险，社交媒体平台和政策制定者可以制定出更恰当的数据治理策略，以更好地服务于用户，并推动数据经济发展。

第四章 信息生态视阈下社交媒体数据要素流通框架与机制

社交媒体平台的兴起和发展极大地改变了人们获取信息、交流互动的方式，成为信息传播和社交互动的重要载体。然而，随着社交媒体的快速发展和普及，社交媒体数据要素的流通也呈现出了日益复杂和多样化的特点，引发了诸多关于信息生态的讨论与思考。在信息生态视阈下，社交媒体数据要素的流通不仅仅是简单的信息传递和交流，更涉及信息内容、数据安全、用户权益等多方面的问题。为了更好地理解和规范社交媒体数据要素的流通，需要构建一个完善的框架与机制，以促进社交媒体平台的健康发展和用户体验的提升。首先，需要明确社交媒体数据要素流通的概念和范围。社交媒体数据要素包括用户生成的内容、个人信息、社交关系等多种形式，它们在社交媒体平台上的传播与交互构成了社交媒体数据要素的流通过程。这些数据要素的流通不仅仅是用户之间的信息交流，还涉及平台运营商、第三方开发者等多方的参与和管理。其次，我们需要分析社交媒体数据要素流通的特点和规律。社交媒体数据要素的流通具有即时性、广泛性、多样性等特点，同时也存在着信息泛滥、隐私泄露、虚假信息等问题。因此，建立一个合理的框架与机制，对社交媒体数据要素的流通进行规范和管理显得尤为重要。在构建社交媒体数据要素流通框架与机制时，需要考虑到多方面的因素。首先，要充分考虑用户需求与权益保护，确保用户在社交媒体平台上的信息安全和个人隐私得到有效保障。其次，要强化平台运营商的责任与义务，建立起健全的数据管理和安全机制，防范信息泄露和滥用行为。同时，还需要加强与政府监管部门的合作与沟通，共同推动社交媒体数据要素流通的规范化与健康发展。综上，构建适应信息生态的社交媒体数据要素流通框架与机制是当前亟待解决的重要问题。通过对社交媒体数据要素流通过程的深入研究，可以更好地理解其特点与规律，为构建安全、健康、有序的社交媒体信息生态提供理论支持。

第一节　信息生态视阈下社交媒体数据要素流通框架模型

　　在数字时代的迅猛发展下，社交媒体已经成为信息交流和传播的重要平台，日益丰富和多样化的数据要素流通不仅塑造了社交媒体的生态，也对信息传播格局产生了深远影响。信息生态学作为一种从系统层面理解信息流动和组织的理论框架，着眼于信息在不同主体之间的互动关系，强调信息、技术、社会、文化等因素的共生与协同发展。社交媒体作为信息生态系统中的关键节点，承载着海量的用户生成内容（UGC）和平台生产内容（PGC），同时也促成了数据在不同群体、组织和技术之间的流通与交换。随着数据成为推动数字经济和信息社会发展的核心要素，构建一个适应信息生态视阈下的社交媒体数据要素流通框架模型，对于促进数据高效、安全、规范的流通，增强数据利用价值和社会效益，具有重要的理论与实践意义。从信息生态的角度来看，社交媒体平台不仅仅是信息传播的通道，它更是一个复杂的多主体、多层次的生态系统，涉及用户、平台运营者、广告商、政府监管机构、第三方数据处理者等多种利益相关者。每一个主体在信息生态系统中扮演着不同的角色，推动着数据要素的流通。在这种多元共生的环境中，数据作为核心要素，既是信息的载体，也是形成和塑造整个生态系统的基础资源。数据的流通不仅包括数据的生成、采集、传输、存储和分析，还涉及数据的共享和交易、隐私保护、法律合规等一系列问题。因此，构建一个全面而系统的数据要素流通框架，能够有效协调不同主体间的数据需求，提升数据流通的效率和安全性，同时也能推动社交媒体平台的可持续发展。

　　社交媒体数据要素流通框架模型应包括以下几个关键要素：数据源、数据传输通道、数据处理与分析机制、数据存储与管理体系、数据共享与交易平台，以及数据隐私与安全保障机制。这些要素共同构成了数据要素从产生到流通的完整生命周期。（1）数据源是整个框架的起点，主要包括用户在社交媒体上的行为数据（如点赞、评论、分享等）、平台生成的系统数据以及外部数据源的整合。数据源的多样性和庞大规模决定了数据采集的复杂性。通过科学的采集技术和标准化流程，社交媒体平台能够有效捕捉用户的行为模式、兴趣偏好和社交关系，这为后续的数据传输和分析提供了基础。（2）数据传输通道是数据要素流通框架中至关重要的一环。它包括了数据在不同节点间的流动路径，如从用户到平台、从平台到第三方合作机构，或在平台内部的不同模块之间进行的数据交换。数据传输通道不仅需要高效的技术支持，还需要有安全的加密机制，以保障数据在传输过程中的完整性和保密性。此外，随着跨平台数据流通需求的增加，数据传输通道的互操作性成为新的挑战，即如何在不同的平台、技术架构之间实现无缝的数据流通，确保数据能够在多种技术环境下顺利传递。（3）数据处理与分析机制是数据流通的核心技术环节。通过对海量数据的实时处理、清洗、分类和分析，社交媒体平台能够提炼出有价值的信息，用于用户推荐、广告定向投放、热点话题识别等应用场景。在这个环节中，算法的智能化与大数据分析技术的应用至关重要。通过深度学习、自然语言处理（NLP）、情感分析等技术，平台能够对用户生成的数据进行精准解读，并进一步转化为可供决策参考的信息资源。同时，在数据处理的过程中，数据的质量控制也是关键，它确保数据准确、完整并避免重复冗余，从而提升数据的利用效率。（4）数据存储与管理体系则是数据要素流通的基础设施部分，决定了数据在长期保存和管理中的安全性与可访问性。云存储技术的普及为社交媒体平台提供了灵活、高效的数据存储解决方案，但同时也带来了隐私安全和合规管理的挑战。如何在满足用户数据访问需求的同时，确保数据的隐私安全与法律合规，成为平台面临的重大问题之一。此外，随着数据量的持续增长，社交媒体平台需要建立健全的存储扩展机制，采用分布式存储技术以应对数据的指数级增长，确保平台的数据处理能力与数据流通需求相匹配。（5）数据共享与交易平台作为数据要素流通框架的创新环节，提供了数据资源的开放与流通渠道。在数据经济的驱动下，数据的共享和交易正成为重要的商业模式之一。社交媒体平台可以通过授权第三方机构使用平台数据，生成更多的社会价值和经济效益。在此过程中，建立统一的数据标准和规范体系，促进数据的流通和共享显得尤为重要。同时，数据的交易还涉及用户隐私的保护、数据版权的归属等敏感问题，需通过法律法规和技术手段加以保障。（6）数据隐私与安全保障机制贯穿于整个数据流通框架的各个环节，确保数据在采集、存储、处理和共享过程中免受非法入侵和滥用。随着欧盟的《通用数据保护条例》（GDPR）和我国的《中华人民共和国个人信息保护法》（以下简称《个人信息保护法》）等法律法规的出台，社交媒体平台在数据流通中的合规性要求日益严格。平台需要通过数据加密、匿名化处理、访问控制等多种技术手段，确保用户的个人信息得到充分保护。同时，建立健全的数据安全风险预警与响应机制，能够在数据泄露或安全事件发生时，快速采取措施，防止事态扩大。

因此，信息生态视阈下社交媒体数据要素流通框架模型是一个涵盖数据生成、传输、处理、存储、共享与安全保障的复杂体系。该框架模型不仅在技术层面解决了数据流通中的关键问题，还在制度与管理层面提供了系统的思路，以应对数据流通中的隐私保护、法律合规和多方协调问题。通过构建这一框架模型，社交媒体平台能够更好地应对数据流通中的挑战，提升数据资源的利用效率，推动信息生态的健康发展。同时，对于数字经济背景下的政策制定者和研究者来说，该模型为理解和优化数据要素的流通提供了新的理论视角和实用工具。

一、信息生态系统构建

（一）信息生态内容构架

信息生态是一个综合的概念，涵盖了信息环境、信息资源、信息流动等多个方面。在社交媒体的背景下，信息生态更多地指代了在网络空间中各种信息要素之间的相互作用和影响关系。构建社交媒体数据要素流通框架模型需要深入理解信息生态的内涵和特点，这将有助于我们更好地把握社交媒体数据要素的流通规律与机制。信息生态视阈下的社交媒体数据要素流通受到网络空间中信息生态的影响。信息生态是一个动态平衡系统，其中包括信息生产者、传播者、消费者等各种参与主体。社交媒体作为信息传播的重要平台，其数据要素的流通与整个网络信息生态密切相关。信息生态的健康与否直接影响着社交媒体数据要素的传播效率、信息质量以及用户体验。

（二）信息生态系统理论框架构建

1. 信息生态系统关键要素

为构建社交媒体信息生态系统理论框架模型，我们可以考虑以下关键要素：

（1）用户群体：包括社交媒体平台上的各类用户，如普通用户、内容创作者、广告商等。

（2）信息要素：涵盖文本、图片、视频等各种形式的信息内容。

（3）社交关系：描述用户之间的关注、好友关系等社交网络结构。

（4）平台算法：包括推荐算法、内容过滤算法等影响信息传播和用户行为的算法。

（5）外部环境：涉及政策法规、技术发展、社会事件等外部因素。

在这一整体框架下，本节建立一个数学模型来描述社交媒体信息生态系统的演化过程，深入分析社交媒体平台上的信息流动。

2. 信息生态系统理论模型假设

这个模型结合了微分方程和博弈论的思想，具体如下：

（1）用户群体。设有 N 个用户，每个用户 i 可以选择三种行为策略 s_i：$s_i = 1$ 表示内容创作（content creation）；$s_i = 2$ 表示内容传播（content sharing）；$s_i = 3$ 表示内容消费（content consumption）。

（2）信息要素。设有 M 种信息要素，包括文本、图片、视频等，每种信息要素的数量分别为 I_j。

（3）社交关系。使用一个邻接矩阵 A 来描述用户之间的社交关系，其中 $A_{ij} = 1$ 表示用户 i 和用户 j 之间存在社交关系，$A_{ij} = 0$ 表示不存在。

（4）平台算法。平台的推荐算法和内容过滤算法可以用一个函数 $f(A, I, s)$ 表示，其中 A 是社交关系矩阵，I 是信息要素，s 是用户的行为策略。

（5）外部环境。外部环境的影响可以用一个外部因子 $E(t)$ 来表示，外部环境随时间变化影响信息的传播和用户的行为。

3. 信息生态系统理论数学模型构建

（1）信息要素的动态变化。每种信息要素 I_j 的变化率由微分方程（4-1）表示：

$$\frac{\mathrm{d}I_j}{\mathrm{d}t} = \sum_{i=1}^{N} s_i \times f(A, I, s) - \mu_j I_j \qquad (4-1)$$

其中 μ_j 是信息要素 I_j 的衰减率，表示信息的时效性。

（2）用户策略比例的演化。用户选择不同策略的比例 $x_1(t)$，$x_2(t)$，$x_3(t)$ 的演化通过复制动力方程描述：

$$\frac{\mathrm{d}x_1(t)}{\mathrm{d}t} = x_1(t)(u_1 - \bar{u}) \qquad (4-2)$$

$$\frac{\mathrm{d}x_2(t)}{\mathrm{d}t} = x_2(t)(u_2 - \bar{u}) \qquad (4-3)$$

$$\frac{\mathrm{d}x_3(t)}{\mathrm{d}t} = x_3(t)(u_3 - \bar{u}) \qquad (4-4)$$

其中，u_1，u_2，u_3 分别是选择不同策略用户的平均效用，$\bar{u}$ 是总体的平均效用。

（3）效用函数。每个用户 i 的效用函数为：

$$u_i(s_i, \bar{s}, I, E) = R_i(s_i, \bar{s}, I, E) - C_i(s_i) \qquad (4-5)$$

其中，$\bar{s}$ 表示总体策略分布，I 表示信息要素分布，E 表示外部环境因素。

基于上述模型的 MATLAB 代码：

```
…matlab
% 复杂信息生态系统模型
function dxdt = complexEcosystemDynamics(t, x, A, I, alpha, beta, gamma, delta, eta, theta, mu, E)
    % x：三种策略的比例[x1;x2;x3]
    % A：社交关系矩阵
    % I：信息要素
    % alpha, beta, gamma, delta, eta, theta：利益参数
    % mu：信息衰减率
    % E：外部环境因子
```

```
% 各策略的比例
x1 = x(1);
x2 = x(2);
x3 = x(3);


% 各策略的效用
u1 = alpha  x1 + beta  x2 - 0.5;  % 假设成本为 0.5
u2 = gamma  x1 + delta  x2 - 0.3;% 假设成本为 0.3
u3 = eta  x1 + theta  x2 - 0.1;  % 假设成本为 0.1


% 总体平均效用
avg_u = x1  u1 + x2  u2 + x3  u3;


% 复制动力方程
dx1dt = x1  (u1 - avg_u);
dx2dt = x2  (u2 - avg_u);
dx3dt = x3  (u3 - avg_u);


% 信息要素的变化率
dIdt = sum(x . f(A,I,[x1,x2,x3],E)) - mu . I;


dxdt = [dx1dt;dx2dt;dx3dt;dIdt];
end


% 参数设置
A = [0 1 1;1 0 1;1 1 0];% 假设三用户的简单社交关系矩阵
I = [1;1;1];% 初始信息要素
alpha = 2;beta = 1.5;gamma = 1.2;delta = 1;eta = 0.8;theta = 0.5;
mu = [0.1;0.1;0.1];% 信息衰减率
E = @(t) 1 + 0.1sin(t);% 外部环境因子


% 初始比例
x0 = [0.2;0.5;0.3;1;1;1];% 初始策略比例和信息要素
```

```
% 时间跨度
tspan = [0 20];

% 数值模拟
[t,x] = ode45(@(t,x) complexEcosystemDynamics(t,x,A,I,alpha,beta,gamma,delta,
eta,theta,mu,E(t)),tspan,x0);

% 结果可视化
figure;
plot(t,x(:,1),'LineWidth',2,'DisplayName','Content Creation');
hold on;
plot(t,x(:,2),'LineWidth',2,'DisplayName','Content Sharing');
plot(t,x(:,3),'LineWidth',2,'DisplayName','Content Consumption');
plot(t,x(:,4),'LineWidth',2,'DisplayName','Information Element 1');
plot(t,x(:,5),'LineWidth',2,'DisplayName','Information Element 2');
plot(t,x(:,6),'LineWidth',2,'DisplayName','Information Element 3');
xlabel('Time');
ylabel('Proportion / Quantity');
title('Evolution of Strategy Proportion and Information Elements in Social Media Ecosystem');
legend('show');
grid on;
hold off;
…
```

运行上述 MATLAB 代码，可以生成策略比例和信息要素随时间演化图像。通过该模型，可以研究社交媒体信息生态系统中各种因素的动态变化及其相互作用。

4. 社交媒体信息生态系统的动态演化扩展模型

在基础模型中，并未考虑用户数量的动态演变。为了进一步深入分析社交媒体信息生态系统，本书考虑用户数量 U 随时间的变化。可以通过以下因素来描述：一是用户注册与注销的速率；二是用户间社交关系的形成与断裂的速率；三是新用户加入平台的速率；四是用户流失率（例如由于平台政策变化或用户流失）。

假设 $U(t)$ 表示时间 t 时的用户数量，λ_r 表示用户注册速率，λ_d 表示用户注销速率，ρ_f 表示用户间社交关系形成的速率，ρ_b 表示用户间社交关系断裂的速率，β 表示新用户加入平台的速率，δ 表示用户流失率。

（1）用户数量变化的微分方程模型：

$$\frac{\mathrm{d}U(t)}{\mathrm{d}t} = \lambda_r U(t) - \lambda_d U(t) + \beta - \delta U(t) \qquad (4-6)$$

（2）用户间社交关系变化（假设 $R(t)$ 表示用户间的总社交关系数量）：

$$\frac{\mathrm{d}R(t)}{\mathrm{d}t} = \rho_f U(t) - \rho_b R(t) \qquad (4-7)$$

MATLAB 实现

…matlab

```
% 用户数量变化和用户间社交关系变化的微分方程
function dxdt = socialMediaDynamics(t,x,lambda_r,lambda_d,rho_f,rho_b,beta,delta)
    % x: 状态变量[U;R]
    % lambda_r: 用户注册速率
    % lambda_d: 用户注销速率
    % rho_f: 用户间社交关系形成速率
    % rho_b: 用户间社交关系断裂速率
    % beta: 新用户加入速率
    % delta: 用户流失率

    % 提取用户数量和社交关系数量
    U = x(1);
    R = x(2);

    % 用户数量变化的微分方程
    dUdt = lambda_r  U - lambda_d  U + beta - delta  U;

    % 用户间社交关系变化的微分方程
    dRdt = rho_f  U - rho_b  R;
```

```
    %  返回微分方程结果
    dxdt = [dUdt;dRdt];
end


%  参数设置
lambda_r = 0.05;    %  用户注册速率
lambda_d = 0.01;    %  用户注销速率
rho_f = 0.02;       %  用户间社交关系形成速率
rho_b = 0.01;       %  用户间社交关系断裂速率
beta = 10;          %  新用户加入速率
delta = 0.03;       %  用户流失率


%  初始用户数量和社交关系数量
x0 = [100;50];%  初始用户数量和社交关系数量


%  时间跨度
tspan = [0 100];


%  数值模拟
[t,x] = ode45(@(t,x) socialMediaDynamics(t,x,lambda_r,lambda_d,rho_f,rho_b,
beta,delta),tspan,x0);


%  结果可视化
figure;
subplot(2,1,1);
plot(t,x(:,1),'LineWidth',2);
xlabel('Time');
ylabel('Number of Users');
title('User Number Dynamics');
grid on;


subplot(2,1,2);
plot(t,x(:,2),'LineWidth',2);
xlabel('Time');
```

ylabel('Number of Social Connections');

title('Social Connection Dynamics');

grid on;

…

（3）信息要素数量变化。考虑信息要素数量 I 随时间的变化而变化。一是用户创作新内容的速率，二是内容被删除或过期的速率。可以用微分方程（4-8）来描述信息要素数量的变化：

$$\frac{\mathrm{d}I}{\mathrm{d}t} = \alpha - \beta \qquad (4-8)$$

其中，I 表示信息总量，α 表示信息创作速率，β 表示信息删除速率。

（4）社交关系矩阵的变化模型。社交关系矩阵 R 的变化可以由用户间的交互频率和关系的稳定性来描述：

$$\frac{\mathrm{d}R_{ij}}{\mathrm{d}t} = f_{ij} \times \sigma_{ij} \qquad (4-9)$$

其中，R_{ij} 表示用户 i 和用户 j 之间的关系强度，f_{ij} 表示用户 i 和用户 j 之间的交互频率，σ_{ij} 表示用户 i 和用户 j 之间关系的稳定性。

（5）平台算法矩阵的变化模型。平台算法矩阵 A 的变化受算法调整速率的影响：

$$\frac{\mathrm{d}A_{ij}}{\mathrm{d}t} = \gamma_{ij} \qquad (4-10)$$

其中，A_{ij} 表示算法在用户 i 和用户 j 之间的应用程度，γ_{ij} 表示算法调整速率。

（6）外部环境因素向量的变化模型。外部环境因素向量 E 的变化可以用向量微分方程（4-11）来描述：

$$\frac{\mathrm{d}E}{\mathrm{d}t} = \phi \qquad (4-11)$$

其中：E 表示外部环境因素的向量，如政策法规、技术发展、社会事件等；ϕ 表示外部因素变化速率。

（7）综合动态演化模型。综合以上各项因素，可以构建一个更为详细的社交媒体信息生态系统的动态演化模型，其中各个变量，如信息量 I、社交关系矩阵 R、平台算法矩阵 A 以及外部环境因素向量 E，都随时间变化，相互影响，共同描述了整个社交媒体生态系统的动态演化过程。

①社交关系矩阵 R 的更新。考虑社交关系矩阵 R 的变化对信息流动的影响：

$$\frac{\mathrm{d}I}{\mathrm{d}t} = \alpha - \beta + \sum_{i,j} \kappa_{ij} \times R_{ij} \qquad (4-12)$$

其中，κ_{ij} 表示用户 i 和用户 j 之间的信息传播效率。

②平台算法矩阵 A 的影响。平台算法矩阵 A 可能影响用户的行为和内容的流行度：

$$\frac{\mathrm{d}I}{\mathrm{d}t} = \alpha - \beta + \sum_{i,j} \kappa_{ij} \times R_{ij} + \sum_{i,j} \lambda_{ij} \times A_{ij} \qquad (4-13)$$

其中，λ_{ij} 表示算法 A_{ij} 对信息传播的影响系数。

③外部环境因素向量 E 的综合影响。外部环境因素向量 E 可能对所有变量产生影响：

$$\frac{\mathrm{d}I}{\mathrm{d}t} = \alpha - \beta + \sum_{i,j} \kappa_{ij} \times R_{ij} + \sum_{i,j} \lambda_{ij} \times A_{ij} + \psi \times E \qquad (4-14)$$

其中，ψ 表示外部环境因素对信息总量的综合影响系数。

通过以上综合模型，可以更全面地描述和分析社交媒体信息生态系统的动态演化过程，因为考虑了信息创作与删除、社交关系变化、平台算法调整以及外部环境因素的综合影响。

python 代码仿真如下：

```
import numpy as np
from scipy. integrate import solve_ivp
import matplotlib. pyplot as plt
# 定义微分方程系统
def model(t,y,alpha,beta,kappa,sigma,gamma,lambd,psi,phi):
    I,R,A,E = y
    dI_dt = alpha - beta + np. sum(kappa * R) + np. sum(lambd * A) + psi * E
    dR_dt = f * sigma
```

```
        dA_dt = gamma
        dE_dt = phi
        return[dI_dt,dR_dt. flatten(),dA_dt. flatten(),dE_dt]
# 初始条件和参数设置
N = 5    # 用户数量
I0 = 100    # 初始信息总量
R0 = np. zeros((N,N))    # 初始社交关系矩阵
A0 = np. zeros((N,N))    # 初始平台算法矩阵
E0 = 0    # 初始外部环境因素向量
y0 = [I0,R0,A0,E0]
alpha = 5    # 信息创作速率
beta = 3    # 信息删除速率
kappa = np. random. rand(N,N)    # 信息传播效率矩阵
sigma = np. random. rand(N,N)    # 关系稳定性矩阵
gamma = np. random. rand(N,N)    # 算法调整速率矩阵
lambd = np. random. rand(N,N)    # 算法影响系数矩阵
psi = 0. 1    # 外部环境因素综合影响系数
phi = 0. 5    # 外部因素变化速率
f = np. random. rand(N,N)    # 交互频率矩阵
# 时间向量
t_span = (0,50)
t_eval = np. linspace(t_span[0],t_span[1],100)
# 求解微分方程
sol = solve_ivp(model,t_span,y0,args = (alpha,beta,kappa,sigma,gamma,lambd,psi,
phi),t_eval = t_eval)
# 结果可视化
plt. figure(figsize = (12,8))
plt. subplot(2,2,1)
plt. plot(sol. t,sol. y[0],label = 'Information I')
plt. xlabel('Time')
plt. ylabel('Information I')
plt. title('Information Evolution')
plt. legend()
plt. subplot(2,2,2)
```

```
plt. imshow( sol. y[1][ -1], cmap = 'viridis')
plt. colorbar( )
plt. title('Social Relationship Matrix R')
plt. subplot(2,2,3)
plt. imshow( sol. y[2][ -1], cmap = 'viridis')
plt. colorbar( )
plt. title('Algorithm Matrix A')
plt. subplot(2,2,4)
plt. plot( sol. t, sol. y[3], label = 'External Factors E')
plt. xlabel('Time')
plt. ylabel('External Factors E')
plt. title('External Factors Evolution')
plt. legend( )
plt. tight_layout( )
plt. show( )
```

（三）信息生态稳定性和可持续性

信息生态内容还涉及信息生态的稳定性与可持续性。信息生态的稳定性和可持续性是指一个信息系统或者生态系统在长期运行中，能够保持相对平衡和持续发展的能力。一个良好的信息生态环境对于社交媒体数据要素的流通至关重要。在信息生态稳定性的基础上，社交媒体数据要素的流通才能得到有效保障，从而促进信息的正常传播和社交互动。同时，信息生态的可持续性也需要我们思考如何在保障信息流通的前提下，更好地保护信息生态的多样性和生态系统的平衡。在社交媒体信息生态系统中，稳定性和可持续性是非常重要的，因为它们关系到系统的长期健康发展、用户满意度以及平台的商业价值。

1. 信息生态的稳定性

信息生态的稳定性指的是信息系统在面对内外部变化时，能够保持相对平衡和稳定的状态。在社交媒体信息生态系统中，稳定性可以从多个方面来考虑。

（1）用户稳定性。一个稳定的信息生态系统应该具有相对稳定的用户群体，即用户数量和用户行为模式的变化应该在可控范围内。这涉及用户的注册率、注销率、活跃度等因素的平稳性。

（2）内容稳定性。内容的稳定性意味着系统中的信息要素数量、质量、多样性等方面保持相对平衡。高质量、多样化的内容对于吸引用户、增加用户留存时间具有重要意义。

（3）社交关系稳定性。这涉及用户之间的关系维持和变化的平衡。例如，好友关系、关注关系的稳定性对于信息传播、用户黏性等方面具有重要影响。

（4）平台算法稳定性。算法在长期运行中能够保持有效性和公平性，避免出现过度优化或者不公平的情况，从而维护用户和内容的平衡发展。

（5）外部环境稳定性。外部环境因素对信息生态系统也有重要影响，例如政策法规的稳定性、技术发展的稳定性等，都会对系统的稳定性产生影响。

保持信息生态的稳定性需要平衡内外部各种因素的作用，避免出现系统崩溃、用户大规模流失等问题，从而保障系统的长期运行和发展。

2. 信息生态的可持续性

信息生态的可持续性是指系统在长期运行中能够保持健康发展并具有持续竞争力的能力。对于社交媒体信息生态系统来说，可持续性也是至关重要的，它涉及系统的商业模式、用户体验、内容生产等方面。

（1）商业模式可持续性。社交媒体平台通常依靠广告、付费服务等商业模式来盈利，因此需要保持商业模式的可持续性，包括广告收入的稳定增长、付费用户的增加等。

（2）用户体验可持续性。用户体验是社交媒体平台发展的基础，平台需要不断改进用户界面、提升服务质量，以保持用户的满意度和忠诚度。

（3）内容生产可持续性。高质量、多样化内容是社交媒体平台吸引用户的重要因素。平台需要鼓励和支持内容创作者，保持内容生产的持续性和创新性。

（4）社交关系可持续性。社交关系的持续性对于信息传播、用户黏性等方面至关重要。平台需要鼓励用户间的互动、交流，维护良好的社交关系网络。

（5）技术发展可持续性。技术是社交媒体信息生态系统的基础，平台需要不断进行技术创新、更新，以保持竞争力和适应市场变化。

保持信息生态的可持续性需要平台运营者不断进行战略规划、业务创新，同时关注用户需求、市场变化等因素，确保系统在长期内能够持续发展并具有竞争优势。综合来看，信息生态的稳定性和可持续性是一个综合性问题，需要考虑多个方面的因素并进行系统性的管理和优化。只有在保持稳定性基础上，才能实现可持续的发展，从而使社交媒体信息生态系统更好地服务用户、推动产业发展。

（四）信息生态同社会发展的关系

信息生态视阈下的社交媒体数据要素流通还需要考虑到信息生态与社会发展的关系。信息生态不仅仅是一个技术性概念，更是社会发展的重要组成部分。社交媒体数据要素的流通对于社会信息传播、舆论引导、政策决策等方面都有着重要影响。因此，在构建社交媒体数据要素流通框架模型时，需要充分考虑信息生态与社会发展之间的互动关系，促进信息生态与社会发展的良性循环。在现代社会中，信息已经成为社会发展的重要动力之一，而信息生态则是信息在社会中流动、传播和利用的总体表现。

1. 信息生态对社会发展的推动作用

信息生态作为信息在社会中流动、传播和利用的总体表现，对社会的发展起到了推动作用。首先，信息生态的健康发展为社会提供了更加便捷高效的信息传播和交流方式。通过社交媒体、互联网等渠道，信息可以迅速传递到世界各地，加速社会的信息化进程。其次，信息生态的发展促进了社会的创新与进步。在信息丰富的环境中，人们更容易获取到各种知识和信息资源，有利于激发创新意识和创造力，推动科技、经济、文化等各个领域的发展。同时，信息生态的发展也为社会提供了更广阔的发展空间。通过信息技术的支持，新兴产业和新型经济形态不断涌现，为社会的结构调整和产业升级提供了新的动力和机遇。

2. 社会发展对信息生态的影响

社会的发展反过来也对信息生态产生深远的影响。首先，社会发展的不平衡性和不确定性会直接影响到信息生态的构建和发展。在经济发展不均衡、文化差异较大的地区，信息生态可能会受到限制或者扭曲，进而影响到信息的流通和传播。其次，社会发展的速度和方向会对信息生态的形成和演化产生重要影响。随着科技进步和社会变革的不断推进，信息生态也在不断变化和调整，以适应社会的发展需求。再者，社会发展的政策、法规和制度环境也会直接影响到信息生态的健康发展。良好的政策环境和法治保障有利于信息生态的繁荣和创新，而不良的政策和法规则可能会对信息生态产生不利影响，甚至导致信息生态的倒退和恶化。

3. 信息生态与社会治理的互动关系

信息生态与社会治理密切相关，二者之间存在着相互作用和相互影响的关系。首先，信息生态的健康发展对于社会的良好治理具有重要意义。一个良好的信息生态可以促进信息的透明度和公开性，有利于政府和社会各界更加及时有效地获取和共享信息资源，从而加强社会的自我监督和治理能力。其次，社会的治理水平和效能也会直接影响到信息生态的健康发展。如果社会治理不善、制度不健全，可能会导致信息生态的混乱和失控，从而影响到社会的稳定和发展。再者，信息生态的健康发展需要政府和社会各界的共同努力和参与。政府应加强信息产业的管理和监管，保障信息安全和用户权益，促进信息产业的健康发展；社会各界应增强信息素养和自我保护意识，共同维护良好的信息生态环境。

综上所述，信息生态与社会发展之间存在着作用力和反作用力关系。信息生态的健康发展有利于推动社会的进步和发展，而社会的发展也会直接影响到信息生态的形成和演化。二者需要共同促进，才能实现社会的长期稳定和可持续发展。

二、社交媒体数据要素流通框架构建

社交媒体数据要素流通框架的构建是理解社交媒体数据要素流通规律与机制的关键步骤。在信息生态视阈下，构建一个科学合理的社交媒体数据要素流通框架可以帮助我们更好地理解和管理社交媒体数据要素的传播过程。

社交媒体数据要素流通框架的构建需要考虑到不同类型的数据要素及其之间的关系。社交媒体数据要素包括文本、图片、视频等多种形式，它们之间存在着复杂的交互与影响关系。因此，需要建立一个多维度、多层次的社交媒体数据要素流通框架，以全面把握数据要素之间的传播路径和影响机制。可以从社交媒体平台的基础架构、用户行为与互动模式以及内容生产和传播机制三个方面分析这些数据要素在流通框架中的作用（见图 4 - 1）。

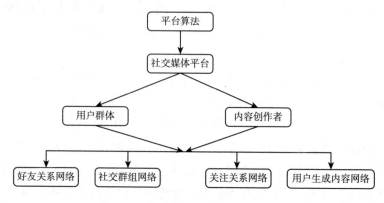

图 4 - 1　社交媒体数据要素流通框架

（一）社交媒体平台基础架构

1. 平台算法

在优化推荐系统的过程中，社交媒体平台常采用协同过滤、深度学习模型和增强学习等方法。根据 Statista 的数据，2023 年社交媒体上 80% 以上的用户内容推荐使用的是基于人工智能的算法。这些算法利用用户历史行为数据，通过混合协同过滤方法（结合用户和项目的特征）提高推荐的准确性和个性化，进而影响用户的停留时间和互动程度。

2. 用户界面与互动功能

现代社交媒体界面设计不仅仅关注外观，还应用用户体验（UX）研究和行为心理学。以 AB 测试为例，平台通常会在不同用户组中测试不同的界面布局，并根据点击率、停留时间等关键指标进行优化。2023 年第三方数据平台 FineBI 的一项调查数据显示，优化用户界面和互动功能可以提高用户参与度约 30%。

3. 数据存储和管理系统

社交媒体平台需要利用分布式数据库和云存储技术来管理海量数据。这些系统通常采用 NoSQL 数据库（如 Cassandra、MongoDB），以支持数据高效存储和实时访问。同时，通过数据压缩和去重技术，平台能降低存储成本并提高数据处理效率。根据 Gartner 预测，全球数据存储市场将在 2025～2029 年内年均增长率达 20%。

（二）用户行为与互动模式

1. 社交关系网络

复杂网络理论的应用能够帮助理解社交关系网络中的信息传播。通过使用图论中的度中心性、接近中心性和介数中心性指标，可以预测信息在网络中传播的节点（用户）的关键性。研究表明，度中心性较高的用户（即拥有更多直接联系的用户）往往是信息传播的中心。

2. 用户生成内容与互动

根据用户生成内容（UGC）的研究，内容的传播可以用可视化分析技术来评估。Instagram 在 2023 年的一项调查数据表明，高质量的 UGC（例如包含清晰图像和视频的帖子）在社交媒体上获得的互动是普通文本帖子的 3 倍。信息检索模型进一步表明，内容的可发现性和用户互动的动机直接影响信息的流通速度。

3. 用户行为数据分析

使用机器学习技术可以更深入地理解用户的行为模式，通过聚类分析和时序模型，平台能够实时捕捉用户兴趣点的变化，从而动态调整内容推荐策略。根据万维易源的一项调研，实践中，这种实时响应能够将用户留存率提高 15%～20%。

（三）内容生产和传播机制

1. 内容创作者群体

内容创作者影响力的评估可以采用社会网络分析法，通过度数、关联度等指标，识别出内容创作网络中的关键节点。根据抖音 2024 年的一项研究显示，头部创作者贡献的内容占到总内容消费量的 70%，因此平台常通过奖励机制激励高影响力创作者。

2. 内容创作与合作

内容创作中，创作者之间的合作可以建模为协同博弈，模型分析表明合作内容的创新性和吸引力显著高于单独创作。抖音 2024 年的调研发现，合作内容在分享到社交网络后，其传播效率可以提高约 40%。

3. 社交媒体算法优化

通过深度学习算法和热点预测模型，平台可以更精准地预测内容的热度走势。CSDN 的研究表明，使用改进的长短时记忆网络（LSTM）模型，算法的热度预测准确性提高 15%。这种优化能够在热门内容快速传播期间，将用户参与度提升约 50%。

（四）数据要素分析

综上所述，表 4–1 对各数据要素的影响指标、优化策略等进行了归纳。

表 4–1　　　　　　　　　　数据要素分析

要素	描述	影响指标	优化策略
平台算法	协同过滤算法、深度学习等方法用于推荐个性化内容	用户停留时间、点击率	使用混合协同过滤和实时数据分析
用户界面与互动功能	包括个人主页、评论、消息等功能，着眼于用户体验设计	用户参与度、留存率	进行 AB 测试和行为分析
数据存储和管理系统	分布式数据库和云存储技术用于高效数据管理	数据存取速度、存储成本	使用 NoSQL 数据库和数据压缩
社交关系网络	通过复杂网络理论分析用户之间的关系和信息传播路径	信息传播速度、网络中心性	图论分析和关键节点识别
用户生成内容与互动	UGC 形式多样，影响信息流通的效果和速度	点赞数、转发数	内容质量分析和优化策略
用户行为数据分析	通过机器学习和聚类分析用户行为模式	用户偏好准确性、推荐内容相关性	实时行为数据监测和动态调整推荐
内容创作者群体	内容的产生和传播依赖于创作者的影响力和合作关系	内容消费量、创作者活跃度	奖励机制和合作促进策略
内容创作与合作	创作者间的协作提升内容创新性和传播效果	内容传播效率、用户互动程度	建立协同创作平台和工具
社交媒体算法优化	通过深度学习和热点预测改进推荐算法，提升用户体验	热度预测准确性、用户满意度	LSTM 模型和热点跟踪

三、复杂网络下的社交媒体数据要素流通框架数学模型

本书将从社交媒体平台基础架构、用户行为与互动模式、内容生产和

传播机制三个方面来构建一个数学模型，以表示社交媒体数据要素流通框架。

（一）建立模型

1. 社交媒体平台基础架构

（1）平台算法。令 A 表示平台算法的矩阵，A_{ij} 表示用户 i 和内容 j 之间的推荐关系。矩阵 A 的值由用户的偏好和行为模式决定。$P_i(t)$ 表示用户 i 在时间 t 的偏好向量，算法调整 $P_i(t)$ 以优化推荐。

（2）用户界面与互动功能。UI 表示用户界面与互动功能的集合，如评论功能、消息通知等。这些功能通过用户行为数据的交互影响 A。

（3）数据存储和管理系统。D 表示数据存储和管理系统，$D = \{C, U\}$，其中，C 是内容集合，U 是用户集合。数据存储系统影响数据检索与传输的效率。

2. 用户行为与互动模式

（1）社交关系网络。用 $G = (V, E)$ 表示社交关系网络，其中，V 是用户集合，E 是用户之间的关系。w_{ij} 表示用户 i 和用户 j 之间关系的权重。用户之间的互动行为如点赞、评论等可以表示为 B_k，其中 B_k 是用户 i 对内容 j 的行为。

（2）用户生成内容与互动。令 C_i 表示用户 i 生成的内容，$Q(C_i)$ 表示内容的质量，$E(C_i)$ 表示内容的吸引力。互动行为 B_k 的概率可以用 $P(B_k \mid C_i)$ 来表示，取决于内容质量和吸引力。

（3）用户行为数据分析。平台通过矩阵 UBD 分析用户行为数据，UBD 是用户－行为－数据矩阵，矩阵的元素 u_{ijk} 表示用户 i 对内容 j 的行为 k。

3. 内容生产和传播机制

（1）内容创作者群体。令 CR 表示内容创作者群体集合，CR_i 表示创作者 i，他们生成内容的概率 $P(C_i \mid CR_i)$ 受到创作者的影响。

（2）内容创作与合作。内容创作者之间的合作可以表示为 $G_{CR} = (V_{CR}, E_{CR})$，其中 V_{CR} 是创作者集合，E_{CR} 是创作者之间的合作关系。合作行为可以用 γ 表示，不同的合作行为可能影响内容生产。

（3）社交媒体算法优化。平台算法通过分析内容的热度 $H(C_i)$ 和用户

反馈 $F(U_i)$ 来优化内容推荐，调整内容的展示顺序。令 $R(C_i)$ 表示内容 C_i 的推荐概率，通过热度和用户反馈来计算，公式为 $R(C_i) = f(H(C_i), F(U_i))$。

4. 综合模型

根据以上内容，构建数学模型来描述社交媒体数据要素的流通框架：

$$\text{maximize} \sum_{i \in U} \sum_{j \in C} A_{ij} P_i(t) Q(C_j) E(C_j) \qquad (4-15)$$

约束条件：$\sum_j A_{ij} \le 1 \quad \forall i$

$$A_{ij} = f(\{w_{ij} \mid (i,j) \in E\}, B_k, UBD)$$

$$P_i(t+1) = g(P_i(t), UI, D)$$

$$R(C_i) = f(H(C_i), F(U_i))$$

$$G_{CR} = (V_{CR}, E_{CR})$$

本模型通过最大化用户偏好、内容质量和吸引力的乘积来优化推荐，同时考虑了社交关系、用户行为、内容创作与合作以及平台算法等多方面因素。这些因素相互作用，共同塑造了社交媒体中信息要素的流动路径和传播效果。

（二）算例分析

为了更具体化模型并展示其实际应用，本书以微信社交媒体平台为例，进一步细化各个部分并进行示例计算。

1. 平台算法（A 矩阵）

（1）用户偏好和行为模式。

假设我们有三个用户（U_1，U_2，U_3）和三个内容（C_1，C_2，C_3）。用户偏好向量 $P_i(t)$ 反映用户在时间 t 的兴趣：

$$P_1(t) = [0.8, 0.6, 0.4], \quad P_2(t) = [0.3, 0.9, 0.5],$$
$$P_3(t) = [0.5, 0.4, 0.7]$$

（2）推荐矩阵 A 的构建。推荐矩阵 A 由用户偏好和平台算法决定：

$$A = \begin{bmatrix} 0.9 & 0.7 & 0.2 \\ 0.3 & 0.8 & 0.6 \\ 0.5 & 0.4 & 0.9 \end{bmatrix}$$

（3）用户界面与互动功能（UI）。互动功能如评论功能、消息通知等的集合为：

$$UI = \{评论, 偏好, 分享, 通知\}$$

（4）数据存储和管理系统（D）。内容集合 $C = \{C_1, C_2, C_3\}$，用户集合 $U = \{U_1, U_2, U_3\}$。

（5）社交关系网络（G）。用户之间的社交关系网络为：

$$G = (V, E), V = \{U_1, U_2, U_3\}, E = \{(U_1, U_2), (U_2, U_3)\}$$

（6）用户行为数据分析（UBD 矩阵）。用户行为数据矩阵为：

$$UBD = \begin{bmatrix} 1 & 0 & 1 \\ 1 & 1 & 0 \\ 0 & 1 & 1 \end{bmatrix}$$

矩阵元素 u_{ijk} 表示用户 i 对内容 j 的行为 k（例如，1 表示点赞，0 表示未点赞）。

（7）内容创作者群体（CR）：假设有三个创作者 CR_1，CR_2，CR_3：$CR = \{CR_1, CR_2, CR_3\}$。

（8）内容创作与合作（G_{CR}）。创作者合作网络为：

$$G_{CR} = (V_{CR}, E_{CR}), V_{CR} = \{CR_1, CR_2, CR_3\},$$
$$E_{CR} = \{(CR_1, CR_2), (CR_2, CR_3)\}$$

2. 平台算法优化

（1）内容热度 $H(C_i)$ 和用户反馈 $F(U_i)$。

内容热度：$H(C_1) = 0.7$，$H(C_2) = 0.6$，$H(C_3) = 0.8$

用户反馈：$F(U_1) = 0.9$，$F(U_2) = 0.8$，$F(U_3) = 0.7$

（2）内容推荐概率 $R(C_i)$。结合内容热度和用户反馈，内容推荐概率为二者的乘积：

$R(C_i) = H(C_i) \times F(U_i)$

$R(C_1) = 0.7 \times 0.9 = 0.63$，$R(C_2) = 0.6 \times 0.8 = 0.48$，

$R(C_3) = 0.8 \times 0.7 = 0.56$

3. 综合模型应用

综合上述细化的模型，计算用户偏好、内容质量和吸引力的乘积来优

化推荐：

$$\text{maximize} \sum_{i \in U} \sum_{j \in C} A_{ij} P_i(t) Q(C_j) E(C_j) \qquad (4-16)$$

假设内容质量 Q 和吸引力 E 如下：

$Q(C_1) = 0.8$，$Q(C_2) = 0.7$，$Q(C_3) = 0.9$

$E(C_1) = 0.6$，$E(C_2) = 0.7$，$E(C_3) = 0.8$

具体计算：

$$\text{maximize} \sum_{i \in U} \sum_{j \in C} A_{ij} P_i(t) Q(C_j) E(C_j)$$

$$= \sum_{i=1}^{3} \sum_{j=1}^{3} A_{ij} P_i(t) Q(C_j) E(C_j)$$

$$= A_{11} P_1(t)_1 Q(C_1) E(C_1) + A_{12} P_1(t)_2 Q(C_2) E(C_2) + A_{13} P_1(t)_3 Q(C_3) E(C_3)$$
$$\quad + A_{21} P_2(t)_1 Q(C_1) E(C_1) + A_{22} P_2(t)_2 Q(C_2) E(C_2) + A_{23} P_2(t)_3 Q(C_3) E(C_3)$$
$$\quad + A_{31} P_3(t)_1 Q(C_1) E(C_1) + A_{32} P_3(t)_2 Q(C_2) E(C_2) + A_{33} P_3(t)_3 Q(C_3) E(C_3)$$

$$= 0.9 \times 0.8 \times 0.8 \times 0.6 + 0.7 \times 0.6 \times 0.7 \times 0.7 + 0.2 \times 0.4 \times 0.9 \times 0.8$$
$$\quad + 0.3 \times 0.3 \times 0.8 \times 0.6 + 0.8 \times 0.9 \times 0.7 \times 0.7 + 0.6 \times 0.5 \times 0.9 \times 0.8$$
$$\quad + 0.5 \times 0.5 \times 0.8 \times 0.6 + 0.4 \times 0.4 \times 0.7 \times 0.7 + 0.9 \times 0.7 \times 0.9 \times 0.8$$

$$= 0.3456 + 0.2058 + 0.0576 + 0.0432 + 0.3528 + 0.216 + 0.12$$
$$\quad + 0.0784 + 0.4536$$

$$= 1.873$$

通过这个算例，展示了如何利用复杂的数学模型来优化社交媒体平台上的内容推荐，同时考虑用户行为、社交关系和内容创作等多方面因素，提升社交媒体数据要素的流通效率和用户体验。综合来看，社交媒体数据要素的流通框架建立在复杂的网络基础上，受到社交媒体平台的基础架构、用户行为与互动模式以及内容生产和传播机制的多方面影响。这些因素相互作用，共同塑造了社交媒体中信息要素的流动路径和传播效果，推动着社交媒体生态的发展与变化。

四、社交媒体要素流通框架的主体关系与技术要素

（一）社交媒体要素流通框架的主体角色与行为

社交媒体数据要素流通框架的构建还需要考虑到参与主体的角色与行

为。社交媒体要素流通框架的主体角色包括用户和内容创作者，他们通过特定的行为影响着社交媒体数据要素的流通路径和传播效果。这些行为涉及用户间的社交互动、内容的生成与传播等方面，从而构成了社交媒体要素流通的基本机制。

1. 用户的社交互动行为

（1）信息分享与传播。用户通过社交媒体平台分享自己的观点、生活经历、新闻事件等信息并传播给他人。这一传播影响到社交媒体数据要素的流通路径，扩大信息的影响范围。

（2）互动与反馈。用户通过点赞、评论、转发等方式与他人互动，表达对内容的喜爱、支持或反对意见。这些互动行为反映了用户对信息的态度和情感，影响着社交媒体数据要素的传播效果。

（3）社交关系维系。用户通过添加好友、关注他人等方式维系社交关系，构建自己的社交网络。这些社交关系影响着信息在社交媒体平台上的传播路径和传播速度，促进了社交媒体要素的流通。

2. 内容创作者的生成与传播行为

（1）内容生产与发布。内容创作者通过社交媒体平台生成并发布各类内容，如文字、图片、视频等。这些内容吸引着用户的关注和互动，成为社交媒体数据要素的重要来源。

（2）内容优化与策略。内容创作者通过分析用户需求和平台算法，优化内容的质量和展示形式，提高内容的吸引力和传播效果。这种内容优化行为影响着社交媒体数据要素的流通路径和传播效果。

（3）内容传播与影响力。内容创作者通过与其他创作者合作、转发等方式扩大内容的传播范围，提高内容的影响力。这些传播行为直接影响社交媒体数据要素的流通效果和传播效果。

3. 用户行为与网络传播分析

（1）用户行为分析。通过对用户行为数据进行分析，研究用户在社交媒体平台上的行为模式和互动规律，探讨用户对信息选择、传播和消费方式，揭示社交媒体要素流通的内在机制。

（2）内容传播研究。内容传播研究主要是研究社交媒体信息的传播路径和传播效果，分析内容热度、传播速度、影响范围等指标，探讨内容传播规律和影响因素，为社交媒体要素流通提供理论支持。

（3）社交网络分析。社交网络分析主要是研究用户间的连接结构和信息传播路径，揭示社交关系对信息流通的影响机制，探讨社交媒体要素流通框架中社交网络的作用和演化规律。

（二）社交媒体要素流通框架的技术要素与政策要素

社交媒体数据要素流通框架的构建还需要考虑到技术与政策的因素。随着技术的发展和政策的制定，社交媒体数据要素的流通规则和机制也在不断变化。因此，需要建立一个灵活性强、适应性好的社交媒体数据要素流通框架，以应对技术与政策的不断变化，保障社交媒体数据要素的安全与有效传播。

1. 社交媒体要素流通框架的技术要素

社交媒体要素流通框架的构建涉及多种技术要素，支撑着社交媒体平台的运行和用户行为的实现，从而影响社交媒体数据要素的流通路径和传播效果。

（1）数据存储与处理技术。社交媒体平台在处理海量用户生成内容和行为数据时，依赖于高效的分布式存储系统来确保数据的可靠性和高可用性。这些系统能够有效地管理和存储大量数据，为平台的稳定运行提供坚实的基础。同时，通过先进的数据处理与分析技术，社交媒体平台能够实时地对用户行为数据进行分析和挖掘，深入了解用户的兴趣和行为模式。这种深度的数据洞察力使得平台能够优化内容推荐算法，提升用户参与度，并改进社交互动方式，从而增强用户体验和平台的整体价值。

（2）平台算法与推荐系统。社交媒体平台通过用户兴趣建模算法，深入分析用户的行为数据，挖掘其潜在的兴趣和偏好。这种个性化用户兴趣模型为内容推荐算法提供了精准的数据支持，使得平台能根据用户历史行为和兴趣，为其推荐相关且个性化内容。这样的内容推荐不仅显著提高了用户的参与度和满意度，还增强了社交媒体平台的黏性和用户忠诚度，形成一个良性循环，进一步推动平台发展和用户活跃度提升。

（3）用户界面与交互设计。社交媒体平台通过个性化用户界面设计，根据用户的兴趣和行为历史呈现相关的内容和功能，从而显著提高用户的使用体验和满意度。与此同时，平台还通过精心设计的交互机制和反馈系统，引导用户积极参与社交互动，如点赞、评论和分享等，这些互动行为不仅增强了用户之间的联系，还促进了社交媒体要素的有效流通和广泛传播，进一步提升了平台的活跃度和用户黏性。

（4）安全与隐私保护技术。社交媒体平台通过数据加密和传输安全技术，确保用户个人信息和隐私数据在传输和存储过程中的安全性和完整性。同时，平台还通过隐私保护和权限控制技术，帮助用户管理个人信息的可见范围和访问权限，有效保护用户的隐私权益。这些措施不仅增强了用户对平台的信任，还确保了数据的安全流通，为用户提供了更加安全可靠的使用环境。

（5）内容生产与编辑工具。社交媒体平台为了提升用户生成内容的丰富性和吸引力，提供了多种多媒体编辑工具，如图片编辑和视频剪辑功能，让用户能够轻松创作高质量的内容。此外，平台还配备了实时发布与管理工具，使用户能够迅速将内容分享给他人，并对其进行实时管理，以便及时回应用户的反馈和互动，这种便捷的发布和管理流程极大地提升了用户体验和社交互动的效率。

这些技术要素是构建社交媒体要素流通框架的重要组成部分，它们共同支撑着社交媒体平台的运行和用户行为的实现，为社交媒体数据要素的流通提供了技术支持和保障。同时，随着技术的不断发展和创新，社交媒体要素流通框架的技术要素也将不断演进和完善，推动着社交媒体生态系统的持续发展。

2. 社交媒体要素流通框架的政策要素

社交媒体要素流通框架的政策要素是指影响社交媒体数据要素流通的相关法律、规章和政策措施。这些政策要素直接影响社交媒体平台的运营、用户行为的规范以及信息要素的传播方式，对社交媒体生态系统的健康发展具有重要作用。

（1）数据隐私保护法律与规定。许多国家和地区制定了个人信息保护法律，这些法律详细规定了个人信息的收集、使用和保护要求，对社交媒体平台在处理用户数据时提出了严格的标准，旨在保护用户的数据隐私权益。此外，一些国家还制定了数据跨境流动的相关规定，要求社交媒体平台在跨境传输用户数据时必须遵守特定的程序和标准，以确保数据的安全性和隐私不受侵犯。

（2）内容监管与版权保护政策。许多国家制定了网络信息内容管理法规，规定了社交媒体平台上发布内容的审查标准和责任，要求平台对用户发布的内容进行严格审查，以防止违法信息和有害内容的传播。版权保护法律也对社交媒体平台上的内容作出了明确规定，保护内容创作者的版权并规定了对侵权行为的处罚。这些法律不仅促进了内容创作者的创作积极性，还保护了其合法权益，确保了网络环境的健康和有序发展。

（3）用户权益保护政策。社交媒体平台为了维护正常的运营秩序和保护用户的合法权益，通常会制定详细的用户协议和服务条款，明确用户在平台的权利和义务，并对用户行为进行规范。同时，平台还建立完善的投诉机制和用户维权途径，鼓励用户对不当行为或内容进行举报和投诉，以便及时处理并保护用户免受不良信息和侵权行为侵害。这些措施共同构建了一个安全、健康的网络环境，增强用户对平台的信任感。

（4）平台治理与监管机制。为了促进社交媒体行业的健康发展和自律管理，一些社交媒体平台建立了自律组织或机构，制定了行业标准和自律规范。同时，政府部门也通过制定相关政策和法规，加强对社交媒体平台的监管和指导，推动平台履行社会责任，维护社会公共利益。这些措施共同确保了社交媒体行业的规范运作和可持续发展。

（5）数据透明和公开政策。一些国家要求社交媒体平台定期发布数据透明报告，公开平台的数据使用情况和数据安全措施，以此来增加平台的透明度和公信力。同时，社交媒体平台也提供了用户数据权限设置功能，允许用户自主控制个人数据的可见范围和使用权限，从而更好地保护用户的隐私权益。这些举措共同促进了用户对平台的信任，增强了用户对个人信息的掌控能力。

综上所述，社交媒体要素流通框架政策要素涉及数据隐私保护、内容监管与版权保护、用户权益保护、平台治理与监管机制及数据透明和公开政策等方面。这些政策要素直接影响了社交媒体平台的运营和用户行为的规范，保障了社交媒体生态系统的健康发展和社会公共利益的维护。

五、社交媒体数据要素流通应用框架的构建

在信息生态视阈下，构建一个有效的社交媒体数据要素流通应用框架有助于解决社交媒体数据要素流通过程中面临的各种挑战与问题，特别是社交媒体数据要素流通应用涉及众多复杂因素。首先，社交媒体数据要素

流通应用框架需要充分考虑到不同应用场景下的需求与特点。社交媒体数据要素的流通应用涵盖了信息搜索、舆情监测、社交网络分析等多个方面，每个应用场景都有着不同的数据要素流通需求。因此，需要建立一个灵活多样的社交媒体数据要素流通应用框架，以满足不同应用场景的需求。其次，社交媒体数据要素流通应用框架的构建还需要考虑到数据安全与隐私保护的问题。随着社交媒体数据要素流通的增加，数据安全和隐私保护已经成为社会关注的焦点。因此，在构建社交媒体数据要素流通应用框架时，需要充分考虑到数据安全和隐私保护的机制，确保用户的信息不被滥用或泄露。最后，社交媒体数据要素流通应用框架的构建还需要注重技术创新与方法优化。随着信息技术的不断发展和社交媒体平台的不断更新，社交媒体数据要素流通应用框架也需要不断更新与改进。因此，需要加强技术创新，不断探索新的数据要素流通方法和应用技术，提高社交媒体数据要素流通应用框架的效率和可靠性。

（一）数据要素识别与提取

在构建社交媒体数据要素流通应用框架时，数据要素的识别与提取是至关重要的一环。这一过程涉及从多样化的社交媒体数据中提取出文本、图片、视频等形式的关键要素，为后续的数据流通和应用提供基础。本书将从以下几个方面详细阐述数据要素识别与提取的过程：一是文本数据要素识别与提取；二是图片数据要素识别与提取；三是视频数据要素识别与提取。

1. 文本数据要素识别与提取

文本数据在社交媒体中占据着重要地位，用户通过文字表达情感、观点，传递信息等。因此，在构建社交媒体数据要素流通应用框架时，首先需要对文本数据进行识别与提取。这一过程包括以下几个关键步骤：

（1）关键词提取。关键词提取是文本数据要素识别与提取中的重要步骤之一。通过关键词提取，可以快速了解文本的主题和重点内容，为后续的分析和应用提供基础。常用的关键词提取算法包括 TF－IDF（词频－逆向文档频率）、TextRank 等。TF－IDF 根据词频和逆向文档频率来评估一个词的重要程度，而 TextRank 则是基于图的排序算法，通过计算词之间的相似度来确定关键词。

（2）实体识别。实体识别是指从文本中识别出具有特定意义的实体，如人名、地名、组织机构名等。实体识别在社交媒体数据分析中具有重要意义，可以帮助用户快速了解文本中涉及的关键人物、地点等信息。实体识别通常基于命名实体识别（named entity recognition，NER）技术，该技术结合了机器学习和自然语言处理方法，能够准确地从文本中识别出各种类型的实体。

（3）情感分析。情感分析是指对文本中表达的情感进行识别和分类的过程，通常分为正面情感、负面情感和中性情感。在社交媒体数据要素识别与提取中，情感分析可以帮助用户了解用户对特定话题或事件的态度和情绪，从而更好地进行舆情监控和分析。情感分析常采用机器学习算法，如支持向量机（SVM）、朴素贝叶斯等，也可以基于深度学习模型如循环神经网络（RNN）和卷积神经网络（CNN）进行情感分类。通过文本数据要素识别与提取，可以从社交媒体文本数据中抽取出关键词、实体信息以及情感倾向等关键要素，为后续的数据流通和应用提供基础。

2. 图片数据要素识别与提取

除了文本数据，社交媒体中还包含大量的图片数据，其中蕴含着丰富的信息和要素。因此，构建社交媒体数据要素流通应用框架时，也需要对图片数据进行识别与提取。以下是图片数据要素识别与提取的主要内容：

（1）特征提取。图片数据的特征提取是图片数据要素识别与提取的重要步骤之一。通过特征提取，可以将图片数据转化为具有代表性的特征向量，为后续的分类和识别提供基础。常用的图片特征提取方法包括颜色直方图、局部二值模式（local binary patterns，LBP）、方向梯度直方图（histogram of oriented gradients，HOG）等。

（2）目标识别。目标识别是指从图片中识别出特定对象或物体的过程，如人脸识别、物体识别等。在社交媒体数据要素识别与提取中，目标识别可以帮助用户了解图片中所包含的内容和要素，从而更好地进行数据分析和应用。目标识别通常基于深度学习模型，如卷积神经网络（CNN）等，通过训练模型识别图片中的不同对象。

（3）场景理解。除了识别特定对象，图片数据还可以反映出不同的场景和环境。因此，场景理解也是图片数据要素识别与提取中的重要内容之一。通过场景理解，可以对图片所处的场景进行识别和分类，为用户提供更加精准的数据分析和应用支持。场景理解通常基于深度学习模型，如卷积神经网络（CNN）等，通过训练模型识别不同的场景类别。

（二）数据要素流通与共享

在构建社交媒体数据要素流通应用框架时，数据要素的流通与共享是至关重要的环节。这一过程涉及数据的存储、传输、分享等方面，旨在确保数据能够安全、高效地在不同应用之间流通，从而实现数据的价值最大化。本书将从以下几个方面详细阐述数据要素流通与共享的过程：一是数据要素存储与管理；二是数据要素传输与交换；三是数据要素分享与权限控制。

1. 数据要素存储与管理

数据要素的存储与管理是数据流通与共享的基础，直接关系到数据的安全性和可靠性。在社交媒体数据要素流通应用框架中，需要建立可靠的数据存储系统，以存储从社交媒体中提取出的文本、图片、视频等数据要素。

（1）数据库设计与优化。首先，需要根据数据的特点和应用需求设计合适的数据库结构。对于文本数据，可以选择关系型数据库或 NoSQL 数据库进行存储；对于图片和视频等非结构化数据，可以选择对象存储或分布式文件系统进行存储。在数据库设计中，需要考虑到数据的索引、分区、备份等方面，以提高数据的存取效率和可靠性。

（2）数据安全与隐私保护。数据安全是数据存储与管理的重要问题。在社交媒体数据要素流通应用框架中，涉及用户的个人信息、敏感数据等，必须采取一系列的安全措施来保护数据的安全性。这包括对数据进行加密存储、建立访问控制机制、定期进行数据备份和恢复等。同时，还需要遵守相关的隐私法规和政策，保护用户的隐私权益。

（3）数据质量管理。数据质量直接影响到后续数据分析和应用的效果。因此，在数据要素存储与管理过程中，需要建立完善的数据质量管理机制。这包括数据清洗、去重、标注等环节，以确保数据的准确性和完整性。同时，还需要建立数据监控和评估机制，及时发现和处理数据质量问题。

2. 数据要素传输与交换

一旦数据要素存储完毕，接下来就需要考虑如何实现数据要素在不同应用之间的传输与交换。这涉及数据的传输速度、安全性和稳定性等方面。

（1）数据传输协议与技术。数据传输协议是指在数据要素传输过程中所采用的通信协议，包括 HTTP、HTTPS、FTP 等。在社交媒体数据要素流通应用框架中，需要选择合适的数据传输协议，确保数据的安全和稳定传输。同时，还可以利用压缩技术和分块传输等技术手段，提高数据传输的效率。

（2）数据交换格式与标准。为了确保不同应用之间能够顺利地交换数据要素，需要制定统一的数据交换格式和标准。常见的数据交换格式包括 JSON、XML 等，通过这些格式可以将数据要素以统一的方式进行编码和解析。同时，还需要遵循相关的数据交换标准，如 RESTful API、GraphQL 等，确保数据的规范化和可扩展性。

（3）数据传输安全与性能优化。数据传输过程中，安全和性能是需要重点考虑的问题。为了保障数据的安全传输，可以采用 SSL/TLS 加密技术，确保数据在传输过程中不被窃取或篡改。同时，还可以利用 CDN（内容分发网络）等技术，优化数据的传输性能，提高用户的访问速度和体验。

3. 数据要素分享与权限控制

数据要素的分享是社交媒体数据流通与共享的重要环节，可以促进数据的共享和合作，提高数据的利用价值。然而，为了保护数据的安全和隐私，需要建立合理的数据分享与权限控制机制。以下是数据要素分享与权限控制的主要内容。

（1）数据分享策略与机制。在社交媒体数据要素流通应用框架中，需要明确数据的分享策略和机制。这包括确定数据分享的范围、方式和对象，例如公开分享、有限分享、私密分享等。同时，还需要建立数据分享的平台和接口，方便用户进行数据的分享和交换。

（2）权限管理与访问控制。为了保护数据的安全和隐私，需要建立严格的权限管理和访问控制机制。这包括对数据要素进行分类和标记，设置不同的访问权限和权限级别，确保只有经过授权的用户才能访问和使用数据。同时，还可以采用身份认证、单点登录等技术手段，加强对数据的权限控制。

（3）数据所有权与责任。在数据要素分享与权限控制过程中，需要明确数据的所有权和责任。数据的所有权指的是数据的所有者拥有对数据的控制权和使用权，而数据的责任则是指数据所有者需要承担对数据的管理和保护责任。在社交媒体数据要素流通应用框架中，需要明确规定数据的所有权归属和使用责任，以避免数据滥用和侵权行为。

（4）数据使用监管与合规性。随着数据的分享和流通，监管和合规性成为不可忽视的问题。特别是涉及用户个人信息的数据，在分享和使用过程中需要遵守相关的隐私保护法规和政策，如欧盟的《通用数据保护条例》（GDPR）等。因此，需要建立完善的数据使用监管机制，确保数据的合法使用，并及时响应监管部门的要求。

（5）数据共享与合作机制。数据要素的分享与权限控制旨在促进数据的共享与合作。因此，需要建立灵活、高效的数据共享与合作机制，鼓励用户之间进行数据交换和合作。这可以通过建立数据共享平台、制定数据交换协议等方式来实现，为用户提供便利的数据共享和合作环境。

（6）数据伦理与社会责任。在数据要素的分享与权限控制过程中，还需要考虑数据伦理和社会责任的问题。数据伦理包括对数据使用过程中涉及的道德、公平、透明等问题的考量，需要确保数据的合法、公正和透明使用。同时，还需要考虑数据使用可能带来的社会影响和责任，积极参与数据伦理和社会责任的讨论和实践，促进数据应用的良性发展。

通过建立健全的数据分享与权限控制机制，可以实现社交媒体数据要素的安全、高效流通与共享。这不仅有助于促进数据的共享和合作，提高数据的利用效率和价值，还能够推动社交媒体数据的创新应用和发展，为社会和经济的可持续发展作出积极贡献。

（三）数据要素应用与价值挖掘

在当今信息爆炸的时代，数据已经成为一种宝贵的资源，而数据要素则是构成数据的最小单位，其中蕴含着丰富的信息和潜在的价值。数据要素的应用与价值挖掘是当前数据科学与技术领域的热点之一。通过挖掘和分析数据要素，可以发现其中隐藏的规律和价值，为企业决策、产品优化、个性化推荐等提供重要支持。本书将从数据要素挖掘与分析、数据要素应用于商业决策、数据要素在智能推荐中的应用等方面进行详细阐述。

1. 数据要素挖掘与分析

数据要素挖掘与分析是将数据要素中的有用信息和知识提取出来的过程，是实现数据要素价值的关键环节。在这个过程中，各种技术和方法被应用于不同类型的数据要素，以实现对数据的深度挖掘和分析。

（1）文本挖掘与情感分析。文本是社交媒体中最常见的数据要素之一，其中蕴含着大量的用户观点、评论和情感信息。通过文本挖掘和情感分析技术，可以从海量的文本数据中提取出用户的情感倾向、态度和情绪，为企业了解用户需求、产品改进等提供重要参考。

（2）图像识别与内容分析。随着图像在社交媒体中的广泛应用，图像识别和内容分析成为了重要的技术手段。通过图像识别技术，可以识别图像中的物体、场景、人物等信息，从而了解用户的生活方式、兴趣爱好等，为个性化推荐和服务提供支持。

（3）视频分析与行为识别。随着视频内容在社交媒体中的增加，视频分析和行为识别技术也变得日益重要。通过视频分析技术，可以识别视频中的内容和行为，了解用户的行为习惯和喜好，为智能推荐和个性化服务提供基础。

2. 数据要素应用于商业决策

数据要素挖掘和分析不仅可以为企业提供深度的用户洞察，还可以为商业决策提供重要支持，帮助企业优化产品设计、营销策略等。

（1）用户行为分析与个性化推荐。通过分析用户的行为数据要素，可以了解用户的兴趣和偏好，为企业提供个性化的推荐和服务。例如，通过分析用户的浏览记录、购买行为等，可以为用户推荐相关的产品和服务，提高用户的购买满意度和忠诚度。

（2）市场趋势分析与产品优化。通过分析社交媒体中的数据要素，可以了解用户对产品的评价和反馈，及时调整产品设计和功能，优化产品体验，提升产品竞争力。例如，通过分析用户在社交媒体上的评论和留言，可以了解用户对产品的看法，为产品改进提供重要参考。

（3）营销策略优化与效果评估。通过分析社交媒体中的数据要素，可以评估营销活动的效果，了解用户对营销活动的反应和参与情况，及时调整营销策略，提高营销效果。例如，通过分析用户在社交媒体上的互动行为，可以评估营销活动的影响力和传播效果，为下一步的营销决策提供参考。

3. 数据要素在智能推荐中的应用

智能推荐系统是基于用户行为数据要素和内容数据要素，利用机器学习和数据挖掘技术，为用户提供个性化的推荐服务。数据要素在智能推荐中的应用可以极大地提升推荐系统的精准度和用户体验。

（1）用户画像建模与推荐算法优化。通过分析用户的数据要素，可以建立用户画像，深入了解用户的兴趣和偏好，为推荐算法提供重要参考。例如，通过分析用户的浏览记录、收藏记录等，可以建立用户的兴趣模型，为推荐系统提供个性化推荐。

（2）实时推荐与个性化服务。数据要素的挖掘与分析不仅为企业提供商业决策支持，还可以为个性化服务提供基础。在竞争激烈的市场环境下，个性化服务已成为吸引用户、提升用户满意度的重要手段。通过深入挖掘用户的数据要素，企业可以更加准确地了解用户的需求和偏好，为用户提供个性化的产品和服务，从而提升用户体验，增强用户黏性。例如，通过分析用户的购买历史、浏览行为等数据要素，电商平台可以为用户推荐符合其兴趣的商品，提高购买转化率；通过分析用户的社交互动行为和偏好，社交媒体平台可以为用户推荐感兴趣的内容和用户，增加用户留存率。

（3）多样化推荐与用户体验优化。通过分析用户的多样化数据要素，可以实现多样化推荐，为用户提供丰富多样的推荐内容，提高用户的满意度和体验。例如，通过分析用户的兴趣爱好、社交圈子等数据要素，电商平台可以为用户推荐符合其兴趣的商品，提高购买转化率；通过分析用户的社交互动行为和偏好，社交媒体平台可以为用户推荐感兴趣的内容和用户，增加用户留存率。

（4）数据要素与智能决策。随着人工智能技术的发展，智能决策系统在企业管理中的应用日益普及。数据要素的挖掘与分析为智能决策系统提供了重要的数据支持。通过对用户行为数据要素和市场趋势数据要素的分析，智能决策系统可以为企业提供更加智能化、精准化的决策建议。例如，基于对市场需求数据要素的分析，智能决策系统可以为企业提供产品定价建议；基于对竞争对手数据要素的分析，智能决策系统可以为企业提供市场竞争策略建议。数据要素与智能决策的结合，不仅可以提高企业决策的效率和准确性，还可以为企业带来更大的商业价值。

除了商业应用之外，数据要素的应用还可以为社会发展带来积极影响。通过对社会数据要素的挖掘与分析，可以为政府决策提供科学依据，优化资源配置，改善民生福祉。例如，基于对城市交通数据要素的分析，政府可以优化交通路线规划，减少交通拥堵；基于对医疗卫生数据要素的分析，政府可以优化医疗资源配置，提高医疗服务水平。随着数据科学与技术的不断发展，数据要素的应用前景将会越来越广阔，为企业创造更多的商业价值，为公众带来更多的社会价值。

第二节　用户行为与社交媒体数据要素流通关系定量研究

在如今的数字化时代，社交媒体已成为人们日常生活的重要组成部分。通过彼此分享意见、经验和观点，社交媒体传播的信息已成为人们浏览互联网的重要内容。用户在社交媒体平台上的各种行为不仅反映了社会趋势和个体偏好，还产生了海量的数据资源。这些数据要素的流通与用户行为之间存在复杂的互动关系，对平台运营、市场分析、社会研究等多个领域均具有重要意义。本节将通过系统性的数据分析和定量研究方法，探讨用户行为如何影响社交媒体数据的生成、传播和利用，以及这些数据要素的流通又如何反过来影响用户的行为模式；旨在揭示这一互动过程的内在机制，为社交媒体平台的优化、用户隐私保护和数据安全措施的制定提供科学依据。

一、社交媒体数据要素对用户行为的影响

社交媒体数据要素也会对用户行为产生影响，其中包括用户的浏览行为、互动行为等。社交媒体数据要素的内容和形式会影响用户的行为选择和行为意向，从而影响用户在社交媒体平台上的行为特征。

（一）数据要素内容对用户行为的影响

社交媒体数据要素的内容对用户行为具有重要影响。数据要素的内容包括文本、图片、视频等形式的信息，它们的呈现方式、内容特点和情感色彩都会影响着用户在社交媒体上的行为选择和互动方式。例如，在社交媒体平台上，用户更倾向于浏览和分享内容丰富、新颖、有趣的数据要素，而对重复、枯燥的内容则可能产生厌倦和忽视。因此，数据要素内容的质

量和吸引力直接影响用户的浏览和互动。

1. 数据要素内容对用户关注度的影响

数据要素的内容特点和呈现方式直接影响用户关注度。内容新颖性、独特性、情感共鸣等因素都会吸引用户注意力，从而影响用户对数据要素的关注程度。

（1）新颖性与独特性。具有新颖性和独特性的数据要素内容往往更易引起用户的兴趣和关注。当用户在社交媒体上发现了具有新意和独特性的内容时，会更愿意花费时间和精力去关注和探索，从而提升了对数据要素的关注度。

（2）情感共鸣与情感引导。数据要素内容中蕴含的情感色彩也会影响着用户的关注度。当数据要素内容能够触动用户的情感，引发共鸣和共情时，会更容易引起用户的关注和分享欲望，从而提高用户对数据要素的关注度。

（3）多样性与丰富性。内容的多样性和丰富性也是影响用户关注度的重要因素之一。当数据要素内容呈现形式多样，内容丰富多彩时，能够满足用户不同的信息需求和审美需求，从而提高数据要素的关注度。

2. 数据要素内容对用户互动方式的影响

除了影响用户的关注度外，数据要素的内容还会影响用户在社交媒体上的互动方式。不同类型和特点的内容会引导用户选择不同的互动方式，从而影响用户在社交媒体上的行为表现。

（1）评论与回复。一些具有争议性或话题性的数据要素内容往往会引发用户的评论和回复。当用户对某一内容有看法或观点时，会选择通过评论和回复的方式表达自己的意见，从而形成互动和讨论。

（2）点赞与分享。内容的吸引力和共鸣性会影响用户选择点赞和分享的行为。当用户觉得某一内容有价值或有趣时，会选择通过点赞和分享的方式表达认同和推荐，从而影响着内容的传播和扩散。

（3）创作与转发。部分用户会受到内容的启发或感动，选择创作和发布原创内容。而另一些用户则会选择转发他人的内容，希望将有价值的信息传播给更多人。这种行为选择直接受到数据要素内容的影响。

3. 数据要素内容对用户行为选择的影响

数据要素的内容也会影响用户在社交媒体上的行为选择。不同类型和特点的内容会引导用户选择不同行为方式，从而影响用户在社交媒体的行为表现。

（1）参与度与活跃度。内容的互动性和吸引力会影响用户在社交媒体上的参与度和活跃度。当用户发现某一内容具有参与性和互动性时，会更愿意参与和互动，从而提高了用户在社交媒体上的活跃度。

（2）传播意愿与分享欲望。内容的分享性和传播性也会影响用户在社交媒体上的行为选择。当用户发现某一内容具有分享价值和传播潜力时，会更愿意将其分享给他人，从而影响着内容的传播和扩散。

（3）信息获取与知识传递。部分内容具有信息获取和知识传递的功能，会引导用户选择获取信息和传递知识的行为方式。当用户在社交媒体上发现具有价值和可信度的信息时，会选择获取和传递，从而提升了内容的传播效果。可见，通过深入研究数据要素内容对用户行为的影响机制，可以更好地理解用户行为背后的动机和目的，从而提高数据要素在社交媒体上的传播效果和用户参与度，实现社交媒体平台的良性发展和信息传播的有效推广。

（二）数据要素形式对用户行为的影响

在社交媒体平台上，数据要素形式不仅仅是信息的呈现方式，更是直接影响用户行为的重要因素。除了内容外，数据要素的形式也会对用户行为产生影响。例如，在社交媒体平台上，视频、图片等形式的数据要素往往比纯文本更具吸引力和传播性，它们的呈现方式、视觉效果和交互方式都会对用户在社交媒体的行为选择和互动产生影响，能更好地吸引用户的注意力，促进用户的互动和参与。

1. 数据要素形式对用户注意力的影响

数据要素的形式直接影响着用户的注意力。不同形式的数据要素具有不同的视觉效果和吸引力，能够引导用户的注意力集中在不同的内容上。

（1）图片与视觉效果。图片作为一种视觉形式的数据要素，具有直观、生动的特点，能够迅速吸引用户的注意力。精美的图片设计、鲜艳的色彩和引人入胜的画面往往能够引发用户的兴趣和好奇心，从而提高了用户对数据要素的关注度。

（2）视频与动态效果。视频作为一种动态形式的数据要素，能够呈现更加丰富和生动的内容，具有更强的吸引力。用户在社交媒体上浏览视频内容时往往会更加专注和投入，从而提高了用户对数据要素的注意力和参与度。

（3）文本与信息密度。文本作为一种文字形式的数据要素，其信息密度和表达方式也会影响用户的注意力。清晰简洁的文本内容往往能够更快地吸引用户的注意力，而过于冗长或晦涩的文字则可能会让用户产生阅读疲劳，降低他们对数据要素的关注度。

2. 数据要素形式对用户互动方式的影响

除了影响用户的注意力外，数据要素的形式还会影响用户在社交媒体上的互动方式。不同形式的数据要素会引导用户选择不同的互动方式，从而影响着用户在社交媒体上的行为表现。

（1）图片与点赞评论。图片作为一种直观形式的数据要素，往往能够引发用户的情感共鸣和点赞评论的互动。当用户在社交媒体上浏览图片内容时，会更倾向于通过点赞、评论等方式表达自己的感受和看法，从而形成互动和交流。

（2）视频与分享转发。视频作为一种动态形式的数据要素，能够呈现更加丰富和生动的内容，更容易引发用户的分享和转发行为。当用户在社交媒体上观看到有趣或有价值的视频内容时，会更愿意将其分享给他人，从而促进了内容的传播和扩散。

（3）文本与讨论交流。文本作为一种文字形式的数据要素，往往能够引发用户的深度讨论和交流。一些具有话题性和思想性的文本内容往往会激发用户的思考和评论，从而形成较为深入的讨论和交流。

3. 数据要素形式对用户行为选择的影响

数据要素的形式也会影响用户在社交媒体上的行为选择。不同形式的数据要素会引导用户选择不同的行为方式，从而影响着用户在社交媒体上的行为表现。

（1）图片与浏览点击。图片作为一种直观形式的数据要素，往往能够吸引用户进行浏览和点击。当用户在社交媒体上浏览图片内容时，会更倾向于点击查看更多相关内容，从而提高用户在社交媒体上的浏览活跃度。图片所呈现的视觉信息能够直接影响用户的决策倾向。例如，一张产品图片的质量、设计和内容能够直接影响用户是否选择购买该产品。

（2）视频与观看分享。视频作为一种动态形式的数据要素，能够呈现更加丰富和生动的内容，更容易引发用户的观看和分享行为。通过视频呈现的场景、故事或演示，能够激发用户进行具体的行动，例如参与活动、购买产品、学习技能等。当用户在社交媒体上观看到有趣或有价值的视频内容时，会更愿意将其分享给他人，从而促进了内容的传播和扩散。

（3）文本与阅读评论。文本作为一种文字形式的数据要素，往往能够引发用户的认知加工和思考行为。用户在阅读文本内容时，需要进行文字信息的理解、分析和思考，这种认知加工过程往往会影响用户的行为选择。例如，一篇观点性的文章可能会引发用户对某一议题的深入思考，并促使其采取相应的行动。

（4）多媒体结合与行为整合。在社交媒体上，数据要素的形式往往是多媒体形式的结合，包括文字、图片、视频等多种形式。这种多媒体形式的结合能够更全面地影响用户的行为选择，通过不同形式的信息呈现和互动方式，促使用户进行更加多样化和综合性的行为。例如，一篇包含文字、图片和视频的综合性文章可能会引发用户的多方面行为，包括阅读、评论、分享、点赞等。

4. 社交媒体数据要素对用户行为影响的数学模型

为了量化社交媒体数据要素对用户行为的影响，我们构建一个数学模型，该模型涵盖内容（content）和形式（format）对用户行为（behavior）的影响。模型将包括用户的关注度（attention）、互动（interaction）和参与度（participation）三个主要维度。

（1）模型假设与参数。内容新颖性（novelty）N 表示新颖性内容对用户关注度 A 的影响；情感共鸣（motion）E 表示情感共鸣对用户互动 I 的影响；多样性（variety）V 表示内容多样性对用户参与度 P 的影响；视觉效果（visuals）V_s 表示视觉效果对用户注意力 A_t 的影响；动态效果（dynamics）D 表示动态效果对用户互动 I 的影响。

（2）用户关注度模型。用户关注度（A）可以表示为内容新颖性和视觉效果的线性组合：

$$A = \alpha_1 N + \alpha_2 V_s \qquad\qquad (4-17)$$

其中，α_1 和 α_2 为权重系数，表示新颖性和视觉效果对关注度的影响权重。

（3）用户互动模型。用户的互动（I）可以表示为情感共鸣和动态效果的线性组合：

$$I = \beta_1 E + \beta_2 D \qquad (4-18)$$

其中，β_1 和 β_2 为权重系数，表示情感共鸣和动态效果对互动的影响权重。

（4）用户参与度模型。用户的参与度（P）可以表示为内容多样性的影响：

$$P = \gamma_1 V \qquad (4-19)$$

其中，γ_1 为权重系数，表示多样性对参与度的影响权重。

（5）综合用户行为模型。用户行为（B）可以表示为关注度、互动和参与度的线性组合：

$$B = \delta_1 A + \delta_2 I + \delta_3 P \qquad (4-20)$$

将各子模型代入综合模型（4-20）中得到：

$$B = \delta_1(\alpha_1 N + \alpha_2 V_s) + \delta_2(\beta_1 E + \beta_2 D) + \delta_3(\gamma_1 V) \qquad (4-21)$$

简化模型表达式得：

$$B = (\delta_1 \alpha_1) N + (\delta_1 \alpha_2) V_s + (\delta_2 \beta_1) E + (\delta_2 \beta_2) D + (\delta_3 \gamma_1) V \qquad (4-22)$$

其中：δ_1，δ_2，δ_3 为综合权重系数，表示关注度、互动性和参与度对整体用户行为的影响权重；$\delta_1 \alpha_1$ 表示内容新颖性对用户行为的影响权重；$\delta_1 \alpha_2$ 表示视觉效果对用户行为的影响权重；$\delta_2 \beta_1$ 表示情感共鸣对用户行为的影响权重；$\delta_2 \beta_2$ 表示动态效果对用户行为的影响权重；$\delta_3 \gamma_1$ 表示内容多样性对用户行为的影响权重。通过对实际社交媒体数据进行回归分析和优化，可以确定各个因素对用户行为的具体影响程度，从而优化内容策略，提高用户参与度和互动质量。

（6）结论。数学模型为理解社交媒体数据要素对用户行为的影响提供了一个量化框架。通过对内容新颖性、情感共鸣、多样性、视觉效果和动态效果等因素的量化分析，可以更好地指导社交媒体平台内容的制作和发布策略，提升用户体验和平台效益。可见，数据要素的形式对用户行为产生着直接而深远的影响。通过深入研究数据要素形式对用户行为的影响机制，可以更好地理解用户行为背后的动机和目的，从而优化社交媒体内容的呈现方式，提高用户参与度和体验质量，实现社交媒体平台的良性发展和信息传播的有效推广。

二、用户行为与社交媒体数据要素流通关系的定量研究方法

在研究用户行为与社交媒体数据要素流通关系时，可以采用多种定量研究方法，包括数据分析、统计分析、网络分析等。这些方法可以帮助研究者深入理解用户行为与社交媒体数据要素之间的关系，揭示二者之间的内在规律和机制。

（一）数据分析方法

数据分析方法是研究用户行为与社交媒体数据要素流通关系的常用方法之一。通过收集和整理社交媒体平台上的大量数据，采用数据挖掘和机器学习等技术，可以发现数据要素之间的关联性和影响因素，进而揭示用户行为与数据要素流通之间的规律。在社交媒体领域，了解用户行为与数据要素之间的关系对于平台运营和内容优化至关重要。数据分析方法能够帮助深入理解用户行为与社交媒体数据要素之间的流通关系，从而指导相关决策和改进。

1. 数据采集与预处理

在进行用户行为与社交媒体数据要素流通关系的数据分析之前，首先需要进行数据采集与预处理，具体包括两个步骤。（1）数据采集。通过API接口或网络爬虫等方式，采集社交媒体平台上的用户行为数据和数据要素信息。用户行为数据包括点赞、评论、分享、浏览等行为，数据要素信息包括文本、图片、视频等形式的内容。（2）数据清洗与处理。对采集到的数据进行清洗和处理，包括去除重复数据、处理缺失值、统一数据格式等操作。同时，对文本数据进行分词处理，提取关键词和主题，对图片和视频数据进行特征提取和内容分析。

2. 用户行为分析与数据要素关联

通过对用户行为数据和数据要素信息进行分析，可以揭示二者间的关联关系。（1）用户行为分析。统计分析用户在社交媒体上的行为特征和趋势，包括用户活跃度、互动频率、内容偏好等。通过构建用户行为模型，

可以揭示用户行为的规律和特点。（2）数据要素关联分析。分析用户行为与数据要素之间的关联关系，包括用户行为与数据要素类型的关联、用户行为与数据要素内容的关联等。通过关联规则挖掘、文本情感分析、图像识别等技术手段，可以揭示用户行为与数据要素之间的关系。

3. 数据建模与预测

基于对用户行为与数据要素关联关系的分析结果，可以建立预测模型，预测用户行为的趋势和变化。（1）特征提取与选择。从用户行为数据和数据要素信息中提取特征，并进行特征选择和降维处理，以减少模型复杂度和提高预测准确性。（2）模型建立与训练。选择合适的机器学习或深度学习模型，建立用户行为预测模型，并利用历史数据进行模型训练和优化。（3）预测与评估。利用建立的模型对未来用户行为进行预测，并进行模型评估和验证。根据评估结果调整模型参数，提高预测准确性和稳定性。

4. 数据可视化与决策支持

通过数据可视化技术将分析结果直观呈现，为相关决策提供支持。（1）可视化展示。利用图表、热力图、网络图等可视化手段，展示用户行为与数据要素之间的关系和趋势，帮助相关人员深入理解数据分析结果。（2）决策支持。基于数据可视化结果，为社交媒体平台运营、内容策略和用户体验优化等方面的决策提供支持和建议，实现数据驱动的决策制定。

（二）统计分析方法

统计分析方法是研究用户行为与社交媒体数据要素流通关系的重要手段之一。通过建立数学模型和统计模型，对社交媒体数据要素和用户行为数据进行分析和比较，可以发现它们之间的相关性和影响程度，从而揭示二者之间的内在联系和作用机制。随着社交媒体的日益普及，了解用户行为与社交媒体数据要素（如文本、图片、视频等）之间的流通关系成为一个重要的研究领域。

1. 数据收集与预处理

用统计分析法对用户行为与社交媒体数据要素流通关系进行分析时，先要对数据进行收集和预处理。（1）数据收集。数据收集主要关注于获取反映用户行为的数据和社交媒体数据要素。例如，用户点击、评论、分享行为数据，以及与这些行为相关联的内容数据（如帖子的文本、图片和视频等）。数据收集工具包括社交媒体平台 API、网络爬虫技术等。（2）数据预处理。预处理步骤包括数据清洗（去除异常值和重复记录）、数据转换（如时间戳的标准化）、缺失值处理等。此外，对于文本数据需要进行自然语言处理，如分词、去除停用词、情感分析等；对于图像和视频数据，进行图像识别和特征提取。

2. 描述性统计分析与可视化

描述性统计分析帮助我们了解数据的基本特征和分布情况，而数据可视化则使这些信息直观化。（1）描述性统计。运用统计学的基础方法，如均值、方差、频率（对于类别数据）等，来描述用户行为的一般特征及数据要素的属性。（2）可视化分析。通过图表（如条形图、折线图、散点图）、热力图等直观展示数据分布和关系，使得复杂的数据关系易于理解。特别是在展示用户行为随时间变化的趋势或不同用户群体的行为差异时，可视化工具尤为重要。

3. 探索性数据分析与假设检验

探索性数据分析（EDA）和假设检验是揭示用户行为与数据要素间深层次关系的关键步骤。（1）探索性数据分析。利用相关性分析、因子分析等方法探索数据间的潜在关系。例如，探索特定类型的帖子（如感性与理性帖子）与用户互动类型（如点赞、评论）间的相关性。（2）假设检验。通过假设检验来验证某些预设的想法，如是否存在统计显著的差异或相关性。这可以通过 t 检验、卡方检验、ANOVA 等方法来实现。

4. 多变量统计分析与模型建立

通过构建统计模型，进一步分析和预测用户行为与数据要素之间的复杂关系。（1）多变量分析。利用多变量分析方法，如回归分析、主成分分析（PCA）、聚类分析等，来探索多个变量间的关系，并识别影响用户行为的关键因素。（2）模型建立与验证。建立预测模型，如线性回归、逻辑回归或更复杂的机器学习模型（如随机森林、支持向量机），来预测用户行为。模型建立后需要进行交叉验证、ROC 分析等步骤来验证模型的有效性和准确性。

通过上述统计分析方法，可以深入理解用户行为与社交媒体数据要素之间的复杂关系，为社交媒体平台的内容策略制定和用户体验优化提供科学的数据支持。

（三）网络分析方法

网络分析方法是研究用户行为与社交媒体数据要素流通关系的有效手段之一。通过构建社交媒体数据要素的网络图和用户行为的网络图，分析网络结构、节点之间的连接关系和信息传播路径，可以揭示用户行为与数据要素流通的网络特征和传播规律。这种方法可以帮助研究者全面理解用户行为与数据要素之间的关系，发现影响数据要素传播的关键节点和路径。在社交媒体领域，网络分析方法为理解用户行为与数据要素之间的流通关系提供了一个独特且强大的视角。

1. 网络构建与特征提取

网络构建是网络分析的基础，它涉及如何从社交媒体数据中抽象出网络结构，并提取出网络的关键特征。

（1）网络构建。首先，定义网络中的节点和边。在社交媒体网络分析中，节点可以是用户、帖子、话题标签等数据要素，边则表示这些要素之间的关系，如用户与用户之间的关注关系、用户与帖子之间的互动关系等。其次，构建网络时，可以根据研究需求构建单一类型网络（如用户－用户网络）或多模态网络（如用户－帖子－话题网络）。

（2）特征提取。提取网络的关键特征对于理解网络结构和功能至关重要。这些特征包括节点度（反映节点的活跃度或连接性）、聚类系数（反映网络中节点聚集的程度）、网络中心性（反映节点在网络中的重要性）等。通过分析这些特征，可以揭示用户行为的模式和社交媒体数据的流通规律。

2. 微分方程模型构建

下面构建微分方程来描述用户行为对数据要素流通的动态变化。

（1）模型假设。设 $u(t)$ 表示用户在时间 t 的行为数量（例如，点赞、评论、分享等的总和），$D(t)$ 表示在时间 t 数据要素的流通量（例如，图片、视频等的传输量）。假设用户行为 $u(t)$ 影响数据流通 $D(t)$，则可用微分方程（4－22）来描述这一关系：

$$\frac{d}{dt}D(t) = \alpha u(t) - \beta D(t) \tag{4-23}$$

其中，α 表示用户行为对数据流通的正向影响系数，β 表示数据流通的衰减系数。

（2）初始条件。设定初始条件 $D(0) = D_0$，即在时间 $t = 0$ 时的数据流通量。

（3）求解微分方程。这是一个一阶齐次线性微分方程，故解的通解形式为：

$$dD(t) = Ce^{-\beta t} + \frac{\alpha}{\beta} \int_0^t u(\tau) e^{-\beta(t-\tau)} d\tau \tag{4-24}$$

其中，C 是根据初始条件 $D(0) = D_0$ 确定的常数。

3. 博弈模型建构

本书考虑用社交媒体平台和用户的博弈来描述用户与社交媒体平台之间的互动，以及这些互动对数据要素流通的影响。

（1）模型假设。用户集合 U：每个用户 u_i 具有策略集合 S_i，例如，选择点赞、评论、分享或不互动。平台集合 P：平台 p_j 具有策略集合 T_j，例如，推荐内容、推送通知、限制内容等。用户和平台的效用函数 π_i 和 π_j，分别表示用户和平台在不同策略组合下的收益。

（2）用户策略和收益。用户 u_i 的策略集合 $S_i = \{s_{i1}, s_{i2}, \cdots, s_{ik}\}$，每种策略对应的收益为 $\pi_i(s_i, t_j)$，其中 t_j 是平台 p_j 选择的策略。

（3）平台策略和收益。平台 p_j 的策略集合 $T_j = \{t_{j1}, t_{j2}, \cdots, t_{jm}\}$，每种策略对应的收益为 $\pi_j(s_i, t_j)$，其中 s_i 是用户 u_i 选择的策略。

（4）纳什均衡。用户和平台的博弈策略组合 (s_i^*, t_j^*) 满足纳什均衡，即对任意用户 u_i 和平台 p_j 有：

$$\pi_i(s_i^*, t_j^*) \geq \pi_i(s_i, t_j^*) \quad \forall s_i \in S_i \tag{4-25}$$

$$\pi_j(s_i^*, t_j^*) \geq \pi_j(s_i^*, t_j) \quad \forall t_j \in T_j \tag{4-26}$$

（5）数据要素流通。根据用户和平台的策略组合，可以确定数据要素的流通量。例如，定义数据要素流通量 D 为用户行为和平台策略的函数：

$$D = f(s_i^*, t_j^*) \tag{4-27}$$

这个函数 f 可以通过实验数据拟合或理论推导得到，反映了不同策略组合对数据要素流通的影响。

（6）微分方程模型的进一步阐述。假设用户行为 $u(t)$ 随时间变化的具体形式。例如，假设 $u(t)$ 是一个周期性的函数，可以用正弦函数来表示：

$$u(t) = A\sin(\omega t + \phi) \tag{4-28}$$

其中，A 是用户行为的幅度，ω 是角频率，ϕ 是相位。

将 $u(t)$ 代入微分方程：

$$\frac{\mathrm{d}}{\mathrm{d}t}D(t) = \alpha A\sin(\omega t + \phi) - \beta D(t) \tag{4-29}$$

可以使用拉普拉斯变换来求解这个微分方程。拉普拉斯变换后：

$$sD(s) - D(0) = \alpha A \frac{\omega}{s^2 + \omega^2} - \beta D(s) \tag{4-30}$$

整理得：

$$D(s) = \frac{\alpha A\omega}{(s^2 + \omega^2)(s+\beta)} + \frac{D(0)}{s+\beta} \tag{4-31}$$

对 $D(s)$ 进行部分分式分解，然后求逆拉普拉斯变换，可以得到：

$$D(t) = D_0 e^{-\beta t} + \frac{\alpha A\omega}{\beta^2 + \omega^2}\left(\sin(\omega t + \phi) - \frac{\beta}{\omega}\cos(\omega t + \phi)\right) \tag{4-32}$$

这个解展示了在用户行为周期性变化下，数据要素流通量的动态响应。

通过微分方程模型和博弈模型，能更深入地理解用户行为与社交媒体数据要素流通之间的复杂关系。微分方程模型适用于描述用户行为对数据流通的动态变化，而博弈模型则用于分析用户和平台间的策略及其对数据流通的影响。在实际应用中，可以根据具体研究目标，选择合适的模型进行分析和决策。

三、社群检测与分析：探索社交媒体网络的内在结构

（一）社群检测概述

社群检测是网络分析中的一项核心技术，其主要目标是识别出社交媒

体网络中由密切连接的节点组成的群体。这种检测方法对于理解用户行为和信息流通模式至关重要，同时还能揭示社交媒体网络中的群体性质。社群检测不仅仅是对网络结构的简单分析，它还涉及对社交网络中各个节点之间复杂关系的深入理解。这些节点可以是个人用户、群组、话题或其他形式的实体。通过检测这些节点之间的紧密连接，社群检测能够帮助我们识别出那些因为共同兴趣、地理位置或其他因素而形成的用户群体。社群检测在多个领域中有着广泛的应用。例如，在社交媒体平台中，社群检测可以帮助识别出活跃的用户群体，从而为精准广告投放、内容推荐和用户管理提供依据。在电子商务领域，社群检测可以用于发现消费者的兴趣群体，优化产品推荐和营销策略。

（二）社群检测方法

社群检测方法多种多样，主要包括模块度优化方法和谱聚类方法等。不同的方法适用于不同类型的网络结构和分析需求。

（1）模块度优化方法。模块度（modularity）优化方法是社群检测中最常用的一种方法。模块度是衡量网络划分质量的指标，通过最大化模块度值，可以找到网络中的最佳社区结构。模块度优化方法的基本思想是将网络划分为若干个社区，使得社区内部的连接尽可能密集，而社区之间的连接尽可能稀疏。模块度优化方法有多种实现方式，其中最著名的是 Louvain 算法和 Girvan-Newman 算法。Louvain 算法是一种贪心算法，通过不断地合并节点和社区，逐步提高模块度值，最终得到最佳社区划分。Girvan-Newman 算法则通过逐步删除网络中的高介数边，逐步分割网络，最终得到社区结构。

（2）谱聚类方法。谱聚类方法是另一种常用的社群检测方法。谱聚类方法利用网络的谱特性，通过对网络的拉普拉斯矩阵进行特征分解，将网络嵌入低维空间中，然后在低维空间中进行聚类。谱聚类方法能够有效处理复杂网络中的社群结构，特别适用于那些具有明显簇结构的网络。谱聚类方法的实现通常包括以下几个步骤：第一步，构建网络的拉普拉斯矩阵；第二步，对拉普拉斯矩阵进行特征分解，得到特征向量和特征值；第三步，选择前 k 个特征向量，构成新的特征空间；第四步，在特征空间中进行聚类，得到社群结构。谱聚类方法的优点在于其理论基础扎实，能够有效处理高维数据和复杂网络结构。然而，其计算复杂度较高，适用于中小规模的网络。

（三）社群分析

社群分析是对检测到的社群进行进一步的深入分析，以揭示各个社群的特性和行为模式。通过社群分析，可以更好地理解用户行为和信息流动，为内容推荐、广告投放和社群管理提供有力的数据支持。

（1）用户行为分析。用户行为分析是社群分析的一个重要方面。通过分析社群中的用户行为模式，可以揭示不同社群中用户的活动规律和兴趣偏好。例如，可以分析社群中用户的活跃时间段、核心用户和流行话题等。

（2）活跃时间段分析。通过统计用户在不同时段的活动情况，可以确定社群的活跃时间段。这对于内容发布和活动策划具有重要参考价值。例如，如果某个社群在晚上较为活跃，可以选择在这个时间段发布相关内容，以获得更好的互动效果。

（3）核心用户分析。核心用户是社群中最活跃和影响力最大的用户。通过识别和分析核心用户，可以了解社群的领导者和意见领袖。这对于社群管理和营销推广具有重要意义。例如，可以通过与核心用户的合作，推广品牌和产品，提升社群的整体活跃度。

（4）流行话题分析。通过分析社群中的流行话题，可以了解用户的兴趣和关注点。这对于内容推荐和广告投放具有重要参考价值。例如，可以根据流行话题，制定针对性的内容策略和广告计划，提高用户的参与度和转化率。

（四）数据流通分析

数据流通分析是社群分析的另一个重要方面。通过研究社群内外数据流通的特点，可以揭示信息在不同社群之间传播的路径和速度。

（1）信息传播路径分析。通过构建信息传播路径图，可以了解信息在不同社群之间的传播过程和路径。这对于理解信息流动模式和制定传播策略具有重要意义。例如，可以识别出信息传播的关键节点和路径，优化信息传播策略，提高信息的传播效率。

（2）信息传播速度分析。通过统计信息在不同社群之间的传播速度，可以了解信息传播的动态特性。这对于预测信息传播趋势和制定传播计划具有重要参考价值。例如，可以根据信息传播速度，调整内容发布的时间和频率，提高信息的传播效果。

（五）网络动态分析

网络动态分析关注网络结构和用户行为随时间的变化，是理解社交媒体动态性的关键。通过网络动态分析，可以洞悉社交媒体内用户群体和信息流动的动态变化，以及这些变化可能带来的趋势和影响。

（1）网络演化分析。网络演化分析是研究网络结构随时间变化的过程。通过观察网络在不同时间点的结构变化，可以分析用户社群的形成和解散过程、热门话题的兴衰过程等。

（2）用户社群形成和解散过程分析。通过追踪用户社群的演化过程，可以了解社群的形成和解散机制。这对于理解社群的生命周期和用户行为模式具有重要意义。例如，可以分析用户加入和退出社群的原因，制定相应的社群管理策略，延长社群的生命周期。

（3）热门话题兴衰过程分析。通过追踪热门话题的演化过程，可以了解话题的生命周期和传播规律。这对于内容策划和传播策略具有重要参考价值。例如，可以分析热门话题的兴起和衰退过程，制定相应的内容发布和传播计划，提高话题的传播效果。

（六）行为模式的时间序列分析

行为模式的时间序列分析是研究用户行为和数据流通随时间变化的规律。通过结合时间序列分析方法，可以预测用户行为和内容流行度的变化趋势。

（1）自相关分析。自相关分析是一种常用的时间序列分析方法，用于研究时间序列数据的内部相关性。通过自相关分析，可以揭示用户行为和数据流通的周期性和规律性。例如，可以分析用户行为的季节性变化，制定相应的运营策略，优化用户体验。

（2）趋势分析。趋势分析是一种常用的时间序列分析方法，用于研究时间序列数据的长期变化趋势。通过趋势分析预测用户行为和内容流行度的未来变化趋势。例如，分析用户行为的增长趋势，制定相应的营销策略，提升用户活跃度和内容流行度。

（七） 网络干预与优化

基于对网络结构和动态变化的深入理解，可以设计有效的网络干预策略，优化社交媒体平台的运营策略和用户体验。

（1）网络干预策略。网络干预策略是通过对网络结构和用户行为进行干预，优化网络的运行效率和用户体验，包括推荐算法优化和内容推荐机制调整等。推荐算法是社交媒体平台的重要组成部分，通过推荐算法可以为用户推荐个性化的内容和用户。通过优化推荐算法，可以提高推荐的准确性和用户满意度。例如，可以基于用户的兴趣和行为数据，设计个性化的推荐算法，提升用户的参与度和黏性。

内容推荐机制是社交媒体平台的重要组成部分，通过内容推荐机制可以为用户推荐优质的内容。通过调整内容推荐机制，可以促进健康内容的流通，提升平台的整体质量和用户体验。例如，可以基于用户的行为和兴趣数据，设计内容推荐机制，优化内容推荐策略，提高内容的传播效果。

（2）网络优化评估。网络优化评估是通过实验和模拟方法评估网络干预策略效果，优化社交媒体平台运营策略和用户体验，主要包括 A/B 测试和模拟实验等。A/B 测试是通过对比两种不同的策略，评估其对用户互动和内容流通的影响。通过 A/B 测试，可以找到最佳的网络干预策略，优化社交媒体平台的运营策略和用户体验。例如，可以通过 A/B 测试评估新的推荐算法对用户互动和内容流通的影响，调整推荐算法的参数，提高推荐的准确性和用户满意度。

模拟实验是通过模拟网络结构和用户行为，评估网络干预策略的效果。通过模拟实验，可以在虚拟环境中测试不同的干预策略，找到最佳的优化方案。例如，可以通过模拟实验评估不同的内容推荐机制对用户行为和内容流通的影响，优化内容推荐策略，提高平台的整体质量和用户体验。

（八） 结论

社群检测与分析是社交媒体研究的重要领域，通过对社交媒体网络中的社群进行检测和分析，可以深入理解用户行为和信息流动的模式，为社交媒体平台的内容管理、用户互动优化和产品设计提供科学依据。社群检测方法包括模块度优化方法和谱聚类方法等，通过这些方法可以识别出社交媒体网络中的社群结构，揭示不同社群的特性和行为模式。社群分析则通过对检测到的社群进行深入分析，揭示社群内部的用户行为和数据流通特点，为内容推荐、广告投放和社群管理提供有力的数据支持。网络动态分析关注网络结构和用户行为随时间的变化，通过网络演化分析和行为模式的时间序列分析，可以洞悉社交媒体内用户群体和信息流动的动态变化，为预测用户行为和内容流行度的变化趋势提供科学依据。总之，社群检测与分析不仅为社交媒体研究提供了新的视角和工具，也为社交媒体平台的内容管理、用户互动优化和产品设计提供了科学依据。随着社交媒体数据的日益增长和网络分析技术的不断进步，此类研究将展现出更大的潜力和价值。未来，社群检测与分析将在更多领域中得到应用，推动社交媒体平台的发展和创新。

四、案例分析：社交媒体热门话题的传播与用户行为

在进行用户行为与社交媒体数据要素流通关系的定量研究时，可以结合实际案例进行分析和实证研究，以验证研究方法的有效性和研究结论的可靠性。

本书选择"冰桶挑战"案例分析其在社交媒体上的传播与用户行为。"冰桶挑战"作为一场全球性社交媒体活动，以公益为目的，通过参与者自我挑战和捐款的方式筹集资金和提高公众对肌萎缩性脊髓侧索硬化症（ALS）的认知。这一活动通过社交媒体的广泛传播，迅速在全球范围内引发了大量用户的参与和互动，成为社交媒体传播的经典案例。下面将通过扎根理论的视角，对这一案例进行分析，并构建出相关的表格来展现分析结果。

（一）案例简述

"ALS 冰桶挑战"于 2014 年由美国波士顿学院前棒球选手发起并在社交媒体上迅速流行，参与者将一桶冰水倒在自己头上，然后该参与者便可以要求其他人来参与这一活动，活动规定，被邀请者要么在 24 小时内接受挑战，要么捐款 100 美元用于 ALS 的研究。① 参与者通过社交媒体发布挑

---

① 资料来自"百度百科"的冰桶挑战赛，https：//baike. baidu. com/item/% E5% 86% B0% E6% A1% B6% E6% 8C% 91% E6% 88% 98% E8% B5% 9B/15389320。

战视频,并提名他人继续挑战。这种活动通过病毒式传播,在全球范围内迅速扩散,数以百万计的用户参与了该活动,包括大量名人和公众人物。"冰桶挑战"的成功不仅在于活动的公益性质,还在于它利用了社交媒体的特点,如易于分享、广泛参与和公开传播。

(二)扎根理论分析框架

扎根理论是一种从数据中归纳出理论的定性研究方法,它强调从真实案例和数据中抽象出核心概念,并逐步构建理论模型。通过扎根理论对"冰桶挑战"进行分析,可以从以下几个主要方面进行编码:行为模式、传播路径、用户动机、平台特性、社会效应和挑战机制。这些概念在多个阶段的分析中,逐步演变为高级别的核心范畴。扎根理论分析过程为三步。(1)开放编码。识别出用户行为、社交媒体特征、挑战机制等初步概念。(2)主轴编码。将初步概念整合为更具解释力的类别,如传播机制、用户动机、平台效应等。(3)选择性编码。围绕核心范畴构建"冰桶挑战"在社交媒体传播的理论框架。

(三)分析框架构建

根据扎根理论分析法,构建出表4-2,总结了"冰桶挑战"在社交媒体上的传播与用户行为分析的各个要素及其关联。

表4-2   基于扎根理论的"冰桶挑战"要素分析

编码层级	类别	描述	案例中的具体表现
开放编码	用户行为	用户通过自我挑战并分享视频,或提名他人参与,形成社交链条	用户上传自己挑战冰桶的视频并点名朋友或公众人物参与
开放编码	社交媒体特性	社交媒体易于视频分享、评论互动、转发等功能,促进了挑战的病毒式传播	在脸书、X平台、Instagram等平台上大规模传播,短时间内获得大量用户关注
开放编码	挑战机制	活动通过简易的挑战方式降低了参与门槛,同时与公益结合,提升用户参与意愿	挑战本身操作简单,且参与者可以选择挑战或捐款,具有社会责任感

编码层级	类别	描述	案例中的具体表现
主轴编码	用户动机	社交媒体上的用户参与动机多样，包括社会责任感、娱乐性、群体压力以及对名人的跟随效应	一些用户因公益目标而参与，另一些则因好友提名或模仿名人行为而参与
主轴编码	传播机制	利用社交媒体的病毒式传播机制，通过提名机制让参与者自发传播活动	提名系统促使参与者通过社交网络不断扩大活动范围，导致快速爆发式增长
主轴编码	平台效应	社交媒体平台的公开性和互动性增强了信息的传播速度和覆盖面	在公开平台上，视频能够被更多用户看到、评论和转发，扩大活动的社会影响力
主轴编码	社会效应	挑战吸引了大量公众人物和企业参与，形成社会潮流，并引发了全球范围内对 ALS 的广泛讨论和关注	名人、政要、企业纷纷参与，并推动活动成为全球现象
选择性编码	传播与效用动态关系	通过挑战机制与社交媒体传播特性，活动形成了自我循环的传播效应，促进了用户效用的增加和社会效应	挑战的趣味性与公益性兼具，激发了用户的效用增加，最终推动了 ALS 研究的资金筹集

（四）总结分析

通过 NVivo 构建的模型，可以更直观地展示"冰桶挑战"在社交媒体上的传播路径和用户行为的互动关系。可以看出，"冰桶挑战"在社交媒体上的成功主要依赖于其巧妙利用了社交媒体的传播特性和用户行为习惯。挑战机制本身设置简单、参与门槛低，加之其公益目的和名人效应，极大激发了用户的参与热情。用户不仅因为社会责任感参与其中，还通过挑战视频的分享满足了自我展示的需求，社交媒体的互动功能则进一步增强了活动的病毒式传播。整个过程体现了数据流通在社交媒体中的重要性，社交平台上各类用户生成的数据（UGC）通过广泛的分享和互动，不断推动着挑战活动的扩展与深化。这一传播模式也反映了现代社交媒体中信息生态系统的多元化和复杂性，各个用户、平台、内容生成者之间相互作用，共同构建了一个动态的数据流通网络。在这一案例中，冰桶挑战的传播展现了如何通过简单而有效的机制，结合社交媒体特性，成功实现信息快速扩散和社会影响的最大化。

第三节　社交媒体内容营销对消费者消费行为意愿的影响：基于品牌认同视角

伴随新媒体技术不断更迭和媒体碎片化，消费者的信息自主意识逐渐加强，根据自身的需求利用网络社交媒体自主搜寻、浏览和分享品牌信息。另外，广告信息推送成本的提高迫使品牌主探求新的营销方式来与消费者建立联系。因此，自媒体平台内容营销逐渐成为品牌主的重要营销战略。根据美国内容营销协会《2019 年 B2C 内容营销报告》可知，56% 的企业营销者借助社交媒体进行内容营销，通过产品信息的宣传和优质内容的创建以对话、讲故事、互动等方式向消费者传递价值。近 78% 的营销者认为内容营销在增加消费者的认同和提高品牌知名度方面有显著成效，52% 的营销人员指出内容营销能够促进品牌的销售转化。

因此，本书从社交媒体背景下本土某彩妆 A 品牌内容营销的现状出发，基于消费者的品牌认同视角，探究内容营销影响消费者行为意愿的影响机制。

一、理论研究综述

（一）内容营销相关研究

普利茨和巴雷特（Pulizzi & Barrett，2009）指出，内容营销就是企业传递与消费者利益相关、有价值的内容。福格（Fog，2010）认为，阐述故事性和戏剧性情节是内容营销的核心。因此，企业需要通过多样化创新形式，创作与分享具有吸引力和深刻教育意义的内容来影响当前和潜在的消费者（Handley，2011）。随着近年来数字产业的发展，李可（2019）从社交媒体、王香宁（2020）从网络互动、直播等多个维度阐述了内容营销的具体范畴。（1）对话。企业在向消费者分享知识信息的过程中，不仅可以发掘消费者自身对内容的需求，也可扩充其知识范围（Burgess，2018）。为了使消费者有真实的人际体验，品牌会以拟人化对话形式向消费者分享产品或者品牌信息以外的知识（汪涛等，2014）。（2）讲故事。内容营销中的故事型内容，不仅限于通过多样化形式传达品牌文化与成长性发展，还包括来自企业或者品牌原创的一切与自身有关联性的内容（Huang，2010）以及消费者叙述的与企业品牌有关的故事（Woodside et al.，2008）。（3）顾客参与互动，指的是企业以多样的形式组织群体性品牌活动来吸引消费者的眼球，引发顾客的关注、评论、转发、分享、推荐等行为（贺爱忠，2016）。从内容营销对消费者购买意愿的影响来看：孙天旭（2016）运用扎根理论揭示了内容营销下信息型内容、娱乐型内容和情感型内容对消费者购买意愿的影响机制；牛小静（2019）则证明内容营销能驱动消费者产生品牌传播意愿，并且证明了品牌认同的中介效应。

（二）品牌认同的相关研究

从品牌认同与价值认同来看，安德伍德（Underwood，2001）指出，品牌认同形成于消费者通过某品牌的形象向社会展示自我身份，并提高自身在他人心中的社会地位。类似的，金立印（2006）的实证研究也得出消费者倾向或认可特定的产品品牌主要源于该品牌能够帮助自身实现自我价值和社会价值。

（1）品牌认同与消费者的传播意愿的关系。消费者对品牌越信任、认同感越强烈，对品牌的评价和传播意向就越积极，表现为频繁地向他人介绍、推荐该品牌（Rio et al.，2001；Bhattacharva & Sen，2003）；积极参与口碑传播，满足自尊和提升自我形象（Kuenzel & Halliday，2010）。

（2）品牌认同与消费者的购买意愿关系。王洁（2018）运用品牌认同概念得出便利店品牌认同正向影响消费者购买意愿。还有学者将细分品牌认同为主动认同和被动认同，通过实证验证不同维度下品牌认同对购买决策的影响的差异性（弋生辉，2019）。

（3）品牌认同与消费者的忠诚关系。赵相忠（2019）研究发现内容营销正向影响品牌认同，进而促进消费者对品牌形成持久的忠诚态度。殷建平和王泽鹏（2020）证明了品牌认同在情怀营销下的品牌故事、品牌联想和品牌偶像对品牌忠诚的影响中的中介效应。

（三）消费者行为意愿与相关理论基础

消费者行为意愿是消费者实施某项行为的概率值或可能性（Engel et al.，1968）。消费者行为意愿主要包括消费者购买意愿（再次购买意愿、重购意向等归为购买意愿）和再传播意愿（推荐意愿、口碑传播、鼓励他人购买、分享等归为再传播意愿）。梅拉比安和拉塞尔（Mehrabian & Russell，1974）提出"刺激－机体－反应"（SOR）理论，认为外部环境刺激和个体行为态度反应之间存在中介变量。塔杰费尔等（Tajfel et al.，1986）将认同区分为个体认同和社会认同，其中个体认同是对自身所拥有的与众不同的特征的自我评价，社会认同是个体会识别出集体或者群体所呈现的特征与自身契合。因此，"认同"的本质是一种自尊、自我评价和态度，是个体对自我与群体或者他人之间所具有的普遍特征的感知（Kuenzel et al.，2010）。

二、A 品牌内容营销对消费者消费行为意愿影响的研究设计

（一）理论模型构建

本研究构建"内容营销－品牌认同－消费者行为意愿"研究模型，将内容营销作为自变量，将消费者行为意愿作为因变量，并以品牌认同为中介变量，探究 A 品牌内容营销对消费者行为意愿影响作用。理论模型如图 4-2 所示。

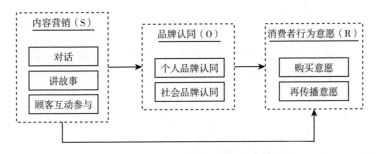

图 4-2　内容营销对消费者行为意愿影响的理论模型

（二）内容营销与消费者行为意愿的关系

本研究认为内容营销的对话、讲故事和顾客互动参与对消费者行为意愿的影响表现为显著正向相关，并提出假设：

H1a：A 品牌内容营销语境下的对话对消费者购买意愿有显著正向影响。

H1b：A 品牌内容营销的故事性内容对消费者购买意愿有显著正向影响。

H1c：A 品牌内容营销的顾客互动参与对消费者购买意愿有显著正向影响。

H1d：A 品牌内容营销语境下的对话对消费者再传播意愿有显著正向影响。

H1e：A 品牌内容营销的故事性内容对消费者再传播意愿有显著正向影响。

H1f：A 品牌内容营销的顾客互动参与对消费者再传播意愿有显著正向影响。

（三）内容营销与品牌认同的关系

品牌认同形成和接受者感知的品牌内容传递密切相关。内容营销语境下的对话、讲故事以及顾客互动参与均对品牌认同有显著正向影响。本研究提出以下假设：

H2a：A 品牌内容营销语境下的对话对品牌认同有显著正向影响。

H2b：A 品牌内容营销故事性内容对品牌认同有显著正向影响。

H2c：A 品牌内容营销的顾客互动参与对品牌认同有显著正向影响。

（四）品牌认同与消费者行为意愿的关系

品牌认同对消费者购买意愿、传播分享、推荐意愿等起积极影响。本研究认为品牌认同的两个不同类属正向影响消费者购买意愿和再传播意愿，提出假设：

H3a：品牌认同对消费者购买意愿有显著正向影响。

H3b：个人品牌认同对消费者购买意愿有显著正向影响。

H3c：社会品牌认同对消费者购买意愿有显著正向影响。

H3d：品牌认同对消费者再传播意愿有显著正向影响。

H3e：个人品牌认同对消费者再传播意愿有显著正向影响。

H3f：社会品牌认同对消费者再传播意愿有显著正向影响。

（五）品牌认同的中介作用

根据刺激－机体－反应模型，在企业内容营销影响下，消费者有情绪变化或心理动机从而增加购买、再传播行为概率。品牌认同在内容互动与品牌推崇关系中的中介效用（李雪欣，2019）。因此，假设品牌认同在 A 品牌内容营销对消费者行为意愿的影响过程中起中介作用。

H4a：品牌认同在 A 品牌内容营销语境下的对话、故事性内容、顾客互动参与和消费者购买意愿之间起中介作用。

H4b：品牌认同在 A 品牌内容营销语境下的对话、故事性内容、顾客互动参与和消费者再传播意愿之间起中介作用。

三、问卷设计和数据统计

本研究采用调查问卷收集数据，使用 SPSS19.0 统计分析。量表采用利克特五级量表，其中"1～5"表示从"非常不同意"到"非常同意"的程度递进。预调研在 2021 年 2 月上旬进行，通过网络发放 51 份问卷，收回有效问卷 47 份，有效率达 92.16%。

（一）预调研的人口统计数据

1. 预调研人口特征分析

在收回的有效问卷中，男性占比 26%，女性占比 74%；18～24 岁阶段的被调查对象所占比例最多，占 53%，其次是 25～30 岁的，占比 34%。具体统计数据见表 4－3。

表 4－3　　　　　　　　　预调研样本人口统计数据

人口统计变量		频次（人）	百分比（%）
性别	男性	12	26
	女性	35	74
	合计	47	100
年龄	18 岁以下	1	2
	18～24 岁	25	53
	25～30 岁	16	34
	30 岁以上	5	11
	合计	47	100

2. 最常浏览的 A 品牌内容营销的来源平台和类型

由图 4－3 可知，被调查者经常浏览信息的主要媒介是抖音短视频、小红书、B 站。

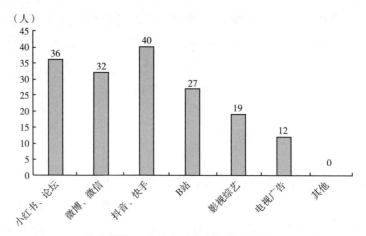

图 4-3 最常浏览 A 品牌内容营销的网络媒体平台和类型

（二）信效度分析

1. 信度分析

对预调研的 31 个量表问项数据进行信效度检验。表 4-4 是预调研整体信度检验结果，数据显示基于标准化项的 Cronbach's α 系数为 0.937 （>0.7），满足内部整体一致性要求。

表 4-4　　　　　　　　　　预调研整体信度检验

Cronbach's α	基于标准化项的 Cronbach's α	项数
0.936	0.937	31

各变量 Cronbach's α 系数列表见表 4-5，各变量共 31 个题项的 Cronbach's α 系数基本大于 0.6。删除某一题项后 Cronbach's α 系数几乎都下降，表明每个变量的分量表内部一致性较好。可见，问卷整体信度良好，适合后续检验。

表 4-5　　　　　　　　　　预调研各量表的信度检验

维度	选项	Cronbach's α	删除该题项后的 Cronbach's α
语境下对话	Q1	0.693	0.587
	Q2		0.711
	Q3		0.609
	Q4		0.665
	Q5		0.630

续表

维度	选项	Cronbach's α	删除该题项后的 Cronbach's α
故事性内容	Q6	0.689	0.635
	Q7		0.643
	Q8		0.625
	Q9		0.632
	Q10		0.659
顾客互动参与	Q11	0.764	0.661
	Q12		0.701
	Q13		0.713
	Q14		0.776
	Q15		0.741
个人品牌认同	Q16	0.505	0.433
	Q17		0.474
	Q18		0.390
社会品牌认同	Q19	0.777	0.732
	Q20		0.659
	Q21		0.699
消费者购买意愿	Q22	0.667	0.578
	Q23		0.661
	Q24		0.576
	Q25		0.637
	Q26		0.615
消费者再传播意愿	Q27	0.732	0.673
	Q28		0.730
	Q29		0.681
	Q30		0.691
	Q31		0.646

2. 效度分析

预调研的问卷结构效应采用 KMO 值和 Bartlett 球形度检验。判断标准是 KMO≥0.7 时，公共因子的载荷系数大于 0.5 或者小于负 0.5 时，同时当累计方差贡献率大于 50%，才能满足因子分析条件，表明结构效度较好。

由表 4-6 可知，预调研量表的总体样本数据 KMO 值是 0.870，适合因子分析。Bartlett 球形度检验的显著性 $p < 0.05$。问卷具有较好的结构效度，适合因子分析。

表 4-6 预调研 KMO 和 Bartlett 的检验

取样足够度的 Kaiser – Meyer – Olkin 度量		0.870
Bartlett 的球形度检验	近似卡方	1490.169
	df	465
	Sig.	0.000

由表 4-7 可知，预调研量表各维度的 KMO 值均大于 0.7，Bartlett 球度检验的显著性 $p < 0.05$，说明适合因子分析。此外，提取的因子共同解释的原始总方差都大于 50%。说明本研究的问卷结构信度良好，量表各变量关系与结构符合本项研究分析。

表 4-7 预调研变量的因子分析

维度	选项	因子负荷	KMO 检验	巴特利特球度检验	因子解释率
内容营销	Q1	0.64	0.872	545.392	54.756
	Q2	0.568			
	Q3	0.525			
	Q4	0.492			
	Q5	0.764			
	Q6	0.509			
	Q7	0.728			
	Q8	0.572			
	Q9	0.815			
	Q10	0.641			
	Q11	0.555			
	Q12	0.598			
	Q13	0.500			
	Q14	0.672			
	Q15	0.554			

续表

维度	选项	因子负荷	KMO 检验	巴特利特球度检验	因子解释率
品牌认同	Q16	0.604	0.751	122.226	60.248
	Q17	0.618			
	Q18	0.833			
	Q19	0.802			
	Q20	0.808			
	Q21	0.818			
消费者行为意愿	Q22	0.726	0.824	278.354	50.051
	Q23	0.083			
	Q24	0.656			
	Q25	0.674			
	Q26	0.787			
	Q27	0.69			
	Q28	0.525			
	Q29	0.636			
	Q30	0.458			
	Q31	0.68			

四、A 品牌内容营销对消费者消费行为意愿影响的实证研究

问卷发放从 2021 年 3 月 8 日到 2021 年 4 月 12 日结束，历时 5 周。问卷发放总数为 212 份，其中剔除 5 份无效问卷，有效问卷为 207 份，总体有效率为 97.64%。

（一）样本数据分析

根据表 4-8 可知，被调查人群中男性占比 31.4%，女性占比 68.6%。从年龄看，被调查者大部分是 18~30 岁的青年，占被调查总人数的 84.6%。从受教育程度分布来看，本科学历 160 人，占比最高（77.3%），其次硕士研究生学历 27 人，占比 13.0%；本科以下学历 11 人，占比 5.3%，有 9 位拥有博士研究生学历，占比 4.4%，数量最少。总体而言，

样本以年轻女性为主，人口特征基本符合 A 品牌以 18 ~ 28 岁年轻女性为消费群体的现状，因此调查数据所呈现的结果主要代表年轻女性的观点。

表 4 - 8 被试者人口特征分析

变量	选项	频次（人）	百分比（%）	均值	标准差
性别	男性	65	31.4	1.69	0.47
	女性	142	68.6		
年龄	18 岁以下	4	1.9	2.64	0.74
	18 ~ 24 岁	95	4.60		
	25 ~ 30 岁	80	38.6		
	30 岁以上	28	13.5		
受教育程度	本科以下	11	5.3	2.16	0.58
	本科	160	77.3		
	硕士	27	13.0		
	硕士以上	9	4.4		

如图 4 - 4 所示，被调查者主要在抖音、快手等短视频，微信、微博、小红书等自媒体平台及 B 站视频软件浏览 A 品牌发布的内容和信息。

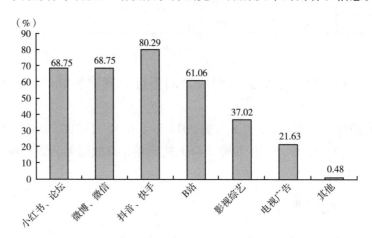

图 4 - 4 最常浏览 A 品牌内容营销的网络媒体平台类型

（二）描述性统计分析

量表设计采用利克特五级量表，评分等级从 1 ~ 5 分别表示非常不同意、比较不同意、一般、比较同意、非常同意，分值越高则表示同意程度越高（见表4-9）。由表4-9可知，指标均值处于3.70~4.20之间，说明数据离散程度不高。

表4-9 问卷数据描述统计

变量名称	题项	极小值	极大值	均值	标准差
内容营销语境下的对话	Q1	1	5	4.15	0.734
	Q2	2	5	4.14	0.823
	Q3	2	5	4.19	0.743
	Q4	2	5	4.00	0.797
	Q5	1	5	4.03	0.830
内容营销的故事性内容	Q6	1	5	4.17	0.851
	Q7	2	5	4.03	0.809
	Q8	1	5	3.97	0.962
	Q9	1	5	4.1	0.791
	Q10	1	5	4.07	0.785
内容营销的顾客互动参与	Q11	1	5	4.03	0.903
	Q12	1	5	4.08	0.855
	Q13	1	5	3.91	0.860
	Q14	1	5	4.08	0.841
	Q15	1	5	4.01	0.830
个人品牌认同	Q16	2	5	4.13	0.637
	Q17	2	5	4.28	0.710
	Q18	2	5	4.18	0.741
社会品牌认同	Q19	1	5	3.75	0.946
	Q20	1	5	3.81	0.991
	Q21	1	5	3.68	1.007
消费者购买意愿	Q22	1	5	4.06	0.708
	Q23	2	5	4.05	0.781
	Q24	2	5	4.08	0.811
	Q25	2	5	4.06	0.745
	Q26	1	5	4.12	0.818

续表

变量名称	题项	极小值	极大值	均值	标准差
消费者 再传播意愿	Q27	1	5	4.22	0.775
	Q28	1	5	4.09	0.832
	Q29	1	5	4.17	0.781
	Q30	1	5	4.02	0.873
	Q31	1	5	4.13	0.803

（三）信度分析

1. 总体样本数据的信度检验

问卷总体信度检验结果如表4-10所示。正式调研总体样本的 Cronbach's α 为0.929，标准化 Cronbach's α 值为0.930，因此，正式问卷整体数据具有较高的信度。

表4-10　　　　　　正式问卷整体信度检验

Cronbach's α	基于标准化项的 Cronbach's α	项数
0.929	0.930	31

2. 各量表的信度检验

由表4-11可知，问卷变量下除"个人品牌认同"项以外，其他维度的 Cronbach's α 都在0.6以上，而删除每项后的 α 值几乎都是下降的，且几乎都大于0.5，达到可信度标准，同样说明此问卷的整个量表具有良好的内部统一性，所得数据适用于统计分析。

表4-11　　　　　　各量表的信度检验

维度	选项	Cronbach's α	删除该题项后的 Cronbach's α
语境下对话	Q1	0.633	0.638
	Q2		0.575
	Q3		0.620
	Q4		0.521
	Q5		0.606

续表

维度	选项	Cronbach's α	删除该题项后的 Cronbach's α
故事性内容	Q6	0.681	0.604
	Q7		0.621
	Q8		0.628
	Q9		0.627
	Q10		0.668
顾客互动参与	Q11	0.726	0.649
	Q12		0.673
	Q13		0.652
	Q14		0.735
	Q15		0.677
个人品牌认同	Q16	0.453	0.352
	Q17		0.393
	Q18		0.299
社会品牌认同	Q19	0.787	0.722
	Q20		0.699
	Q21		0.713
消费者购买意愿	Q22	0.623	0.570
	Q23		0.592
	Q24		0.528
	Q25		0.591
	Q26		0.558
消费者再传播意愿	Q27	0.696	0.638
	Q28		0.688
	Q29		0.642
	Q30		0.658
	Q31		0.606

（四）假设检验

1. 相关性分析

本研究旨在证明内容营销是否对消费者行为意愿存在影响，且品牌认同是否能起中介作用，这需要通过建立并检验多元回归模型来确认。本书采用皮尔逊相关系数来判断自变量内容营销各维度、中介变量品牌认同各维度和因变量消费者行为意愿各维度之间的强弱关系（见表4-12）。

表4-12 各变量之间大的相关性分析

维度	语境下对话	故事性内容	顾客互动参与	个人品牌认同	社会品牌认同	消费者购买意愿	消费者再传播意愿
语境下对话	1						
故事性内容	0.378	1					
顾客互动参与	0.520	0.503	1				
个人品牌认同	0.489	0.423	0.522	1			
社会品牌认同	0.255	0.396	0.345	0.291	1		
消费者购买意愿	0.492	0.461	0.585	0.497	0.398	1	
消费者再传播意愿	0.488	0.504	0.540	0.489	0.357	0.517	1

结果表明：（1）内容营销中的三个维度与消费者购买意愿和再传播意愿的相关系数 r 为 0.461~0.585，表明各个变量之间均存在显著的相关性，其中顾客互动参与和消费者购买意愿的相关程度最高（r=0.585）；（2）内容营销中各维度与品牌认同的各维度之间存在相关性，r 的范围在 0.255~0.489；（3）品牌认同两个维度与购买意愿和再传播意愿的相关系数为0.357~0.497，说明多变量均存在显著的相关性。相关性检验说明了各变量间线性相关，因此可进一步建立模型研究变量间的具体关系。

2. 效度分析

通过 KMO 值和 Bartlett 球形度检验量表的结构效度，如表4-13所示。

表 4 - 13　　　　　　　　　　**KMO 和 Bartlett 的检验**

取样足够度的 Kaiser - Meyer - Olkin 度量		0.910
Bartlett 的球形度检验	近似卡方	2460.794
	df	465
	Sig.	0.000

根据探索性因子分析可知，KMO 检验结果为 0.910 > 0.7，Bartlett 球形度检验值 < 0.05。可见，问卷的各变量测量量表具有较好结构效度。

3. 多元回归分析

为探究内容营销、品牌认同和消费者行为意愿的影响关系，本书采用多元回归模型来研究，并检验假设。多元回归分析中需要关注几项指标：（1）方差膨胀因子（VIF）：用于检验多重共线性。当 0 < VIF < 10 时，意味着自变量和模型之间不存在严重多重共线性。（2）D. W. 值：用于检验变量自相关性。当 1.5 < D. W. < 2.5 时，表明模型不存在严重自相关的问题，且值越接近于 2，说明自相关程度越小。（3）拟合优度判定系数 R^2：用于解释模型效果，取值范围为 0~1，越接近于 1，说明模型拟合效果越好。（4）F 的显著性。方差检验的 P 值 < 0.05 时，说明模型是有效的。

本研究的品牌认同包含个人品牌认同和社会品牌认同两个维度，需要对品牌认同的题项进行因子分析（见表 4 - 14 和表 4 - 15），将二维品牌认同降至单维度进行测量。

表 4 - 14　　　　　　　　　　**品牌认同的因子得分系数矩阵**

问项	因子	
	1	2
Q16	0.075	0.367
Q17	-0.096	0.525
Q18	-0.130	0.593
Q19	0.397	-0.075
Q20	0.386	-0.040
Q21	0.405	-0.081

表 4 – 15 品牌认同变量总方差分解

因子编号	因子平方和载入			旋转平方和载入		
	因子特征值	因子方差解释率（%）	累积方差解释率（%）	因子特征值	因子方差解释率（%）	累积方差解释率（%）
1	2.410	40.172	40.172	2.165	36.089	36.089
2	1.158	19.302	59.473	1.403	23.384	59.473

根据表 4 – 14 品牌认同的因子得分系数矩阵结果，计算出因子得分函数系数

$$F1 = 0.075 \times Q16 - 0.096 \times Q17 - 0.130 \times Q18 + 0.397 \times Q19$$
$$+ 0.386 \times Q20 + 0.405 \times Q21 \tag{4 – 33}$$
$$F2 = 0.367 \times Q16 + 0.525 \times Q17 + 0.593 \times Q18 - 0.075 \times Q19$$
$$- 0.040 \times Q20 - 0.081 \times Q21 \tag{4 – 34}$$

根据表 4 – 15 可以知道因子 1 的方差贡献为 40.172%，因子 2 的方差贡献为 19.302%，由此结合式（4 – 33）和式（4 – 34）可知品牌认同的综合得分为：

$$品牌认同 = 40.172\% \times F1 + 19.302\% \times F2 \tag{4 – 35}$$

4. 内容营销对消费者行为意愿的影响

由表 4 – 16 的回归结果可知，自变量的 VIF 均为 1.5 左右，容差值 > 0.2，在正常范围，可知自变量之间不存在严重共线性问题。调整拟合优度 R^2 为 0.408，说明模型拟合效果较好，表示自变量内容营销的三个维度的 40.8% 程度可以解释消费者购买意愿。根据方差检验结果，D. W. = 1.859，F = 48.299，显著性 $p < 0.05$，说明回归效果显著。在回归模型中，自变量内容营销的每个维度都通过显著性检验，且其标准化系数 β 均为正数，表明内容营销的三种形式对消费者购买意愿均产生显著正向影响。因此，假设 H1a、H1b、H1c 成立。

表 4 – 16 内容营销三维度对消费者购买意愿的回归分析

回归模型	调整 R^2	方差分析		模型系数 α				共线性统计量	
		D. W.	F	非标准化系数	标准化系数	t	Sig.		
				B	β			容差	VIF
（常量）				2.571		5.132	0.000		
语境下对话	0.408	1.859	48.299	0.217	0.227	3.568	0.000	0.711	1.406
故事性内容				0.170	0.188	3.000	0.003	0.729	1.372
顾客互动参与				0.302	0.373	5.475	0.000	0.621	1.611

根据表 4 – 17 可知，自变量调整拟合优度 R^2 为 0.396，表明自变量内容营销的三个维度能够解释 39.6% 的因变量，认为拟合效果较好。经方差检验，D. W. = 2.090，F = 45.990，显著性 $p < 0.05$，表明回归效果显著。在回归模型中，自变量内容营销的每个维度都通过显著性检验，且其标准化系数 β 均为正数，表明三种形式的内容营销均显著正向影响消费者再传播意愿。因此，假设 H1d、H2e、H3f 成立。

表 4 – 17 内容营销三维度对消费者再传播意愿的回归分析

回归模型	调整 R^2	方差分析		模型系数 α				共线性统计量	
		D. W.	F	非标准化系数	标准化系数	t	Sig.		
				B	β			容差	VIF
（常量）				2.089		3.776	0.000		
语境下对话	0.396	2.090	45.990	0.251	0.240	3.740	0.000	0.711	1.406
故事性内容				0.271	0.274	4.316	0.000	0.729	1.372
顾客互动参与				0.246	0.277	4.031	0.000	0.621	1.611

5. 内容营销对品牌认同的影响

根据表 4 – 18 可知，共线性检验的 VIF 值、容差值均在正常范围，自变量间不存在严重共线性问题。调整后 R^2 = 0.333，表明模型效果好，自变量内容营销的三个维度能够解释 33.3% 的因变量。根据方差检验结果，D. W. = 2.001，表示不存在序列相关性；F 统计量为 35.329，$p < 0.05$，表明回归效果显著。在回归模型中，除语境下对话，其他两个维度 $p < 0.05$，

且其标准化系数 β 均为正数，表明内容营销故事性内容以及内容营销的顾客互动参与均显著正向品牌认同。由此，假设 H2b、H2c 得到验证，H2a 假设没有通过验证。

表 4 - 18 内容营销三维度对品牌认同的回归分析

回归模型	调整 R^2	方差分析		模型系数 α					
		D. W.	F	非标准化系数	标准化系数	t	Sig.	共线性统计量	
				B	β			容差	VIF
（常量）				-2.124		-9.419	0.000		
语境下对话	0.333	2.001	35.329	0.036	0.088	1.301	0.195	0.711	1.406
故事性内容				0.121	0.317	4.755	0.000	0.729	1.372
顾客互动参与				0.103	0.301	4.167	0.000	0.621	1.611

根据表 4 - 19 可知，调整后 $R^2 = 0.349$，表明内容营销的三个维度能够解释 39.9% 的因变量。D. W. = 2.168，F 统计量为 37.836，$p = 0.00 < 0.05$，意味回归效果显著。在回归模型中，内容营销的三个维度 $p < 0.05$，通过显著性检验且其标准化系数 β 均为正数，表明语境下对话、故事性内容及顾客互动参与对个人品牌认同有显著正向影响。

表 4 - 19 内容营销各维度对个人品牌认同的回归分析

回归模型	调整 R^2	方差分析		模型系数 α					
		D. W.	F	非标准化系数	标准化系数	t	Sig.	共线性统计量	
				B	β			容差	VIF
（常量）				3.431		7.117	0.000		
语境下对话	0.349	2.168	37.836	0.237	0.27	4.055	0.000	0.711	1.406
故事性内容				0.143	0.172	2.617	0.010	0.729	1.372
顾客互动参与				0.219	0.295	4.129	0.000	0.621	1.611

根据表 4 - 20 可知，调整后 $R^2 = 0.176$，表明内容营销的三个维度能够解释 17.6% 的因变量。根据方差检验，D. W. = 2.001，表示不存在序列相关性；F 统计量为 15.633，$p < 0.05$，意味着回归效果显著。在回归模型中，内容营销语境下的对话的显著性为 $p = 0.453 > 0.05$，没有通过显著性

检验，其他两个维度的显著性均小于 0.05，且其标准化系数 β 均为正数，表明内容营销故事性内容以及内容营销的顾客互动参与均显著正向影响社会品牌认同。

表 4 - 20　　　　内容营销各维度对社会品牌认同的回归分析

回归模型	调整 R^2	方差分析		模型系数 α					
		D. W.	F	非标准化系数	标准化系数	t	Sig.	共线性统计量	
				B	β			容差	VIF
（常量）	0.176	2.001	15.653	2.085		2.443	0.015		
语境下对话				0.078	0.056	0.752	0.453	0.711	1.406
故事性内容				0.377	0.289	3.900	0.000	0.729	1.372
顾客互动参与				0.200	0.171	2.127	0.035	0.621	1.611

6. 品牌认同对消费者行为意愿的影响

由表 4 - 21 可知，共线性检验中自变量的 VIF、容差值均在正常范围内。品牌认同二维度调整后 $R^2 = 0.310$，品牌认同维度 $R^2 = 0.228$；方差分析显示 D. W. 值 < 2.5，表明不存在序列相关性；F 检验的显著性 $p < 0.05$，意味回归效果显著。在回归模型中，每个因子 $p < 0.05$ 且回归系数为正数，表明个人品牌认同和社会品牌认同对消费者的购买意愿产生显著性正向影响。假设 H3a、H3b、H3c 成立。

表 4 - 21　　　品牌认同及其子维度对消费者购买意愿的回归分析

	回归模型	调整 R^2	方差分析		模型系数 α					
			D. W.	F	非标准化系数	标准化系数	t	Sig.	共线性统计量	
					B	β			容差	VIF
1	（常量）	0.310	1.85	47.381	2.980		5.417	0.000		
	个人品牌认同				0.453	0.416	6.883	0.000	0.916	1.092
	社会品牌认同				0.192	0.277	4.587	0.000	0.916	1.092
2	（常量）	0.228	1.746	62.008	8.179		112.835	0.000		
	品牌认同				1.136	0.482	7.874	0.000	1	1

表 4 - 22 显示，品牌认同二维度调整后 $R^2 = 0.283$，品牌认同单维度 $R^2 = 0.248$。方差检验可知 D. W. 值在正常范围内；经方差检验 $p < 0.05$，回归效果显著。在回归模型中，每个维度的 $p < 0.05$，且其标准化系数 β 为正数，表明个人品牌认同和社会品牌认同对消费者再传播意愿呈显著性正向影响。假设 H3d、H3e、H3f 通过验证。

表 4 - 22　品牌认同及其子维度对消费者再传播意愿的回归分析

回归模型		调整 R^2	方差分析		模型系数 α					
			D. W.	F	非标准化系数	标准化系数	t	Sig.	共线性统计量	
					B	β			容差	VIF
1	（常量）	0.283	2.04	41.573	2.860		4.663	0.000		
	个人品牌认同				0.501	0.420	6.818	0.000	0.916	1.092
	社会品牌认同				0.178	0.235	3.813	0.000	0.916	1.092
2	（常量）	0.248	1.803	69.112	8.348		106.754	0.000		
	品牌认同				1.294	0.502	8.313	0.000	1	1

7. 中介效应检验

本书采用分层回归检验品牌认同在内容营销和消费者购买意愿的中介作用。

（1）品牌认同在内容营销对消费者购买意愿影响中的中介作用检验。由表 4 - 23 可知，在未加入品牌认同时，内容营销下三个维度均通过 t 检验，内容营销下的各个维度的标准化系数 β 为 0.227、0.188、0.373，内容营销下三个维度显著正向影响消费者购买意愿。在加入了中介变量品牌认同后，结果显示通过 t 检验（$p = 0.00 < 0.05$）。可知内容营销语境下的对话和故事性内容的 p 值变大，但顾客参与互动对消费者购买意愿影响几乎没有改变。从标准化系数 β 来看，内容营销各维度的回归系数显著降低，这表示自变量各内容营销维度对因变量消费者购买意愿的影响程度减小。可知品牌认同在各内容营销维度对消费者购买意愿影响中起到部分中介作用。假设 H4a 得到验证。

表 4 - 23　　　　　内容营销、品牌认同和消费者购买意愿回归分析

模型		非标准化系数		标准化系数	t	Sig.
		B	标准误差	β		
1	（常量）	2.571	0.501		5.132	0.000
	语境下对话	0.217	0.061	0.227	3.568	0.000
	故事性内容	0.170	0.057	0.188	3.000	0.003
	顾客互动参与	0.302	0.055	0.373	5.475	0.000
2	（常量）	3.459	0.591		5.848	0.000
	语境下对话	0.202	0.060	0.211	3.361	0.001
	故事性内容	0.12	0.059	0.132	2.028	0.044
	顾客互动参与	0.259	0.057	0.319	4.573	0.000
	品牌认同	0.418	0.154	0.177	2.721	0.007

a. 因变量：消费者购买意愿

（2）品牌认同在内容营销对消费者再传播意愿影响中的中介作用检验。由表 4 - 24 可知，在加入品牌认同之前，内容营销各维度正向显著影响消费者再传播意愿，其标准化系数 β 分别为 0.240、0.274、0.277。在加入了中介变量品牌认同之后，均通过 t 检验（$p = 0.00 < 0.05$），每个内容营销维度的显著性变大但回归系数均降低。因此，验证了品牌认同在各内容营销维度对消费者购买意愿影响中起部分中介作用。假设 H4b 成立。

表 4 - 24　　　　内容营销、品牌认同和消费者再传播意愿的回归分析

模型		非标准化系数		标准化系数	t	Sig.
		B	标准误差	β		
1	（常量）	2.089	0.553		3.776	0.000
	语境下对话	0.251	0.067	0.240	3.740	0.000
	故事性内容	0.271	0.063	0.274	4.316	0.000
	顾客互动参与	0.246	0.061	0.277	4.031	0.000
2	（常量）	3.233	0.649		4.984	0.000
	语境下对话	0.232	0.066	0.222	3.518	0.001
	故事性内容	0.205	0.065	0.208	3.174	0.002
	顾客互动参与	0.190	0.062	0.214	3.058	0.003
	品牌认同	0.539	0.168	0.209	3.197	0.002

a. 因变量：消费者再传播意愿

（五）假设检验结果与解释

各项假设检验的结果汇总如表 4 – 25 所示。

表 4 – 25   假设检验结果汇总

编号	假设	检验结果
H1a	A 品牌内容营销语境下的对话对消费者购买意愿有显著正向影响	通过
H1b	A 品牌内容营销的故事性内容对消费者购买意愿有显著正向影响	通过
H1c	A 品牌内容营销的顾客互动参与对消费者购买意愿有显著正向影响	通过
H1d	A 品牌内容营销语境下的对话对消费者再传播意愿有显著正向影响	通过
Hle	A 品牌内容营销的故事性内容对消费者再传播意愿有显著正向影响	通过
H1f	A 品牌内容营销的顾客互动参与对消费者再传播意愿有显著正向影响	通过
H2a	A 品牌内容营销语境下的对话对品牌认同有显著正向影响	不通过
H2b	A 品牌内容营销故事性内容对品牌认同有显著正向影响	通过
H2c	A 品牌内容营销的顾客互动参与对品牌认同有显著正向影响	通过
H3a	品牌认同对消费者购买意愿有显著正向影响	通过
H3b	个人品牌认同对消费者购买意愿有显著正向影响	通过
H3c	社会品牌认同对消费者购买意愿有显著正向影响	通过
H3d	品牌认同对消费者再传播意愿有显著正向影响	通过
H3e	个人品牌认同对消费者再传播意愿有显著正向影响	通过
H3f	社会品牌认同对消费者再传播意愿有显著正向影响	通过
H4a	品牌认同在 A 品牌内容营销语境下的对话、故事性内容、顾客互动参与和消费者购买意愿之间起中介作用	通过
H4b	品牌认同在 A 品牌内容营销语境下的对话、故事性内容、顾客互动参与和消费者再传播意愿之间起中介作用	通过

（1）内容营销对消费者行为意愿的影响。内容营销的三个维度和消费者的购买意愿及再传播意愿间存在显著正向关系，A 品牌内容营销语境下的对话和顾客互动参与更能激发消费者的购买意愿，而故事性内容更能驱动消费者的再传播意愿。

（2）内容营销对品牌认同的影响。内容营销的故事性内容和顾客互动参与对品牌认同及其子维度社会品牌认同产生显著正向影响，故事性内容和顾客互动参与形式的营销能满足消费者自我个性表达和自身社会属性强化的双向需求。

（3）品牌认同对消费者行为意愿的影响。品牌认同的两个维度分别对购买和再传播意愿呈现显著正向影响，其中个人品牌认同的影响最大。消费者赞同品牌所传递的价值观、倡导的生活方式以及其代表形象，因此更愿意进行购买和传播。

（4）品牌认同的中介作用。内容营销语境下的对话、故事性内容和顾客互动参与可通过品牌认同影响消费者的购买意愿和再传播意愿，品牌认同的中介效应显著，品牌认同在内容营销对消费者行为意愿的影响中起到中介作用。

五、研究结论

首先，本研究表明品牌认同在社交媒体上对消费者购买意愿具有重要影响。内容营销语境下的对话、故事性内容、顾客互动参与，能够显著增强消费者的购买欲望和再传播意向。因此，品牌应该通过社交媒体展示和强调品牌的核心价值观和身份，以及与消费者共享相关的内容，来提升消费者的品牌认同。研究指出，社交媒体用户更有兴趣于有价值、有趣、引人入胜的内容。因此，品牌应该致力于创造和分享具有吸引力的内容，如故事、教育性信息和用户生成的内容，以吸引消费者关注并提高其参与度。此外，研究强调了个性化互动体验对消费者购买意愿的重要性。因此，品牌应通过"回复评论""个性化建议和支持""参与讨论话题"等方式与消费者建立更牢固的联系，提高其消费意愿。另外，本研究还建议品牌引入社交影响力以增强消费者的购买意愿。与社交媒体上的意见领袖和有影响力的用户合作，通过推荐或背书来推广产品或服务，可以积极地影响消费者的购买决策。

其次，关注 A 品牌自媒体平台上内容营销的用户更容易从 A 品牌故事性内容以及顾客互动参与中理解品牌内涵，提高对品牌的认可度以及形成积极的评价和口碑。当消费者认同 A 品牌的品牌概念、形象和价值观，那么消费者会倾向主动传播和推广品牌相关的信息，以及产生购买行为。这表明：追踪和评估营销效果具有十分重要的作用。通过细致地追踪和评估在社交媒体上进行的内容营销活动的效果，品牌可以了解哪些策略和内容对消费者产生了积极影响，并进行相应的优化和调整，从而提高其营销策略的有效性。因此，品牌企业在实施内容营销时，充分利用各内容形式优势和特征，根据目标消费者需求，有针对性地创作和发布与品牌调性一致的内容，或者组合多样化内容，加大品牌传播力从而使营销效果最佳化。

通过实证研究用户行为对广告内容传播的影响，可以深入了解用户对广告的反应和参与程度。例如，可以选择某一广告活动，在社交媒体平台上进行实证研究，分析用户对广告内容的浏览、点赞、分享等行为，以及这些行为对广告传播效果的影响，从而评估广告活动的效果和用户的反馈。

通过以上内容的展开，可以对用户行为与社交媒体数据要素流通关系的定量研究进行深入探讨，从不同维度揭示二者之间的关系和影响机制。这对于理解社交媒体平台上信息传播的规律，优化社交媒体运营和营销策略，具有重要的理论和实践意义。

第五章 信息生态视阈下数据流通对用户隐私保护策略的建立与评估

在当今日益数字化的社会中，数据流通作为推动信息生态发展的关键动力，同时对用户隐私提出了前所未有的挑战。随着技术的迅猛发展，个人信息的采集、处理与分享变得越来越便捷，但这也导致了隐私侵犯事件频发，引发了公众、政府和企业之间复杂的利益博弈。因此，建立一套高效、有效的隐私保护策略，以及对这些策略进行科学的评估，已经成为信息生态平衡的迫切需求。本章将在信息生态视阈下，对数据流通与用户隐私保护之间的关系进行深入探讨，并提出相应的保护策略及评估模型。

第一节 信息生态视阈下用户个体隐私决策的动因和行为

在当今信息高度集成的社会中，个体隐私决策的动因和行为成为了研究信息生态下数据流通与用户隐私保护关系的重要组成部分。随着信息技术的日益进步，大量个人数据的产生、收集和使用，为社会经济的发展带来了丰富的资源，但同时也对个人隐私带来了前所未有的挑战。个体在信息生态中如何作出隐私决策，不仅影响到个人信息的安全，还将进一步影响到整个信息生态的平衡和发展。因此，深入探讨信息生态视阈下用户个体隐私决策的动因和行为，对于促进数据流通的健康发展，保障用户隐私权益，具有重要的理论和实践意义。

一、用户个体隐私决策动因分析

（一）隐私意识与个体特质

1. 隐私意识的理论基础

从社会心理学的角度来看，隐私意识有着独特而重要的内涵。社会心理学主要聚焦于个体在社会环境中的心理和行为表现，而隐私意识在其中占据着关键地位。它不仅仅是一种简单的意识存在，更是个体在社会互动和信息交流过程中逐渐形成的对自身隐私的认知与保护机制。基于此，隐私意识可以被定义为个体对其个人信息控制水平的认知。同时，隐私意识还包括对隐私侵犯可能带来的后果的评估，例如个人信息泄露可能导致的骚扰、诈骗、声誉受损等不良影响。了解这些后果后，个体才能更加重视自身隐私的保护。从这个层面来看，隐私意识对个体至关重要。它是个体维护自身安全、尊严和个性的重要心理防线。在社会交往中，有良好隐私意识的个体能够更好地保护自己的个人信息不被滥用，避免陷入麻烦和风险之中。

2. 个体特质对隐私意识的影响

在当今数字化时代，个体特质在隐私意识的成形与演变过程中扮演着极为关键的角色。首先来看性别因素。不同性别的个体在隐私观念和保护行为上往往存在显著差异。从生理和心理层面而言，女性通常更为细腻和敏感，在对待隐私问题时可能会表现出更高的警惕性。特别是涉及个人敏感信息如健康数据、情感经历等方面，女性倾向于更加谨慎地保护这些信息，她们更关注信息的安全性和保密性。而男性可能相对而言在某些情况下对隐私的敏感度稍低，更愿意在社交互动中分享一些个人信息以展示自己的能力或成就。心理研究表明，这种差异可能与社会文化对不同性别的角色期待有关，社会普遍认为女性需要更加注重自我保护，而男性则被鼓励更加开放和外向。

年龄也是影响隐私意识的重要因素。随着年龄的增长，人们的隐私意识会发生明显的变化。年轻一代成长于数字化高度发达的时代，他们对新技术和社交媒体的接受度较高，但同时也可能在不经意间暴露更多的个人信息。相反，年长的人群经历过不同的社会发展阶段，他们更能深刻体会到隐私的重要性，在面对信息收集和共享时会更加谨慎。教育水平同样对隐私意识有着深远的影响。一般来说，教育程度较高的个体往往对隐私问题有更深入的理解和认识。他们具备更强的信息分析和判断能力，能够更好地识别信息收集和使用过程中的潜在风险。教育为他们提供了丰富的知识储备，使他们能够了解隐私保护的法律法规和最佳实践。文化差异也是不可忽视的重要因素。不同的文化背景塑造了人们不同的价值观和行为模式，这在隐私意识方面表现得尤为突出。在一些强调集体主义的文化中，个人的隐私观念可能相对较弱，人们更注重集体的利益与和谐，愿意为了集体的需要而分享个人信息。而在以个人主义为核心价值观的文化中，个体对隐私的重视程度较高，他们将隐私视为个人权利的重要组成部分，对个人信息的控制和保护有着强烈的需求。

3. 社交媒体上的隐私意识与个人展示

在当今信息社会，社交媒体是人们生活的重要组成部分，用户隐私意识对个人信息展示影响深远。当隐私意识较强时，用户会谨慎对待自我披露，权衡风险与回报，比如知晓过度分享可能导致信息泄露，但适度分享又能拓展社交。在个人品牌建设上，他们会精心挑选展示内容以塑造良好形象。同时，这类用户也更了解隐私设置的重要性并能合理运用，以保护个人信息。而研究发现，部分用户对社交网络隐私政策理解不足，常忽视其条款就盲目同意。此外，一些隐私意识薄弱的用户还会出现隐私自我破坏行为，如冲动分享敏感信息，给个人隐私带来隐患。所以，提升用户隐私意识十分必要。

4. 全球化视角下的隐私意识与控制

个人数据的国际流动带来了一系列隐私控制问题。随着跨国企业的兴起和互联网的普及，个人数据常常在不同国家和地区之间快速传输。然而，不同国家的隐私保护标准参差不齐，这就容易导致数据在流动过程中面临泄露和滥用的风险。比如，一些发展中国家可能缺乏完善的隐私保护法律，当数据流入这些国家时，个人信息的安全就难以得到有效保障。为了应对全球范围内的隐私挑战，全球性隐私保护框架应运而生。以欧盟的《通用数据保护条例》（GDPR）为例，它对全球的隐私保护产生了深远影响。GDPR 不仅提高了欧盟公民的隐私控制意识，也促使其他国家和地区重新审视和完善自己的隐私保护法律。许多企业为了符合 GDPR 的要求，加强了对用户个人数据的保护措施，这在一定程度上提升了全球范围内个体对隐私控制的重视程度。在全球化的大背景下，深入研究不同文化背景下的隐私意识和行为，加强国际隐私保护合作是保障个人隐私安全的必然选择。

（二）隐私受到的社会影响与群体行为

个体的隐私决策还受到社会影响的作用。群体行为、社交规范和社会化过程都会塑造个体对隐私的看法和行为。比如，人们通常会模仿身边人的隐私保护行为，或者受到其社交网络中他人观点的影响。

1. 社会影响和隐私保护的心理学基础

隐私理论在数字时代显得尤为重要，它不仅涉及个体如何管理其隐私边界，还涉及这些边界与他人之间的互动与协调。隐私权平衡理论（privacy boundary management theory）深入探讨了这一过程，解释了个人如何在维护隐私与分享信息之间找到平衡。同时，社会交换理论（social exchange theory）也为理解个人在面临隐私与数据分享决策时的心理过程提供了框架。此外，社会影响的机制，如顺从、认同和内化，也在个体隐私态度和行为的形成中扮演了关键角色。社会认同理论强调了在隐私决策中，个体通过与他人或社会群体的认同来调整自己的行为。这些理论共同揭示了隐私管理在现代社会中的复杂性和多样性，为深入理解和优化个人隐私保护提供了理论支持。

2. 群体行为对个体隐私态度的影响

社交网络已成为影响个人隐私观念和行为的强大力量。首先，社交网络通过社会学习理论（social learning theory），使个体能够在网络环境中通过观察和模仿他人的行为，形成或改变其隐私态度。其次，群体压力在隐私披露中起着重要作用，实证分析表明，个体在群体压力下可能倾向于在社交平台上披露更多个人信息，以此来保持社会地位，社会比较理论（social comparison theory）为这一现象提供了解释。此外，不同文化背景下的群体行为对隐私观念和隐私保护行为的形成也有深远影响，个人主义与集体主义文化观的差异显著影响了个体对隐私关注程度和行为选择。这些因素共同构建了当前数字时代隐私保护的复杂图景。

3. 社会规范与隐私期望

隐私的社会规范在定义个人隐私期望和行为中扮演着关键角色，从宏观的社会普遍认知到微观的个人互动，这种规范在多层次上影响着隐私观念的形成。在数字时代，随着技术和社会互动模式的演变，这些社会规范也在不断变迁，尤其对年轻一代在数字化本土环境中的隐私观念产生了深远影响。此外，社会规范不仅影响个体的隐私期望，还指导他们在面对隐私威胁时采取相应的信息管理策略，例如选择使用或拒绝隐私保护技术。研究表明，社会规范既能促进隐私保护措施的采纳，也可能因与新兴技术的不兼容性而阻碍这些技术的推广。这些观点综合起来，展示了社会规范在塑造现代隐私保护行为中的复杂作用。

4. 社会技术系统中的隐私行为

在快速发展的社会技术系统中，技术不仅作为推动社会进步的催化剂，同时也深刻影响着群体和个人的隐私态度与实践。特别是在社交媒体、移动应用等数字平台上，个体采取不同的隐私策略，这些策略的制定与调整往往受到社会动力学因素的左右。同时，随着人工智能、区块链等前沿技术的崛起，它们正以前所未有的方式重新塑造着社会对隐私的理解。这些技术不仅带来了新的社会影响，也引发了一系列前所未有的隐私挑战。因此，深入探讨技术影响下的群体行为与隐私，分析数字隐私策略与社会动力学的交织关系，以及预测前沿技术带来的未来趋势，对于理解并应对数字时代的隐私问题具有重要意义。

（三）隐私的风险感知与利益权衡

个体对隐私风险的感知以及对隐私损失和收益之间的权衡，是影响隐私决策的另一个重要因素。人们在分享个人信息前会权衡信息泄露的风险和可能获得的利益，在此过程中形成对隐私披露行为的态度和意图。

1. 隐私风险感知的心理基础

在隐私研究领域，风险感知扮演着至关重要的角色。它涉及人们对隐私相关风险的感知和评估，这一过程深受心理学因素的影响。信息不对称和不确定性是增加个体隐私风险感知的主要因素。从心理学视角来看，个体对隐私风险的感知受到多种因素的影响，包括个体的特质（如年龄、性别和文化背景）、过去的经验以及当前的社会和技术环境。此外，认知失调理论也被应用于隐私风险评估中，揭示了个体如何通过调整自己的信念、态度和行为来缓解认知冲突。

2. 利益权衡与隐私决策

在隐私权与多项利益之间进行权衡是个体日常决策的重要组成部分，这一过程涉及评估隐私风险和其他利益（如便利性、社交需求和经济激励）。不同理论视角对此提供了丰富的解释，经济学的理性选择理论强调理性和功利主义决策，而行为经济学则重视非理性因素和偏好失衡。隐私权衡模型，如隐私权衡过程模型（privacy calculus model），旨在解释个体在不同情境下的隐私披露行为，这些模型在理论和实践中展示了其有效性与局限性。通过分析多种应用场景（如社交网络、健康数据分享和在线购物），能够更深入地理解个体在这些场景中的实际隐私权衡行为，并结合最新的实证研究成果，揭示隐私决策的复杂性和多样性。

3. 隐私自我管理与保护策略

在隐私自我管理的基础理论下，需要研究个体如何通过多样化的信息控制策略来管理其隐私。这些策略包括信息避免、信息编辑以及使用隐私保护技术等，它们各自在隐私保护中发挥着独特的作用。在数字时代，社会技术环境带来了诸多挑战和机遇。新出现的挑战如算法歧视和数据泄露风险，要求个体在管理隐私时采取更加谨慎和创新的策略。同时，隐私增强技术等新型技术为个体提供了更有效的隐私保护手段。通过深入研究这些策略和挑战，可以更好地理解并引导个体在当前复杂技术环境中进行有效的隐私自我管理。

4. 社会与政策层面的隐私权益

社会规范在塑造个体与群体的隐私预期中起着重要作用，这些预期进而指导着隐私政策的制定。当前的隐私政策和法律框架，如 GDPR 和 CCPA，极大地影响着个人隐私权益的保护与管理，并在个人、企业与政府之间建立了权衡的基石。然而，随着人工智能、大数据分析、物联网等新技术的迅猛发展，隐私保护面临着前所未有的趋势与挑战。这些新技术不仅可能改变隐私权衡的动态，还可能颠覆现有的保护策略。因此，理解和预测这些未来方向，对于推动有效的隐私政策和法规设计应对日益复杂的技术环境至关重要。

（四）隐私决策动因的数学模型

基于上述内容，本书构建了一个多因素影响用户行为的复杂数学模型，描述个体隐私决策的过程。这个模型结合了个体特质、社会影响、技术适应性、风险感知与利益权衡等因素。以下是该模型的具体构建过程。

1. 基本假设与变量定义

P_i 表示个体 i 的隐私意识水平；A_i 表示个体 i 的年龄；E_i 表示个体 i 的教育水平；C_i 表示个体 i 的文化背景；X_i 表示个体 i 的个人经验（如过去的隐私泄露经历）；S_i 表示个体 i 的性别；G_i 表示个体 i 的社会影响程度；T_i 表示个体 i 的技术适应性水平；R_i 表示个体 i 对隐私风险的感知程度；B_i 表示个体 i 对分享个人信息的收益评估；D_i 表示个体 i 的隐私决策（如分享信息的意愿）。

2. 隐私意识与个体特质模型

隐私意识 P_i 受多个个体特质的影响，可以表示为：

$$P_i = \alpha_0 + \alpha_1 A_i + \alpha_2 E_i + \alpha_3 C_i + \alpha_4 X_i + \alpha_5 S_i + \epsilon_i \qquad (5-1)$$

其中，α_0、α_1、$\cdots$、α_5 是模型参数，ϵ_i 是误差项。

3. 社会影响与隐私决策模型

个体的隐私决策不仅受到隐私意识的影响，还受到社会影响的作用。假设社会影响程度 G_i 由社会网络和群体行为决定，可以表示为：

$$G_i = \beta_0 + \beta_1 N_i + \beta_2 H_i + \eta_i \qquad (5-2)$$

其中，N_i 表示个体的社交网络规模，H_i 表示个体在群体中的地位，β_0、β_1、β_2 是模型参数，η_i 是误差项。

4. 技术适应性与隐私决策模型

个体对隐私保护技术的适应性 T_i 影响其隐私决策，模型可以表示为：

$$T_i = \gamma_0 + \gamma_1 K_i + \gamma_2 M_i + \delta_i \qquad (5-3)$$

其中，K_i 表示个体的技术知识水平，M_i 表示个体的技术使用频率，γ_0、γ_1、γ_2 是模型参数，δ_i 是误差项。

5. 风险感知与利益权衡模型

隐私决策受到个体对隐私风险的感知 R_i 和对分享信息收益的评估 B_i 影

响，可表示为：

$$R_i = \theta_0 + \theta_1 P_i + \theta_2 F_i + \zeta_i \qquad (5-4)$$

$$B_i = \phi_0 + \phi_1 P_i + \phi_2 V_i + \kappa_i \qquad (5-5)$$

其中，F_i 表示个体的风险承受能力，V_i 表示个体对信息分享的期望收益，θ_0、θ_1、θ_2、ϕ_0、ϕ_1、ϕ_2 是模型参数，ζ_i 和 κ_i 是误差项。

6. 综合隐私决策模型

最终，个体的隐私决策 D_i 可以表示为：

$$D_i = \lambda_0 + \lambda_1 P_i + \lambda_2 G_i + \lambda_3 T_i + \lambda_4 R_i - \lambda_5 B_i + \nu_i \qquad (5-6)$$

其中，λ_0，λ_1，…，λ_5 是模型参数，ν_i 是误差项。

7. 模型扩展

通过引入更多变量和非线性关系可以扩展模型。例如，考虑个体隐私意识随时间变化的动态模型，或使用博弈论模型分析多个个体和平台之间的策略互动。

假设个体隐私意识 $P_{i(t)}$ 随时间变化，可以表示为：

$$\frac{\mathrm{d}P_i(t)}{\mathrm{d}t} = \rho_0 + \rho_1 A_i + \rho_2 E_i + \rho_3 C_i + \rho_4 X_i + \rho_5 S_i + \rho_6 G_i - \rho_7 R_i + \xi_i(t)$$

$$(5-7)$$

数学模型（5-6）综合考虑了个体特质、社会影响、技术适应性、风险感知与利益权衡等多种因素，详细描述了个体隐私决策的复杂过程。本模型可以用于实证研究和策略分析，帮助理解和预测个体在不同环境下的隐私行为，并为制定隐私保护政策提供理论支持。

二、个体隐私的行为模式

（一）隐私行为模式的理论基础

1. 隐私概念界定

从心理学和社会学的角度来看，隐私保护不仅是个人的重要需求，也是社会互动的重要组成部分。隐私涉及的信息包括个人的生活细节、思想、情感和行动。心理学家和社会学家们认为，隐私保护的意义不仅在于保护个人的安全和尊严，还在于为个体提供一个安全的空间，在其中可以自由地表达和发展自我。艾伦·威斯汀（Alan Westin）的隐私分类法将隐私分为四个方面：孤独、隔离、匿名和储备。孤独指的是个人独处的需求；隔离涉及对特定空间的控制；匿名则是指在公共场合中隐藏身份的能力；储备是关于控制信息披露的权利。隐私决策理论探索了个体在面临隐私风险和收益时如何作出决策。隐私权衡理论（privacy calculus theory）提出，个体在决定是否披露信息时，会权衡潜在的利益和风险。这一理论强调了理性决策的过程，但实际情况往往更复杂。行为经济学研究指出，个体在隐私决策中经常表现出非理性行为，例如"隐私悖论"，即个体在意识到隐私风险的同时，仍然愿意为了短期利益或便利而披露个人信息。

2. 隐私行为模式分类

（1）信息披露与保留。个体在不同情境下选择披露或保留信息的行为模式是多种多样的。主动披露通常发生在个体期望获得某种回报时，例如在社交媒体上分享个人信息以获得社交反馈或在电子商务平台上提供信息以换取个性化服务。被动泄露则往往在个体不知情或未完全理解信息使用后果的情况下发生，例如在使用免费应用程序时同意其隐私条款。主动披露的动机包括社交需求、寻求认同以及情感表达等。每种动机和情境下的行为模式都反映了个体对隐私的不同期望和认知。

（2）隐私保护行为。为了保护隐私，个体会采取多种措施，分为技术手段和非技术手段。技术手段包括使用虚拟专用网络（VPN）、启用浏览器隐私模式、加密通信等。这些手段能够在一定程度上防止信息被不当获取或滥用。非技术手段包括信息过滤、选择性共享、设置社交媒体隐私权限等。这些措施的有效性受多种因素影响，如个体知识水平、对风险的感知、社会影响等。研究表明，知识水平较高的人往往更能采取有效的隐私保护措施，而对隐私风险的高度感知也能激发更强的保护动机。

（3）环境与隐私保护关系。不同的社会和技术环境会显著影响个体的隐私行为模式。在私人空间和公共空间中的隐私行为存在明显差异。在私人空间中，个体倾向于更自由地表达和分享信息，而在公共空间中则更加谨慎。此外，数字环境和实体环境对隐私的影响也有所不同。在数字环境中，信息的复制和传播速度更快，隐私泄露的风险更高；而在实体环境中，隐私保护更多依赖于物理界限和社会规范。

（二）影响个体隐私行为的因素与后果

1. 影响个体隐私行为的因素

（1）个体差异。个体的隐私行为模式受多种因素影响，其中个体差异是重要因素之一。年龄、性别和文化背景等都会影响个体的隐私意识和行为。例如，研究表明，年轻人往往更愿意在社交媒体上分享个人信息，而老年人则更注重隐私保护。此外，性别差异也会影响隐私行为。男性和女性在隐私风险感知和信息披露动机上存在差异，女性通常更关注隐私保护。文化背景对隐私行为的影响更为复杂，不同文化对隐私的理解和重视程度不同，导致个体在信息披露和隐私保护上的行为差异。

（2）社会和心理因素。社会因素和心理因素共同作用于个体的隐私行为模式。社会因素包括群体压力和社会规范。例如，在一个高度互联的社交网络中，个体可能会因为希望融入群体而披露更多的个人信息。心理因素则包括隐私顾虑、信任和控制感。隐私顾虑是指个体对信息被滥用或泄露的担忧，信任则影响个体对信息接收方的态度，而控制感则关系到个体对信息披露过程的掌控程度。这些心理因素会在不同情境下影响个体的隐私决策。

（3）技术环境因素。技术的发展对隐私行为的影响越来越显著。新兴技术如人工智能和物联网带来了新的隐私挑战。人工智能能够通过大数据分析获取深层次的个人信息，物联网设备则通过持续的数据采集监控个人行为。这些技术不仅提升了信息处理的效率，也增加了隐私泄露的风险。个体需要不断更新自己的隐私保护策略，以应对技术环境的变化。例如，使用加密技术保护通信隐私，或通过设置设备权限来控制信息采集。

2. 隐私行为的后果与应对策略

（1）隐私行为的社会后果。个体的隐私行为模式不仅影响个人，也对社会层面产生重要影响。隐私规范的形成是社会信任的基础之一。隐私保护得当的社会环境能够增强公众对信息系统的信任，促进信息共享和合作。此外，隐私泄露事件频发可能导致社会对技术和机构的不信任，进而影响社会稳定和发展。例如，频繁的隐私泄露事件可能导致公众对电子商务的信任度下降，从而影响经济活动。

（2）个体与组织的应对策略。为了改善隐私保护行为，个体可以通过教育和自我提升来增强隐私意识。例如，通过参加隐私保护相关的培训或阅读相关文献，了解最新的隐私保护技术和策略。同时，组织可以通过政策、法律和技术手段来保护个体隐私。例如，制定数据保护法规加强对隐私侵权行为的处罚，推广使用隐私保护技术。此外，组织可以通过技术手段，如加密和访问控制，保护数据安全，防止信息泄露。

三、信息生态视阈下的数据流通影响因素

（一）技术驱动与数据流通

技术的进步不仅推动了社会和经济的发展，也深刻改变了数据流通的方式。从大数据、云计算到人工智能与区块链，各种创新技术正在重塑数据的生成、处理、存储和分享的过程。这些技术不仅提升了数据处理的效率，也带来了新的数据安全和隐私保护挑战。

（二）数据生成和采集：大数据的浪潮

1. 大数据概述

大数据指的是在体量、速度、种类和真实性等方面都有显著特征的数据集合。大数据技术的出现，使得数据生成和采集的速度和范围显著扩大。大数据在社会各个领域都有广泛应用，例如在医疗、金融、零售等行业，通过大数据分析可以优化决策、提高效率。

2. 数据采集技术

现代技术如物联网设备、在线交互平台和智能手机应用等大量采集个人和机器生成的数据。这些技术的进步不仅加速了数据的流通，也推动了数据驱动决策的新时代。例如，智能家居设备可以实时采集用户的使用数据，帮助优化设备功能和用户体验。

3. 数据质量与管理挑战

在数据流通过程中，确保数据质量和可靠性是一个重要挑战。数据清洗、集成和治理是提升数据质量的关键步骤。然而，随着数据量的增加，这些过程变得越来越复杂。数据治理需要系统化的方法和工具，以确保数据在整个生命周期中的质量和一致性。

（三）数据存储与云计算技术

1. 云计算概述

云计算的发展历程和基本特性表明，云服务提供了高效、灵活和可扩展的数据存储解决方案。云计算使得数据存储和处理更加便捷，通过案例分析可以看到，云服务不仅促进了全球数据流通，也为企业和个人提供了更多的数据管理选择。

2. 分布式存储系统

分布式数据库和文件系统支持大规模和高可用性的数据存储需求。这些系统通过分布式架构提升了数据流通的速度和效率，满足了大数据时代的需求。例如，Hadoop 和 Spark 等分布式计算框架已经成为大规模数据处理的主流技术。

3. 数据安全与隐私保护

在数据存储和流通过程中，数据安全和隐私保护至关重要。加密技术、访问控制和数据遵从性机制是保护数据安全的主要手段。云计算环境中的数据安全挑战包括数据泄露、未经授权访问以及数据合规性问题。针对这些挑战，企业和组织需要制定严格的数据安全策略，并采取多层次的安全措施，如数据加密、用户权限管理和定期安全审计。

（四）数据处理与人工智能

1. 人工智能与数据分析

人工智能（AI）和机器学习（ML）在数据处理和分析中扮演着越来越重要的角色。通过 AI 技术，可以从海量数据中提取有价值的信息，促进知识发现和智能决策。AI 在数据分析中的技术优势包括自动化处理、模式识别和预测能力。然而，这些技术也面临数据偏差、算法透明性和伦理问题等挑战。有效地利用 AI 进行数据分析，需要对算法进行严格的测试和验证，确保其公平性和准确性。

2. AI 驱动的数据流通模式

AI 技术不仅提升了数据处理效率，还推动了数据自动化流通与共享。AI 可以通过预处理、分类和标记数据，使得数据在不同系统和平台间更容易流通。例如，在医疗领域，AI 可以帮助分析患者数据，提供个性化治疗方案，提高医疗服务质量。AI 模型的优化也促进了数据驱动决策的普及，推动各行业的数据流通。

3. 边缘计算的兴起

边缘计算是一种分布式计算模式，通过在数据源附近处理数据，降低了数据传输的延迟，提高了数据处理的实时性。边缘计算与云计算和 AI 技术相结合，能够有效处理来自设备边缘的大量数据。例如，在智能交通系统中，边缘计算可以实时处理交通数据，优化交通流量管理。边缘计算的兴起为数据生态带来了新的机遇和挑战，需要进一步研究其在不同应用场景中的最佳实践。

（五）数据共享与区块链

1. 区块链技术概述

区块链技术通过其去中心化、不可篡改性和透明性等特点，为数据共享提供了新的解决方案。区块链可以确保数据在共享过程中的安全性和可信性。例如，在供应链管理中，区块链技术可以记录每一个环节的交易数据，确保数据的真实性和透明性。可见，区块链技术在金融、物流和公共服务等领域的广泛应用。

2. 去中心化数据市场

区块链技术促进了去中心化数据市场的发展，使得数据产权和价值可以公平交换。在去中心化数据市场中，数据所有者可以直接与数据需求者进行交易，而无须依赖中心化的中介机构。这种模式不仅提高了数据使用效率，还保护了数据产权。例如，在医疗数据共享平台上，患者可以控制自己的健康数据，并选择是否共享给研究机构或医疗服务提供者。

四、政策法规与数据治理

（一）数据保护法律的全球格局

1. 全球视角下的数据保护法律

数据保护法律在全球范围内的发展体现了各国对数据隐私和安全的重视。欧盟的《通用数据保护条例》（GDPR）是目前最为严格和全面的数据保护法律之一，规定了数据主体的权利和数据处理者的义务；美国的《加州消费者隐私法案》（CCPA）更多关注消费者权益保护；中国的《中华人民共和国个人信息保护法》则强调数据主权和个人信息的保护。这些法律法规虽然在具体条款上存在差异，但都旨在提升数据保护水平，保护个人隐私。

2. 跨境数据流通的法律挑战

在全球化背景下，跨境数据流通面临诸多法律挑战。不同国家和地区的数据保护法律存在显著差异，导致跨境数据传输受到限制。例如，欧盟对跨境数据传输有严格的合规要求，而一些国家则实行较为宽松的政策。数据主权问题也是一个重要挑战，不同国家对数据存储和处理的法律规定不同，影响了全球数据经济的形成。企业在进行跨境数据流通时，需要严格遵守各国的数据保护法律，制定合规策略，确保数据传输的合法性和安全性。

3. 适应性与未来展望

面对快速发展的新兴技术，如人工智能和大数据分析等，现有的数据保护法律需要不断适应和进化。法律制定者需要深入理解技术发展趋势，评估其对数据保护的影响，制定灵活且有力的法规。在未来，数据保护法律将继续朝着全球化和标准化方向发展，推动各国在数据保护领域的合作与协调，形成更加完善和统一的数据保护体系。

（二）数据治理模型

1. 数据治理框架

数据治理是确保数据质量、保护数据隐私和提高数据管理效率的重要手段。一个有效的数据治理框架包括数据管理的基本原则、目标和策略。企业和政府机构在实施数据治理时，需要制定明确的政策和流程，确保数据在整个生命周期中的可用性、完整性和安全性。例如，通过建立数据管理委员会，制定数据标准和规范，定期进行数据审计和评估，确保数据治理的有效性。

2. 去中心化与中心化治理模型

去中心化和中心化数据治理模型各有优劣。中心化治理模型通过集中管理数据，便于统一标准和规范，但容易出现单点故障和管理瓶颈。去中心化治理模型则通过分布式管理，提升数据的可用性和弹性，但在协调和管理上面临更多挑战。区块链技术的应用为去中心化数据治理提供了新的解决方案，通过分布式账本技术，实现数据的透明和可信管理。在选择数据治理模型时，需要根据具体应用场景和需求，综合考虑其优势和适用性。

3. 实践挑战与案例分析

在实际操作中，建立和维护有效的数据治理模型面临诸多挑战。例如，数据质量管理涉及数据的清洗、集成和标准化，需要投入大量的人力和资源。数据隐私保护需要制定严格的隐私政策和措施，确保数据的安全和合规。跨部门数据协同是另一个重要挑战，不同部门之间的数据标准和流程差异较大，影响了数据的共享和利用。通过分析具体案例，可以总结出有效的数据治理策略和经验，为其他组织提供借鉴和参考。

（三）政策、法律与技术的协同

1. 政策与技术的相互作用

政策、法律和技术之间的相互作用，决定了数据流通的方向和速度。政策制定者需要了解新技术的发展趋势，评估其对数据保护的影响，制定促进技术创新的同时保护公众利益的法规。例如，在人工智能和大数据快速发展的背景下，如何平衡技术创新与隐私保护，成为政策制定的重要课题。通过加强政策与技术的协同，可以推动数据流通的健康发展，确保数据的安全和合规。

2. 平衡创新与规范

在制定数据保护政策和法律时，如何平衡促进技术创新与保护个人隐私和数据安全的需求，是一个重要挑战。大数据和人工智能技术的应用，可以带来个性化服务和经济效益，但也增加了隐私泄露风险。政策制定者需要在鼓励技术创新和加强数据保护之间找到平衡点，制定既灵活又有力的法规。例如，通过制定创新友好的数据保护政策，推动数据驱动创新，同时加强对数据滥用的监管和处罚。

3. 未来发展趋势

未来，数据保护政策和数据治理将继续朝着更灵活和高效的方向发展。随着数据经济和社会的深入融合，政策和法规需要不断进化，以适应新的挑战和机遇。例如，针对人工智能和物联网技术的发展，制定专门的数据保护法规，确保技术应用的安全性和合规性。通过加强国际合作，推动全球数据保护标准的统一，为数据流通和创新提供更好的法律保障。通过这些详细的分析和扩展，可以更全面地理解隐私行为模式、数据流通的影响因素以及数据保护和治理的复杂性和重要性。

（四）社会-经济因素与数据流通

数据流通与经济活动紧密相关，并受到各种社会因素的影响。了解这些影响对于促进数据作为资产的价值和确保其对经济与社会发展的正面影响至关重要。

1. 数据流通的经济动力

数据流通对经济增长具有显著贡献，它主要通过提升市场透明度、推动创新和改善效率来实现。这一过程不仅创造了巨大价值，也为所有参与方带来了机遇与挑战。然而，数据价值的正确衡量与合理分配是关键问题，需要明确各参与方在数据价值链中的权益与责任。此外，数据流通的成本、标准化和市场壁垒等，也是影响数据有效交换和流动的关键因素。通过解决这些问题，可以更好地实现数据的广泛流通，从而最大化其对经济发展的积极影响。

2. 社会变革与数据流通

数字鸿沟与数据不平等现象深入影响着数据流通，尤其是在社会经济发展水平差异显著的背景下。通过教育和政策的干预可以有效减缓数字分化现象，促进数据的公平流通。人力资本的发展和数据知识的普及对数据流通具有直接和间接的影响，提高个体和组织的数据素养是关键。此外，数据伦理议题，如隐私保护、透明度和信任，对数据流通的社会接受度至关重要。确保数据流通的伦理性和透明度，可以增强公众对数据共享的信任，从而促进数据有效利用和提升社会整体福祉。

3. 策略与政策在数据流通中的作用

政府和国际机构的经济政策对数据流动具有重要影响，既能够推动数据的高效流通，也可能形成阻碍。投资于数据管理基础设施和服务，如高速网络建设和云服务平台，对数据流通的长远影响尤为显著，能够增强数据的可访问性和可用性。通过政策激励和规制措施，可以实现良好的数据流通，不仅支持经济发展，还保护消费者的隐私和企业的利益。这些综合措施有助于建立一个可持续和高效的数据生态系统，增进整体社会的福祉和创新。

第二节　隐私悖论下社交网络中利益相关者分析

隐私悖论现象指的是当个体在表达对隐私的高度关注的同时，却在行为上频繁地泄露个人信息的矛盾行为模式。这种看似自我矛盾的心理和行为体现了个体在自我利益与集体利益、隐私权与便捷性之间的复杂权衡。在不同的社会经济与文化背景、技术环境、政策制度下，隐私悖论的表现形式及其成因具有多样性。

一、隐私博弈的策略分析框架

为了构建一个复杂的隐私博弈数学模型，本书综合考虑了参与者的策略空间、效用函数、博弈矩阵、纳什均衡以及外部影响和动态因素。

（一）确定博弈的参与者

参与者 A 为用户，主要指提供个人数据的个体；参与者 B 为数据收集者，主要指企业、政府或其他组织；参与者 C 为监管机构，主要指制定和执行隐私政策的政府部门或独立机构。

（二）描述参与者的策略空间

（1）参与者 A 的策略：S 表示分享数据；NS 表示不分享数据。

（2）参与者 B 的策略：PP 表示提供隐私保护；NPP 表示不提供隐私保护。

（3）参与者 C 的策略：ER 表示执行严格的隐私保护法规；LR 表示执行宽松的隐私保护法规。

（三）制定博弈的效用函数

定义参与者的效用（u）作为决策的结果。这个效用包括金钱、服务、满意度、隐私安全等不同方面的效用值。

（1）参与者 A 的效用函数：$u_A(S, PP, ER)$，$u_A(S, NPP, ER)$，$u_A(NS, PP, ER)$，$u_A(NS, NPP, ER)$，$u_A(S, PP, LR)$，$u_A(S, NPP, LR)$，$u_A(NS, PP, LR)$，$u_A(NS, NPP, LR)$。

（2）参与者 B 的效用函数：$u_B(S, PP, ER)$，$u_B(S, NPP, ER)$，$u_B(NS, PP, ER)$，$u_B(NS, NPP, ER)$，$u_B(S, PP, LR)$，$u_B(S, NPP, LR)$，$u_B(NS, PP, LR)$，$u_B(NS, NPP, LR)$。

（3）参与者 C 的效用函数：$u_C(S, PP, ER)$，$u_C(S, NPP, ER)$，$u_C(NS, PP, ER)$，$u_C(NS, NPP, ER)$，$u_C(S, PP, LR)$，$u_C(S, NPP, LR)$，$u_C(NS, PP, LR)$，$u_C(NS, NPP, LR)$。

（四）建立博弈矩阵

将参与者的策略组合映射到各自的效用上。这里考虑所有可能的策略组合（见图 5-1）。

	B: PP, C: ER	B: NPP, C: ER	B: PP, C: LR	B: NPP, C: LR
A: S	$u_A(S, PP, ER)$ $u_B(S, PP, ER)$ $u_C(S, PP, ER)$	$u_A(S, NPP, ER)$ $u_B(S, NPP, ER)$ $u_C(S, NPP, ER)$	$u_A(S, PP, LR)$ $u_B(S, PP, LR)$ $u_C(S, PP, LR)$	$u_A(S, NPP, LR)$ $u_B(S, NPP, LR)$ $u_C(S, NPP, LR)$
A: NS	$u_A(NS, PP, ER)$ $u_B(NS, PP, ER)$ $u_C(NS, PP, ER)$	$u_A(NS, NPP, ER)$ $u_B(NS, NPP, ER)$ $u_C(NS, NPP, ER)$	$u_A(NS, PP, LR)$ $u_B(NS, PP, LR)$ $u_C(NS, PP, LR)$	$u_A(NS, NPP, LR)$ $u_B(NS, NPP, LR)$ $u_C(NS, NPP, LR)$

图 5-1　隐私博弈矩阵

（五）分析纳什均衡与策略均衡

为了完善这个模型，我们可以从定义参与者的效用函数、引入外部因素、动态博弈的建模及具体的纳什均衡求解步骤着手。参与者有三个：用户、数据收集者、监管机构。效用函数的定义需要体现每个参与者在博弈中的利益和损失。

1. 用户效用函数

假设用户有两种策略选择：分享数据（S）或不分享数据（NS）。用户效用与隐私保护和数据分享带来的潜在收益有关。我们定义用户的效用函数为：

$$U_u(S,P) = V(S) - C(P) \qquad (5-8)$$

其中：$V(S)$ 是用户分享数据所带来的好处（例如个性化服务、奖励等），如果用户不分享数据则此项为 0；$C(P)$ 是用户隐私泄露的成本，这与数据收集者提供的隐私保护 P 有关，隐私保护越严格，成本越低。假设 $C(P) = C_0 - \alpha P$，其中 C_0 是基础隐私泄露成本，α 是隐私保护效力对用户成本的影响。

2. 数据收集者效用函数

数据收集者面临的策略选择是提供隐私保护（P）或不提供隐私保护（NP），其效用与用户数据价值及隐私保护成本有关。数据收集者的效用函数定义为：

$$U_d(S,P) = R(S) - \lambda P \qquad (5-9)$$

其中：$R(S)$ 是数据收集者从用户数据中获得的收入，用户分享数据时 $R(S) > 0$，否则为 0；λP 是隐私保护的成本，假设隐私保护的成本是线性递增的，系数 λ 表示保护成本的大小。

3. 监管机构效用函数

监管机构的策略是执行严格法规（S）或宽松法规（L）。监管机构的效用主要来自社会利益和监管执行成本。其效用函数定义为：

$$U_r(P,L) = B(P) - E(L) \qquad (5-10)$$

其中：$B(P)$ 是社会福利（隐私保护带来的社会效益），它与数据收集者提供的隐私保护 P 正相关；$E(L)$ 是监管执行成本，严格法规执行成本高于宽松法规。

4. 外部因素的影响

隐私法规如 GDPR 和 CCPA 会影响数据收集者的策略。我们可以假设这些法规通过增加隐私保护的最低标准来影响数据收集者的选择，即隐私保护 P 的下限被提高。用户隐私意识的影响可以通过调整用户的隐私保护需求来反映。例如在高隐私意识的社会中，用户对于隐私保护的需求更高，因此 α 会增大，即隐私保护的效力对用户效用的影响更显著。

二、动态博弈的扩展

（一）重复博弈

在重复博弈中，参与者基于历史的博弈结果调整策略，长远利益可能导致策略的变化。例如，用户在一次博弈中发现隐私保护不充分，未来可能不再选择分享数据，数据收集者则可能通过提供更高的隐私保护来维持长期合作。我们可以使用折扣因子 δ 来表示未来的支付折现程度。假设数据收集者的效用在未来周期 t 中为：

$$U_d^t(S,P) \;=\; \sum_{t=0}^{\infty} \delta^t \big[R(S) - \lambda P \big] \qquad (5-11)$$

其中，$\delta \in [0, 1]$ 是折扣因子，反映了参与者对未来收益的关注程度。

（二）序列博弈

在序列博弈中，参与者的决策是有顺序的，某一方先行动，另一方再根据先行者的策略进行反应。例如，数据收集者可能先决定隐私保护的策略，用户再根据数据收集者的策略决定是否分享数据。此时可以采用逆向归纳法来求解均衡。假设数据收集者先决策 P，用户根据 P 决定 S 或 NS，我们从用户的最优策略出发，反推数据收集者的最优策略。

（三）纳什均衡的求解

根据上面的效用函数和策略空间，我们可以通过求解每个参与者的最优策略来确定纳什均衡。纳什均衡是指在给定其他参与者的策略不变的情况下，每个参与者都没有改变自己策略的动机。

（1）对于用户均衡，需要求解 $\dfrac{\partial U_u(S,P)}{\partial S} = 0$。

（2）对于数据收集者均衡，需要求解 $\dfrac{\partial U_d(S,P)}{\partial P} = 0$。

（3）对于监管机构均衡，需要求解 $\dfrac{\partial U_r(P,L)}{\partial L}=0$。

在动态博弈中，还需要结合重复博弈或序列博弈的特性，求解出长期均衡点或子博弈完美均衡。通过引入效用函数的明确定义、外部因素的调整以及动态博弈的时间维度分析，可以更全面地研究用户、数据收集者和监管机构的博弈模型。纳什均衡的求解可以通过数学分析或数值仿真完成，以便在现实场景中应用于隐私保护与数据分享的决策分析。通过考虑用户、数据收集者和监管机构的策略选择和效用函数，分析各方在隐私决策中的博弈行为。该动态博弈模型可以用于理论分析和实证研究，为隐私保护策略和政策的制定提供理论支持和实证依据。

三、隐私悖论下的利益相关者分析

当研究社交媒体数据流通与隐私保护时，隐私悖论是一个不可忽视的问题。隐私悖论指的是个体在享受社交媒体等服务带来的便利时，往往需要放弃一部分个人隐私。在这种情况下，利益相关者分析变得尤为重要，以平衡不同利益相关者之间的权利，使得社交媒体数据的流通与个人隐私保护能够达到一种相对平衡的状态（见表 5 – 1）。

表 5 – 1   主要利益相关者及其关注点分析

利益相关者	主要关注点	相关策略
用户	数据隐私保护、数据泄露	加密、匿名化、访问控制
企业	数据商业化、隐私合规	数据最小化、差分隐私
政府	隐私法规遵守、社会秩序	数据监管、隐私审查
技术机构	隐私保护技术的开发与应用	加密算法、隐私计算

（一）用户

作为社交媒体平台的主要使用者，用户是利益相关者中最直接受影响的一方。用户希望通过社交媒体平台与他人分享生活、获取信息、建立社交网络等。然而，用户也担心个人隐私受到侵犯，例如个人信息被滥用、隐私被泄露等。因此，社交媒体平台需要通过提供隐私设置、加强数据安全措施等方式来保护用户的个人隐私，增强用户信任感和满意度。

（二）企业

社交媒体平台作为商业实体，其主要目标之一是实现盈利。企业通过收集用户数据来进行个性化推荐、精准营销等商业活动，从中获取利润。然而，企业也需要面对用户隐私保护的压力和法律法规限制。因此，企业需要制定严格的数据使用政策，遵守相关法律法规，保护用户隐私，以维护其商业声誉和可持续发展。

（三）政府和监管机构

政府和监管机构在社交媒体数据流通与隐私保护中扮演着监管和监督的角色。他们需要通过立法、监管和执法等手段来保护用户隐私，维护社会秩序和公共利益。政府和监管机构需要加强对社交媒体平台的监管，确保其遵守相关法律法规，保护用户隐私，防止数据滥用和泄露。

（四）技术和研发机构

技术和研发机构在社交媒体数据流通与隐私保护中发挥着关键作用。他们负责开发和维护社交媒体平台的技术架构，包括数据存储、传输、加密、安全等方面的技术。技术和研发机构需要不断创新，提供更安全、更可靠的技术解决方案，以应对不断演变的安全威胁和用户需求。

（五）非政府组织和社会团体

非政府组织和社会团体在社交媒体数据流通与隐私保护中扮演监督和推动的角色。通过组织公众讨论、举办研讨会、发布报告等方式，促进社会对隐私保护问题的关注，推动相关政策的制定和实施。非政府组织和社会团体的参与使得社交媒体平台和政府更加透明和负责任，有助于维护用户权益和社会公共利益。

可见，只有通过各利益相关者之间的合作与共赢，社交媒体数据流通与隐私保护才能够实现最终的目标，即在保护个人隐私的前提下，实现数据的有效流通和利用，促进信息社会的健康发展。可见，隐私悖论下的利益相关者分析是社交媒体数据流通与隐私保护研究中至关重要的一环。只有充分理解并平衡各利益相关者之间的权利，才能够找到解决社交媒体数据流通与隐私保护问题的最佳路径，为信息社会的可持续发展提供有益的借鉴和指导。社交媒体平台需要在保护用户隐私的前提下，满足用户的需求，实现商业利益，同时遵守政府和监管机构的相关法律法规。只有在各利益相关者之间建立起相互信任和合作的基础上，社交媒体数据流通与隐私保护才能够实现相对平衡和良性循环。

第三节　数据流通对隐私保护策略的影响模型

一、数据流通对隐私保护策略的评估模型构架

随着互联网和大数据技术的快速发展，数据流通已经成为信息社会的重要组成部分。社交媒体、电子商务、云服务等平台产生的大量用户数据为各类企业带来了巨大的商业价值。然而，随着数据的广泛流通，用户的隐私保护面临严峻挑战。隐私泄露、数据滥用等问题频繁发生，使得制定和评估有效的隐私保护策略变得至关重要。本节旨在构建一个数据流通对隐私保护策略的评估模型，帮助各利益相关方（如用户、企业、政府等）在数据利用与隐私保护之间找到平衡点。

（一）模型基本构架

本模型基于利益相关者理论、博弈论和隐私悖论等理论构建，旨在评估不同数据流通模式下隐私保护策略的效果。模型主要分为五个模块。数据流通机制的分析模块详细探讨数据在不同平台和业务模式下的流通过程，包括数据的采集、存储、传输、共享和删除。隐私保护策略的分类与定义模块根据不同的数据流通场景，定义多种隐私保护策略，如加密、匿名化和数据最小化等。利益相关者分析模块针对用户、企业、政府等不同利益相关者的需求，评估各方在数据流通与隐私保护中的利益分配。博弈模型的应用模块通过多阶段博弈分析各方在隐私保护与数据流通中的策略选择及其效用函数。风险评估机制模块基于多维度的风险

评估框架，评估不同隐私保护策略下的潜在风险和收益。通过这些模块的综合分析，模型能够全面评估数据流通中的隐私保护策略，为各方提供有效的决策支持。

（二）数据流通机制分析

1. 数据采集

数据采集是数据流通的起点，涉及用户在使用数字服务时主动或被动提供的个人数据。需要考虑的数据类型包括：（1）个人身份信息（PII），如姓名、电话、住址等；（2）行为数据，如用户在平台上的点击、浏览、购买等行为记录；（3）传感器数据，如通过移动设备采集的地理位置信息、生物识别数据等。

2. 数据存储与管理

数据存储过程中的隐私保护策略直接关系到数据泄露风险。它包括：本地存储与云存储的对比；集中式存储与分布式存储的优缺点；数据加密技术的应用等。

3. 数据传输

数据在不同平台、设备间的传输过程中，面临窃取、篡改等风险。因此，在评估模型中需考虑以下内容：（1）传输加密，如 HTTPS、SSL/TLS 协议的使用；（2）匿名通信协议，如 Tor 网络、VPN 等隐私保护传输技术。

4. 数据共享与交易

数据共享是数据流通的核心环节，特别是在广告投放、市场营销等场景中，用户数据常被企业用作商业交易的基础。数据共享模式包括：（1）直接共享：企业间直接交换数据。（2）数据中介：通过第三方平台进行数据交易。（3）数据最小化原则：在共享过程中，尽量减少不必要的数据披露。

5. 数据删除与持久化

用户数据的删除往往被忽视，但它是隐私保护策略中关键的一环。评估模型需要关注：（1）数据删除机制的有效性；（2）数据持久化的隐私风险，特别是长期存储的隐私泄露潜在风险。

数据流通主要环节的隐私保护策略如表 5 - 2 所示。

表 5 - 2　　　　　　数据流通的主要环节与隐私保护策略

数据流通环节	主要内容	隐私保护策略	风险分析
数据采集	用户提供数据	数据最小化、用户许可	数据被滥用的风险
数据存储	存储于云或本地	数据加密、访问控制	黑客入侵、数据泄露
数据传输	数据在不同设备传输	传输加密、匿名传输	窃取风险、通信监控
数据共享	跨平台数据共享	数据匿名化、合规审查	数据滥用、重识别风险
数据删除	用户要求删除数据	安全删除技术、数据持久化控制	删除不彻底导致泄露

（三）隐私保护策略的分类与定义

不同的隐私保护策略适用于不同的数据流通场景，模型构建需要明确各种隐私保护技术及其应用场景。常见的隐私保护策略如表 5 - 3 所示。

表 5 - 3　　　　　常见隐私保护策略的分类与应用场景

隐私保护策略	主要技术	应用场景	适用数据流通环节
数据加密	AES，RSA	数据存储、传输	存储、传输
匿名化	K - 匿名、差分隐私	数据分析、数据共享	共享、分析
数据最小化	数据筛选、删除冗余数据	数据采集	采集、存储
访问控制	RBAC，ABAC	用户管理、数据访问	访问、管理

1. 数据加密

数据加密是一种最为常见的隐私保护技术。它通过加密算法将数据转化为密文，防止未经授权的访问。常用的加密算法有对称加密（如 AES）、非对称加密（如 RSA）等。

2. 匿名化技术

匿名化是通过去除或模糊处理个人身份信息，使数据无法直接识别个人身份。常见的匿名化技术包括：（1）假名化：使用假名替代真实身份。（2）K - 匿名：通过将数据进行分组，使每组中至少有 k 个不可区分的个体。（3）差分隐私：在查询结果中加入噪声，以保护个体隐私。

3. 数据最小化

数据最小化原则指在采集和处理数据时，尽量减少对用户不必要的个人信息的收集。该策略的核心目标是降低数据被滥用的风险。

4. 访问控制

访问控制通过限定不同用户对数据的权限，减少未经授权的访问。常见的访问控制策略包括：基于角色的访问控制（RBAC）；基于属性的访问控制（ABAC）。

（四）风险评估机制

评估不同隐私保护策略的风险和收益是构建数据流通模型的核心任务。通过以下步骤，可以系统分析隐私保护策略的有效性和潜在风险。

（1）风险识别：识别数据流通中的各类隐私风险，如数据泄露、重识别攻击、信息窃取等。

（2）风险评估：对识别出的风险进行量化评估，使用风险评估矩阵（见表5-4）来分析风险的发生概率和潜在影响。

表5-4　　　　　　　　　　　隐私风险评估矩阵

风险类型	发生概率	潜在影响	风险等级
数据泄露	高	严重	高
重识别攻击	中	中等	中
信息窃取	低	严重	中

（3）风险控制：制定具体的风险控制策略，如数据加密、访问控制、数据审计等，以降低隐私风险。

二、数据流通过程模型

数据流通可以被视为一个网络，其中节点表示用户或数据存储点，边表示数据的传输路径。我们可以使用图论中的有向图来描述这个网络。设图 $G = (V, E)$。其中：$V = \{v_1, v_2, \cdots, v_n\}$ 是节点集合，表示 n 个节点，$E = \{e_{ij} \mid v_i, v_j \in V\}$ 是边集合，表示节点之间的数据传输路径。数据流通是指从节点 v_i 到节点 v_j 的数据传输，用 f_{ij} 表示从 v_i 传输到 v_j 的数据量。

1. 隐私泄露风险模型

隐私泄露风险可以用一个函数来表示，该函数取决于数据在网络中的流通情况。设 $R(v_i)$ 表示节点 v_i 的隐私泄露风险，风险函数可以定义为：

$$R(v_i) = \sum_{j=1}^{n} w_{ij} f_{ij} \qquad (5-12)$$

其中，w_{ij} 表示从 v_i 到 v_j 的传输风险权重，可以根据数据的敏感程度和传输路径的安全性来确定。

2. 隐私策略优化模型

为了在保证数据流通效率的同时，最大限度地降低隐私泄露风险，我们需要构建一个隐私策略优化模型。目标是最小化整个网络的总隐私泄露风险，同时满足数据流通的需求。目标函数：

$$\min \sum_{i=1}^{n} R(v_i) = \min \sum_{i=1}^{n} \sum_{j=1}^{n} w_{ij} f_{ij} \qquad (5-13)$$

约束条件：

（1）数据流通需求约束：

$$\sum_{j=1}^{n} f_{ij} \geq d_i \quad \forall i \qquad (5-14)$$

其中，d_i 表示节点 v_i 的数据流通需求。

（2）数据流通路径约束：

$$f_{ij} \geq 0 \quad \forall i,j \qquad (5-15)$$

（3）数据传输容量约束：

$$f_{ij} \leq c_{ij} \quad \forall i,j \qquad (5-16)$$

其中，c_{ij} 表示从 v_i 到 v_j 的传输路径容量。

3. 数学分析

（1）目标函数的凸性分析。首先，我们需要验证目标函数的凸性，以确保优化问题的可解性。目标函数 $\sum_{i=1}^{n} \sum_{j=1}^{n} w_{ij} f_{ij}$ 是所有 f_{ij} 的线性组合。因为线性函数是凸函数的特例，所以该目标函数是凸的。

（2）拉格朗日乘数法。为了求解上述优化问题，我们可以使用拉格朗日乘数法。构造拉格朗日函数：

$$L(f,\lambda,\mu) = \sum_{i=1}^{n}\sum_{j=1}^{n} w_{ij}f_{ij} + \sum_{i=1}^{n}\lambda_i\left(d_i - \sum_{j=1}^{n}f_{ij}\right) + \sum_{i=1}^{n}\sum_{j=1}^{n}\mu_{ij}(c_{ij} - f_{ij})$$

$$(5-17)$$

其中，λ_i 和 μ_{ij} 分别是数据流通需求约束和数据传输容量约束的拉格朗日乘数。

对 L 求偏导并令其为零，即：

$$\frac{\partial L}{\partial f_{ij}} = w_{ij} - \lambda_i + \mu_{ij} = 0$$

由此可得：

$$f_{ij} = \frac{w_{ij} + \mu_{ij}}{\lambda_i} \tag{5-18}$$

（3）迭代算法求解。由于方程（5-18）难以直接求解，我们可以采用迭代算法来逐步逼近解。迭代算法在求解复杂问题时十分有效，尤其适用于无法通过解析方法直接求解的方程。

第一步，初始化。我们需要先初始化 $f_{ij}^{(0)}$，设定初始值。这一步通常采用随机数或零值来进行初始化。选择合适的初始值可以加速收敛过程。

第二步，计算隐私泄露风险。在每次迭代中，必须计算当前的隐私泄露风险 $R(v_i)$。这一步骤至关重要，因为隐私泄露风险值会直接影响接下来的参数更新。如果风险过高，说明需要更严格的约束来调整和降低泄露可能。

第三步，更新拉格朗日乘子 λ_i 和 μ_{ij}。在每次迭代中，我们要根据式（5-19）和式（5-20）来更新拉格朗日乘子：

$$\lambda_i^{(k+1)} = \lambda_i^{(k)} + \alpha\left(d_i - \sum_{j=1}^{n}f_{ij}^{(k)}\right) \tag{5-19}$$

$$\mu_{ij}^{(k+1)} = \mu_{ij}^{(k)} + \beta(c_{ij} - f_{ij}^{(k)}) \tag{5-20}$$

其中，α 和 β 是学习率，控制每次调整的步长。选择适当的学习率非常重要，太大会导致震荡，太小则收敛慢。

第四步，更新变量 f_{ij}。这一步骤将结合来自约束条件的反馈，调整 f_{ij} 以逐步接近最优解。使用更新后的拉格朗日乘子来更新 f_{ij}：

$$f_{ij}^{(k+1)} = \frac{w_{ij} + \mu_{ij}^{(k+1)}}{\lambda_i^{(k+1)}} \qquad (5-21)$$

每次迭代后，需要检查是否满足收敛条件，例如，连续两次迭代之间的变化量是否小于预设的阈值。如果满足则认为该算法已经收敛，可以停止迭代。如果不满足则返回第二步，继续迭代。整个过程通过不断调整参数、重算值并反复执行，最终获得一个逐步逼近最优解的路径。在实际应用中，迭代算法对于大型、复杂的优化问题是十分有效的解决方案。

4. 算例分析

下面通过具体的数字来展示这一过程的迭代，而且进一步说明每一步的计算细节和结果。

（1）初值设定。我们初始化所有流量为零，即：

$$F^{(0)} = \begin{bmatrix} 0 & 0 & 0 & 0 & 0 \\ 0 & 0 & 0 & 0 & 0 \\ 0 & 0 & 0 & 0 & 0 \\ 0 & 0 & 0 & 0 & 0 \\ 0 & 0 & 0 & 0 & 0 \end{bmatrix} \qquad (5-22)$$

（2）拉格朗日乘子初始化。设定 $\lambda_i^{(0)} = 0$ 和 $\mu_{ij}^{(0)} = 0$。

①第一轮迭代。第一步，计算隐私泄露风险。假设隐私泄露风险与流量成正比，因为没有流量，故当前风险为零。第二步，更新拉格朗日乘子。对于节点 v_1，更新 $\lambda_1^{(1)} = \lambda_1^{(0)} + \alpha(d_1 - (f_{12}^{(0)} + f_{15}^{(0)})) = 0 + 0.01(10-0) = 0.1$。$\mu_{ij}$ 的更新类似，对（1, 2）的更新为：$\mu_{12}^{(1)} = \mu_{12}^{(0)} + \beta(c_{12} - f_{12}^{(0)}) = 0 + 0.01(8-0) = 0.08$。第三步，更新流量矩阵 $F^{(1)}$。更新 $f_{12}^{(1)}$：$f_{12}^{(1)} = \frac{w_{12} + \mu_{12}^{(1)}}{\lambda_1^{(1)}} = \frac{2+0.08}{0.1} = 20.8$。但是 $f_{12} \leqslant c_{12} = 8$，所以 $f_{12}^{(1)} = 8$。第四步，检查并更新其他 f_{ij}，确保符合连接约束条件和节点需求。第五步，检查收敛。如果 $F^{(1)}$ 与 $F^{(0)}$ 差距大于阈值，则继续迭代。

②继续迭代，每一轮迭代重复以上步骤：一是重新计算每个节点的需

求与满足情况。二是根据调整后的流量 F 更新拉格朗日乘子。三是计算出新的流量值 f_{ij} 并确保所有流量在允许范围内。

（3）收敛条件及结果。先设定一个收敛条件，例如整个流量矩阵变化的范数（可以用矩阵的 Frobenius 范数）小于一个小值 ϵ。在若干迭代之后，满足这个条件，即认为达到了收敛。完成迭代后，我们得到了一个较为理想的流量分配，在满足网络需求的同时，隐私泄露控制在可以接受的范围内，通过调节权重和学习率进一步微调以优化性能。这种方法不仅适用于特定的网络流优化问题，也可扩展至更复杂的实际应用中，例如交通流量管理、资源分配、能源管理等问题中，具体参数需要根据问题的规模和特性进行调整。通过仿真和实际测试，帮助校正参数和模型的误差，使得结果更加可靠和实用。

三、数据流通模型的延伸

1. 模型的适用性与局限性

该模型在一定程度上能够平衡数据流通效率和隐私保护，但在实际应用中仍存在一些局限性。首先，参数设定的合理性对模型效果有较大影响，例如传输风险权重 w_{ij} 和传输路径容量 c_{ij} 等参数需要根据具体应用场景合理设定。若 w_{ij} 设置过高，可能会过度强调隐私保护而降低数据流通效率；反之，若设置过低，可能会增加隐私泄露的风险。其次，实验结果依赖于所选数据集的代表性。如果数据集不够多样或不具代表性，可能会影响模型的效果评估。不同数据集可能导致模型在不同场景下的表现存在显著差异，因此选择合适的数据集进行模型训练和测试是提高模型泛化能力的关键。

2. 模型的扩展与改进

为了找到隐私保护和数据流通效率之间的更优平衡点，本节引入了多目标优化算法。这种算法能同时考虑多个目标函数，如最小化隐私泄露风险和最大化数据传输效率，从而更好地适应不同应用场景的需求，并提升模型的鲁棒性与灵活性。此外，我们还设计了动态调整策略，以应对数据流通过程中隐私风险和需求的动态变化。通过实时监测与反馈机制，该策略能根据当前情况动态调整隐私保护措施，从而提高模型的适应性和响应速度。最后，考虑到跨平台数据流通的重要性，我们构建了更全面的隐私策略模型，以整合不同社交媒体平台的隐私政策和技术架构，实现更加全面和一致的隐私保护方案。

3. 现实应用中的挑战

在实际应用中，隐私策略的实施面临着来自法律、政策、用户需求以及技术实现等多方面的挑战。首先，不同国家和地区的隐私保护法律和政策存在差异，这些外部约束对模型设计和实施提出了更高的要求。为了确保模型在不同区域的合规性，必须充分考虑这些法律和政策限制。其次，用户隐私偏好的多样性也是一个重要挑战。不同用户对隐私保护的需求和偏好各异，因此，在模型中融入用户个性化需求变得至关重要。通过用户调查和数据分析，可以更好地理解用户的隐私偏好，并将这些偏好纳入模型的优化过程中，从而提供更加个性化的隐私保护方案。最后，技术实现的复杂性也不容忽视。在大规模数据流通场景下，计算复杂性和资源消耗成为重要瓶颈。因此，需要设计高效的算法和系统架构，以确保模型在实际应用中的可行性和效率。分布式计算、并行计算和云计算等技术为解决这些问题提供了有效支持，有助于提高模型的处理能力和响应速度。

构建数据流通对隐私保护策略的评估模型需要建立理论框架、确定评估指标和方法，并进行实际的案例分析和验证。本数据流通模型在平衡数据流通效率和隐私保护方面具有一定的优势，但在实际应用中仍面临诸多挑战。通过多目标优化、动态调整策略和跨平台数据流通等方法，可以进一步提高模型的性能和适用性。同时，解决法律和政策限制、用户隐私偏好多样性和技术实现复杂性等现实问题，是实现模型成功应用的关键。通过构建和改进数据流通对隐私策略的数学模型，我们在确保数据流通效率的同时，有效地降低了隐私泄露风险。本书提出的模型和方法，通过多目标优化、动态调整和跨平台数据流通等策略，实现了隐私保护与数据流通的平衡。未来研究可以在个性化隐私保护、多层级隐私保护模型和实时隐私监控等方面进一步探索，推动数据流通和隐私保护领域的发展。通过不断优化和创新隐私保护策略模型，我们可以为用户提供更加安全可靠的数据流通环境，促进社交媒体和大数据技术的健康发展。

第六章　信息生态视阈下隐私暴露风险评估及管理策略研究

随着信息技术的迅速发展和普及，人们的生活和工作已经与数字化息息相关，信息生态已经成为当今社会的主要特征之一。在这个信息生态中，数据的产生、传输、共享和利用已经成为各种应用场景的核心驱动力，然而，与之相伴随的是隐私暴露风险的与日俱增。在信息生态视阈下，隐私暴露风险的评估和管理成为了一项迫切的任务。隐私暴露风险不仅可能导致个人隐私权利的侵犯，还可能对社会稳定和经济发展造成严重影响。因此，研究如何有效评估和管理信息生态中的隐私暴露风险，已成为学术界和产业界的重要课题之一。本章将围绕信息生态视阈下的隐私暴露风险评估及管理策略展开研究，旨在为深入理解信息生态视阈下的隐私暴露风险评估及管理提供理论支撑和实践指导，为构建安全、可信的信息生态提供重要参考，促进信息技术与隐私保护的平衡发展。通过对隐私暴露风险的评估和管理，可以更好地保护个人隐私，维护信息安全，推动信息生态的健康发展。

第一节　信息生态视阈下隐私暴露影响范畴与程度评估

随着信息技术的飞速发展和普及，个人隐私面临着前所未有的挑战。在信息生态中，隐私暴露涉及的范畴十分广泛，包括但不限于个人身份信息、行为数据、偏好等敏感信息的泄露。首先，个人身份信息的泄露可能导致身份盗用、诈骗等风险，严重威胁个人财产安全和社会稳定。其次，行为数据的泄露可能被用于个人画像构建、精准广告等商业用途，影响个人权益和自主权。另外，偏好等敏感信息的泄露可能导致个人隐私被滥用，造成精神和心理上的伤害。综上所述，隐私暴露的影响范畴涵盖了个人生活的方方面面，对个人权益和社会稳定都构成了严重威胁。隐私暴露的影响因素是多方面的，涉及技术、制度、文化等各个方面。首先，技术因素是隐私暴露的重要影响因素之一。随着数据采集、存储、处理和传输技术的不断发展，个人隐私暴露的可能性也在不断增加。例如，大数据分析技术的应用使得个人行为数据可以被精准分析和预测，增加了个人隐私被泄露的风险。其次，制度因素也是影响隐私暴露的重要因素。不同国家和地区的数据保护法律法规不同，对个人隐私的保护程度也不同。在一些地区，由于法律法规的滞后或者执行不力，个人隐私的保护不够到位，导致隐私暴露的风险较大。最后，文化因素也会影响个人对隐私的态度和行为。在一些文化背景下，个人更加开放，对隐私保护的意识较弱，容易导致个人隐私暴露的风险增加。针对隐私暴露的影响因素和范畴，评估隐私暴露程度是十分重要的。在信息生态视阈下，隐私暴露程度的评估方法主要包括定性评估和定量评估两种。定性评估主要是通过专家评估、案例分析等方法，对隐私暴露风险进行综合评估，确定隐私暴露的程度和影响范围。这种方法具有较强的灵活性和针对性，但受主观因素的影响较大，评估结果具有一定的不确定性。定量评估主要是通过建立数学模型，对隐私暴露风险进行量化分析，确定隐私暴露的程度和风险水平。这种方法具有客观性强、结果可复制等优点，但需要大量的数据支持和专业知识，实施难度较大。综合采用定性评估和定量评估方法，可以更全面地评估隐私暴露的程度和风险水平，为隐私保护和风险管理提供科学依据。

综上所述，在信息生态视阈下，隐私暴露影响范畴与程度评估是理解和管理隐私风险的关键步骤。只有深入分析隐私暴露的影响因素和范畴，科学评估隐私暴露的程度和风险水平，才能有效保护个人隐私，维护信息安全，推动信息生态的健康发展。在未来的研究和实践中，需要进一步探讨隐私暴露的影响因素和机制，开发更有效的评估方法和管理策略，促进信息技术与隐私保护的平衡发展，实现信息生态的可持续发展。

一、隐私暴露的影响范畴

隐私暴露的影响范畴涵盖了信息生态中的各个环节和参与者。

（一）个人隐私暴露

个人隐私是信息生态中最基本的隐私形式之一。个人隐私暴露主要涉及个人身份信息、偏好信息、行为信息等个人敏感数据的泄露或不当使用。个人隐私暴露可能导致个人权益受损，如个人隐私被滥用于不法活动、个人信息被泄露导致财产损失等。

（二）企业隐私暴露

企业在信息生态中也存在隐私暴露的风险。企业隐私暴露主要涉及商业机密、客户信息、经营数据等敏感信息的泄露或不当使用。企业隐私暴露可能导致企业形象受损、商业机密泄露、竞争劣势等问题。

（三）社会隐私暴露

信息生态中的隐私暴露不仅影响个人和企业，还可能对整个社会产生负面影响。社会隐私暴露主要涉及公共安全、社会稳定、政府治理等方面隐私问题。例如，恶意利用大数据进行社会调查、破坏社会秩序等都属于社会隐私暴露范畴。

（四）技术隐私暴露

随着技术的发展，技术隐私暴露也成为信息生态中的一个重要问题。技术隐私暴露主要涉及信息安全漏洞、系统漏洞、数据泄露等技术层面的问题。技术隐私暴露可能导致个人信息泄露、系统被攻击、数据被篡改等严重后果。

二、隐私暴露的影响因素

隐私暴露的程度受到多方面因素的影响，这些因素相互交织，共同决定了个人信息的安全水平。下面将对这些影响因素进行详细阐述。

第一，信息类型是影响隐私暴露程度的重要因素之一。不同类型的信息具有不同的敏感程度和价值。例如，个人身份信息（如姓名、身份证号）、财务信息（如银行账户、交易记录）、健康信息（如病历、基因数据）等属于高度敏感的信息，一旦泄露，可能会导致身份被盗用、金融诈骗、歧视或其他严重后果。相比之下，一般的兴趣偏好信息、购物记录等相对不太敏感，虽然泄露后的影响较小，但仍然可能对个人隐私造成一定侵害。

第二，数据处理方式直接关系到隐私暴露的可能性。如果数据在收集、存储、处理和销毁等环节中未能采取适当的安全措施，就容易导致隐私泄露。例如，缺乏有效的加密措施会使数据在传输过程中容易被截取和解密；权限控制不严格可能导致未授权的人员访问敏感信息。因此，确保数据处理的每一步都遵循最佳实践和安全标准至关重要。

第三，数据共享与传输是隐私暴露的重要途径。在信息生态中，数据共享和传输是常态，但这也增加了隐私泄露的风险。如果数据在传输过程中没有经过适当的加密保护，或者在共享时没有明确的权限控制和审计机制，就可能被恶意攻击者截获或滥用。因此，建立安全的数据传输通道和严格的共享协议是保护隐私的关键。

第四，技术安全措施的有效性对隐私保护起着决定性作用。这包括系统是否具备及时的漏洞修复机制、是否实施了强密码策略、是否有完善的身份验证和访问权限管理等。技术安全措施的不足会使得系统更容易受到攻击，从而增加隐私泄露的风险。因此，持续投资于技术安全和定期进行安全审计是必要的。

第五，社会文化环境也深刻影响着隐私暴露的程度。不同国家和地区对于隐私保护的法律法规、道德观念和社会习惯存在差异。在一些国家，隐私保护法规严格，公众隐私意识较强，因此隐私暴露的风险较低；而在其他地区，由于法律法规不健全或执行不力，隐私暴露的风险可能更高。因此，了解并适应不同的社会文化环境，对于制定有效的隐私保护策略至关重要。

第六，企业或组织的数据安全管理制度直接影响着隐私保护的水平。一个完善的数据安全管理制度应当包括数据访问权限的严格管理、定期的数据备份和恢复演练、员工安全培训和意识提升等内容。通过这些措施，可以最大限度地减少内部和外部的安全威胁，降低隐私泄露的风险。

第七，用户自身的行为也是影响隐私暴露程度的关键因素。用户的在线行为，如是否谨慎分享个人信息、是否使用复杂密码、是否定期更新安全软件等，都直接关系到其个人隐私的安全。因此，提高用户的隐私保护意识和教育，引导他们采取安全的网络行为，是降低隐私暴露风险的重要环节。

三、隐私暴露程度的评估方法

评估隐私暴露程度是保护隐私的重要手段之一。常见的评估方法包括定性评估、定量评估和综合评估。定性评估通过分析隐私暴露的可能性和影响程度，综合考虑各种因素，对隐私暴露程度进行主观判断，这种方法简单直观，适用于初步评估。定量评估则通过量化分析隐私暴露的风险因素和程度，利用数学模型或统计方法对隐私暴露程度进行量化分析，这种方法能够更准确地评估隐私暴露程度，但需要充分的数据支持和专业的分析技术。综合评估则是将定性评估和定量评估相结合，综合考虑各种因素和评估方法，对隐私暴露程度进行综合评价。这种方法能够兼顾评估的全面性和准确性，根据实际情况灵活选择定性和定量评估的方式，从而更好地评估隐私暴露程度。

直觉模糊理论（intuitionistic fuzzy set，IFS）是一种处理不确定性和模糊性的有效工具，常用于多准则决策分析中。它不仅考虑了隶属度（表示某个元素属于某个集合的程度），还考虑了非隶属度（表示某个元素不属于某个集合的程度）和犹豫度（表示对某个元素隶属度的不确定度）。

（一）定义变量

假设需要评估用户在使用某应用程序时的隐私暴露程度，定义以下关键变量：S 表示敏感信息的数量，A 表示访问敏感信息的攻击面大小，R 表示缓解措施的有效性，T 表示时间因素，U 表示用户行为，L 表示法律和合规要求。

（二）构建直觉模糊集

对于每个变量可以构建一个直觉模糊集来表示其不确定性。假设每个变量的直觉模糊集由三个参数组成：隶属度（μ）、非隶属度（ν）和犹豫度（π），其中：$\pi = 1 - \mu - \nu$。直觉模糊集可以表示为（μ，ν，π）。例如，对于敏感信息数量 S，我们可以有：$S1$：姓名，直觉模糊集（0.8，0.1，0.1）；$S2$：邮箱，直觉模糊集（0.7，0.2，0.1）；$S3$：位置，直觉模糊集（0.6，0.3，0.1）；$S4$：支付信息，直觉模糊集（0.9，0.05，0.05）。

（三）计算综合直觉模糊值

对于每个变量可以计算其综合直觉模糊值。假设有多个子因素，可以通过加权平均来计算综合直觉模糊值。例如，敏感信息数量 S 的综合直觉模糊值可以表示为：$S = (\mu_S, \nu_S, \pi_S)$ 其中：

$$\mu_S = \frac{0.8 + 0.7 + 0.6 + 0.9}{4} = 0.75$$

$$\nu_S = \frac{0.1 + 0.2 + 0.3 + 0.05}{4} = 0.1625$$

$\pi_S = 1 - \mu_S - \nu_S = 1 - 0.75 - 0.1625 = 0.0875$

类似地，可以计算 A、R、T、U、L 的综合直觉模糊值。

（四）建立评估模型

假设使用一个综合直觉模糊评估模型来评估隐私暴露程度，模型可以表示为：

$$P = \left(\frac{S \times A}{R} \right) \times T \times L \tag{6-1}$$

其中，每个变量乘法和除法运算可以在直觉模糊集上进行。我们可以使用直觉模糊数的运算规则来处理这些计算。例如，对于直觉模糊数的乘法和除法运算：

乘法：假设 $A_1 = (\mu_1, \nu_1, \pi_1)$ 和 $A_2 = (\mu_2, \nu_2, \pi_2)$ 则：

$$A_1 \times A_2 = (\mu_1 \times \mu_2, \nu_1 + \nu_2 - \nu_1 \times \nu_2, \pi_1 + \pi_2 - \pi_1 \times \pi_2) \tag{6-2}$$

除法：假设 $A_1 = (\mu_1, \nu_1, \pi_1)$ 和 $A_2 = (\mu_2, \nu_2, \pi_2)$，则：

$$A_1 / A_2 = \left(\frac{\mu_1}{\mu_2}, \frac{\nu_1 \times \mu_2 + (1 - \mu_2) \times \nu_2}{\mu_2 + \nu_2 - \mu_2 \times \nu_2}, \frac{\pi_1 \times \mu_2 + (1 - \mu_2) \times \pi_2}{\mu_2 + \pi_2 - \mu_2 \times \pi_2} \right)$$

$$\tag{6-3}$$

（五）应用模型

假设我们已经计算了每个变量的综合直觉模糊值：$S = (0.75, 0.1625, 0.0875)$；$A = (0.6, 0.3, 0.1)$；$R = (0.8, 0.15, 0.05)$；$T = (0.5, 0.4, 0.1)$；$U = (0.7, 0.2, 0.1)$；$L = (0.8, 0.1, 0.1)$。

首先计算 $S \times A$：

$$S \times A = (0.75 \times 0.6, 0.1625 + 0.3 - 0.1625 \times 0.3, 0.0875 + 0.1$$
$$- 0.0875 \times 0.1)$$
$$= (0.45, 0.37975, 0.17875)$$

然后计算 $\dfrac{S \times A}{R}$：

$$\frac{S \times A}{R} = \left(\frac{0.45}{0.8}, \frac{0.37975 \times 0.8 + (1 - 0.8) \times 0.15}{0.8 + 0.15 - 0.8 \times 0.15}, \frac{0.17875 \times 0.8 + (1 - 0.8) \times 0.05}{0.8 + 0.05 - 0.8 \times 0.05} \right)$$

其中，隶属度为 $\dfrac{0.45}{0.8} = 0.5625$，非隶属度为 $\dfrac{0.37975 \times 0.8 + 0.2 \times 0.15}{0.8 + 0.15 - 0.8 \times 0.15} \approx$

0.4022，犹豫度为 $\dfrac{0.17875 \times 0.8 + 0.2 \times 0.05}{0.8 + 0.05 - 0.8 \times 0.05} \approx 0.1889$。因此，我们得到：

$$\frac{S \times A}{R} = (0.5625, 0.4022, 0.1889)$$

最后，计算 P：

$$P = \left(\frac{S \times A}{R} \right) \times T \times L$$

根据模糊值 $T = (0.5, 0.4, 0.1)$ 和 $L = (0.8, 0.1, 0.1)$，有

$$\left(\frac{S \times A}{R} \right) \times T = (0.5625 \times 0.5, 0.4022 + 0.4 - 0.4022 \times 0.4,$$
$$0.1889 + 0.1 - 0.1889 \times 0.1)$$
$$= (0.28125, 0.56132, 0.26901)$$

所以，

$$P = (0.28125, 0.56132, 0.26901) \times L$$
$$= (0.28125 \times 0.8, 0.56132 + 0.1 - 0.56132 \times 0.1,$$
$$0.26901 + 0.1 - 0.26901 \times 0.1)$$
$$= (0.225, 0.605188, 0.292109)$$

（六）研究结论

通过上述步骤，我们构建了一个基于直觉模糊理论的隐私暴露程度评估模型。这个模型不仅考虑了各个因素的不确定性，还能够提供一个综合的评估结果。具体来说，本例的隐私暴露程度的直觉模糊值 $P = (0.225,$ $0.605188, 0.292109)$ 表示：隶属度 $\mu_P = 0.225$，说明隐私暴露程度较高；非隶属度 $\nu_P = 0.605188$；说明隐私暴露程度较低；犹豫度 $\pi_P = 0.292109$：说明对隐私暴露程度的不确定度。这个模型可以根据实际情况进行调整和优化，以更准确地评估隐私暴露程度。

四、研究小结

信息生态视阈下的隐私暴露风险评估及管理是当前信息化社会面临的重要挑战和课题。隐私暴露不仅涉及个人隐私权益，还关系到社会稳定和信息安全。因此，理解隐私暴露的影响范畴和程度，建立有效的隐私暴露风险评估模型，制定科学合理的隐私保护策略和措施，是保障个人隐私权益和信息安全的关键。本节对信息生态视阈下的隐私暴露影响范畴、影响因素以及评估方法等多个方面进行了深入分析和讨论。隐私保护是一个综合性的系统工程，需要政府、企业和个人共同参与，加强隐私保护意识教育，推动隐私保护技术与法律法规的创新与完善，共同维护信息生态的健康发展和社会的和谐稳定。

第二节　用户行为特征调查与风险识别分析

在社交网络日益蓬勃发展的今天，用户行为的研究显得尤为重要。用户的每一次点击、每一次点赞、每一次分享，不仅仅是个人化的选择，更是在构建一个集体行为的数据图谱。这些行为特征不仅反映了用户的兴趣和需求，同时也折射出了潜在的风险点。因此，本节将深入探讨用户的行为特征及其背后的心理学和社会学动因。通过全面的用户行为特征调查与风险识别分析，能够为企业、政府以及广大用户提供有价值的参考，帮助他们更好地理解和管理在线行为带来的复杂影响，从而共同构建更加健康、安全的社交网络环境。

一、用户行为特征调查的意义

用户行为特征调查是对用户在信息生态中的行为模式和习惯进行分析和研究，其意义主要体现在以下几个方面。

（一）洞察用户需求

通过在线问卷调查、社交媒体监听和客户支持交互等手段来收集用户的反馈，可以更深入地理解用户的具体需求。利用数据分析工具和机器学习技术分析用户在平台上的行为数据，包括浏览历史、购买行为和点击率等，可以揭示用户的潜在需求和偏好。基于收集到的数据建立详细的用户画像，包括用户的基本信息、消费习惯、生活方式等，便于进行针对性的产品推荐和服务定制。

（二）识别异常行为

运用统计学方法和机器学习算法如聚类分析和异常点检测等方法识别偏离正常模式的用户行为，可以检测潜在的欺诈行为或系统滥用行为。实施实时监控系统来跟踪用户行为，能够及时发现并响应异常活动，从而保护系统和用户免受攻击。通过用户教育提高他们对信息安全的意识，定期发送安全提示和更新通知，可帮助用户识别并防范潜在威胁。

（三）优化系统设计

基于用户行为反馈，可以进行用户界面（UI）优化，也就是对界面元素如按钮、菜单和图形界面进行迭代设计，使系统的使用更加直观和方便。实施定期的用户体验测试，包括用户测试、A/B 测试等，可以持续收集用户对系统的反馈，进一步优化系统设计。开发适应性强的系统设计，能够根据用户的设备类型、操作习惯等自动调整界面布局和功能设置，提高用户满意度。

（四）支持决策分析

利用大数据和人工智能技术，对用户数据库进行深度挖掘，可以提取有价值的商业智能，支持产品开发和市场定位决策。通过对用户数据的定期分析，把握市场趋势和消费者行为变化，可以提前调整业务策略以应对市场的变化。使用先进的分析工具来预测和管理企业面临的潜在风险，如需求波动、用户流失等，可帮助企业制定更有效的风险管理策略。

二、用户行为特征调查的方法与技术

用户行为特征调查涉及多种方法与技术，主要包括但不限于以下几个方面。

（一）数据采集与处理

数据采集是用户行为特征调查的基础，主要通过日志记录、用户操作追踪、问卷调查、用户访谈等方式获取用户行为数据。在数据处理方面，常用的技术包括数据清洗、数据融合、数据挖掘等，以提取出有用的用户行为特征信息。

（二）行为分析与挖掘

行为分析与挖掘是用户行为特征调查的核心技术，旨在发现用户行为背后的模式和规律。常用的技术包括关联规则分析、聚类分析、序列模式挖掘、分类与预测等，以揭示用户行为特征之间的关联和趋势。

（三）机器学习与人工智能

机器学习和人工智能技术在用户行为特征调查中发挥着重要作用，可以构建用户行为预测模型和智能推荐系统。通过监督学习、无监督学习、强化学习等方法，可以从海量数据中发现用户行为特征，并预测用户的行为倾向和趋势。

（四）网络安全技术

网络安全技术在用户行为特征调查中也扮演着重要角色，主要用于识别和防范恶意行为和网络攻击。常用的技术包括入侵检测系统（IDS）、行为分析引擎（BAE）、安全信息与事件管理（SIEM）等，以实时监控和分析用户的网络行为，发现潜在的安全威胁。

三、风险识别分析的前沿挑战与应对策略

（一）隐私保护与数据安全

1. 隐私计算技术种类与应用

隐私计算技术包括同态加密、安全多方计算等，可以在不暴露原始数据的情况下进行数据分析和挖掘，保护用户隐私。企业可以采用这些技术，对用户行为数据进行安全处理和分析。

2. 数据匿名化与脱敏

对于敏感数据，可以采用数据匿名化和脱敏技术，将用户身份等关键信息进行处理，以保护用户隐私。同时，建立合规的数据安全管理制度，加强对数据使用和访问的管控，防止数据泄露和滥用。

3. 安全计算环境构建

建立安全的计算环境，包括安全的数据存储、传输和处理系统，采用安全认证和加密技术，确保用户行为数据在整个处理过程中的安全性和可信度。

4. 加强用户隐私意识教育

向用户普及隐私保护意识，告知数据收集和使用的目的和范围，提供用户选择权和控制权，增强用户对自身隐私的保护意识，从源头上减少隐私泄露的风险。

（二）数据质量与可信度

1. 数据清洗与预处理

在进行用户行为数据分析之前，进行数据清洗和预处理工作，识别和

修复数据中的错误和异常，提高数据质量和可信度，确保分析结果的准确性。

2. 建立数据质量管理体系

建立完善的数据质量管理体系，包括数据采集、存储、处理和分析等环节，制定数据质量标准和评估指标，定期进行数据质量检查和评估，及时发现和解决数据质量问题。

3. 数据验证与验证技术

采用数据验证技术，包括数据验证算法、数据一致性检测等方法，验证用户行为数据的准确性和一致性，避免数据偏倚和误导性分析结果。

4. 数据可信度建模

建立数据可信度模型，综合考虑数据来源、数据采集过程、数据处理方法等因素，评估数据的可信度水平，为数据分析和决策提供可信度支持。

（三）跨平台数据整合

1. 数据标准化与互操作性

制定数据标准化规范，提高跨平台数据的互操作性，实现不同平台数据的无缝整合和交互，从而更全面地分析用户行为特征。

2. 数据集成与数据湖架构

采用数据集成技术和数据湖架构，将不同平台和系统的数据集中存储和管理，建立统一的数据存储和访问接口，方便数据的整合和分析。

3. 跨平台数据挖掘技术

发展跨平台数据挖掘技术，利用跨平台数据进行更深入、更全面的用户行为分析和挖掘，揭示用户行为特征之间的关联和规律。

4. 建立数据共享机制

建立跨平台数据共享机制，促进不同平台间数据的合作共享，打破数据孤岛，提高数据利用率和分析效率。

通过以上对隐私保护与数据安全、数据质量与可信度、跨平台数据整合等方面的应对策略，可以有效应对用户行为特征调查与风险识别分析中的前沿挑战，保障用户隐私权益和信息安全，提高数据分析的准确性和有效性。

第三节　隐私保护策略的制定与实施效果评估

随着信息技术的快速发展和数据的广泛应用，个人信息的保护已成为全球范围内的重要议题。在信息生态中，数据的收集、存储、处理和传输涉及多个环节，任何一个环节的疏漏都可能导致隐私泄露，给个人和社会带来严重的影响。因此，制定和实施有效的隐私保护策略不仅关乎个人权益的维护，也是确保信息生态健康发展的重要保障。本节将从信息生态的视角出发，探讨隐私保护策略的制定与实施效果评估，旨在为信息生态中的隐私保护提供系统的理论支持和实践指导。

一、隐私保护策略的制定

（一）隐私保护法律法规与政策

1. 遵循法律法规

在制定隐私保护策略时，必须首先遵循各个国家和地区的相关法律法规，如我国的《个人信息保护法》等，确保策略合法合规。不同的隐私保护法律法规为世界各地的企业和机构提供了必要的指导和规范，如欧盟的《通用数据保护条例》（GDPR）、美国的《加州消费者隐私法案》（CCPA）等。这些法规不仅明确了个人信息保护的基本原则，还规定了企业和机构在数据收集、处理和转移过程中的具体义务和责任。

2. 政策倡导与引导

政府部门可以通过制定相关政策，来引导企业和机构建立健全的隐私保护机制，提高社会对隐私保护的认识和重视程度。例如，政府可推出隐私保护认证计划，对于符合隐私保护标准的企业给予认证和奖励，以激励更多企业参与隐私保护工作。政府还可以通过制定并推广隐私保护指南和最佳实践，向企业提供具体的操作指引，帮助企业改进隐私保护措施。

（二）隐私保护管理与流程

1. 隐私政策与告知

制定明确的隐私政策和告知机制，告知用户个人信息的收集、使用、存储和保护措施，增强用户对隐私的掌控感和信任感。隐私政策应包括数据收集的目的、类型、使用方式、共享和转移情况等，满足透明性和可控性的要求。

2. 隐私保护流程与流程审查

建立健全的隐私保护流程和流程审查机制，可对个人信息的收集、存储、处理和使用过程进行规范和监督，确保隐私数据安全。应明确各环节的操作标准和责任人，并定期进行流程审查和风险评估，及时发现和解决潜在问题。

3. 隐私保护培训与教育

加强对员工的隐私保护培训和教育，提高员工对隐私保护的认识和重视程度，降低内部隐私泄露的风险。通过定期培训和考核，确保每位员工了解并遵守隐私保护政策和流程，提高整体隐私保护水平。

二、隐私保护策略的实施

（一）隐私保护技术与工具的应用

1. 数据加密技术的应用

随着信息技术的不断发展，数据加密技术已经成为保护用户隐私的重要手段之一。首先，在数据加密方面，可以采用各种加密算法，如对称加密、非对称加密以及哈希算法等，对用户的个人信息和敏感数据进行加密处理，确保数据在传输和存储过程中的安全性。通过加密技术，可以有效防止数据在传输过程中被窃取或篡改，为用户的隐私提供了坚实的保障。其次，对称加密算法，如 AES，以其高效性和强大的安全性广泛应用于数据传输和存储中。非对称加密算法，如 RSA，尽管计算复杂度较高，但在密钥分配与管理方面具有重要优势。此外，哈希算法，如 SHA－256，通过生成固定长度的唯一数据摘要，确保了数据的完整性和防篡改性。这些技术共同构建起了用户隐私数据的安全防护体系。

2. 身份识别与访问控制技术的实施

随着互联网应用的广泛普及，用户的个人信息和隐私数据面临着越来越多的安全威胁。为了有效保护用户的隐私，需要建立严格的身份识别和访问控制机制。通过采用多因素身份认证（如密码＋短信验证码）、生物特征识别（如指纹、面部识别）、访问权限管理等技术手段，确保只有经过授权的用户才能够访问和使用相关数据。多因素认证通过整合多个不同的身份验证因素，大幅提高了用户身份认证的可靠性。生物特征识别技术以其独特性和稳定性，提供了高精度的用户身份验证手段。访问权限管理则通过严格划分数据访问权限，确保敏感数据的安全性和机密性，从而有效防止未经授权的访问和非法操作，保障用户的隐私权益不受侵犯。

3. 隐私保护工具的使用

随着隐私保护意识的不断提高，各类隐私保护工具也得到了广泛应用。这些工具包括隐私浏览器、加密通信工具、防火墙、反病毒软件等，可以有效地提高用户的隐私保护水平。隐私浏览器通过屏蔽跟踪器、防止浏览历史记录保存等功能，保护用户的在线隐私。加密通信工具，通过点对点加密技术，确保信息在传输过程中的机密性。防火墙和反病毒软件，作为网络安全防护的基本设施，有效防止恶意软件和网络攻击，提高整体隐私保护水平。通过使用这些工具，用户可以更加安全地进行在线交易和信息传输，减少个人信息被窃取或滥用的风险，保护自己的隐私不受侵犯。

（二）隐私保护管理与流程的落实

1. 隐私政策的执行

随着信息化进程的不断推进，个人信息的合法、正当、必要的使用成为保护用户隐私的重要前提。因此，企业和组织应当建立明确的隐私政策，并制定相应的执行措施和告知机制，确保用户充分了解自己的隐私权益和数据被处理的方式，从而建立起用户信任和满意度。同时，隐私政策的执行还需要定期进行评估和更新，及时适应法律法规和市场环境的变化，保障用户隐私的合法权益。

2. 隐私保护流程的落实

隐私保护流程是保障用户隐私的关键环节之一，它涉及个人信息的收集、存储、处理和使用等各个环节。因此，企业和组织应当建立完善的隐私保护流程，并配备专门的人员负责隐私保护工作，确保流程的规范性和有效性。在流程的实施过程中，还需要不断进行监督和检查，及时发现和解决可能存在的隐私保护漏洞和风险，保障用户隐私的安全性和保密性。

在用户数据的收集环节，企业应采用数据最小化原则，尽可能少地收集用户的敏感信息。在存储环节，应采用数据加密与分片技术，确保数据存储的安全性。在处理环节，需严格按照预定权限进行，防止数据滥用。在使用环节，通过数据脱敏等技术，降低隐私泄露的风险。同时，隐私流程的审核和优化应不断进行，确保其持续适应不断变化的安全环境和技术挑战。

3. 隐私保护培训与教育的落实

隐私保护培训与教育是提高员工隐私保护意识和能力的重要途径。企业和组织应当建立定期的隐私保护培训计划，针对不同岗位的员工开展隐私保护知识和技能的培训，使其了解隐私保护的重要性和方法，提高对隐私数据处理的规范性和专业性。通过员工的积极参与和合作，可以有效地提升组织对用户隐私的保护水平，保障用户的隐私权益得到充分尊重和保护。

培训内容应包括隐私保护法律法规、企业隐私政策、隐私数据处理技术和应急响应措施等。通过模拟演练、案例分析等多种形式，提高培训的实效性。教育的最终目标是使每一位员工都能主动识别和防范隐私风险，在实际工作中严格遵循隐私保护要求。

三、隐私保护策略效果评估与优化

（一）效果评估指标与方法

1. 用户满意度调查

进行用户满意度调查，收集用户对隐私保护策略的态度和看法，评估用户对隐私保护措施的感知和认可程度。可以通过问卷调查、深度访谈等方式获取用户反馈，了解用户对个人信息收集、使用和保护的态度，从而评估隐私保护策略的实施效果。在实际操作中，可设计详细的问卷，包括对隐私声明的理解、对数据收集方式的接受度、对隐私保护措施的满意程度等具体问题，综合评估用户的感受和意见。重点关注用户对隐私功能的使用频率和体验反馈，通过数据分析得出用户满意度的综合评分，为策略调整提供具体依据。

2. 隐私泄露事件监测

建立隐私泄露事件监测机制，监测隐私泄露事件的发生情况和趋势。及时发现和处理隐私泄露事件，评估隐私保护策略在防范隐私泄露方面的效果。可以采用数据监控、日志审计等技术手段，对数据访问和使用情况进行监测和分析，及时发现异常行为和风险事件。

3. 数据安全性评估

对数据的安全性进行评估，包括数据加密、身份识别和访问控制等方面。通过安全审计、漏洞扫描等手段，评估隐私保护策略在数据安全方面的效果，发现和解决潜在的安全风险和问题，确保隐私数据的安全和完整性。安全审计可以通过定期和不定期的检查，发现系统配置、操作行为中的安全问题。漏洞扫描则针对系统和应用软件进行自动化的安全漏洞检测，及时修复已发现的威胁。通过这些技术手段，能够有效评估并提升数据安全性，防止隐私数据的泄露和损毁。

4. 合规性评估

评估隐私保护策略是否符合相关法律法规和政策要求，确保策略的合法性和有效性。可以由专业的法律顾问或合规团队对隐私保护策略进行审查和评估，发现和纠正不符合法律法规的地方，确保企业在隐私保护方面的合规性和稳健性。

在合规性评估中，应结合不同法律法规的要求，对数据处理活动进行全面审查，包括数据收集的合法性、数据主体权利保障措施、跨境数据传输合规性等多个方面。通过法律顾问和合规团队的专业审核，确保每一数据处理环节都在法律框架内进行，从根本上保障用户隐私权益。

（二）效果评估结果的优化与改进

1. 及时调整隐私保护策略

根据评估结果，及时调整和优化隐私保护策略，提高保护效果和用户满意度。例如，针对用户反馈和监测结果，调整隐私政策和数据处理流程，优化隐私保护措施，提升用户体验和信任度。

根据用户满意度调查结果，分析用户对于隐私政策和措施的具体意见，识别用户不满意或疑虑的环节，及时进行优化调整。例如，进一步简化隐私政策的表达，增强用户对隐私条款的理解和接受度；加强隐私功能的便捷性和透明度，提升用户操作体验。在隐私泄露事件监测中，重点关注数据处理和存储中的薄弱环节，优化数据加密和保护措施，有效降低数据泄露风险。根据数据安全性评估中的审计和漏洞扫描结果，及时修复已发现的安全问题，提升隐私保护技术水平。

2. 加强隐私保护技术研发

持续开展隐私保护技术研发，提高数据加密、身份识别和访问控制等关键技术的水平。通过技术创新和研发投入，提升隐私保护策略的技术含量和安全性，适应日益复杂和多变的隐私保护需求。

在数据加密技术上，可以研究和引入新型加密算法和安全协议，提升数据加密和解密的效率和安全性。如量子加密技术，通过量子纠缠和叠加态实现数据的无条件安全传输，避免传统加密算法被破解的风险。身份识别技术方面，可以探索多模生物识别技术，结合指纹识别、面部识别、虹膜识别等多种生物特征，实现更为精准和可靠的身份验证。在访问控制技术上，可以研究和应用基于角色的访问控制（RBAC）和基于属性的访问控制（ABAC）模型，灵活调整和管理用户访问权限，确保敏感数据的访问安全。

3. 强化内部管理与监督

加强对内部隐私保护管理和监督，建立健全内部监控机制，及时发现和纠正隐私保护方面的问题和漏洞。例如，加强对员工的培训和监督，规范员工的行为和操作，减少内部隐私泄露的风险。

在内部管理方面，企业可以实施隐私保护绩效考核机制，将隐私保护作为员工绩效评估的重要内容，激励员工在日常工作中严格遵守隐私保护规范。建立内部审计和稽核机制，定期对各部门和岗位的隐私保护工作进行检查和评估，发现并纠正问题和漏洞。同时，引入第三方独立审计机构，对企业隐私保护工作的合规性和有效性进行独立评估，提高内部管理和监督的透明性和公信力。

4. 加强用户教育与沟通

持续加强对用户的隐私保护教育和沟通，提高用户对隐私保护策略的认知和理解。通过多种形式和渠道，向用户传达隐私保护的重要性和必要性，增强用户对隐私保护工作的支持和配合。

在公众宣传上，企业可以通过官方网站、社交媒体、电子邮件等多种渠道，向用户传达隐私保护的基本知识和企业隐私保护策略的具体内容。

定期发布隐私保护报告,公开隐私保护措施的实施情况和效果,增强用户的信任感和透明度。此外,企业还可以举办隐私保护专题讲座、线上研讨会等活动,与用户进行互动交流,解答用户对于隐私保护的疑问和关切,提升用户对企业隐私保护工作的认可和支持度。

四、隐私保护综合评估与展望

在完成上述环节后,企业应进行用户隐私保护的综合评估,以全面了解隐私保护策略的效果。综合评估应涵盖以下几个方面。

（1）技术效果:评估数据加密、身份识别与访问控制、隐私保护工具等技术措施的有效性和稳定性。通过技术测试和安全评估,检测技术措施在实际应用中的表现,特别是其在防止数据泄露和未经授权访问方面的作用。

（2）管理效果:评估隐私保护管理制度和流程的完善程度及执行效果。通过管理审计和流程监控,检测隐私保护制度是否规范执行,管理流程是否高效,有无隐私数据泄露的管理漏洞或风险点。

（3）用户体验:通过用户满意度调查和用户反馈,评估用户对隐私保护策略的感知和接受度,以及用户在使用过程中遇到的问题和关注点。重点关注用户对隐私政策透明度、隐私控制便捷性、隐私保护措施的感受和满意度。

（4）影响效果:评估隐私保护策略对企业运营和社会公众的影响,包括用户信任感提升、企业品牌形象、市场竞争力、法律合规性等方面。关注隐私保护策略实施对企业业务流程、数据处理效率、市场份额等的综合影响。

在现阶段隐私保护策略的制定与实施效果评估的基础上,未来的隐私保护工作还将面临更加复杂和多样化的挑战。随着技术的不断进步和应用场景的不断扩展,企业需要持续关注新兴技术和隐私保护需求的变化,积极探索和引入前沿隐私保护技术,提升隐私保护策略的前瞻性和适应性。

第七章　信息生态视阈下隐私风险评估框架模型与数据披露行为研究

在信息生态视阈下，个人隐私面临着前所未有的风险与挑战，这不仅关系到个人权利的保障，也影响到社会信任、法律伦理以及信息生态的健康发展。隐私权作为一种基本人权，其内涵随着社会的发展而不断扩展。在信息生态环境下，个人信息的泛在性与互联网技术的高度发展相结合，使得隐私保护面临着诸多新的问题和挑战。信息技术的高速发展一方面极大地便利了人们的生活，另一方面也使得个人信息更容易被收集、存储、处理和传播，个人隐私保护的难度和复杂度显著增加。特别是在大数据、云计算、物联网等新兴技术的推动下，个人隐私的边界变得模糊，隐私泄露的风险显著增加，这对隐私保护策略和机制提出了新的要求。

通过构建科学的隐私风险评估框架模型，并深入分析数据披露行为，可以有效增强隐私保护策略的针对性和有效性，促进信息生态的健康发展，保障个人隐私权益。为此，本章旨在通过对信息生态视阈下隐私风险评估框架模型与数据披露行为的研究，为理解和应对信息生态环境下面临的隐私保护挑战提供理论依据和实践指导。

第一节　信息风险与隐私披露行为关联性分析

在信息时代，随着互联网和数字技术的快速发展，数据已成为推动现代社会进步的关键资源。企业和政府为了提供更加个性化、高效的服务，越来越依赖于对大量个人数据的收集和分析。然而，这种趋势也引发了广泛的隐私保护担忧，个人信息的泄露风险日益增加，给个人生活带来了前所未有的挑战。在这样的背景下，理解信息风险与隐私披露行为之间的关联性变得至关重要，这不仅能够帮助个人提高对隐私保护的认识和能力，也能够为政府和企业制定隐私保护政策和措施提供理论依据和实证支持。

一、信息风险理论框架

在探讨信息风险与隐私披露行为的关联性前，首先需要构建理论框架，用于识别信息系统中的各种风险，以及如何影响个人和组织的隐私披露决策。

（一）信息风险分类

1. 技术风险

技术风险是指在信息系统和技术应用过程中可能出现的各种技术性问题和挑战，主要包括数据泄露、黑客攻击和系统漏洞等。数据泄露是指用户的敏感信息被未经授权的访问或获取，可能导致用户隐私被泄露、财产损失等严重后果。黑客攻击是指不法分子利用漏洞、弱密码等方式入侵系统，窃取用户信息、破坏系统功能等，给个人和组织带来巨大的损失和影响。系统漏洞则是指系统设计或实现上存在的安全漏洞，可能被攻击者利用进行恶意攻击或数据窃取。

2. 社会工程风险

社会工程风险是指攻击者利用心理学和社会工程学手段，通过欺骗、诈骗等方式获取信息或进入系统的风险，其中包括钓鱼攻击和内部人员恶意行为。钓鱼攻击是指攻击者通过虚假网站、邮件等手段诱骗用户提供个人信息或点击恶意链接，进而获取用户的敏感信息。内部人员恶意行为则是指企业内部人员利用职权或权限滥用，泄露用户信息、篡改数据等，对企业造成损失和影响。

3. 法律和政策风险

法律和政策风险是指涉及数据保护法律的不确定性、政策变动等可能带来的风险。随着数据保护法律的不断完善和更新，企业和组织需要及时调整自身的隐私保护政策和措施，以符合法律法规的要求。同时，政策的变动也可能对企业的运营和发展产生影响，例如政府对数据采集、存储和处理等方面的政策调整，可能导致企业需要调整业务模式和数据管理方式，增加了企业的不确定性和风险。

4. 信任风险

信任风险是指服务提供者与用户之间的信任缺失可能导致的风险。在信息社会中，用户对于服务提供者的信任是信息交换和互联网应用的基础。如果用户对服务提供者的隐私保护能力和诚信度产生质疑，就会降低用户对服务的信任度，甚至导致用户流失和声誉受损。因此，服务提供者需要通过建立透明、可信的隐私保护机制和政策，提升用户对服务的信任度，从而降低信任风险对业务的影响。

（二）风险感知与评估

1. 个人风险感知

个人风险感知是指个体对于信息风险的认知和理解程度。不同个体对于信息安全的重视程度和风险意识存在差异，这与个体的教育程度、行业背景、经验等有关。一些对信息安全较为重视的用户可能会更加关注个人隐私保护和信息安全，主动采取相应的防范措施；而一些缺乏信息安全意识的用户可能会忽视隐私风险，容易成为信息安全事件的受害者。

2. 风险评估模型

风险评估模型是指建立用于评估信息风险概率和影响的定量模型。常用的风险评估模型包括定性分析和定量分析两种方法。定性分析主要是通过专家判断和经验总结，对风险的概率和影响进行主观评估，适用于风险较低的情况；而定量分析则是通过建立数学模型和统计方法，对风险进行量化分析和计算，更加客观和科学，适用于风险较高或复杂的情况。

3. 风险管理策略

风险管理策略是指个人和组织通过管理措施来缓解信息风险的方法和手段。常见的风险管理策略包括风险规避、风险转移、风险减轻和风险接受等。风险规避是指通过避免可能导致风险发生的行为或活动，来降低风险的发生概率；风险转移是指将风险转移到其他方或通过购买保险等方式转移风险责任；风险减轻是指通过采取防范措施和应急预案等措施，降低风险事件发生后的损失程度；风险接受则是指对风险的存在和可能发生进行认可，接受其可能带来的损失。

（三）信息风险与隐私保护

1. 防御措施

信息风险防御措施包括技术和管理层面的防御策略。在技术层面，可以采取数据加密、访问控制、网络防火墙、入侵检测系统等技术手段，对系统和数据进行有效的保护和监控，防范黑客攻击、数据泄露等安全威胁。同时，还可以采用安全漏洞修补、系统更新升级等措施，及时修复系统存在的漏洞和弱点，提高系统的风险抵御能力。在管理层面，需要建立完善的安全管理制度和流程，明确责任分工，加强对员工的安全培训和意识教育，提升组织的整体安全意识和应对能力。此外，建立定期的安全审查和漏洞扫描机制，及时发现和解决安全隐患，保障系统和数据的安全性。

2. 风险的传播与感染

信息风险不仅可能对受影响的个体或组织造成直接损失，还可能通过网络等渠道传播和感染其他实体，产生连锁反应。例如，一旦发生数据泄露事件，泄露的个人信息可能被不法分子利用进行钓鱼攻击、诈骗等，进而影响更多的用户和组织。另外，一些恶意软件和病毒也可能通过互联网传播，感染更多的设备和系统，对网络安全造成威胁。因此，及时采取有效的风险控制和处置措施，阻断风险的传播路径，是保护信息安全和隐私的重要手段之一。

3. 隐私风险评估

隐私风险评估是指基于信息风险评估对隐私泄露的可能性进行评估和分析的过程。在进行隐私风险评估时，需要考虑数据的敏感程度、处理环节的安全性、系统的可信度等因素，综合评估隐私泄露的可能性和影响程度。通过隐私风险评估，可以及时发现和识别潜在的隐私泄露风险，采取相应的措施加以防范和控制，保护用户的隐私权益不受侵犯。隐私风险评估是信息安全管理和隐私保护的重要环节，对于提高个人和组织对信息风险的识别和应对能力具有重要意义。

二、隐私披露行为模型

在信息披露的过程中，个人或组织需要综合考虑利益驱动、社会影响、信任与感知安全性等因素，以及披露的决策过程、影响因素、信息筛选与控制等方面的问题。同时，个人或组织还需要及时评估披露结果的正反面影响，根据反馈信息调整未来的行为和策略，形成一个良性的反馈循环，促进信息披露行为的合理性和有效性，从而维护个人和组织的利益和社会公共利益。

（一）披露动机分析

1. 利益驱动

在信息社会中，信息具有交换和共享的属性，个人或组织通过披露信息可以获得各种形式的利益。例如，企业可以通过披露产品信息、市场数据等来吸引客户、扩大市场份额，从而获得更多的利润；个人可以通过披露个人技能、经验等来获取工作机会、社交资源等，提升个人的社会地位和经济收入。因此，利益驱动是推动信息披露行为的重要因素之一。

2. 社会影响

社会规范、群体压力等也会影响个人或组织的披露行为。社会规范是指社会对于信息披露行为的期望和规定，例如在某些情况下，社会会期望个人或组织公开特定信息以维护公共利益或促进信息公开透明；群体压力则是指个人或组织在群体中的认同和影响力，可能会受到群体的赞许或谴责而选择是否披露信息，例如，在一些社交网络平台上，用户可能会被他人评论和关注，从而影响其对信息披露的态度和行为。

3. 信任与感知安全性

个人或组织对于信息的披露行为也受到信任度和感知安全水平的影响。信任度是指个人或组织对于信息接收方的信任程度，如果个人或组织对信息接收方有较高的信任度，可能会更愿意披露信息；感知安全水平则是指个人或组织对于信息披露行为的安全性和风险的感知程度，如果个人或组织感知到信息披露可能带来的安全风险较低，可能会更倾向于披露信息。因此，个人或组织的信任度和感知安全水平对于信息披露行为具有重要影响。

（二）披露过程

1. 决策过程模型

披露过程涉及从信息评估到最终披露的一系列决策过程。首先，个人或组织需要评估待披露信息的重要性、敏感程度以及可能带来的风险和收益。然后，需要考虑披露的对象和方式，包括选择披露给哪些人或组织，以及采用何种形式和途径进行披露。最后，需要进行披露决策，确定是否披露信息以及披露的时间、范围和方式等具体细节。这一决策过程涉及多方面的考量和权衡，需要综合考虑信息的性质、披露的目的、披露方和接收方的关系等因素。

2. 影响因素

披露决策受到多种内外部因素的影响。内部因素包括个人或组织的价值观、利益诉求、风险认知等，这些因素会影响个人或组织对于信息披露的态度和行为。外部因素包括社会环境、法律法规、行业标准等，这些因素会影响个人或组织的披露行为受到的制约和规范。例如，某些行业可能存在着对于信息披露的强制要求或行业惯例，个人或组织需要遵守相关规定和标准进行披露。

3. 信息筛选与控制

在披露过程中，个人或组织需要进行信息筛选和控制，确保披露的信息符合规定和要求，并且不会造成不良后果。信息筛选包括对待披露信息进行审核和评估，排除不合适或不适当的信息；信息控制包括确定披露的范围和方式，采取适当的措施保护信息的安全性和完整性。个人或组织需要根据风险评估和披露目的，合理选择信息筛选和控制的方式和方法，确保披露行为的合法性和有效性。

（三）披露结果与反馈

1. 后果评估

披露后的后果评估是对披露行为的正反面影响进行评估和分析。正面影响包括增加信息透明度、促进信息共享、提高社会信任等；负面影响包括信息泄露、隐私侵犯、信任破坏等。个人或组织需要综合考量披露的正面影响和负面影响，评估披露行为的价值和意义，从而调整和改进未来的披露策略和行为。

2. 行为调整

根据披露结果进行行为调整是个人或组织根据披露后的反馈信息来调整未来的隐私保护策略和行为。如果披露后的反馈结果显示披露行为带来了积极的影响和收益，个人或组织可能会进一步加大信息披露的力度，扩大披露范围，提高信息透明度，以获取更多的社会认可和信任；反之，如果披露后出现了不利后果或负面影响，个人或组织可能会调整披露策略，采取更加谨慎和审慎的态度，避免再次发生类似问题。因此，行为调整是个人或组织根据披露结果和反馈信息，及时调整和改进披露行为的重要方式。

3. 反馈循环

反馈循环是指披露行为和披露结果之间形成的反馈关系和循环过程。个人或组织通过披露信息后，会获得来自外部环境和利益相关方的反馈信息，包括正面的认可和负面的批评等。这些反馈信息会影响个人或组织对于披露行为的认知和态度，进而影响未来的披露决策和行为。例如，如果披露信息后受到了广泛好评和认可，个人或组织可能会更加积极地进行信息披露，以获取更多的社会认可和利益；反之，如果披露后受到了负面的反馈和批评，个人或组织可能会反思披露行为的合理性和必要性，调整披露策略和方式，以避免类似问题再次发生。因此，反馈循环是信息披露行为与社会环境之间相互作用和影响的重要机制，对于促进信息披露的合理性和有效性具有重要意义。

三、关联性分析与实证研究

探讨信息风险和隐私披露行为之间的关联性，是研究信息安全和隐私保护领域的重要议题之一。通过实证研究，可以深入了解人们在面临不同程度的信息风险时，如何调整他们的隐私披露行为，并揭示背后的影响因素。

（一）关联性理论假设

1. 建立风险与披露行为关联性的假设

关联性理论假设的核心在于探索信息风险与披露行为之间的关系。这一理论假设可以从几个关键方面展开：首先，风险感知与披露行为之间存在负相关性，即当个人感知到更高的信息风险时，他们可能更倾向于减少披露行为；其次，风险容忍度与披露行为之间存在正相关性，风险容忍度越高的人，可能越愿意披露更多信息；最后，情境与情绪对披露行为具有调节作用，不同情境下，个体的情绪状态可能影响他们对信息风险的感知，从而影响披露行为。这些假设共同构成了关联性理论的基础，帮助我们理解在不同条件下，信息风险与披露行为之间的复杂互动关系。

2. 探讨不同类型的信息风险如何影响披露行为

信息风险可以细分为多种类型，包括隐私泄露风险、数据滥用风险以及网络攻击风险等。这些不同类型的风险可能对用户的披露行为产生不同的影响。例如，隐私泄露风险可能导致用户更加谨慎地分享个人信息，以防止个人信息被非法获取和传播；而数据滥用风险则可能促使用户更加关注隐私政策和数据使用协议，确保个人信息不会被合法收集后滥用。此外，网络攻击风险也可能影响用户的行为，使其更加注重保护个人设备和系统的安全性。总之，不同的信息风险类型对用户披露行为有着多维度影响，理解这些影响有助于设计更有效的隐私保护措施。

（二）数据收集与分析

1. 数据收集方法

数据收集是验证理论假设的基础，可以通过多种方法实现。首先，问卷调查是一种常用的方法，通过设计针对信息风险和披露行为的问卷，可以收集大量参与者的反馈和感知数据。其次，实验研究可以在受控环境中模拟不同的信息风险情境，从而观察和测量参与者的行为反应，这种方法能够更直接地探索因果关系。此外，访谈也是一种重要的数据收集方式，通过深入的个体访谈，可以获取参与者对信息风险和披露行为更为细致和深层次的看法。

2. 数据分析技术

为了深入验证理论假设，收集到的数据需要经过多种分析技术的综合处理和精细解读。其中，描述性统计技术能够帮助我们总结数据的基本特征，包括平均值、标准差以及分布情况，从而对数据集形成初步的整体认识。进一步地，相关分析技术可以评估不同变量之间的关联程度，特别是探究信息风险与披露行为之间是否存在显著的相关性。最后，通过回归分析技术，我们可以更精确地检验信息风险对披露行为的具体影响程度，并在分析中控制其他潜在干扰变量的影响，以确保结论的准确性和可靠性。

（三）模型构建

1. 利用回归分析、结构方程模型等方法构建关联性模型

基于数据分析结果，可以构建反映信息风险与披露行为关联性的模型，以便更系统地理解两者之间的复杂关系。回归分析模型是一个有效的工具，可以评估信息风险对披露行为的直接影响，并揭示风险感知与披露行为之间的因果关系。而结构方程模型则提供了更为复杂的分析框架，能够同时考虑多个变量之间的直接和间接关系，不仅可以分析风险感知对披露行为的影响，还可以深入探究披露动机在信息风险与披露行为之间的中介作用。

2. 分析风险感知、披露动机、披露行为之间的关系

通过模型构建，可以深入探究信息风险与披露行为之间的复杂关系，并进一步验证理论假设。首先，可以分析风险感知对披露行为的直接影响，以验证理论假设中关于风险与披露行为之间的关联性。其次，可以探讨披露动机在风险感知与披露行为之间的中介作用，即风险感知是否通过影响披露动机进而影响披露行为，这有助于揭示行为背后的心理机制。最后，还可以分析不同情境因素对风险感知与披露行为关系的调节作用，探究在不同情境下，风险感知与披露行为之间的关系是否发生变化，以及情境如何调节这种关系。

第二节　隐私信息披露风险的评估与预警策略研究

随着数字化时代的到来，个人隐私信息的保护已成为全球范围内的关注焦点。在这个信息交互频繁、数据传输快速的时代，个人隐私面临着来自多方面的威胁和挑战。网络安全漏洞的存在使得黑客有可能轻易地侵入个人设备或机构系统，窃取大量敏感信息；商业实体和广告商通过数据收集和分析，将用户个人信息用于精准营销，但往往缺乏对用户隐私的尊重

和保护；政府部门和情报机构可能通过监控和大数据分析手段，收集并利用个人信息，以实现国家安全和社会稳定的目标。这些因素共同构成了对个人隐私安全的威胁，严重影响着个人权益和社会秩序的稳定。在当前的社会背景下，隐私信息披露风险的评估与预警策略研究变得尤为迫切和必要。评估隐私信息披露风险需要综合考虑技术、法律、伦理、社会等多个方面的因素，建立起全面、科学的评估体系。随着人工智能、大数据分析等技术的不断发展，可以利用这些技术手段构建隐私信息披露风险评估模型，实现对潜在风险因素的精准识别和分析。与此同时，预警策略的研究也至关重要，旨在建立起有效的预警机制和应对措施，及时警示相关部门和个人，降低隐私信息披露风险带来的不良影响。除了技术手段之外，法律法规的制定和政策的支持也是个人隐私的重要保障。各国和地区应当建立起完善的隐私保护法律框架，规范个人数据的收集、存储、处理和共享行为，保障用户的隐私权益不受侵犯。同时，加强用户教育和权益保护也是非常关键的一环，提高公众对隐私信息披露风险的认识和理解，增强个人数据的自主控制和保护意识，有助于减少个人隐私信息的泄露和滥用。此外，国际合作与信息共享也是解决隐私信息披露风险问题的重要途径。随着信息的全球化和跨国数据流动的增加，各国和地区需要加强合作，共同应对隐私信息披露风险带来的挑战。通过建立全球性的隐私保护网络和合作机制，分享经验和技术，共同制定规范和标准，可以有效提升个人隐私信息的保护水平，维护全球信息安全和个人权益。可见，隐私信息披露风险的评估与预警策略研究具有重要的理论和实践意义。只有通过综合运用技术手段、法律规范、用户教育和国际合作等多种手段，才能有效应对个人隐私信息的泄露和滥用问题，保障个人隐私权益，维护国家安全和社会稳定。

一、隐私信息风险评估方法

隐私信息风险评估是保护个人隐私安全的重要手段之一，通过对潜在的隐私信息泄露风险进行全面、系统的评估，可以及时识别和应对可能存在的安全隐患，保障个人数据的安全和隐私权益。在进行隐私信息风险评估时，需要综合考虑技术、法律、伦理等多个方面的因素，构建科学、有效的评估模型和方法。

（一）风险评估模型的构建

构建隐私信息风险评估模型是评估隐私信息风险的基础和关键。基本步骤包括风险识别、风险量化、风险评价和风险控制。首先，通过对系统、应用或业务流程进行全面调研和分析，识别潜在的隐私信息泄露风险点。其次，对识别出的风险进行量化，即确定风险的概率和影响程度，然后，根据量化结果对风险进行评估，确定其优先级和紧急程度。最后，制定相应的风险控制策略和措施，以降低风险发生的可能性和影响程度。在构建风险评估模型时，需要考虑多维度评估指标，涵盖数据敏感度、披露可能性、后果严重性等方面。数据敏感度反映了信息的重要程度和保密程度，披露可能性表示了信息泄露事件发生的可能性，后果严重性则评估了信息泄露事件对个人或组织的影响程度。通过综合考量这些指标，可以全面、准确地评估隐私信息的风险程度。

1. 直觉模糊集定义

直觉模糊集（IFS）由隶属度（μ）、非隶属度（ν）和犹豫度（π）构成：

$$IFS = \{(x, \mu(x), \nu(x)) \mid x \in X\} \tag{7-1}$$

其中，$\mu(x) \in [0, 1]$，$\nu(x) \in [0, 1]$，且 $\mu(x) + \nu(x) + \pi(x) = 1$。

2. 风险评估指标体系

设定三个主要维度：数据敏感度（DS）、披露可能性（DP）和后果严重性（CS）。每个维度下有若干具体指标，例如，数据敏感度（DS）主要包括个人身份信息（PII）、财务信息（FI）、健康信息（HI），披露可能性（DP）主要包括内部泄露可能性（IDP）、外部攻击可能性（EAP）、技术漏洞可能性（TVP），后果严重性（CS）主要包括经济损失（EL）、法律责任（LL）、声誉损失（RL）。

3. 直觉模糊评价矩阵

设直觉模糊评价矩阵 M 如下：

$$M = \begin{pmatrix} (\mu_{11}, \nu_{11}, \pi_{11}) & (\mu_{12}, \nu_{12}, \pi_{12}) & (\mu_{13}, \nu_{13}, \pi_{13}) \\ (\mu_{21}, \nu_{21}, \pi_{21}) & (\mu_{22}, \nu_{22}, \pi_{22}) & (\mu_{23}, \nu_{23}, \pi_{23}) \\ (\mu_{31}, \nu_{31}, \pi_{31}) & (\mu_{32}, \nu_{32}, \pi_{32}) & (\mu_{33}, \nu_{33}, \pi_{33}) \end{pmatrix} \tag{7-2}$$

4. 综合评价矩阵

设权重向量为 $\boldsymbol{W} = [w_1, w_2, w_3]$，其中 (w_1, w_2, w_3) 分别为数据敏感度、披露可能性和后果严重性的权重，且满足 $(w_1 + w_2 + w_3 = 1)$。则综合评价矩阵 $\boldsymbol{R}$ 的计算公式为：

$$\boldsymbol{R} = \boldsymbol{W} \times \boldsymbol{M} \qquad (7-3)$$

5. 直觉模糊风险值计算

直觉模糊风险值的计算公式为：

$$R(x) = \mu(x) - \nu(x) + \pi(x) \qquad (7-4)$$

6. 综合风险评估结果

将各个风险值进行加权综合，得到总体风险评估结果。假设总体风险的权重向量为 $\boldsymbol{W} = [w_1, w_2, w_3]$，则综合风险评估结果为：

$$R_{\text{total}} = w_1 \times R(DS) + w_2 \times R(DP) + w_3 \times R(CS) \qquad (7-5)$$

7. 算例分析

假设权重向量为 $\boldsymbol{W} = [0.4, 0.3, 0.3]$，则直觉模糊评价矩阵 $\boldsymbol{M}$ 如下：

$$\boldsymbol{M} = \begin{pmatrix} (0.8, 0.1, 0.1) & (0.7, 0.2, 0.1) & (0.9, 0.05, 0.05) \\ (0.6, 0.3, 0.1) & (0.5, 0.4, 0.1) & (0.7, 0.2, 0.1) \\ (0.4, 0.5, 0.1) & (0.8, 0.1, 0.1) & (0.6, 0.3, 0.1) \end{pmatrix}$$

计算综合评价矩阵 $\boldsymbol{R}$ 中的每个元素：

$R(DS) = 0.4 \times 0.8 + 0.3 \times 0.6 + 0.3 \times 0.4 = 0.62$

$R(DP) = 0.4 \times 0.7 + 0.3 \times 0.5 + 0.3 \times 0.8 = 0.67$

$R(CS) = 0.4 \times 0.9 + 0.3 \times 0.7 + 0.3 \times 0.6 = 0.78$

计算各直觉模糊集的风险值：

$R(DS) = 0.62 - 0.26 + 0.12 = 0.48$

$R(DP) = 0.67 - 0.22 + 0.11 = 0.56$

$R(CS) = 0.78 - 0.15 + 0.07 = 0.70$

综合风险评估结果为：

$R_{\text{total}} = 0.4 \times 0.48 + 0.3 \times 0.56 + 0.3 \times 0.70 = 0.58$

8. 研究小结

以上给出了一个基于直觉模糊数学的隐私信息风险评估数学模型，通过构建多维度的指标体系，综合考虑数据敏感度、披露可能性和后果严重性等因素，可以全面、准确地评估隐私信息泄露的风险。该模型具有灵活性和准确性，适用于不同应用场景和需求。此外，研究统一的风险评估标准和模型也是构建风险评估模型的重要内容。常见的风险评估模型包括信息熵模型、贝叶斯网络、决策树等。这些模型可以根据不同的应用场景和需求，灵活选择和调整评估指标，提高评估的准确性和有效性。

（二）数据分析与挖掘在风险评估中的应用

数据分析与挖掘技术在隐私信息风险评估中具有重要作用。通过分析大量的历史数据和案例研究，可以发现隐私信息泄露的规律和模式，为风险评估提供数据支持和科学依据。同时，利用机器学习算法和大数据技术，可以构建隐私信息泄露的预测模型和识别模式，实现对潜在风险的实时监测和预警。在数据分析与挖掘技术的应用中，需要注意合理选择和处理数据，避免隐私信息的进一步泄露和滥用。同时，加强对数据分析和挖掘算法的研究和优化，提高模型的准确性和稳定性，是保障隐私信息风险评估有效性的关键。

（三）隐私泄露事件的后果分析

隐私泄露事件的后果分析是评估隐私信息风险的重要环节之一。通过分析隐私泄露事件的直接和间接后果，可以更全面地认识和评估风险的严重程度，为制定相应的风险控制策略提供参考和支持。直接后果包括经济损失、社会信任下降、法律责任等，间接后果则可能涉及个人权益受损、社会秩序混乱等。利用案例研究方法深入探讨不同类型的隐私泄露事件及其对个人和组织的影响，有助于发现隐私信息泄露的规律和特点，为风险评估提供实证数据和案例支持。

（四）评估工具和技术的发展

随着隐私信息风险评估的需求不断增加，市场上涌现出了许多专门针对隐私信息风险评估的工具和技术。这些工具和技术包括风险评估软件、数据分析平台、预警系统等，可以帮助用户快速、准确地进行风险评估和监测。评估工具和技术的发展呈现出多样化和专业化的趋势，不同的工具和技术适用于不同的应用场景和需求。例如，一些工具注重于数据分析和挖掘技术的应用，可以帮助用户发现潜在的隐私信息泄露风险；而另一些工具则侧重于风险评估模型的构建和优化，提供多维度、多层次的风险评估功能，帮助用户全面、系统地评估隐私信息泄露的风险。随着技术的不断发展，评估工具和技术也在不断创新和进步。未来，隐私信息风险评估工具和技术可能会更加智能化和自动化，结合人工智能、机器学习等先进技术，实现对隐私信息泄露风险的自动检测和预警，提高评估的效率和准确性。同时，随着区块链、密码学等新技术的应用，隐私信息的安全性和保护水平也将得到进一步提升，为风险评估提供更加可靠的基础和保障。虽然目前市场上已经存在许多成熟的评估工具和技术，但仍然存在一些挑战和问题，如数据安全性、算法准确性、用户友好性等方面的改进空间。

二、隐私泄露的预测与预警机制

隐私泄露的预测与预警机制是保护个人隐私安全的重要手段之一，通过建立有效的预测模型和预警系统，可以及时发现和应对潜在的隐私泄露风险，保障个人数据的安全和隐私权益。在这一领域，人工智能和机器学习等技术发挥着关键作用，通过对大量的数据进行分析和挖掘，构建预测模型和预警机制，实现对隐私泄露事件的准确预测和及时预警。

（一）预测模型的建立与验证

建立有效的预测模型是预测隐私泄露的关键步骤之一。采用人工智能和机器学习方法，如随机森林、神经网络等，可以对大量的历史数据进行训练和学习，挖掘隐私泄露事件的规律和模式。通过实验设计和验证，可以评估模型的精确性和稳定性，确定其在实际场景中的应用价值。在验证过程中，需要充分考虑数据的质量和有效性，确保模型的准确性和可靠性。

（二）预警机制的设计与实施

设计有效的预警机制是预防隐私泄露的重要手段之一。根据预测模型的评估结果，可以设计相应的预警机制和防控策略，及时发出预警信号并采取相应的措施。预警系统的架构设计、预警信号的生成方式以及预警信息的传递途径都需要进行合理规划和设计，以确保预警信息的及时性和有效性。

假设采用一个包含输入层、两个隐层和输出层的神经网络模型：

（1）输入层：设特征数为 n，则输入层包含 n 个神经元。

（2）第一个隐层：包含 h_1 个神经元，激活函数采用 ReLU。

（3）第二个隐层：包含 h_2 个神经元，激活函数采用 ReLU。

（4）输出层：包含 1 个神经元，输出隐私泄露风险的概率，激活函数采用 Sigmoid。

具体的数学表达式如下：

第一隐层：

$$z^{(1)} = \boldsymbol{W}^{(1)}\boldsymbol{X} + \boldsymbol{b}^{(1)} \tag{7-6}$$

$$a^{(1)} = \max(0, z^{(1)}) \tag{7-7}$$

第二隐层：

$$z^{(2)} = \boldsymbol{W}^{(2)}a^{(1)} + \boldsymbol{b}^{(2)} \tag{7-8}$$

$$a^{(2)} = \max(0, z^{(2)}) \tag{7-9}$$

输出层：

$$z^{(3)} = \boldsymbol{W}^{(3)}a^{(2)} + \boldsymbol{b}^{(3)} \tag{7-10}$$

$$P(Y=1 \mid \boldsymbol{X}) = \frac{1}{1 + \mathrm{e}^{-z^{(3)}}} \tag{7-11}$$

其中，$\boldsymbol{W}^{(l)}$ 和 $\boldsymbol{b}^{(l)}$ 分别表示第 l 层的权重矩阵和偏置向量。

（三）模型训练与反向传播

定义损失函数为交叉熵损失函数：

$$L = -\frac{1}{m}\sum_{i=1}^{m}\left[y_i\log(P(Y=1 \mid \boldsymbol{X}_i)) + (1-y_i)\log(1-P(Y=1 \mid \boldsymbol{X}_i))\right] \tag{7-12}$$

通过反向传播算法（backpropagation）和梯度下降算法（gradient descent）

更新权重和偏置。反向传播算法的关键步骤如下：

（1）计算输出层误差：

$$\delta^{(3)} = a^{(3)} - y \qquad (7-13)$$

（2）计算第二隐层误差：

$$\delta^{(2)} = (\boldsymbol{W}^{(3)})^T \delta^{(3)} \times \mathbf{1}_{z^{(2)} > 0} \qquad (7-14)$$

（3）计算第一隐层误差：

$$\delta^{(1)} = (\boldsymbol{W}^{(2)})^T \delta^{(2)} \times \mathbf{1}_{z^{(1)} > 0} \qquad (7-15)$$

（4）更新权重和偏置：

$$\boldsymbol{W}^{(l)} = \boldsymbol{W}^{(l)} - \alpha \frac{\partial L}{\partial \boldsymbol{W}^{(l)}} \qquad (7-16)$$

$$\boldsymbol{b}^{(l)} = \boldsymbol{b}^{(l)} - \alpha \frac{\partial L}{\partial \boldsymbol{b}^{(l)}} \qquad (7-17)$$

其中，α 为学习率。

（四）模型验证与评价

使用验证数据集评估模型性能，计算准确率、精确率、召回率和 $F1$ 分数。具体计算公式如下：

准确率（$Accuracy$）：

$$Accuracy = \frac{TP + TN}{TP + TN + FP + FN} \qquad (7-18)$$

精确率（$Precision$）：

$$Precision = \frac{TP}{TP + FP} \qquad (7-19)$$

召回率（$Recall$）：

$$Recall = \frac{TP}{TP + FN} \qquad (7-20)$$

$F1$ 分数（$F1\ Score$）：

$$F1\ Score = \frac{2 \times Precision \times Recall}{Precision + Recall} \tag{7-21}$$

其中，TP、TN、FP、FN 分别表示真阳性、真阴性、假阳性和假阴性数量。

（五）实时监测与预警系统

利用训练好的神经网络模型对实时数据进行预测，当预测概率 $P(Y = 1 \mid X) > \tau$ 时，发出预警信号。

（六）模型优化与改进

通过网格搜索（grid search）、随机搜索（random search）等方法优化神经网络的超参数，如隐层神经元数量、学习率、批量大小等。利用正则化技术（如 L2 正则化、Dropout 等）提高模型的泛化能力。在数据分析与挖掘过程中，需采取数据匿名化、数据加密、访问控制等措施，确保数据隐私不被泄露。通过构建神经网络模型，能够有效预测和预警隐私泄露事件。该模型利用历史数据进行训练，识别隐私泄露的规律和模式，为隐私保护提供技术支持。通过不断优化和更新模型，可以提高预测的准确性和稳定性，保障个人数据安全和隐私权益。

针对不同群体和场景，设计个性化的预警策略和信息通知方式是预警机制的重要内容之一。通过分析用户的行为和偏好，可以优化预警系统的响应机制，提高预警信息的针对性和有效性。例如，可以根据用户的地理位置、活动轨迹等信息，实现对个性化预警信息的推送，提高用户对隐私泄露风险的感知和防范意识。

（七）案例分析与实证研究

通过选取典型的隐私泄露事件作为案例，进行深入分析和研究，可以评估预警机制的效果，并提出改进预警策略和实施方案的建议。基于大数据分析，可以发现隐私泄露事件的规律和特点，为预警机制的优化和改进提供科学依据和实证支持。同时，还可以借鉴其他领域的经验和做法，进一步完善和提升预警机制的效果和效率。可见，隐私泄露的预测与预警机制涉及预测模型的建立与验证、预警机制的设计与实施、个性化预警策略、案例分析与实证研究等方面，是保护个人隐私安全的重要手段之一。

三、隐私保护的法律、伦理和社会文化挑战

随着信息化和数字化的加速发展，隐私保护面临着越来越多的法律、伦理和社会文化挑战。在当前的信息社会中，个人隐私权益受到了前所未有的挑战和威胁，需要通过法律、伦理和社会文化等多重手段来加以保护和维护。

（一）法律层面的挑战与对策

隐私保护的法律框架在面对新型隐私泄露威胁时面临诸多挑战。当前的隐私保护法律往往滞后于技术发展，无法有效应对新型隐私泄露问题，如数据跨境流动、个人信息在互联网上的传播等。针对这一挑战，需要加强对现有法律框架的修订和完善，提高其适应性和灵活性。同时，国际协调与合作在隐私保护立法中也至关重要，通过国际合作与交流，加强隐私保护法律的协调性和一致性，形成全球性的隐私保护网络。

（二）伦理层面的探讨

隐私保护涉及诸多伦理问题，如数据使用的合理性、用户知情同意等。在评估和预警过程中，需要考虑如何在技术发展和伦理原则之间找到平衡点。这需要各界共同努力，建立起透明、公正的数据使用机制，保障用户的知情权和选择权。同时，还需要加强对伦理原则的研究和培训，提高社会各界对隐私保护伦理的认知和遵循。

（三）社会文化影响因素的分析

社会文化对隐私观念的影响是隐私保护面临的另一重要挑战。不同文化背景和价值观可能会对个人隐私的认知和态度产生不同影响，进而影响到隐私保护策略的制定和执行。因此，需要深入研究社会文化对隐私保护的影响机制，加强对公众隐私保护意识的宣传和教育，提高社会各界对隐私保护的重视程度。通过教育和公共宣传活动，增强公众对隐私保护的认知和理解，形成全社会共同维护隐私权益的良好氛围。

（四）前沿技术与隐私保护的未来

随着新一代技术的不断涌现，如量子计算、区块链等，隐私保护面临着新的挑战和机遇。这些前沿技术可能会对隐私保护产生深远影响，既可能加剧隐私泄露的风险，也可能成为保护隐私的重要手段。因此，需要深入研究这些新技术对隐私保护的潜在影响，探讨如何利用这些技术优化隐私信息披露风险的评估与预警策略。同时，还需要加强对新技术的监管和规范，确保其在隐私保护中的合法合规应用。可见，隐私保护面临着法律、伦理和社会文化等多重挑战，需要各界共同努力，通过法律、伦理和社会文化等多种手段，加强对个人隐私权益的保护和维护，促进信息社会的健康发展。随着技术的不断进步和社会的不断发展，隐私保护仍将是一个长期而艰巨的任务，需要全社会的共同参与和努力，共同守护个人隐私的安全与尊严。

第八章 信息生态视阈下隐私风险
管理策略与效果评估

　　随着信息技术的迅猛发展，个人数据的收集、处理和共享已经成为数字时代的核心。然而，这种便利也带来了潜在的隐私风险，包括个人信息泄露、数据滥用和身份被盗用等问题，对个人权利和社会稳定构成了挑战。在这一背景下，研究信息生态视阈下的隐私风险管理策略与效果评估变得尤为重要。本章旨在探讨在信息生态中实施有效的隐私风险管理策略，并评估这些策略在保护个人隐私权利和维护信息安全方面的实际效果。在当今数字化时代，信息生态已经成为社会运行和个人生活的重要组成部分。随着各种智能设备的普及和互联网的高度发达，个人数据的生成、传输和存储已经达到了前所未有的规模和速度。然而，与此同时，随之而来的是对隐私安全的日益关注。隐私不仅仅是个人信息的保护，更是一种基本权利和社会价值的体现。在信息生态中，个人信息的流动与利用日益频繁，但随之而来的隐私风险也不容忽视。个人信息泄露可能导致个人权益受损，例如身份盗用、财产损失等，甚至可能对社会造成更广泛的影响，如社会网络攻击、大规模数据泄露事件等。因此，制定有效的隐私风险管理策略至关重要。这不仅需要技术手段的支持，更需要法律法规的保障和社会制度的支持。如何在信息生态中平衡个人隐私权益与信息共享的需求，是一个需要综合考量的复杂问题。本研究的意义在于通过对信息生态下隐私风险管理策略与效果评估的深入研究，为相关领域的学术界和决策者提供参考和借鉴。通过系统地分析不同类型的隐私风险和管理策略，以及它们的实际效果，可以为未来的隐私保护工作提供更加科学、有效的指导，从而为数字化时代的隐私安全问题找到更加可行的解决方案。

第一节　隐私风险管理策略研究与构建

隐私风险管理策略是信息安全领域的一个重要议题，尤其在当今信息爆炸和数字化转型的背景下显得尤为迫切。随着个人数据的不断产生和流通，隐私保护成为社会关注的焦点之一。在信息生态中，隐私风险不断涌现，包括但不限于个人信息泄露、数据滥用、身份被盗用等问题，对个人权益和社会稳定构成了严峻挑战。针对这些挑战，制定有效的隐私风险管理策略显得至关重要。这些策略不仅需要在技术层面提供有效的保障措施，更需要在法律法规和社会制度层面提供全方位的支持。如何构建一套既能保护个人隐私，又能促进信息共享与创新的管理策略，是当前亟待解决的问题之一。本节将从理论与实践相结合的角度出发，分析当前已有的隐私风险管理理论框架，以及实际应用中的挑战与问题。同时，将探讨如何基于信息生态视阈构建全面、有效的隐私风险管理策略，从而在保护个人隐私的同时促进信息共享与创新。

一、隐私风险评估与识别

（一）隐私风险评估方法

探讨不同的隐私风险评估方法的原理、适用范围以及实际应用情况，可以将传统的评估方法如隐私影响评估（PIA）与基于机器学习的新型评估方法进行对比分析，评估它们的优劣势以及适用场景。

1. 隐私影响评估（PIA）

PIA 是一种系统方法，用于识别、评估和减轻隐私风险。通常包括以下步骤：首先识别隐私风险，通过调查和数据收集识别出可能存在的隐私风险；然后评估风险影响，分析识别出的风险对个人隐私和组织的潜在影响；最后根据评估结果制定并实施相应的风险应对策略。

2. 机器学习

对于机器学习方法，假设我们使用逻辑回归模型来评估隐私泄露的风险。设输入特征向量为 $X = [x_1, x_2, \cdots, x_n]$，输出变量为 Y，其取值为 1 表示隐私泄露风险存在，取值为 0 表示不存在。模型的数学表达式为：

$$P(Y = 1 \mid X) = \frac{1}{1 + e^{-(W \times X + b)}} \tag{8-1}$$

其中，W 为权重向量，b 为偏置项。通过最大化对数似然函数，求解权重和偏置。

（二）隐私风险识别技术

针对隐私风险识别技术，可以深入研究各种技术手段在实际场景中的应用情况，包括数据挖掘、自然语言处理、模式识别等技术。研究者可以分析这些技术在隐私数据中的有效性和可靠性，探讨它们在不同数据环境下的适用性，并提出改进和优化方案。

使用神经网络进行隐私风险识别是一种常见的方法。假设我们使用一个简单的前馈神经网络，其结构包括输入层、隐层和输出层。输入层的节点数等于特征数 n，隐层节点数为 h，输出层节点数为 1。

隐层的激活函数通常使用 ReLU：

$$a^{(1)} = \max(0, W^{(1)} \times X + b^{(1)}) \tag{8-2}$$

输出层使用 Sigmoid 函数：

$$P(Y = 1 \mid X) = \frac{1}{1 + e^{-(W^{(2)} \times a^{(1)} + b^{(2)})}} \tag{8-3}$$

通过反向传播算法和梯度下降算法优化网络参数。

（三）隐私风险评估模型构建：支持向量机（SVM）

在构建隐私风险评估模型时，进一步探讨模型的建立过程、模型的结构和要素，以及模型的实际应用效果。研究者可以选择一个具体的行业或场景，例如金融、医疗、社交网络等，针对该领域的隐私风险特点，构建相应的评估模型，并通过实证研究验证模型的准确性和有效性。

支持向量机是一种常用的分类模型，适用于隐私风险评估。本节构建一个线性 SVM 模型，其目标是找到一个超平面将不同类别数据分开，故超平面方程为：

$$W \times X + b = 0 \qquad (8-4)$$

优化目标是最小化以下目标函数：

$$\min_{W,b} \frac{1}{2} \| W \|^2 + C \sum_{i=1}^{m} \max(0, 1 - y_i(W \times X_i + b)) \qquad (8-5)$$

其中，C 是正则化参数，X_i 和 y_i 为第 i 个样本的特征向量和标签。

二、隐私风险防范与控制

（一）隐私风险防范策略：数据加密

在研究隐私风险防范策略时，可以深入探讨不同策略的实施效果和可行性。研究者可以选择一个具体的案例或行业，分析该行业采取的隐私风险防范策略，例如数据加密、权限管理、安全审计等措施，以及这些策略在实际中的应用效果。

数据加密是一种有效的隐私风险防范策略。假设我们使用对称加密算法 AES，其数学表达如下：

加密过程：

$$C = E_K(M) \qquad (8-6)$$

解密过程：

$$M = D_K(C) \qquad (8-7)$$

其中，M 为明文，C 为密文，K 为加密密钥，E 和 D 分别表示加密和解密操作。

（二）隐私风险控制技术

1. 区块链

区块链是一种去中心化的技术，常用于隐私保护。每个区块包含前一个区块的哈希值，以及当前区块的交易数据和时间戳。区块链结构可以表示为：

$$\text{Block}_i = \{\text{hash}(\text{Block}_{i-1}), \text{data}, \text{timestamp}\} \qquad (8-8)$$

每个区块的哈希值计算公式为：

$$\text{hash}(\text{Block}_i) = SHA256(\text{hash}(\text{Block}_{i-1}) \parallel \text{data} \parallel \text{timestamp}) \qquad (8-9)$$

2. 隐私保护计算

隐私保护计算是一种新兴技术，利用多方安全计算（MPC）、差分隐私等技术，保证在计算过程中不泄露隐私数据。差分隐私的数学定义为：

给定隐私预算 ϵ，一个算法 A 满足 ϵ - 差分隐私，如果对于任意两个相邻数据集 D 和 D'，以及任意一个输出 S，有：

$$\Pr[A(D) = S] \leqslant e^{\epsilon} \times \Pr[A(D') = S] \qquad (8-10)$$

三、隐私风险应急与治理

（一）隐私风险应急预案：应急响应时间模型

在研究隐私风险应急预案时，可以分析不同行业和组织的预案设计和实施情况，以及在实际应急事件中的应对效果。选择一些具有代表性的案例，如数据泄露事件、网络攻击事件等，分析其应急预案的执行情况和效果，并提出改进建议。

假设一个应急预案的响应时间 T 是多个因素的函数，可以表示为：

$$T = f(X_1, X_2, \cdots, X_n) \qquad (8-11)$$

其中，X_i 表示影响响应时间的第 i 个因素，如检测时间、通知时间、处理时间等。通过回归分析，可以建立响应时间模型，并对各因素进行优化：

$$T = \beta_0 + \sum_{i=1}^{n} \beta_i X_i + \epsilon \qquad (8-12)$$

其中，β_i 为回归系数，ϵ 为误差项。

（二）隐私风险治理模式

对于隐私风险治理模式的研究，可以从内部治理机制、外部监督与合作等方面进行深入探讨。可以选择一些具有代表性的企业或组织，分析其隐私风险治理模式的构建和实施情况，评估其在提高隐私保护水平和降低隐私风险方面的效果。

隐私风险治理涉及多个利益相关者，可以采用博弈论模型来分析各方的策略选择。假设有两方参与者：企业（E）和监管机构（R），他们在隐私保护上的策略分别为投资（I）和不投资（N），以及监督（S）和不监督（NS）。则收益矩阵如下：

$$
\begin{array}{ccc}
 & S & NS \\
I & (R_{EI}, R_{SI}) & (R_{EI}, R_{NI}) \\
N & (R_{EN}, R_{SN}) & (R_{EN}, R_{NN})
\end{array}
\qquad (8-13)
$$

其中，R_{EI} 和 R_{EN} 分别表示企业投资和不投资的收益，R_{SI}、R_{NI}、R_{SN} 和 R_{NN} 分别表示监管机构在不同情况下的收益。通过求解纳什均衡，分析各方最佳策略。

（三）隐私风险治理与社会责任的关系

在探讨隐私风险治理与企业社会责任的关系时，可以从企业的社会责任履行情况、对社会的影响等方面进行深入分析。可以选择一些具有代表性的企业或组织，分析其在隐私风险治理中所承担的社会责任，评估其对社会的贡献和影响。

1. 数学模型：成本效益分析模型

隐私风险治理的社会责任可以通过成本效益分析模型来评估。设企业在隐私保护上的投入为 C，其带来的社会效益为 B。总效益函数 E_{total} 为：

$$
E_{total} = B(C) - C
\qquad (8-14)
$$

通过对成本 C 和效益 B 的量化分析，可以评估企业隐私保护投入的社会价值。为了使模型更加复杂和全面，我们可以引入多个变量和参数。

2. 引入不同类型的隐私保护成本

C_{tech} 表示技术成本，包括数据加密、访问控制等技术措施的投入。C_{mgmt} 表示管理成本，包括员工培训、隐私政策制定等管理措施的投入。C_{audit} 表示审计成本，包括定期审计、合规性检查等审查措施的投入。

3. 引入不同类型的社会效益

B_{trust} 表示信任效益，企业通过隐私保护措施赢得用户和社会的信任，从而提高品牌价值和市场竞争力。$B_{compliance}$ 表示合规效益，通过遵守法律法规，避免法律风险和罚款，减少潜在的法律成本。$B_{reputation}$ 表示声誉效益，隐私保护措施有助于提升企业的社会形象和声誉，吸引更多用户。

4. 引入时间因素

将时间因素 t 引入模型，考虑隐私保护投入的长期效益和成本变化。成本函数和效益函数可以写为：

$$C(t) = C_{tech}(t) + C_{mgmt}(t) + C_{audit}(t) \tag{8-15}$$

$$B(t) = B_{trust}(t) + B_{compliance}(t) + B_{reputation}(t) \tag{8-16}$$

则总效益函数变为：

$$E(t)_{total} = B(t) - C(t) \tag{8-17}$$

5. 引入不确定性因素

考虑隐私保护投入和效益的不确定性，引入概率分布函数 $P(x)$ 来描述各种效益和成本的不确定性：

$$B(t) = \sum_i P(B_i(t)) \times B_i(t) \tag{8-18}$$

$$C(t) = \sum_j P(C_j(t)) \times C_j(t) \tag{8-19}$$

则总效益函数变为：

$$E(t)_{total} = \sum_i P(B_i(t)) \times B_i(t) - \sum_j P(C_j(t)) \times C_j(t) \tag{8-20}$$

6. 最优化模型

为了最大化总效益，可以构建最优化模型，考虑不同时间点的隐私保护投入和效益变化：

$$E_{max} = \max_{C(t)} \sum_{t=0}^{T} \left[\sum_i P(B_i(t)) \times B_i(t) - \sum_j P(C_j(t)) \times C_j(t) \right]$$

$$\tag{8-21}$$

通过求解该最优化问题，可以确定在不同时间点上最优的隐私保护投入策略，从而最大化社会效益。

7. 综合评估

通过对成本 C 和效益 B 的量化分析，可以评估企业隐私保护投入的社会价值。可见，隐私风险管理策略是保障个人数据安全和社会稳定的重要措施。在信息生态视阈下，通过隐私风险评估与识别、隐私风险防范与控制、隐私风险应急与治理等多方面的研究，可以构建全面、有效的隐私风险管理体系。在此过程中，采用数学模型进行量化分析和优化，将有助于提高隐私保护策略的科学性和实效性，从而在保护个人隐私的同时，促进信息共享与创新。

第二节　隐私保护效果评估指标的建立与应用

为了切实保障个人隐私，除了制定完善的法律法规和采用先进的技术手段外，建立科学合理的隐私保护效果评估指标体系并有效应用显得尤为重要。评估指标就如同精准的"度量衡"，能够客观、准确地衡量隐私保护措施的有效性和可靠性。通过明确的指标，可以清晰地了解隐私保护工作的实际成效，找出存在的不足和薄弱环节，为进一步改进和优化隐私保护策略提供有力依据。对于企业而言，建立隐私保护效果评估指标有助于提升自身的隐私管理水平，增强用户对企业的信任度，从而在激烈的市场竞争中脱颖而出。而对于监管部门来说，这些评估指标可以作为监管的重要参考，规范市场主体的隐私保护行为，维护市场的公平竞争环境。同时，随着新技术、新应用的不断涌现，隐私保护的场景和需求也日益复杂多样。这就要求我们不断探索和完善隐私保护效果评估指标，使其能够适应不断变化的形势。

一、隐私保护效果评估指标的理论基础

（一）隐私保护效果评估框架

隐私保护效果评估框架的构建是评估工作的基础。在构建框架时，需要考虑到不同应用场景下隐私保护的核心目标和关键指标。例如，在社交

网络平台上，用户的个人信息安全、数据使用透明度和个人控制权可能是关键指标；而在医疗健康领域，医疗记录的保密性和数据的安全性可能更加重要。因此，评估框架需要根据具体情况灵活设计，并结合相关领域的法律法规和行业标准。

（二）隐私保护效果评估指标体系

隐私保护效果评估指标体系应该是多维度、多层次的，反映出隐私保护的复杂性和多样性。除了传统的数据安全性指标外，还应考虑到用户对个人信息的知情权、控制权和选择权等方面。例如，在指标体系中可以包括用户对数据共享的选择、数据使用透明度、数据安全措施的有效性等。此外，指标体系应该具有一定的通用性和可操作性，便于在不同领域和场景中应用。

（三）隐私保护效果评估方法与工具

隐私保护效果评估方法应该综合运用定性和定量分析方法，结合问卷调查、实验研究和行为分析等技术手段。在实施评估时，可以采用定性分析来深入了解用户对隐私保护的态度和行为，同时通过定量数据来量化评估结果。新兴的评估工具和技术，如用户体验设计和行为分析，可以为评估提供更加细致和全面的数据支持。

（四）前沿技术与指标建设

随着人工智能、区块链等新兴技术的发展，隐私保护效果评估指标的建设也面临新的挑战和机遇。这些新技术的应用可能会改变用户数据的处理方式和隐私保护的模式，因此评估指标需要及时更新和调整以适应新技术的发展。同时，新技术也为评估提供了更多的数据来源和分析手段，可以进一步提高评估的准确性和全面性。

二、隐私保护效果评估指标的实证研究

（一）指标应用案例分析

以社交网络平台为例，可以分析其隐私保护效果评估指标体系的具体

构建和应用情况。通过调查用户对平台隐私政策的理解和认知程度，以及他们对个人数据安全的关注度，可以评估平台隐私保护效果的实际情况。类似地，对金融服务和医疗健康领域的案例进行分析，可以帮助验证评估指标的实用性和适用性。

（二）指标有效性验证

通过实地调查和实验设计，可以收集相关数据来验证评估指标的有效性和稳定性。例如，可以通过用户实验来比较不同隐私保护策略对用户态度和行为的影响，从而评估不同指标的实际效果。此外，可以利用大数据分析技术来挖掘用户行为数据，进一步验证评估指标的客观性和可操作性。

（三）隐私保护效果评估模型

假设我们设计一个隐私保护效果评估模型，以用户满意度（satisfaction）、隐私投诉率（complaint rate）和数据泄露事件（data breach incidents）作为关键指标，评估模型可以表示为：

$$Privacy\ Score = \alpha \times S - \beta \times C - \gamma \times D \qquad (8-22)$$

其中，α、β、γ 分别表示用户满意度、隐私投诉率和数据泄露事件的权重。通过收集实际数据，可以利用回归分析或多因素分析方法确定这些权重，以优化评估模型。本研究调查得到的样本如表 8-1 所示。

表 8-1　　　　　隐私保护效果评估模型样本情况

样本	满意度（S）	投诉率（C）	数据泄露事件（D）
样本 1	4.5	0.02	0.1
样本 2	3.8	0.05	0.3
样本 3	4.9	0.01	0

通过回归分析可得到各指标的权重值。假设权重为 $\alpha = 1$、$\beta = 10$、$\gamma = 5$，则评估模型为：

$$Privacy\ Score = S - 10C - 5D \qquad (8-23)$$

应用式（8-23）计算隐私评分，结果如表 8-2 所示。

表 8 - 2 　　　　　　　　　　各样本的隐私评分

样本	隐私评分
样本 1	$4.5 - 10 \times 0.02 - 5 \times 0.1 = 3.8$
样本 2	$3.8 - 10 \times 0.05 - 5 \times 0.3 = 1.8$
样本 3	$4.9 - 10 \times 0.01 - 5 \times 0 = 4.8$

（四）评估指标体系优化

根据实证研究结果，可以对评估指标体系进行优化和完善。例如，可以针对不同行业和场景提出定制化的评估指标体系，以满足不同用户群体的需求。此外，可以结合用户反馈和实际应用情况，及时调整和更新评估指标，使其更加符合实际需求和发展趋势。

（五）跨学科研究与案例对比

结合法律、伦理、技术等多个学科的视角，对评估指标进行综合分析和对比，可以帮助深化对指标体系的理解和应用。通过对不同案例的对比研究，可以发现不同行业和领域之间的共性和差异，从而为评估指标的进一步优化和发展提供参考和启示。

三、隐私保护效果评估指标的进一步发展与应用

（一）指标体系完善与标准化

随着隐私保护效果评估工作的不断深入，评估指标体系的完善和标准化变得尤为重要。制定行业标准和评估指南，可以提高评估工作的规范性和可比性，促进不同机构和组织之间的经验交流和合作。此外，国际标准化组织（ISO）和行业组织在该领域的积极参与和支持也将推动评估指标的标准化进程，为全球隐私保护工作提供统一的指导和参考。

（二）指标与政策法规的关联

隐私保护效果评估指标与相关政策法规的关联是评估工作的重要内容之一。例如，欧洲的《通用数据保护条例》和美国的《加州消费者隐私法

案》等法规对个人数据收集、使用和保护提出了严格要求，评估指标可以作为衡量企业或组织是否符合法规要求的重要依据。同时，评估指标建立和应用也可为政策法规的制定和执行提供数据支持和科学依据，促进隐私保护工作的法治化和规范化。

（三）指标建设与行业应用

隐私保护效果评估指标的建设与行业应用密切相关。不同行业和领域对隐私保护的需求和挑战各不相同，因此评估指标需要根据实际情况进行定制和优化。例如，在互联网行业，用户数据的安全性和隐私保护意识普遍较高，因此评估指标可能更加注重用户对数据控制权的认知和行为；而在医疗健康领域，医疗数据的安全性和隐私保护需求更为突出，评估指标可能更加注重数据的匿名化和访问控制。通过深入研究评估指标在不同行业的应用情况，可以为行业隐私保护工作的改进和提升提供有效的参考和支持。

（四）未来发展方向与前沿挑战

随着数据科学和人工智能技术的不断发展，隐私保护效果评估面临新的发展机遇和挑战。未来，隐私保护评估可能向个性化、智能化方向发展，通过深度学习和数据挖掘等技术手段，实现对个体隐私保护效果的精准评估和动态调整。同时，随着跨国数据流动的增加和数据安全环境的变化，隐私保护评估也面临着更多复杂的技术和法律挑战。因此，未来评估工作需要不断创新和完善，以适应新技术和新环境的发展，保障个人数据的安全和隐私权益。

1. 应急响应时间模型

假设一个应急预案的响应时间 T 是多个因素的函数，可以表示为：

$$T = f(X_1, X_2, \cdots, X_n) \tag{8-24}$$

其中，X_i 表示影响响应时间的第 i 个因素，如检测时间、通知时间、处理时间等。通过回归分析，可以建立响应时间模型，并对各因素进行优化：

$$T = \beta_0 + \sum_{i=1}^{n} \beta_i X_i + \epsilon \tag{8-25}$$

其中，β_i 为回归系数，ϵ 为误差项。

本研究调研的样本数据如表 8 – 3 所示。

表 8 – 3 应急响应时间模型样本情况

样本	检测时间（X_1）	通知时间（X_2）	处理时间（X_3）	反应时间（T）
样本 1	2	1	4	7
样本 2	3	1.5	5	9.5
样本 3	1	0.5	3	4.5

通过回归分析，可以得到回归系数，假设 $\beta_0 = 0$、$\beta_1 = 1$、$\beta_2 = 2$、$\beta_3 = 1$，则响应时间模型为：

$$T = X_1 + 2 \times X_2 + X_3 \qquad (8 - 26)$$

应用式（8 – 26）计算响应时间，结果见表 8 – 4。

表 8 – 4 各样本的响应时间

样本	响应时间
样本 1	$2 + 2 + 4 = 8$
样本 2	$3 + 1.5 \times 2 + 5 = 11$
样本 3	$1 + 0.5 \times 2 + 3 = 5$

2. 小结

隐私保护效果评估指标的建立与应用，推动了隐私保护工作的科学化与规范化，为维护个人隐私权益和社会稳定发展发挥着至关重要的作用。在指标建立阶段，需全方位、深层次地考量诸多因素。一方面，严格遵循法律法规，以合规性指标为底线，确保隐私保护举措合法合规；另一方面，从技术维度出发，精确设定数据加密强度、访问控制严格度等指标，保障技术层面的安全防护。此外，充分重视用户体验，合理设置指标衡量隐私保护对用户正常使用的影响程度，力求实现安全与便捷的平衡。在实际应用中，这些指标为企业和监管部门提供了有力的支撑。企业可凭借指标评估自身隐私保护工作的优劣，有的放矢地改进策略，从而增强用户信任，提升市场竞争力。监管部门则能依据指标进行有效监管，规范市场秩序，推动整个行业隐私保护水平的提升。

第三节　隐私政策和标准的提出及实践效果分析

隐私政策和标准的提出及实践效果分析是隐私保护领域的重要研究方向之一。随着信息技术的迅猛发展和个人数据的广泛应用，隐私保护已经成为社会关注的焦点之一。政府、企业和学术界纷纷提出各种隐私政策和标准，旨在保护个人数据安全和隐私权益。然而，隐私政策和标准的制定与实践效果如何，以及其对个人和组织的影响如何，仍然需要深入研究和探讨。首先，隐私政策与标准的重要性不言而喻。在信息化社会中，个人数据的收集、存储和使用已成为常态，而隐私泄露和数据滥用的风险也日益加剧。因此，政府和企业需要通过制定相关政策和标准，规范数据处理行为，保护个人隐私。同时，遵守相关的隐私政策和标准也有助于提升用户信任度，促进业务发展。其次，隐私政策与标准的实践效果直接关系到个人数据的安全和隐私保护。然而，目前对于隐私政策和标准的实践效果缺乏系统性的研究和评估。因此，有必要深入分析隐私政策和标准在实际应用中的效果和影响。通过案例研究、问卷调查和实地考察等方法，可以评估隐私政策与标准在实际应用中的效果和影响。例如，可以选择一些知名企业或行业，调查其隐私政策的内容和实施情况，分析用户对政策的理解和接受程度，以及政策对企业业务和用户体验的影响。同时，还可以从技术、经济、法律等多个角度对隐私政策的实践效果进行综合评估，发现其中的问题和改进空间。最后，研究隐私政策与标准的提出与实践效果对于促进隐私保护工作的进步和发展具有重要的理论和实践意义。通过深入研究隐私政策与标准的制定和实践过程，可以揭示其中的规律和机制，为隐私保护工作提供科学依据和实践经验。同时，促进跨界合作和经验分享，可以为不同利益主体之间的沟通与合作搭建平台，共同推动隐私保护工作的进步和发展。

一、制定背景与意义

（一）信息化社会下的隐私保护需求

随着信息技术的迅猛发展，个人数据的广泛应用已经成为社会现实。

在这种情况下，隐私泄露和数据滥用的风险也日益增加。因此，政府和企业需要制定相应的隐私政策和标准，以规范数据处理行为，保护个人隐私。

大数据、人工智能、物联网等技术的普及，使得海量个人数据的收集、传输、存储和分析成为可能。然而，这些技术的应用也带来了隐私泄露、数据滥用和网络攻击等隐私风险。例如，面部识别技术在公共安全领域的应用虽然提高了监控效率，但也引发了公众对隐私被侵犯的担忧。此外，量子计算的发展可能会对当前的数据加密方法构成威胁，从而增加数据泄露的风险。

随着公众隐私保护意识的增强，对个人数据保护的法律需求不断增加。各国政府相继出台了有关数据保护和个人信息保护的法律法规，规范数据处理和保护行为。这些法律法规不仅规定了数据处理的合法性，还赋予了个人更多的数据控制权，如数据访问权和删除权。

（二）维护个人权益与促进业务发展

遵守相关的隐私政策和标准不仅有助于维护个人数据安全和隐私权益，而且可以提升用户对企业的信任度，促进业务发展。

用户对企业的信任是业务发展的基石。透明、严格的隐私政策可以增强用户的信任感，提升用户满意度，从而促进业务发展。例如，企业可以通过隐私影响评估（PIA）来识别和减轻数据处理活动带来的隐私风险，从而提高用户信任度。

在数字经济时代，数据安全和隐私保护已经成为企业的重要竞争力。企业通过合规的隐私政策和标准，不仅能规避法律风险，还能在市场竞争中占得先机。例如，企业可以通过采用差分隐私技术来保护用户数据的隐私，同时利用这些数据进行数据分析和市场洞察，从而提升市场竞争力。

（三）维护法律合规与促进企业履行社会责任

隐私政策和标准的制定也是企业履行社会责任、维护法律合规的重要方式之一。随着全球隐私法规的不断完善和加强，企业需要制定符合法律法规要求的隐私政策，以避免法律风险。

在全球化背景下，企业需要遵守不同国家和地区的隐私法律法规。这不仅是合规的要求，更是企业社会责任的重要体现。例如，企业需要根据相关法律的要求，向用户提供透明的数据处理信息，并确保用户有权撤销数据处理同意。

履行隐私保护责任，展现企业的社会责任感，有助于提升企业社会公信力和品牌形象。例如，企业可以通过定期发布隐私报告，公开透明地向公众展示其隐私保护措施和实施效果，从而提高社会公信力。

二、实践效果分析

（一）实践效果评估方法

1. 案例研究

案例研究是指，选择知名企业或行业，调查其隐私政策的内容和实施情况，分析用户对政策的理解和接受程度，以及政策对企业业务和用户体验的影响。通过比较不同企业或行业的实践情况，可以发现最佳实践和改进空间。例如，可以对脸书、谷歌等科技巨头的隐私政策进行详细研究，分析其隐私政策的演变、实施效果以及存在的不足。

2. 对比分析

对比分析是指，通过横向对比不同企业的隐私保护措施，找出实践中效果较好的策略和措施，为其他企业提供借鉴。例如，可以对比不同行业的隐私保护措施，找出金融行业和医疗健康行业的最佳实践，并将其应用到其他行业。

（二）问卷调查

通过设计问卷，可以调查用户对隐私政策的态度、了解程度以及实践效果的满意度，从而评估隐私政策的实际效果。问卷调查可以覆盖广泛的用户群体，获取更多的反馈意见，为政策改进提供参考。

进行问卷调查首先要制定详细的问卷，包含用户对隐私政策的知晓度、满意度、信任度等多个维度的调查。例如，可以设计问题询问用户对企业隐私政策的理解程度，以及用户对隐私政策的满意度。然后，通过统计分析工具，对收集到的问卷数据进行分析，总结用户的反馈，为企业改善隐私政策提供依据。例如，可以利用回归分析来评估不同隐私保护措施对用户信任度的影响，从而为企业提供优化建议。

（三）实地考察

实地考察企业或机构的隐私政策实施情况，可以直接观察到实践过程中的问题和挑战，并与相关人员进行深入交流和讨论，以便为政策改进提供参考。

在评估隐私保护效果时，现场观察和交流访谈是两种重要且相辅相成的方式。现场观察能够直观地评估隐私政策的落地情况，具体是通过实地查看隐私保护的实际操作流程来实现的。比如，观察企业处理用户数据请求的具体方式，以及在数据传输和存储过程中采取了哪些确保安全的措施。而交流访谈则可以帮助我们深入了解隐私政策实施过程中的实际状况，通过与隐私保护相关的工作人员进行交流，能够获取一手数据。举例来说，可以与企业的数据安全团队展开访谈，了解他们在实施隐私政策时遇到的困难和挑战，以及他们针对这些问题所采取的应对措施。通过这两种方式的结合运用，能够更全面、深入地评估隐私保护的实际效果。

三、隐私政策与标准的制定分析

（一）法律法规与行业标准

了解不同国家和地区的隐私法律法规，有助于企业在全球范围内制定符合法律合规要求的隐私政策。

1. 法律法规分析

制定隐私政策要分析 GDPR、CCPA 等法律的具体条款及其对企业的要求。例如，GDPR 要求企业在数据处理前获得用户的明确同意，并要求企业提供数据处理的详细信息，以便用户了解数据的使用方式。

2. 行业标准

制定隐私政策要研究行业协会和标准化组织（如 ISO、NIST）制定的隐私保护标准，探讨其实施的具体措施。例如，ISO/IEC 27001 标准为企业提供了信息安全管理体系（ISMS）的框架，帮助企业在数据处理过程中实施隐私保护措施。

（二）制定机制与参与主体

隐私政策与标准的制定机制包括政府、企业等不同参与主体的作用和影响。了解不同主体利益诉求和立场，有助于制定更加全面和有效的隐私政策。

1. 多方参与

政府、企业及非政府组织均应参与隐私政策的制定，发挥各自的优势和作用。例如，政府可以提供法律法规的指导和支持，企业可以根据自身需求制定具体的隐私保护措施，非政府组织可以提供社会监督和反馈。

2. 利益平衡

在制定隐私政策时，需要平衡各方利益，既要保护用户隐私，也要考虑企业的发展和创新需求。例如，企业需要在保护用户隐私的同时，确保数据的有效利用，从而推动业务创新和市场拓展。

四、跨界合作与经验分享

（一）学术交流与合作

通过学术会议、研讨会等形式，促进不同领域之间的交流与合作，共同探讨隐私政策与标准的提出与实践效果。学术交流有助于促进理论创新和方法改进，推动隐私保护工作的进步和发展。

1. 会议与研讨会

定期举办隐私保护主题的学术会议，邀请全球专家学者进行报告和讨论，分享最新研究成果。例如，可以邀请来自不同学科的专家学者，探讨数据隐私保护的理论基础和实践方法，推动隐私保护理论的创新。

2. 协作研究

跨学科、跨机构的合作研究，借鉴不同学科的理论和方法，共同攻克隐私保护领域的难题。例如，可以建立跨学科的研究团队，结合计算机科学、法律、社会学等多个学科的理论和方法，共同研究隐私保护的综合解决方案。

（二）行业合作与政策制定者沟通

邀请企业代表、政府部门和学术界专家共同参与，分享各自的经验和观点，为制定更加有效的隐私政策提供参考和建议。行业合作和政策制定者的沟通可以促进政策的实施和改进，确保隐私政策符合实际需求和法律法规要求。

1. 联合工作组

建立政府、企业和学术界的联合工作组，负责隐私政策的研究和制定工作。例如，可以建立隐私保护联合工作组，邀请政府部门、企业界和学术界的专家学者共同参与，制定符合实际需求的隐私保护政策。

2. 案例分析

分享行业内的成功案例和失败案例，总结经验教训，为政策制定提供实践参考。例如，可以分享金融行业的成功隐私保护案例，总结其成功经验，并为其他行业提供借鉴。

（三）国际合作与经验借鉴

隐私保护是一个全球性的问题，各国可以通过国际合作和经验借鉴，共同应对隐私挑战。国际合作可以促进跨国企业的合规，打破数据流通的壁垒，推动全球数据治理体系的建设。

1. 国际合作机制

建立全球范围的隐私保护合作机制，分享各国的隐私保护经验和技术。例如，可以建立国际隐私保护联盟，分享各国的隐私保护政策和最佳实践，推动全球隐私保护事业的发展。

2. 经验借鉴

借鉴国际上先进的隐私保护政策和标准，结合本地实际情况，制定符合实际需求的隐私政策。例如，可以借鉴欧盟的 GDPR，结合本国的实际情况，制定符合本国需求的隐私保护政策。

第九章 信息生态视阈下隐私保护程度和隐私泄露防范机制设计

在当今数字化信息时代，信息生态系统不断扩大，个人数据的收集、存储和处理变得更加广泛和复杂。隐私泄露可能导致个人信息被滥用，从而影响个人权利和社会秩序。因此，设定有效的隐私保护程度和隐私泄露防范机制对于信息安全和个人权益至关重要。本章旨在通过信息生态视阈，深入研究隐私保护程度和隐私泄露防范机制的设计原则和方法。通过多角度、多层次的研究，为隐私保护领域的学术和实践工作提供理论指导和技术支持，以推动隐私保护工作在信息化社会中的不断发展和完善。

第一节 数据要素流通与隐私保护的博弈模型构建

在信息生态视阈下，构建数据收集阶段、应用阶段和隐私保护阶段的数据要素流通度和隐私保护度的动态博弈框架，是当前信息安全领域中的热点问题之一。随着互联网和大数据技术的快速发展，个人数据的收集、处理和利用已成为人们关注的焦点，而差分隐私作为一种广泛应用的隐私保护技术，在这一框架中扮演着重要角色。首先，数据收集阶段是整个信息生态系统的基础，数据要素的收集和整合对于后续的数据应用具有决定性的影响。此阶段的关键问题在于如何确保数据的流通度和隐私保护度之间的平衡，以及如何合理设置数据收集的深度和广度。在动态博弈框架中，数据收集方需要考虑在获取更多数据要素的同时，保护数据主体的隐私权利，而数据主体则需要权衡自身数据的共享利益和隐私风险，进行合理的数据授权和访问控制。其次，数据应用阶段是信息生态系统中的核心环节，各类应用场景需要对收集的数据要素进行深度挖掘和分析，以支撑个性化推荐、智能决策等功能。在动态博弈框架中，数据应用方需要明确使用数据的目的和范围，同时满足差分隐私的要求，尽可能降低数据主体的隐私风险。而数据主体则需要对数据使用方的行为进行监督和验证，确保数据的合法使用和隐私保护。最后，隐私保护阶段作为数据生命周期中的最后阶段，需要对数据要素的保护措施进行全面、持续的监测和调整。在动态博弈框架中，涉及隐私保护的各方需要密切合作，共同建立起数据隐私保护的标准和机制，以适应不断变化的信息生态环境。此外，对差分隐私的参数设置和调整也是隐私保护阶段中的重要问题，需要在不同的应用场景下进行灵活应用，以实现最佳的隐私保护效果。

在定义相互关联的差分隐私的过程中，需要考虑不同数据集在差分隐私选择的隐私参数情况下，各自数据集最终的隐私度。差分隐私作为一种保护个体隐私信息的重要手段，其核心思想是通过对输出结果引入噪声来保护隐私信息，同时尽量保持数据分析的有效性。因此，在数据要素流通度和隐私保护度的动态博弈框架中，差分隐私的应用是至关重要的一环。差分隐私的应用不仅涉及合适的隐私参数的选择，更需要考虑到不同数据集之间的关联性和整体的隐私保护效果。在动态博弈框架中，各方需要充分协商和讨论，在差分隐私参数设置的基础上，最大限度地降低数据要素的隐私泄露风险，同时保证数据的流通度和应用效果。因此，差分隐私在博弈框架中的应用，既需要考虑到数据收集、应用和保护的各个阶段，又需要充分考虑到全局的信息生态环境和各方的利益关系。

一、数据要素流通的经济价值与隐私风险

差分隐私的关键要素包括隐私参数、敏感度和噪声机制。隐私参数用于衡量个体隐私信息在输出结果中的泄露程度，通常通过 ε 值来表示，ε 值越小表示隐私泄露越小；敏感度用于衡量数据处理函数对输入数据的敏感程度；噪声机制则是在数据处理过程中引入的噪声，以实现差分隐私的保护效果。在数据要素流通度和隐私保护度的动态博弈框架中，差分隐私

的应用需要根据具体场景灵活选择合适的隐私参数和噪声机制。不同的数据集可能存在不同的敏感度和隐私需求，因此需要根据实际情况进行个性化设置，以实现最佳的隐私保护效果。同时，在多方参与的博弈框架中，各方需要合作共赢，共同努力维护数据安全和隐私权利。差分隐私的应用不仅能够有效保护用户的隐私信息，还可以促进数据的分享和合作。在信息生态系统中，数据的流通度对于推动创新和发展至关重要。差分隐私技术的引入，可以在一定程度上消除数据共享的障碍，提高数据的可用性，促进数据的共享与合作，从而实现数据要素的良性流通。然而，差分隐私技术的应用也面临着一些挑战和限制。首先，在实际应用中需要权衡隐私保护和数据效用之间的平衡，选择合适的隐私参数和噪声机制，以实现最佳的效果；其次，差分隐私技术的计算成本较高，对数据处理和计算能力提出了一定要求；此外，差分隐私技术还存在一定的误差问题，需要在实际应用中进行合理的调节和优化。

（一）数据流通的经济潜力

1. 推动经济增长

在经济增长模型基础上，本书考虑引入更多影响因素，考虑数据流通的广度 D_b 和深度 D_d。假设资源配置效率 E 还受到数据流通广度 D_b（即数据覆盖到的市场、行业的数量）与深度 D_d（数据的颗粒度和分析深度）的双重影响：

$$E = f(D_b, D_d) \tag{9-1}$$

$$GDP = g(D_b, D_d) \tag{9-2}$$

假设 g 是 GDP 的多元函数，体现在边际效益上。因此，GDP 的变化可以通过微分方程求出：

$$\mathrm{d}GDP = \frac{\partial g}{\partial D_b}\mathrm{d}D_b + \frac{\partial g}{\partial D_d}\mathrm{d}D_d \tag{9-3}$$

算例分析：假设数据流通广度 D_b 增加 0.1 单元，边际效益为 50，深度 D_d 增加 0.1 单元，边际效益为 70。计算 GDP 的变化：

$$\mathrm{d}GDP = 50 \times 0.1 + 70 \times 0.1 = 12$$

2. 促进市场竞争

假设存在一个完全竞争市场，在该市场竞争模型中，考虑新企业进入市场存在进入壁垒 B 和市场透明度 T，而企业通过数据流通率 D 的增加能够有效降低市场进入壁垒并提高市场透明度。该模型表示为：

$$C = h(D, B, T) \tag{9-4}$$

进一步，我们加入市场透明度的影响，重新定义企业数量作为市场竞争激烈程度的函数：

$$C = \beta \times D - \gamma \times B + \delta \times T \tag{9-5}$$

其中，β、γ、δ 为权重系数。

3. 个性化服务

拓展个性化服务模型，设置服务质量 F 作为数据流通率 D、用户反馈信息 U 和市场动态 M 的函数：

$$F = j(D, U, M) \tag{9-6}$$

服务质量的变化由方程（9-7）给出：

$$\mathrm{d}F = \frac{\partial j}{\partial D}\mathrm{d}D + \frac{\partial j}{\partial U}\mathrm{d}U + \frac{\partial j}{\partial M}\mathrm{d}M \tag{9-7}$$

（二）隐私风险的现实挑战

1. 个人信息泄露

下面对现有的风险评估模型进行优化升级，使其更加复杂化和精细化。具体而言，就是在模型中引入两个关键因素，即外部安全措施 S 和内部管理效率 I，着重考量它们对数据泄露概率以及泄露后可能造成的损失所产生的影响 E_{lose}。通过这样的改进，模型能够更贴合实际情况，为隐私保护决策提供更具针对性和可靠性的依据。

$$E_{lose} = P(S, I) \times L \tag{9-8}$$

综合公式为：

$$E_{lose} = (1 - \alpha S) \times (1 - \beta I) \times P_0 \times L \tag{9-9}$$

2. 数据滥用

考虑数据分类的敏感性 S_s 和用户知情同意程度 A 对数据滥用的影响：

$$U = q(S_s, A) \tag{9-10}$$

影响数据滥用程度的因素可以进一步细分：

$$D = k \times S_s - m \times A + \epsilon \tag{9-11}$$

3. 深度挖掘隐私

引入多维保护措施（如物理、技术、管理措施）对隐私保护的影响：

$$R = \alpha I - \beta M_p \tag{9-12}$$

（三）数据保护的法律与伦理框架

1. 法律法规建设

增加法律执行力度 L_e 和国际合作水平 C_i 的影响：

$$F(X_i) = p(X_i, L_e, C_i) \tag{9-13}$$

2. 伦理原则

伦理原则的多元模型将考虑原则兼容性 C 和实践预算 B：

$$T = \sum_{i=1}^{n} (E_i + \theta \times C_i - \lambda \times B_i) \tag{9-14}$$

二、隐私保护与数据流通的博弈分析

（一）博弈模型基本假设

增加时间动态因素 Δ_t，使参与者的策略随时间调整：

$$S_t^* = \arg\max_{S_t} [U_t(S_t) - C_t(S_t, \Delta_t)] \tag{9-15}$$

（二）博弈行为分析

1. 策略选择

评估时间因素和政策调整对策略的长期影响：

$$S_{t+1} = f(S_t, \Delta_t, P_t) \tag{9-16}$$

2. 平衡点寻找

多重博弈并行分析，设置为动态均衡：

$$U_i(S_i^*, S_{-i}^*, \Delta_t) \geq U_i(S_i, S_{-i}^*, \Delta_t) \quad \forall S_i \qquad (9-17)$$

（三）博弈模型基本假设扩展

1. 参与者

在原有参与者的基础上，考虑参与者间的交互效应，可以通过引入矩阵形式的交互效应来体现。假设用一个交互矩阵 A 表示各参与者之间的影响程度，其中 a_{ij} 表示第 i 个参与者对第 j 个参与者的影响。

$$A = \begin{bmatrix} a_{11} & a_{12} & a_{13} & a_{14} & a_{15} \\ a_{21} & a_{22} & a_{23} & a_{24} & a_{25} \\ a_{31} & a_{32} & a_{33} & a_{34} & a_{35} \\ a_{41} & a_{42} & a_{43} & a_{44} & a_{45} \\ a_{51} & a_{52} & a_{53} & a_{54} & a_{55} \end{bmatrix} \qquad (9-18)$$

2. 目标与策略

扩展参与者的效用函数，考虑多级效用函数 U_i 和多个目标函数 G_i，例如：

$$U_i = w_i^1 \times G_i^1(S) + w_i^2 \times G_i^2(S) + \cdots + w_i^n \times G_i^n(S) \qquad (9-19)$$

其中，w_i^k 是参与者 i 对于目标 k 的权重。

3. 收益与成本

模型拓展引入动态调整项 Δ_t，表示收益 $Benefit_t$ 和成本 $Cost_t$ 随时间 t 变化，并受到市场波动和政策调整的影响：

$$Benefit_{t+1} = Benefit_t + \Delta R_t; Cost_{t+1} = Cost_t + \Delta C_t \qquad (9-20)$$

（四）博弈行为分析

1. 策略选择

考虑贝尔曼方程在策略选择中的应用，通过动态规划求解最优策略：

$$V(S_t) = \max_{S_t}\left[U_t(S_t) - C_t(S_t) + \beta \times V(S_{t+1}) \right] \qquad (9-21)$$

其中，$V(S)$ 是在策略 S 下的长期价值函数，β 是折扣因子。

2. 算例分析

假设存在一个简单的用户和企业的博弈场景，参与者包括两个角色，用户 U 和企业 C，用户希望最大化隐私和体验，而企业希望最大化数据收集和合法性。用户策略为 $S_U \in \{s_{U1}, s_{U2}\}$，企业策略为 $S_C \in \{s_{c1}, s_{c2}\}$。

用户的效用和企业的成本分别为：

$$U_U(S_U, S_C) = \begin{cases} 3, & 若(S_U, S_C) = (s_{U1}, s_{C1}) \\ 2, & 若(S_U, S_C) = (s_{U1}, s_{C2}) \\ 4, & 若(S_U, S_C) = (s_{U2}, s_{C1}) \\ 1, & 若(S_U, S_C) = (s_{U2}, s_{C2}) \end{cases} \qquad (9-22)$$

$$C_C(S_U, S_C) = \begin{cases} 2, & 若(S_U, S_C) = (s_{U1}, s_{C1}) \\ 3, & 若(S_U, S_C) = (s_{U1}, s_{C2}) \\ 1, & 若(S_U, S_C) = (s_{U2}, s_{C1}) \\ 4, & 若(S_U, S_C) = (s_{U2}, s_{C2}) \end{cases} \qquad (9-23)$$

为了找到平衡策略组合，我们求解：

$$S_t^* = \arg\max_{(S_U, S_C)}\left[U_U(S_U, S_C) - C_C(S_U, S_C) \right] \qquad (9-24)$$

通过计算，我们可以得到最佳策略组合为 $(s_{\{U2\}}, s_{\{C1\}})$，此时：

$U_U(s_{U2}, s_{C1}) - C_C(s_{U2}, s_{C1}) = 4 - 1 = 3$

这种策略选择和效用优化的博弈分析，揭示了用户和企业在隐私保护与数据流通中的相互影响，从而可以制定更全面的政策和策略。通过不断调整策略和分析收益/成本关系，不同参与者能够在不断变化的市场条件下找到合适的平衡点。

（五）策略优化与协调

1. 技术手段

探索当前和未来可行的技术手段，例如同态加密、联邦学习等。将这些技术的效用表示为技术效用函数 T_i，其目的是实现隐私保护与数据流通的平衡。为了定量分析技术手段的选择，本研究设置一个优化问题，其中 $D(T_i)$ 表示数据流通的效用，$P(T_i)$ 表示隐私保护的效用：

$$\max_{T_i} [D(T_i) + P(T_i)] \qquad (9-25)$$

算例分析：假设在同态加密 T_1 和联邦学习 T 两个技术方案中进行选择。同态加密的效用为：$D(T_1) = 5$，$P(T_1) = 8$；联邦学习的效用为：$D(T_2) = 6$，$P(T_2) = 7$。则每个方案的总效用为：$D(T_1) + P(T_1) = 5 + 8 = 13$；$D(T_2) + P(T_2) = 6 + 7 = 13$。

在这种情况下，两种技术手段在总效用上是等价的。决策者可能需要考虑额外的因素，如实现成本或实际应用场景，来选择最优方案。

2. 法律与合规工具

引入创新的法律工具和合规机制，如数据共享许可证、隐私影响评估，目标是实现法律合规和效率最大化。假设法律工具和合规机制的效果分别为 L_i 和 C_i，则目标效用为：

$$\max \left(\sum_{i=1}^{n} L_i + \sum_{i=1}^{m} C_i \right) \qquad (9-26)$$

算例：设三种法律工具 (L_1, L_2, L_3) 分别为 2、3、4，两种合规机制 (C_1, C_2) 分别为 5、3，则：$\sum_{i=1}^{n} L_i = 2 + 3 + 4 = 9$，$\sum_{i=1}^{m} C_i = 5 + 3 = 8$，$U_{total} = 9 + 8 = 17$。

法律与合规工具的组合安排可以通过增加某个具体工具或者优化配置，实现总效用最大化。

3. 社会伦理规范

建立社会层面的数据伦理规范，可以提高公众对数字经济的信任度。我们可以将其效用表示为一个函数 E_s，依赖于社会教育和公益活动：

$$E_s = f(E, Pub) \qquad (9-27)$$

假设数据伦理规范函数与教育参与率以及公益活动参与度关系如下：

$$E_s = 0.6 \times \{教育参与率\} + 0.4 \times \{公益活动参与度\} \qquad (9-28)$$

算例：假设教育参与率提高到 80%，公益活动参与度为 60%，则：

$$E_s = 0.6 \times 80 + 0.4 \times 60 = 48 + 24 = 72$$

高效的社会教育和公益活动能够提高数据伦理水平，从而提升公众对隐私保护措施的信任度。通过综合使用技术、法律和社会手段，策略优化与协调能够在提高数据使用效能的同时，增强隐私保护和社会信任。这些分析和算例不仅帮助识别最佳实践策略，还为政策制定者提供重要的决策依据。本模型全面评估了数据流通对隐私保护策略的影响，并通过博弈模型分析不同参与者的策略选择，为实现数据流通与隐私保护的平衡提供了理论依据和实证支持。随着技术的不断进步和法律法规的完善，数据流通与隐私保护将逐步实现优化、协调、共赢的局面。

第二节　隐私保护框架设计与动态均衡机制模型构建

在这个由数据驱动的时代，隐私保护已成为全球性的焦点，这不仅是一个技术挑战，更是涉及社会伦理、法律和经济多个维度的复杂问题。首先，必须认识到，数据流通与隐私保护本质上是一对相互促进又相互制约的矛盾体，促进社会创新和经济增长的同时，也可能引发个人隐私的前所未有的威胁。其次，设计隐私保护框架的复杂性源于技术的飞速发展与法律法规更新的滞后，云计算、人工智能、物联网等新兴技术带来了隐私保护的新挑战，而数据的跨境流通则给法律实施带来了额外的难题。再次，考虑到经济和社会的复杂性，企业和组织在保护隐私和最大化数据价值之间需要找到平衡点，这要求我们构建一种能够适应环境变化、平衡不同利益相关者需求的动态均衡机制。面向未来，隐私保护框架的设计应基于灵活性、全面性、参与性和透明性原则，加入如人工智能、区块链等新技术元素，并强化国际合作，以建立共享的隐私保护标准和机制。隐私保护框架设计与动态均衡机制模型构建是一项系统工程，需整合技术、法律、经济和社会知识，以在保护个人隐私和促进社会进步之间找到一条可持续发展的路径。为此，本书基于扎根理论，构建了一个既保护个人隐私又促进数据合理利用的更加完善的隐私保护体系（见表9-1），涉及的类别包括用户行为、平台机制、法律法规、技术手段、社会文化、企业责任。

表 9 - 1　　隐私保护框架体系

类别	子类别	关键概念	关系	动态过程
用户行为	隐私认知	隐私风险感知、隐私保护重要性认知	用户行为与平台机制	用户如何评估和选择隐私设置
	保护行为	设置隐私权限、查看数据使用情况、删除个人数据	用户行为与技术手段	用户如何利用技术手段保护隐私
	信息共享	信息选择性共享、信息管理策略	用户行为与社会文化	用户根据社会文化背景调整隐私设置
平台机制	隐私政策	透明度、数据使用规则、用户数据权利声明	平台机制与法律法规	平台如何根据法律法规调整隐私政策
	隐私工具	隐私设置、数据访问控制、数据删除工具	平台机制与用户行为	平台如何设计用户友好的隐私工具
	数据管理	数据加密、数据备份、数据审计	平台机制与技术手段	平台如何利用技术手段加强数据管理
法律法规	国内法规	《中华人民共和国网络安全法》《中华人民共和国个人信息保护法》	法律法规与平台机制	法律法规如何推动平台加强隐私保护
	国际法规	GDPR、CCPA	法律法规与企业责任	国际法律法规如何影响跨国企业的隐私保护策略
技术手段	加密技术	数据传输加密、数据存储加密	技术手段与平台机制	技术手段如何融入平台的隐私保护策略
	访问控制	个性化隐私设置、权限管理	技术手段与用户行为	访问控制工具如何影响用户的隐私设置选择
	隐私审计	数据审计、合规性检查	技术手段与法律法规	隐私审计工具如何帮助企业遵守法律法规
社会文化	社会背景	社会信任度、文化差异	社会文化与用户行为	用户如何在不同社会文化背景下调整隐私保护行为
	社会习惯	信息分享的习惯、隐私保护的认知	社会文化与平台机制	平台如何根据不同社会文化的习惯设计隐私政策
企业责任	伦理责任	企业的道德义务、用户数据的保护责任	企业责任与法律法规	企业如何履行法律法规规定的隐私保护责任
	经济利益	企业通过隐私保护提升品牌形象、增加用户信任	企业责任与用户行为	企业如何通过隐私保护措施增强用户信任和市场竞争力

一、隐私保护的现状和挑战

（一）技术进步与隐私保护的冲突

技术进步在带来便利和发展的同时，也引发了隐私保护的诸多挑战。大数据、云计算、人工智能、机器学习以及物联网等新技术的兴起，给个人隐私带来了前所未有的威胁。

1. 大数据技术和云计算对隐私的影响

大数据技术和云计算的兴起给隐私保护带来了新的挑战。大数据技术能够分析、处理海量数据集，从中挖掘出有价值的信息，为企业提供个性化的服务，提高经济效益和用户体验。然而，大数据的应用也可能导致敏感信息泄露的风险。随着个人数据被大规模收集和分析，用户的隐私权受到了挑战，个人信息的安全性面临着严峻考验。云计算作为储存和处理巨量数据的平台，通常涉及多个数据中心和跨境数据流通。虽然云计算提供了高效、灵活的数据存储和处理服务，但数据在全球范围内的传播也增加了隐私泄露的风险。数据可能会因为存储或传输过程中的漏洞而遭到非法获取或篡改，进而对用户的隐私安全构成威胁。

2. 人工智能和机器学习带来的隐私识别与保护挑战

人工智能（AI）和机器学习（ML）算法的广泛应用给隐私保护带来了新的挑战。这些算法能够从海量数据中识别出复杂的模式，为医疗、金融等领域提供智能化的解决方案，为社会带来了深远的影响。然而，AI/ML对大量个人数据的依赖性，尤其是在没有适当隐私保护措施的情况下，可能引起个人身份泄露或被误用的问题。在 AI 和 ML 的应用中，个人数据往往是模型训练的基础。如果这些数据没有得到充分的保护，可能会被用于不当用途，如个人信息的售卖、滥用个人隐私等。此外，一些先进的 AI 技术甚至可以从表面看似无关的数据中推断出个人的敏感信息，进一步加剧了隐私泄露的风险。

3. 物联网技术中的隐私保护问题

物联网（IoT）技术的快速发展为人们的生活带来了巨大便利，但同时也带来了前所未有的个人隐私保护问题。物联网通过在日常物体中嵌入传感器和网络连接，将它们转变为数据收集和交互的智能设备。这导致了前所未有的个人生活细节被收集，从家庭安全摄像头到智能手表，若没有适当的安全措施，私人生活可能轻易被暴露。随着物联网设备的普及，个人隐私面临的风险也在增加。由于缺乏统一的安全标准和隐私保护机制，许多物联网设备存在着安全漏洞，容易受到黑客攻击或数据泄露的威胁。此外，物联网设备所收集的大量个人数据可能被用于商业目的或被不法分子滥用，进一步加剧了个人隐私保护的难度。

随着大数据、云计算、人工智能、机器学习和物联网等技术的不断发展，隐私保护面临着越来越多的挑战。为了更好地保护个人隐私权益，需要加强对新技术的监管和规范，建立起完善的隐私保护机制，促进技术与隐私保护的平衡发展。

（二）法律法规与伦理准则的滞后

隐私保护领域的法律法规和伦理准则的滞后已经成为当前社会面临的严重问题。在全球范围内，各国对隐私保护的法律标准存在差异，跨境数据传输面临着法律挑战，同时隐私伦理在技术进步中的角色也备受关注。以下将深入探讨这些问题，并提出相应的解决方案。

1. 各国对于隐私保护的法律差异

隐私保护在全球范围内缺乏统一的标准或法律，各国在隐私定义、数据使用权和用户同意权等方面存在重大差异。例如，欧盟的《通用数据保护条例》（GDPR）对个人数据的保护要求非常严格，而美国则更注重企业的自我管理和行业自律。这种法律差异给跨国公司的合规和数据管理带来了巨大挑战，使得它们需要同时满足来自不同国家的法律要求，增加了运营成本和法律风险。解决这一问题的关键在于加强国际合作与协调。各国可以通过国际组织或双边协议等方式加强沟通与协作，促进隐私保护法律的统一与协调，建立起跨国数据流动的合理规则和机制，实现全球范围内的隐私保护。

2. 跨境数据传输面临的法律挑战

随着互联网和全球化经济的发展，数据跨境流动已成为常态。企业和组织在处理跨境数据时必须应对多个法律的合规要求，这给他们带来了巨大的法律挑战。例如，欧盟的 GDPR 对跨境数据传输提出了严格的要求，要求数据传输方必须确保接收方国家的数据保护水平与欧盟相当。为了应对这一挑战，企业和组织需要加强对国际隐私法规的了解和遵守，建立起合规的数据管理机制，确保数据的安全传输和处理。同时，各国政府也应加强跨国合作，制定统一的跨境数据传输规则和标准，为企业和组织提供更加清晰和稳定的法律环境。

3. 隐私伦理在技术进步中的角色

随着技术的快速进步，隐私保护面临着越来越多的挑战，依靠法律独自保障隐私已经不够。伦理原则提供了决策的道德指导，对于引导科技发展和应用具有重要意义。在技术领域，伦理问题往往涉及数据使用的合理性、个人权益的尊重以及社会责任的承担等方面。为了更好地应对技术进步中的隐私保护挑战，需要建立起健全的隐私伦理框架，加强对科技工作者和决策者的伦理教育和培训，提高他们的伦理意识和责任感。同时，也需要积极引导企业和组织将伦理原则融入技术研发和应用中，制定和遵守相关的伦理准则和规范，确保技术的发展不会伤害到个体的隐私权益。可见，法律法规与伦理准则的滞后已经成为当前社会面临的严重问题。

为了更好地保护个人隐私权益，各国政府、企业和组织需要加强合作与协调，制定统一的隐私保护法规和跨境数据传输规则，同时也需要加强对伦理原则的重视和应用，建立起健全的隐私伦理框架，引导科技发展和应用符合道德和社会责任要求。

（三）经济利益与隐私权益的冲突

随着数字化时代的到来，经济利益与个人隐私权益之间的冲突日益突出。企业为了追求经济利益，常常收集和利用个人数据，而消费者则越来越关注自身隐私权益的保护。同时，个性化服务的需求也对隐私与服务定制之间的平衡提出了新的挑战。以下将深入探讨这些问题，并提出相应的解决方案。

1. 企业收集和利用个人数据的经济动机

对于许多企业来说，收集个人数据和分析用户行为是他们的核心商业模式。这些数据可以用来提高广告定向的准确性、改进产品设计或开发新服务，从而增加企业的竞争力和盈利能力。然而，这种利用个人数据的经济动机常常会与用户的隐私预期相冲突。用户可能并不希望自己的个人数据被无节制地收集和利用，而企业则可能因为经济利益而忽视用户的隐私权益。为了解决这一冲突，企业需要更加重视用户的隐私权益，加强对个人数据合法、透明和安全的管理。企业应当建立起健全的隐私政策和数据保护机制，保障用户的隐私权益不受侵犯。同时，监管部门也应加强对企业数据收集和利用行为的监督和管理，确保企业在追求经济利益的同时，不损害用户的隐私权益。

2. 消费者隐私权益的保护需求

随着公众对隐私问题的认识提高，消费者对自己的数据如何被收集、使用和保护越来越关注。他们要求更多的透明度和控制权，以及当个人数据被滥用时的救济途径。然而，在现实中，许多消费者并不清楚自己的个人数据被哪些企业收集和利用，也不知道如何行使自己的隐私权益。为了保护消费者的隐私权益，需要加强对隐私保护的法律法规和监管力度。政府应当制定更加严格和明确的隐私保护法律，规范企业的数据收集和利用行为，保护消费者的隐私权益不受侵犯。同时，企业也应当加强对用户隐私的保护，提高对隐私政策的执行力度，保障用户的隐私权益不受侵犯。

3. 隐私与服务定制间的平衡

个性化服务的兴起给隐私与服务定制之间的平衡带来了新的挑战。个性化服务需要处理个人数据来提供优化的用户体验，这形成了一个隐私与便利间的权衡。用户往往愿意分享数据以获得定制服务，但他们也希望其数据得到妥善处理并采取适当的保护措施。为了解决这一平衡问题，需要建立起合理的隐私保护机制和服务定制规则。企业在提供个性化服务时应当充分尊重用户的隐私权益，明确告知用户个人数据的收集和利用目的，并征得用户的明示同意。同时，用户也应当增强对个人数据的保护意识，谨慎选择分享个人数据的范围和方式，确保自己的隐私权益不受侵犯。

综上所述，经济利益与隐私权益之间的冲突是当前社会面临的一个重要问题。为了更好地解决这一问题，需要加强对隐私保护的法律法规和监管力度，提高企业和消费者对隐私问题的认识和重视程度，建立起合理的隐私保护机制和服务定制规则，实现经济利益与隐私权益的平衡发展。

二、隐私保护框架设计的关键原则与技术

（一）隐私保护框架的设计原则

隐私保护框架的设计原则是确保个人数据得到合理、安全和透明的处理和管理的基础。

1. 最小化数据收集原则

最小化数据收集原则强调只收集完成特定功能或服务所必要的数据。这意味着企业在设计产品或服务时应考虑隐私保护，避免收集不必要的个人数据，以降低数据泄露的风险和对个人隐私的侵犯。通过最小化数据收集，可以减少数据的存储和处理成本，同时降低用户数据被滥用的可能性。在实践中，最小化数据收集原则要求企业对数据收集目的进行明确界定，并仅收集与该目的直接相关的数据。例如，在一个电子商务网站上，如果用户仅需要提供姓名、地址和支付信息来完成购物交易，那么网站就不应该额外收集与交易无关的个人信息，如性别、年龄等。

2. 数据透明性与用户控制

数据透明性与用户控制原则要求用户能够清楚地了解其数据如何、为何被收集和使用。给予用户对自己个人信息的控制权是建立信任的基础，这包括允许用户访问、更正甚至删除自己的数据。企业应当提供清晰易懂的隐私政策和条款，向用户说明数据收集和使用的目的、范围和方式，并在必要时取得用户的明示同意。为了实现数据透明性与用户控制，企业可以采取一些技术手段，如用户数据仪表板、隐私设置界面等。通过这些工具，用户可以随时查看自己的数据被收集和使用情况，并根据个人偏好对数据进行管理和控制。

3. 数据安全性和访问限制

数据安全性是隐私保护的核心要素之一。企业必须实施强有力的安全措施，如加密、访问控制和定期审计，以防止数据泄露或未经授权的访问。数据安全措施应当覆盖数据的整个生命周期，包括数据的采集、传输、存储和处理等环节。在实践中，数据安全性和访问限制原则要求企业建立起完善的信息安全管理体系，并确保其能够及时应对各种安全威胁和风险。

例如，企业可以通过加密技术保护数据的机密性，通过访问控制技术限制数据的访问范围，通过安全审计技术监控数据的使用情况，从而确保数据安全和隐私保护的有效实施。

综上所述，隐私保护框架的设计原则是确保个人数据得到合理、安全和透明的处理和管理的基础。最小化数据收集、数据透明性与用户控制以及数据安全性和访问限制是其中的重要原则，它们需要在法律、技术和管理等多个层面得到有效的落实和实施，以保障个人隐私权益不受侵犯，促进数字经济的健康发展。

（二）隐私增强技术

隐私增强技术（privacy enhancing technologies，PETs）是指那些旨在增强个人隐私保护的技术手段和工具。在数字化时代，隐私保护面临着越来越多的挑战，而隐私增强技术的出现为解决这些挑战提供了新的途径和可能性。以下是几种主要的隐私增强技术及其应用。

1. 加密技术

加密技术是保护个人数据安全的重要手段之一。它通过对数据进行加密处理，确保数据在传输过程中的安全性和在存储时的保密性，使得即便数据被截获，未经授权也无法读取其中的内容。端到端加密是目前广泛使用的一种加密方式，它通过在数据传输的两端分别进行加密和解密，保护了数据在传输过程中的安全性。除了端到端加密，还有许多其他类型的加密技术被广泛应用于数据保护中，如对称加密、非对称加密和哈希函数等。这些加密技术在保护个人隐私和数据安全方面发挥着重要作用，为用户提供了更加安全和可靠的数据保护机制。

2. 匿名化和数据脱敏技术

匿名化和数据脱敏技术是另一类常用的隐私增强技术。通过对数据进行匿名化处理，可以在不泄露用户身份的情况下使用数据进行分析和处理。常见的匿名化技术包括数据删除、数据遮蔽、数据替换等方法，它们可以有效地降低个人隐私泄露的风险，同时允许数据的统计学和研究利用。除了匿名化技术，数据脱敏技术也是保护个人隐私的重要手段之一。数据脱敏是指通过对数据进行转换、删除或修改等处理，使得原始数据中的个人身份和敏感信息无法被直接识别。常见的数据脱敏技术包括数据加密、数据泛化、数据扰动等方法，它们可以有效地保护个人隐私，同时保持数据的可用性和有效性。

3. 分布式账本技术（如区块链）

分布式账本技术，尤其是其中的区块链技术，是近年来备受关注的一种新兴技术，它提供了一种不可更改且去中心化的数据管理方法。区块链技术通过将数据存储在网络中的多个节点上，并使用密码学算法进行加密和验证，实现了数据的透明性、安全性和去中心化管理。区块链技术具有许多与隐私保护相关的特性，使得它成为隐私保护的有力工具。首先，区块链技术保证了数据的不可篡改性，任何数据一旦被记录在区块链上就无法被篡改或删除，这有助于确保数据的完整性和真实性。其次，区块链技术提供了匿名性和隐私保护功能，用户可以通过匿名地址进行交易，不需要透露个人身份信息。此外，区块链技术还提供了智能合约功能，可以在不泄露用户隐私的情况下执行合同和交易。尽管区块链技术在隐私保护方面具有很大的潜力，但也面临着一些挑战和限制，如性能、可扩展性和法律监管等方面的问题。因此，在实际应用中需要权衡利弊，选择适合具体场景的隐私增强技术和解决方案。

综上所述，隐私增强技术在保护个人隐私和数据安全方面发挥着重要作用。加密技术、匿名化和数据脱敏技术以及分布式账本技术（区块链）等技术手段为个人隐私保护提供了多种选择，有助于构建更加安全、透明和可信的数字化环境，促进隐私权益和经济发展的良性互动。

（三）用户参与和教育

隐私保护不仅是企业和监管机构的责任，也需要用户自身积极参与和意识到隐私保护的重要性。提高用户隐私意识和促进用户参与隐私保护实践，是构建安全可信数字环境的关键一环。

1. 提高用户隐私意识的重要性

用户隐私意识的提高是隐私保护的首要任务之一。让用户了解隐私的重要性和保护方法，能够促进他们作出更加明智的数据共享决策，从而保护个人隐私不受侵犯。企业可以通过提供教育资源和工具，帮助用户更好地管理自己的信息。这些教育资源可以包括隐私保护指南、在线课程、短视频、信息图表等形式，以便用户能够轻松地理解和掌握隐私保护知识。

隐私意识教育应当覆盖各个年龄段和社会群体，特别是儿童和青少年。通过向青少年普及隐私保护知识，可以帮助他们树立正确的网络安全意识，培养自我保护意识，预防网络欺凌和个人信息泄露等问题的发生。

2. 用户在隐私保护中的参与

除了提高用户隐私意识，还应鼓励用户积极参与到隐私保护实践中来。用户参与隐私保护不仅可以有效地保护个人隐私，还可以促进用户对企业的信任和忠诚度。例如，利用隐私偏好设置，用户可以根据自己的需求和想法调整数据分享程度，选择是否分享个人信息和数据，并设置访问权限和数据使用范围。此外，企业还可以通过用户参与式设计等方式，让用户参与到产品和服务的开发过程中来，以确保其隐私需求和偏好得到充分考虑和尊重。通过用户反馈和建议，不断改进产品和服务的隐私保护功能，提升用户体验和满意度。

3. 隐私保护教育的实施策略

隐私保护教育的实施需要制定全面而系统的策略和计划，涵盖不同的年龄和背景群体，并采取多种形式和渠道进行宣传和教育。

（1）跨领域教育。隐私保护教育应贯穿于不同环境中，包括学校、工作场所、社区等。在学校中，可以将隐私保护知识纳入课程内容，组织专题讲座和辩论赛等活动；在工作场所可以组织员工培训和内部宣传活动，提高员工对隐私保护的重视和意识。

（2）多样化形式。隐私保护教育可以采取多种形式，如线上课程、研讨会、社交媒体宣传等。通过多样化教育形式，满足不同用户群体需求和偏好，提高教育效果和覆盖范围。

（3）社会共治。隐私保护是一个社会共治的问题，需要政府、企业、学校、家庭和个人共同参与。政府应当加强对隐私保护教育的引导和监督，企业应当提供相关教育资源和工具，学校和家庭应当共同培养学生正确的隐私保护意识和行为习惯。

（4）持续改进。隐私保护教育是一个持续改进的过程，需要不断调整和完善教育策略和方法。通过定期评估和反馈，及时调整教育内容和方式，以适应不断变化的隐私保护需求和环境。可见，提高用户隐私意识意识和促进用户参与隐私保护实践，是构建安全可信数字环境的关键一环。隐私保护教育应该跨越年龄和背景，采取多种形式和渠道进行宣传和教育，实现政府、企业、学校、家庭和个人共同参与，共同维护个人隐私权益和数字经济的健康发展。

三、动态均衡机制模型构建

动态均衡机制是在不断变化的环境中，通过调整和适应，达到各方都能接受的平衡状态的一种机制。在隐私保护领域，动态均衡机制涉及个人、企业和政府之间的相互作用，旨在保障个人隐私权益的同时，兼顾社会公共利益和商业需求。

（一）模型框架

设动态均衡模型由以下主要变量组成。（1）参与者：个人 U、企业 E、政府 G 三方。（2）目标函数：各方在隐私保护中的利益最大化。个人目标是最大化隐私保护水平 P_U；企业目标是商业利益 $\prod_E$ 最大化，同时隐私泄露风险 R_E 最小化；政府目标是社会公共利益最大化 S_G，同时监管成本 C_G 最小化。（3）动态变量：环境变化 θ，包括技术进步、法律法规变化、社会文化变迁等。（4）均衡状态：各方在动态调整中达到的稳定平衡点 $(P^*, \prod^*, S^*)$。

（二）数学模型

设模型为一个动态博弈系统，其中：

个人效用函数为：

$$U(P_U, \theta) = \alpha_P \times P_U - \alpha_R \times R_E + \delta_U(\theta) \qquad (9-29)$$

其中，α_P 为隐私保护水平的权重，α_R 为隐私泄露风险的权重，$\delta_U(\theta)$ 为环境变化对个人效用的影响。

企业利润函数为：

$$\prod_E(P_U, R_E, \theta) = \beta_\prod \times \prod_E - \beta_R \times R_E - \beta_C \times C_E(P_U) + \delta_E(\theta)$$

$$(9-30)$$

其中，β_Π 为商业利益的权重，β_R 为隐私泄露风险的权重，β_C 为隐私保护成本的权重，$C_E(P_U)$ 为企业在隐私保护上的成本，$\delta_E(\theta)$ 为环境变化对企业利润的影响。

政府社会效用函数：

$$S_G(P_U, R_E, \theta) = \gamma_S \times S_G - \gamma_R \times R_E - \gamma_C \times C_G(P_U) + \delta_G(\theta) \quad (9-31)$$

其中，γ_S 为社会公共利益的权重，γ_R 为隐私泄露风险的权重，γ_C 为监管成本的权重，$C_G(P_U)$ 为政府在隐私保护上的监管成本，$\delta_G(\theta)$ 为环境变化对政府效用的影响。

（三）动态均衡条件

在均衡状态下，各方的策略调整达到稳定，即：

$$\frac{\partial U}{\partial P_U} = 0, \frac{\partial \prod_E}{\partial R_E} = 0, \frac{\partial S_G}{\partial P_U} = 0 \quad (9-32)$$

通过求解由式（9-29）~式（9-32）构成的方程组，可以得到均衡状态下的隐私保护水平 P^*、企业利润 $\prod^*$ 和社会公共利益 S^*。在此基础上，提出优化策略。例如，个人需要提高隐私保护意识，推动隐私保护技术的普及；企业需要优化隐私保护措施，降低隐私泄露风险；政府需要完善法律法规，降低监管成本，促进社会公共利益最大化。

（四）环境变化的影响

环境变化 θ 对均衡状态的影响通过以下方式体现：首先，技术进步可能降低隐私保护成本 $C_E(P_U)$ 和监管成本 $C_G(P_U)$，同时增加隐私泄露风险 R_E。其次，法律法规更新可能增加企业的合规成本 $C_E(P_U)$，同时提高隐私保护水平 P_U。再次，社会文化变迁可能改变个人对隐私保护的重视程度，从而影响效用函数 $U(P_U, \theta)$。

（五）小结

该动态均衡机制模型通过量化个人、企业和政府的利益诉求，结合环境变化的影响，提供了一个分析隐私保护均衡状态的理论框架。通过模型的求解和优化，可以为隐私保护策略的制定和实施提供科学依据，促进个人隐私权益、企业商业利益和社会公共利益的动态平衡。

四、动态均衡机制下的利益相关者分析

1. 利益相关者分析

在构建均衡机制时，需要全面分析和考虑所有利益相关者的目标、资源和能力。利益相关者包括个人、企业、政府以及其他社会组织和机构。理解它们的动机、利益诉求和压力来源，有助于设计出更有效的隐私保护策略和措施。个人通常希望保护自己的隐私权益，防止个人信息被滥用或泄露。企业则追求利润最大化和市场竞争力，但同时也需要考虑用户的隐私需求和合规要求。政府则承担着监管和法律制定的责任，既要保护公民隐私权益，又要促进经济发展和社会稳定。

2. 环境变化对均衡机制的影响

环境变化对均衡机制的影响是不可忽视的。技术的进步、法律政策的更新、文化观念的转变等都会对隐私保护的均衡状态产生影响。例如，新的数据处理技术可能会提高个人数据的安全性，但同时也可能增加个人信息被滥用的风险；法律的修改和更新可能会加强个人隐私保护，但也可能对企业的数据业务造成影响。一个有效的均衡机制应当能够适应这些环境变化，并及时调整自身的策略和机制，以维护隐私保护的平衡状态。这需要各方之间的密切合作和沟通，以及监管机构的及时引导和监督。

可见，动态均衡机制的理论基础在于灵活性、适应性和多方利益平衡。通过对利益相关者的分析和环境变化的考量，可以构建出更加稳健和有效的隐私保护机制，促进个人隐私权益和社会发展的良性互动。

五、技术进化下的动态均衡机制

（一）技术变革的适应性机制

随着科技的迅猛发展，新技术的涌现不断改变着人们的生活和工作方式，同时也对隐私保护提出了新的挑战。在面对技术变革时，动态均衡机

制需要具备适应性，及时调整和更新隐私保护措施和策略，以应对新的隐私风险和威胁。

首先，均衡机制需要建立起对新技术发展的持续监测和快速反应机制。这意味着在技术和政策领域都需要具备敏锐的观察和评估能力，及时发现新技术可能带来的隐私问题，并迅速采取相应的措施进行应对。例如，随着物联网、大数据、人工智能等新技术的兴起，均衡机制需要不断审视和更新现有的隐私保护标准和政策，确保其仍然适用于新的技术环境。

其次，均衡机制需要建立起灵活的政策和机制，以适应技术变革带来的挑战。这包括对隐私保护法律和规范的快速响应和调整，以及对隐私保护技术和工具的及时更新和应用。例如，一些国家和地区已经开始采取针对新技术的隐私保护措施，如欧盟的《通用数据保护条例》就考虑了对人工智能和大数据等新技术的规范和限制。

（二）动态更新的隐私保护技术应用

随着技术的不断进步，新型的隐私保护技术不断涌现，为动态均衡机制提供了更多的选择和可能性。这些新技术不仅能够更好地应对当前的隐私挑战，还能够随着威胁的变化而自动调整和更新，保持隐私保护措施的有效性和及时性。其中，人工智能驱动的隐私保护技术尤为引人注目。通过利用人工智能算法对数据进行智能分析和处理，可以实现更精准、更高效的隐私保护。例如，基于深度学习的隐私保护模型可以自动识别和屏蔽个人身份信息，保护用户的隐私数据不被泄露；基于强化学习的隐私保护系统可以根据数据的特点和威胁的变化，自动调整保护策略和措施，提高隐私保护的效果和适应性。除了人工智能技术，还有其他动态更新的隐私保护技术，如密码学技术、区块链技术等。这些技术都具有自适应性和灵活性，能够根据环境的变化和威胁的演变，及时调整和更新保护措施，确保数据的安全和隐私。

（三）制度和政策的快速响应机制

随着技术和社会条件的不断变化，现有的法律制度和政策也需要不断更新和调整，以确保其仍然适用并能够有效保护个人隐私。因此，建立起制度和政策的快速响应机制是非常重要的。首先，政府和监管机构需要建立起敏捷的立法和政策制定机制，以应对技术发展带来的新挑战。这意味着政府部门需要加强与科技行业的沟通和合作，及时了解和掌握新技术的发展动态，及时调整和完善隐私保护的法律和政策框架。其次，企业和组织也需要建立起快速响应的内部机制，以适应新的法律和政策要求。这包括加强内部隐私保护意识和培训，建立起合规的数据管理和处理机制，及时调整和更新隐私保护措施和技术，以确保企业的合法经营和用户的隐私权益。

综上所述，面对技术进化的挑战，动态均衡机制需要具备适应性、灵活性和敏捷性。通过建立起对新技术的持续监测和快速反应机制，应用动态更新的隐私保护技术，以及建立起制度和政策的快速响应机制，可以更好地保护个人隐私权益，促进数字经济和社会的健康发展。

第三节 隐私泄露防范与动态补救措施策略的实施研究

在以数据生成者和数据收集者为主要角色的数据隐私保护框架设计中，围绕数据资源标准化、数据质量、权益分配等要素，可以建立一个综合的隐私保护框架，同时设计有效的隐私泄露防范机制模型。这样的框架可以从不同角度，如社交媒体决策、信息保险措施、委托—代理关系等，来探讨隐私保护的动态补救措施和数据要素流通与隐私保护的动态均衡机制。（1）针对社交媒体决策中的隐私保护问题，可在框架中设定相关规则和限制，要求数据生成者在发布数据时进行隐私标记或匿名处理，同时数据收集者需要遵守隐私政策和维护用户隐私权益。在这一角度下，可通过权限控制、隐私协议等方式明确各方责任，保障用户隐私。（2）针对信息保护措施方面，可以在框架中设置数据质量标准，要求数据生成者提供真实、准确的数据，以保障数据的完整性和可信度。同时，数据收集者需要建立数据审计机制，确保数据使用符合规定，并采取加密、脱敏等措施保护数据安全，从而有效防范隐私泄露风险。（3）从委托—代理角度看，隐私保护框架需约定委托方和代理方之间的隐私协议和监督机制，确保数据在流通过程中得到充分保护。委托方可对代理方进行权限管理和行为监控，同时代理方需遵守约定，保护数据的隐私性和安全性，从而建立信任关系，减少隐私泄露风险。（4）为实现数据要素流通和隐私保护的动态均衡机制，可考虑引入动态调整的隐私保护参数，在不同情境和需求下灵活调整隐私保护策略。同时，建立数据监控和安全审计机制，定期评估和改进隐私保护机制，以适应不断变化的数据环境和隐私保护需求，确保数据要素的安全流通和隐私保护的平衡。

通过以上措施，可以不断优化数据要素流通和隐私保护的动态均衡，促进数据的安全共享和隐私保护的有效实现。因此，从数据生成者和数据收集者角色出发，围绕数据标准化、质量、权益分配等要素，设计完善的隐私保护框架和防范机制模型，同时结合不同角度的动态补救措施和均衡机制，有助于构建更加健壮和可持续的数据隐私保护体系，推动数据要素的安全流通和隐私保护的协调发展。

一、隐私泄露防范措施

（一）技术安全防护手段的创新与应用

随着信息技术的不断发展，隐私泄露成为数据安全领域的重要挑战之一。为了有效防范隐私泄露，需要不断创新和应用技术安全防护手段。

1. 数据加密技术

数据加密是保护数据安全的重要手段之一。通过使用高级加密标准（AES）等技术，可以对存储和传输的数据进行加密，防止数据在传输过程中被窃取或篡改。安全套接字层（SSL）技术可以为数据传输提供安全通道，确保数据在网络上传输时的机密性和完整性。这些加密技术的应用可以有效保护用户的隐私数据，防止其被未经授权的访问和窃取。

2. 访问控制机制

访问控制是管理和控制用户对系统资源和数据访问权限的一种重要手段。基于角色的访问控制（RBAC）是一种常见的访问控制机制，通过将用户分配到不同的角色，并为每个角色分配相应的权限，实现对用户访问行为的精细化控制。最小权限原则可以帮助降低数据泄露的风险，确保只有被授权人员才能访问敏感数据，从而提高数据的安全性和保密性。

3. 入侵检测系统

入侵检测系统（IDS）是一种用于监测和识别网络中未经授权的访问尝试和恶意行为的安全工具。部署先进的入侵检测系统和异常行为监测可以帮助及时发现并阻断潜在的安全威胁，保护系统和数据免受未经授权的访问和攻击。这些系统通过监控网络流量、分析行为模式和检测异常活动等方式，提高了系统的安全性和防御能力，有助于防范隐私泄露和数据被窃取的风险。

以上这些技术安全防护手段的创新与应用，为有效防范隐私泄露提供了重要的保障。通过加密技术保护数据的机密性和完整性，通过访问控制机制限制用户对敏感数据的访问权限，通过入侵检测系统监测和识别潜在的安全威胁，可以有效提高系统和数据的安全性，保护用户的隐私权益。

（二）技术安全防护手段的未来发展趋势

随着信息技术的不断创新和发展，技术安全防护手段也在不断演进和完善。

1. 智能化和自适应性

随着人工智能和机器学习等技术的发展，智能化和自适应性的安全防护手段将成为未来的发展趋势。智能安全系统可以通过分析大量的数据和行为模式，识别并预测潜在的安全威胁，自动调整和优化安全策略和控制措施，提高安全防护的效率和精准度。

2. 多层次和综合化

未来的安全防护系统可能会采用多层次和综合化的安全措施，包括网络安全、终端安全、应用安全等多个方面的防护。通过建立起多层次的安全防护体系，可以从多个维度对系统和数据进行保护，提高安全性和可靠性。

3. 区块链技术的应用

区块链技术具有去中心化、不可篡改、可追溯等特点，可以为安全防护提供新的解决方案。未来，区块链技术可能会被广泛应用于数据安全领域，如身份验证、数据加密、安全审计等方面，为用户隐私和数据安全提供更加可靠的保障。

4. 量子安全技术的发展

随着量子计算技术的发展，传统的加密算法可能会面临被破解的风险。因此，未来的安全防护系统可能需要采用量子安全技术，如量子加密通信、量子密钥分发等，提供更加安全可靠的数据保护方案。

5. 生物识别技术的普及

生物识别技术可以识别独特的个体特征，如指纹、虹膜、声纹等，因此其可作为一种安全认证手段，提高系统和数据的安全性和可信度。在安防领域，企业和公共场所安装的门禁系统可以运用生物识别技术，只有经过授权的人员通过指纹、面部识别等方式才能进入，从而保障了场所内人员和财产的安全。在移动设备领域，智能手机普遍采用指纹解锁或面部识别解锁功能，让用户在便捷使用设备的同时，也为设备中的个人隐私数据提供了可靠的保护。

二、数据生命周期管理

数据生命周期管理是保障数据安全和合规的重要手段，涵盖了数据分类与分级、数据存储限制、数据销毁政策、数据备份与恢复、数据安全监控与审计等多个方面。通过有效管理和控制数据的整个生命周期，可以最大限度地保护数据安全，降低数据泄露和滥用的风险，实现数据的安全、合规和高效利用。

（一）数据分类与分级

数据分类与分级是数据生命周期管理的首要步骤之一。通过对数据的敏感性和重要性进行评估，对数据进行分类和分级管理。一般来说，数据可以分为公开数据、内部数据、敏感数据等不同级别。针对不同级别的数据，需要采取相应的保护措施和管理策略。例如，对于敏感数据，应实施严格的访问控制、加密保护等措施，以确保数据的安全性和保密性。

（二）数据存储限制

数据存储限制是指限制敏感数据的存储时间和位置，确保数据在存储过程中得到有效管理和保护。对于敏感数据，应采取措施限制其存储时间，及时清理和归档不再需要的数据，避免数据的过度积累和存储，降低数据泄露和滥用的风险。同时，未经加密的敏感数据不应离开安全的存储边界，避免数据在传输和存储过程中被未经授权地访问和窃取。

（三）数据销毁政策

数据销毁政策是数据生命周期管理中至关重要的一环。制定严格的数据销毁政策，包括确定数据销毁的条件、方式和流程，确保不再需要的数据得到安全彻底的销毁，避免遗留风险和数据泄露的可能性。数据销毁可以采用物理销毁和逻辑销毁相结合的方式，如磁盘破坏、数据擦除、加密删除等方法，确保数据被安全地清除，不可恢复。

（四）数据备份与恢复

数据备份与恢复是数据生命周期管理的重要组成部分。通过定期备份数据，可以保障数据的可用性和完整性，在数据发生意外损坏或丢失时，能够及时恢复数据，避免数据丢失对业务造成的影响。同时，备份数据也需要进行分类和分级管理，根据数据的重要性和敏感性确定备份策略和周期，确保关键数据的备份和恢复能力。

（五）数据安全监控与审计

数据安全监控与审计是保障数据安全的重要手段之一。通过建立数据安全监控系统，实时监测和检测数据的访问和使用情况，及时发现和阻止异常行为和安全威胁。同时，定期进行数据安全审计，检查数据访问权限和操作记录，查找潜在的安全风险和漏洞，及时进行修复和加固，提高数据安全性和防护能力。

三、法律合规与隐私政策

随着信息技术的迅速发展和数据的广泛应用，隐私保护已经成为全球范围内的重要议题。在数据生命周期管理中，法律合规与隐私政策是至关重要的一环，它们贯穿数据从收集、存储、使用、共享到销毁的每一个阶段，确保企业的各项数据活动不仅符合国家法律法规和行业监管要求，避免因违规行为而遭受处罚、诉讼和声誉损失，还能充分保障数据主体的隐私权和其他合法权益，从而在用户群体中树立起可靠、负责的形象，增强用户对企业的信任与忠诚度，为企业的可持续发展奠定坚实基础。

1. 合规性审核

合规性审核是确保企业隐私保护措施符合当地法律和国际规范的重要手段之一。企业应定期进行合规性审核，审查和评估隐私保护措施的有效性和合法性，及时调整和完善隐私政策和措施，确保其与相关法律法规和标准保持一致。合规性审核不仅包括对内部隐私保护措施的审查，还需要对外部合作伙伴和服务提供商的隐私保护措施进行评估和监督，确保数据在处理和交换过程中的安全和合规。

2. 隐私政策透明度

制定明确、易于理解的隐私政策是保护用户隐私权益的重要措施之一。隐私政策应该清晰地说明组织如何收集、使用、存储和保护用户的个人数据，以及用户可以享有的权利和选择。隐私政策应该遵循"透明度原则"，即让用户清楚地知道他们的个人数据将被如何使用，以及如何保护他们的隐私权益。通过制定透明度高的隐私政策，可以增强用户对企业的信任度，促进用户与企业之间的良好关系，有效保护用户的隐私权益。

3. 用户教育和培训

提供用户教育和培训是提高用户隐私保护意识和能力的重要途径之一。企业可以通过各种形式的教育和培训活动，向用户普及隐私保护知识，介绍隐私政策和措施，引导用户保护自己的隐私权益。这些教育和培训活动可以包括在线培训课程、宣传资料、社区活动等多种形式，旨在提高用户对隐私保护的认识和理解，增强他们的隐私防范技能，使其能够更好地保护个人数据免受未经授权的访问和使用。

4. 隐私合规技术工具

随着数据隐私法规的不断完善和加强，隐私合规技术工具的需求也在不断增加。这些技术工具包括隐私合规管理平台、数据保护工具、隐私信息管理系统等，可以帮助企业更好地管理和保护用户的个人数据，确保符合相关法律法规和标准。隐私合规技术工具可以提供数据加密、访问控制、隐私数据脱敏、数据审计等功能，帮助企业建立起健全的隐私保护体系，有效应对隐私合规挑战。

5. 隐私风险评估与管理

隐私风险评估与管理是企业保护用户隐私的重要手段之一。通过对数据处理过程中存在的潜在隐私风险进行评估和分析，制定相应的风险管理策略和措施，降低数据泄露和滥用的风险。隐私风险评估包括对数据收集、存储、传输、处理等环节的风险评估，识别和评估可能导致隐私泄露的因素和影响，为企业制定针对性的隐私保护措施提供参考依据。

综上所述，法律合规与隐私政策是保护用户隐私权益和确保数据安全的重要手段。通过合规性审核、制定透明度高的隐私政策、提供用户教育和培训、应用隐私合规技术工具、进行隐私风险评估与管理等措施，可以有效保护用户的隐私权益，提高企业的合规性和信任度。

四、动态补救措施

（一）及时响应与通报机制

1. 建立应急响应团队

建立应急响应团队是应对数据泄露事件的重要举措。这个团队应该由跨部门的专业人员组成，包括信息安全专家、法律顾问、公关专家等。他们应该接受过专业的培训，具备处理数据泄露事件所需的技能和经验。建立团队的同时，还应明确团队成员的责任和职责，确保事件发生时能迅速行动，有效应对和处理。

2. 事故通报程序

制定清晰的事故通报流程对于及时应对数据泄露事件至关重要。一旦发生数据泄露事件，企业应该立即启动事故通报程序，通知所有相关方，包括受影响的用户、监管机构、合作伙伴等。通报内容应该包括事件的性质、影响范围、应对措施等信息，确保信息被及时、准确地传达，避免造成进一步的恐慌和误解。

3. 快速隔离与控制

在数据泄露事件发生时，迅速隔离受影响的系统和数据是防止事件进一步扩散的关键。企业应该立即采取行动，停止数据泄露的源头，尽快修复系统漏洞或关闭受影响的系统和服务。同时，还需要采取措施保护现有数据，防止泄露数据被进一步利用或滥用，减少损失和影响的扩大。

（二）数据泄露后的风险评估

1. 针对泄露数据的影响进行评估

对泄露的数据进行影响评估是了解事件严重程度和采取相应措施的关键步骤之一。企业应该对泄露数据的性质、数量、敏感程度等进行全面评估，确定数据泄露可能对用户造成的影响范围和程度。根据评估结果，制定相应的应对策略和措施，及时采取行动，减轻损失和影响。

2. 后续监控措施

对受影响用户的账户进行持续监控是防范后续风险的重要措施之一。企业应该建立起有效的监控机制，对可能受到影响的用户进行持续监测，及时发现和处理任何异常情况。监控内容包括用户账户的登录情况、数据访问情况等，以便及时发现和阻止任何未经授权的访问和使用行为，保护用户的隐私权益。

3. 沟通与协商

与受影响的用户进行沟通和协商是解决数据泄露事件的重要环节。企业应该积极与受影响用户进行沟通，告知他们事件的发生和影响，提供必要的支持和服务，如对身份被盗用的保护服务等。同时，还应该接受用户的意见和建议，根据实际情况调整和改进应对措施，最大限度地保护用户的权益和利益。

（三）修复与强化

1. 系统和漏洞修补

对导致数据泄露的安全漏洞进行修补是防止类似事件再次发生的重要措施之一。企业应该及时对系统进行安全漏洞扫描和修补，确保系统的安全性和稳定性。同时，还需要建立起完善的漏洞修补流程和机制，及时响应新发现的安全漏洞，提高系统的抗攻击能力。

2. 安全架构重构

在修复漏洞的基础上，如果需要，企业还应该对整体安全架构进行重新评估和设计，提高对未来威胁的防护能力。安全架构重构包括对系统架构、网络拓扑、安全策略等方面的重新规划和设计，以确保系统的安全性和可靠性。在重构过程中，需要充分考虑业务需求和安全要求，确保安全性和业务的平衡。

3. 策略与流程更新

根据数据泄露事件的反馈和教训，更新安全策略和内部流程是提高企业安全防护能力的关键步骤之一。企业应该及时总结事件的经验教训，分析事件发生的原因和漏洞，调整和完善安全策略和流程，提高对潜在威胁的防范能力。更新内容包括加强访问控制、加密保护、数据监控等方面的措施，以及完善应急响应和事件处理流程，提高企业的应对能力和反应速度。

（四）危机管理与声誉恢复

1. 危机管理计划

制订危机管理计划是企业应对数据泄露事件及其影响的重要策略。危机管理计划应该包括对事件的快速评估和响应、信息沟通和通报流程、与监管机构和相关方的协作等方面。企业应该确保危机管理计划的可行性和有效性，通过定期演练和评估来提高员工对危机管理计划的熟悉程度和执行能力。危机管理计划还应包括公关策略和行动，以保护公司品牌和声誉。企业需要及时、准确地向外界通报事件情况，展示对事件的积极应对态度和负责任的立场，赢得公众和用户的信任和理解。

2. 透明度与责任

在解决隐私泄露事件时，企业应保持高度透明，及时通报事件进展和采取的措施。企业应该主动承担对发生事件的全面责任，向受影响的用户和相关方道歉，并采取切实措施减轻影响。这种透明和责任感有助于维护企业的公信力，降低事件对公司形象和声誉的损害。同时，企业还需要向监管机构和其他相关方提供必要的调查和报告，以证明企业对事件的负责态度和积极应对。透明度和责任感有助于企业与监管机构和相关方保持良好的关系，推动事件的顺利解决。

3. 信任重建活动

数据泄露事件对企业的声誉和用户信任可能造成严重损害。因此，企业需要采取一系列措施重建用户和公众对企业的信任。通过这些信任重建活动，企业可以逐渐恢复用户和公众对企业的信任，重建公司的形象和声誉，为未来的业务发展奠定基础。

（1）社区沟通。通过公开对话、新闻发布会、社交媒体等渠道，与社区和用户进行开放、诚实的沟通，解释事件的原因和采取的措施，回答公众和用户的疑虑，建立透明度。

（2）用户信任重建活动。提供用户支持服务，如身份保护服务、免费监控服务等，帮助受影响用户应对事件带来的后果。此外，企业可以举办用户教育活动，提高用户的安全意识和数据保护能力。

（3）公司形象重塑。企业应通过一系列措施重塑公司的形象，例如采取更严格的数据保护政策，进行内部流程和制度的升级，并在行业中积极参与数据保护相关活动，以展示企业在数据安全和隐私保护方面的专业性和责任感。

总之，数据泄露事件的动态补救措施是企业在事件发生后迅速应对和处理的重要步骤。这些措施包括及时响应与通报机制、数据泄露后的风险评估、修复与强化以及危机管理与声誉恢复。通过采取这些措施，企业可以有效控制数据泄露事件的影响，降低对用户和业务造成的损害，重建用户信任和公司声誉，提高未来应对数据泄露事件的能力。

五、数据安全的策略实施研究

（一）策略制定与调整

1. 环境分析

持续监控外部环境和内部资源是制定和调整数据安全策略的基础。外部环境包括技术演进、法律法规变化以及攻击手段的发展趋势等，而内部资源则包括组织内部的技术设施、人员素质等。通过全面了解外部和内部因素的变化，企业可以及时调整策略，提高数据安全和隐私保护的有效性和适应性。

2. 风险评估模型

建立和完善风险评估模型是确定安全策略优先级和关注点的重要手段。风险评估模型应该综合考虑各种潜在风险因素，包括技术风险、法律风险、业务风险等，以全面评估企业面临的风险。定期进行风险评估，可以帮助企业及时发现和应对潜在风险，保障数据安全和隐私保护。

3. 策略制定原则

策略制定应该基于数据保护的最佳实践，并兼顾业务需求和合规要求。策略应该具有针对性和实施性，能够有效地指导组织的安全工作。在制定策略时，企业还应该考虑未来发展的需求和趋势，确保策略的持续有效性和适应性。

4. 动态调整机制

建立策略动态调整机制是保持策略与环境变化相适应的关键。企业应及时收集和分析相关信息，对策略进行评估和调整，确保策略的及时性和灵活性，帮助企业及时应对安全威胁和挑战，保障数据安全和隐私保护的持续有效。

（二）技术与人员能力建设

1. 技术投入与更新

不断投入新技术是提升数据安全和隐私保护能力的重要手段。企业应该密切关注新技术的发展，如人工智能、大数据分析等，结合实际需求和风险情况，及时引入和应用新技术，提高数据安全和隐私保护的效率和水平。

2. 员工培训与意识提升

定期对员工进行数据保护和隐私安全的培训是提升企业整体安全意识和应对能力的关键。培训内容包括安全意识、安全政策和规范、安全操作等方面，旨在提高员工对安全问题的认识和理解，降低安全风险。

3. 专业团队发展

建设专业的安全团队是保障数据安全和隐私保护的重要保障。安全团队应该包括信息安全专家、网络安全专家、数据保护专家等，具备丰富的安全经验和专业技能，能够有效地应对各种安全威胁和挑战。团队成员还应不断跟踪安全领域的最新趋势和技术，积极参与安全研究和技术创新，为企业提供更好的安全保障。

（三）内部监督与合规审计

1. 内部监督机制

建立有效的内部监督机制是确保数据安全和隐私保护的重要手段。监督机制应包括安全监控、违规行为检测和隐私保护执行情况的定期检查等内容，确保数据的合法性、安全性和完整性。监督机制应该全面覆盖企业的各个环节和部门，确保安全策略的全面贯彻和执行。

2. 合规审计程序

定期进行外部和内部的合规审计是确保企业符合相关法律法规和行业标准的重要手段。合规审计应该包括数据保护、隐私保护、安全管理等方面的内容，检查组织的操作是否符合规定，发现并及时纠正存在的问题。审计结果应及时报告给组织的管理层，以便及时采取改进措施，提高数据安全和隐私保护的水平。

3. 持续改进过程

根据监督和审计的结果，企业应该不断对策略、流程和技术进行优化和改进。改进内容包括加强安全策略和流程、更新安全技术和设备、加强员工培训等方面，以提高数据安全和隐私保护的有效性和适应性。

（四）外部协作与信息共享

1. 跨界合作

构建一个全面、动态的隐私泄露防护和应对体系是一项复杂而持续的任务。其不仅需要技术上的创新和应用，还需法律法规的遵守、人员能力的提升以及与外部的协作与信息共享。这样的系统能够确保企业在面对数据安全威胁时，能够迅速、有效地作出响应，最大限度地减少损失，并维护好企业的声誉和用户的信任。建立合作关系，共同提升数据安全和隐私保护水平是应对不断演变的安全威胁的有效途径。跨界合作可以促进信息交流和资源共享，加强对安全威胁的监测和应对能力。政府部门和行业组织通常拥有丰富的资源和经验，在制定安全标准、法律法规等方面发挥着重要作用。与这些机构建立合作关系，可以获取及时的安全信息和指导，提高组织的应对能力和反应速度。

2. 信息共享机制

建立安全信息共享机制是促进安全合作和提升整个生态系统抵抗力的重要手段。通过共享安全威胁情报、最佳实践和应对经验，企业可以更好地了解当前的安全威胁和趋势，及时采取措施应对风险。还可以促进行业内部和跨行业的合作，形成共同应对安全威胁的合力，提高整个生态系统的安全水平。在建立信息共享机制时，需要考虑信息的安全性和保密性，确保敏感信息不会被泄露或滥用。同时，还需要建立信息共享的规则和流程，明确信息的收集、分析和利用方式，避免信息共享过程中出现混乱或冲突，提高整个生态系统的安全水平。

总之，策略实施研究是确保数据安全和隐私保护的有效性和持续性的关键步骤。这些策略包括制定和调整安全策略、技术与人员能力建设、内部监督与合规审计以及外部协作与信息共享。通过有效地实施这些策略，组织可以提高数据安全和隐私保护的能力，有效应对各种安全威胁和挑战，保障用户和企业的权益。

第十章　风险控制模型构建与隐私信息保险对决策的影响分析

当涉及隐私信息的保护与风险控制时，构建有效的风险控制模型并进行隐私信息保险的决策影响分析变得至关重要。在数字化时代，个人隐私数据的泄露和滥用已成为一个全球性挑战，涉及个人权益、商业利益以及社会秩序的诸多方面。因此，为了有效应对这一挑战，我们需要建立系统性的风险控制模型，并深入探讨隐私信息保险对于决策的影响。首先，我们需要深入了解隐私信息保护的背景知识。随着互联网和信息技术的迅猛发展，个人信息的获取、传输和存储变得异常便捷，但与此同时，个人隐私数据也面临着越来越多的潜在威胁。从个人到组织再到国家，各方对于隐私信息泄露的担忧日益加剧。因此，构建一个可靠的风险控制模型势在必行。其次，隐私信息保险作为一种新兴的保险产品，对于个人和企业在面对隐私风险时提供了一种额外的保障手段。然而，隐私信息保险的推出和实施涉及诸多因素，包括市场需求、保险产品设计、定价策略等。因此，对隐私信息保险对决策的影响进行深入分析，有助于我们更好地理解其在风险管理和保险业务中的地位和作用，进而指导相关决策的制定和实施。本章将从建立风险控制模型的角度出发，探讨隐私信息保险在风险管理中的应用，并分析其对于相关决策的影响。通过对实际案例和数据的分析，深入剖析隐私信息保险的优势和局限性，为个人、企业和政府部门在隐私信息保护方面提供可行的决策支持。

第一节 风险控制模型构建与优化

在隐私信息保护领域，构建和优化风险控制模型是确保个人和组织信息安全的关键一环。随着信息技术的不断发展和普及，隐私信息泄露的风险也日益突出，给个人、企业乃至整个社会带来了巨大的挑战。因此，需要建立一套有效的风险控制模型，以应对各种潜在的隐私信息泄露风险。隐私信息泄露可能来自多个方面，包括网络攻击、数据泄露、内部失误等。在构建风险控制模型时，首先，需要对可能的风险源进行全面分析，确定各种风险的概率和影响程度。其次，需要根据不同的风险情景，采取相应的防范和控制措施，包括技术手段、管理制度和保险保障等。通过不断的优化和调整，使风险控制模型能够适应不断变化的威胁环境，提高信息安全的整体水平。

一、模型基本框架

隐私风险控制模型的基本框架可以分为以下几个部分：一是隐私风险识别与量化。识别潜在的隐私风险并将其量化为可度量的形式。二是隐私风险评估。评估隐私风险发生的概率和影响程度。三是隐私风险控制策略。制定具体的控制措施和策略。四是模型优化。通过优化方法提高模型的准确性和有效性。具体来说，隐私风险控制模型可以表示为一个动态系统，其中各个部分相互作用，共同影响最终的风险控制效果。

（一）隐私风险识别与量化

隐私风险识别与量化是隐私风险控制的首要步骤。在这个阶段，我们需要确定哪些隐私风险是需要关注的，并将其量化为具体的数值。隐私风险识别通常可以通过专家知识、历史数据、市场调研等手段来进行。隐私风险量化则是将识别出的风险用数学方法表示，以便于后续的计算和分析。

假设我们有 n 个隐私风险因素，每个风险因素 i 的量化值为 R_i，可以表示为：

$$R_i = f(X_i) \qquad (10-1)$$

其中，X_i 是与隐私风险因素 i 相关的输入数据，f 是一个映射函数，将输入数据转化为风险量化值。

例如，对于医疗数据的隐私风险，我们可以使用以下量化方法：

$$R_i = \mathrm{MI}(X_i, Y) \qquad (10-2)$$

其中，MI 表示 X_i 和目标变量 Y 之间的互信息，互信息越大，隐私风险越高。

（二）隐私风险评估

隐私风险评估是对识别和量化后的隐私风险进行进一步分析，评估其发生的概率和影响程度。隐私风险评估通常包括两个方面：风险发生的概率 P_i 和风险的影响程度 I_i。假设隐私风险因素 i 发生的概率为 P_i，影响程度为 I_i，则总隐私风险 R_i 可以表示为：

$$R_i = P_i \times I_i \qquad (10-3)$$

1. 隐私风险概率评估

使用历史频率法来估计隐私风险发生的概率是一种常见且有效的方法。通过分析历史数据，可以直观地了解隐私风险事件的发生频率，从而为未来的隐私保护策略提供依据。假设我们有历史数据表示用户数据在某系统中的访问记录，并且我们想要估计某特定隐私风险事件 X_i 的发生概率 P_i。我们可以按照以下步骤进行：首先，明确需要评估的隐私风险事件 X_i。例如，X_i 可以是某个特定的数据泄露事件。其次，收集历史数据 $\{X_{i,t}, \forall t\}$，其中 t 表示时间点，$X_{i,t}$ 表示在时间点 t 是否发生了隐私风险事件 X_i。如果发生了，则 $X_{i,t} = 1$；否则 $X_{i,t} = 0$。最后，运用式（10-4）计算历史频率，即隐私风险事件 X_i 的发生概率 P_i。

$$P_i = \frac{\sum_{t=1}^{T} I(X_{i,t} = 1)}{T} \qquad (10-4)$$

其中，$I(X_{i,t} = 1)$ 是指示函数，如果 $X_{i,t} = 1$，则函数值为 1，否则为 0。T 是总的时间点数。

2. 隐私风险影响评估

隐私风险影响评估可以通过经济模型、损失函数或专家意见来进行。常见的隐私风险影响评估方法包括：一是损失函数。定义一个损失函数来量化隐私风险发生后的损失。二是经济模型。通过建立经济模型来评估隐私风险对财务指标的影响。三是多指标评估。考虑多个指标的综合影响，如名誉损失、财务损失等。

例如，假设隐私风险因素 i 的影响为用户数据被泄露后的财务损失，可以定义影响程度为：

$$I_i = \text{Loss}(X_i) \qquad (10-5)$$

其中，$\text{Loss}(X_i)$ 是一个线性或非线性函数，表示用户数据被泄露后的实际损失。

（三）隐私风险控制策略

1. 风险控制措施

隐私风险控制策略是根据隐私风险评估结果，制定具体的措施来降低风险。这些措施可以是多方面的，包括数据加密、访问控制、数据脱敏等。

（1）数据加密。数据加密是通过加密算法将数据转化为不可读的形式，即使数据被泄露，也无法轻易解读。假设隐私风险因素 i 通过数据加密措施降低了影响程度 α_i，则实际承担的隐私风险为：

$$R_i' = (1 - \alpha_i) \times P_i \times I_i \qquad (10-6)$$

（2）访问控制。访问控制是通过限制数据的访问权限来降低隐私风险。假设隐私风险因素 i 通过访问控制措施降低了发生概率 β_i，则实际承担的隐私风险为：

$$R_i' = (1 - \beta_i) \times P_i \times I_i \qquad (10-7)$$

（3）数据脱敏。数据脱敏是通过修改数据中的敏感信息来保护隐私。假设隐私风险因素 i 通过数据脱敏措施降低了影响程度 γ_i，则实际承担的隐私风险为：

$$R_i' = (1 - \gamma_i) \times P_i \times I_i \qquad (10-8)$$

2. 隐私风险控制综合模型

假设有 n 个隐私风险因素，每个风险因素的量化值为 R_i，发生的概率为 P_i，影响程度为 I_i，并且我们采取了数据加密、访问控制和数据脱敏的策略，分别用 α_i、β_i 和 γ_i 表示。则整体的隐私风险控制模型可以表示为：

$$R'_i = (1 - \alpha_i - \beta_i) \times P_i \times I_i \qquad (10-9)$$

为了更全面地描述隐私风险控制效果，我们可以引入一个综合隐私风险指标 R，表示所有隐私风险因素的总隐私风险：

$$R = \sum_{i=1}^{n} R'_i \qquad (10-10)$$

（四）参数估计

参数估计是指确定模型中各个参数的值，以确保模型的准确性和有效性。参数估计可以通过历史数据、统计方法、专家意见等手段来进行。我们将重点讨论几种常见的参数估计方法。

（1）历史数据法。历史数据法是最直接的参数估计方法，通过分析历史数据来确定参数值。假设我们有历史数据 X_i 表示用户数据在某系统中的访问记录，可以使用以下方法来估计参数：

$$\hat{P}_i = \frac{\sum_{t=1}^{T} \mathbb{I}(X_{i,t} \text{disclosure})}{T} \qquad (10-11)$$

$$\hat{I}_i = \text{Loss}(X_i) \qquad (10-12)$$

其中，T 是历史数据的总点数，$\mathbb{I}$ 是指示函数，$\text{Loss}(X_i)$ 是用户数据被泄露后的财务损失函数。

（2）贝叶斯方法。贝叶斯方法结合先验知识和新数据来更新参数估计。假设我们有先验分布 $P_i \sim \text{Beta}(\alpha, \beta)$，并且我们有新的观察数据 $\{x_1, x_2, \cdots, x_T\}$，可以通过贝叶斯更新来估计参数：

$$P_i \| X \sim \text{Beta}\left(\alpha + \sum_{t=1}^{T} I(x_t \text{disclosure}), \beta + T - \sum_{t=1}^{T} I(x_i \text{disclosure})\right)$$

$$(10-13)$$

（五）模型求解

根据已知的参数值来计算隐私风险控制的效果。我们可以使用数值方法或解析方法来求解模型。本书主要介绍数值方法中的梯度下降算法和粒子群优化算法。

1. 梯度下降算法

梯度下降是一种常用的数值优化方法，通过逐步调整参数值来最小化目标函数。假设我们的目标是最小化综合隐私风险指标 R，使用梯度下降算法来求解：

$$\min_{\alpha_i,\beta_i,\gamma_i} R = \sum_{i=1}^{n} (1 - \alpha_i - \beta_i) \times P_i \times I_i \qquad (10-14)$$

梯度下降的更新规则为：$\alpha_i \leftarrow \alpha_i - \eta \times \dfrac{\partial R}{\partial \alpha_i}$，$\beta_i \leftarrow \beta_i - \eta \times \dfrac{\partial R}{\partial \beta_i}$，$\gamma_i \leftarrow \gamma_i - \eta \times \dfrac{\partial R}{\partial \gamma_i}$，其中 η 是学习率。

梯度下降算法的基本步骤如下：首先，初始化参数，随机或基于经验选择初始参数值；其次，计算梯度，计算综合隐私风险指标 R 对每个参数的偏导数；再其次，更新参数，根据梯度和学习率更新参数值；最后，迭代优化，重复上述步骤，直到参数收敛或达到最大迭代次数。

假设式（10-14）中 $n=5$，则其 Python 代码具体实现如下：

```python
import numpy as np
# 参数设置
n = 5   # 隐私风险因素数量
alpha = np.random.rand(n)    # 数据加密参数
beta = np.random.rand(n)     # 访问控制参数
gamma = np.random.rand(n)  # 数据脱敏参数
P = np.array([0.1,0.15,0.2,0.25,0.3])    # 隐私风险因素的发生概率
I = np.array([0.05,0.07,0.1,0.12,0.15])  # 隐私风险因素的影响程度
# 模型函数
def privacy_risk_model(alpha,beta,gamma,P,I):
```

```
        R_prime = (1 - alpha - beta) * P * I
        R = np. sum(R_prime)
        return R,R_prime
# 梯度计算
def compute_gradients(alpha,beta,gamma,P,I):
        R,R_prime = privacy_risk_model(alpha,beta,gamma,P,I)
        grad_alpha = - P * I
        grad_beta = - P * I
        grad_gamma = np. zeros(n)    # 假设数据脱敏参数不直接影响隐私风险
        return grad_alpha,grad_beta,grad_gamma,R
# 梯度下降函数
def gradient_descent(alpha, beta, gamma, P, I, learning_rate = 0. 01, max_iterations =
1000,tol = 1e - 5):
        for iteration in range(max_iterations):
                grad_alpha,grad_beta,grad_gamma,R = compute_gradients(alpha,beta,gamma,P,I)
                alpha = np. clip(alpha - learning_rate * grad_alpha,0,1)
                beta = np. clip(beta - learning_rate * grad_beta,0,1)
                gamma = np. clip(gamma - learning_rate * grad_gamma,0,1)

                # 检查收敛条件
                if np. linalg. norm(grad_alpha) < tol and np. linalg. norm(grad_beta) < tol and
np. linalg. norm(grad_gamma) < tol:
                        break
        return alpha,beta,gamma,R
# 运行梯度下降
alpha_opt,beta_opt,gamma_opt,R_opt = gradient_descent(alpha,beta,gamma,P,I)
print("最优数据加密参数 alpha:",alpha_opt)
print("最优访问控制参数 beta:",beta_opt)
print("最优数据脱敏参数 gamma:",gamma_opt)
print("最小化后的综合隐私风险指标 R:",R_opt)
...
```

通过上述梯度下降算法，我们得到了最优的隐私风险控制策略参数 α_i，β_i，γ_i，并最小化了综合隐私风险指标 R。我们可以进一步分析这些参数的实际意义和控制效果。（1）数据加密参数 α_i：表示通过数据加密手段降低隐私风险因素影响的程度。较高的 α_i 值意味着更多的隐私风险因素被加密处理。（2）访问控制参数 β_i：表示通过访问控制手段降低隐私风险因素发生概率的程度。较高的 β_i 值意味着更多的隐私风险因素被限制访问。（3）数据脱敏参数 γ_i：表示通过数据脱敏手段降低隐私风险因素影响的程度。较高的 γ_i 值意味着更多的隐私风险因素被脱敏处理。虽然隐私风险控制模型在理论上提供了有效的方法来量化和控制隐私风险，但在实际应用中仍然存在一些局限性。这些局限性包括数据质量和模型复杂性、动态变化的隐私风险、多目标优化等。

2. 粒子群优化算法

粒子群优化算法（PSO）是一种基于群体智能的优化方法，适用于非线性、多峰优化问题。假设我们有 m 个粒子，每个粒子的位置表示一组参数 $(\alpha_i, \beta_i, \gamma_i)$，则粒子群优化的更新规则为：

$$v_k^{(t+1)} = w \times v_k^{(t)} + c_1 \times r_1 \times (p_k - x_k^{(t)}) + c_2 \times r_2 \times (p_g - x_k^{(t)}) \qquad (10-15)$$

$$x_k^{(t+1)} = x_k^{(t)} + v_k^{(t+1)} \qquad (10-16)$$

其中，v_k 是粒子 k 的速度，x_k 是粒子 k 的位置，p_k 是粒子 k 的最佳位置，p_g 是所有粒子的全局最佳位置，w 是惯性权重，c_1 和 c_2 是加速常数，r_1 和 r_2 是随机数。

二、模型优化

模型优化是通过改进模型结构或参数估计方法来提高模型的性能。优化方法包括模型结构优化、参数优化和数据预处理。

（一）模型结构优化

模型结构优化是通过改进模型的数学形式来提高其准确性和稳定性。常见的模型结构优化方法包括：

（1）增加更多的风险因素。引入更多的风险因素，以更全面地描述风险。假设存在宏观经济风险因素 $R_{|n+1|}$，其概率为 $P_{|n+1|}$，影响为 $I_{|n+1|}$，则新的综合隐私风险指标 R 可以表示为：

$$R = \sum_{i=1}^{n+1} (1 - \alpha_i - \beta_i) \times P_i \times I_i \qquad (10-17)$$

（2）引入非线性关系，以更精确地描述风险的复杂性。假设隐私风险的影响程度与风险概率之间存在非线性关系，可以使用以下非线性模型：

$$I_i = \text{NonlinearFunction}(P_i) \qquad (10-18)$$

例如，可以引入一个二次函数：

$$I_i = a \times P_i^2 + b \times P_i + c \qquad (10-19)$$

其中，a，b，c 是待估计的参数。

（3）引入动态调整机制，以适应风险的动态变化。假设隐私风险控制策略需要根据市场变化动态调整，可以引入时间依赖的参数 $\alpha_i(t)$、$\beta_i(t)$、$\gamma_i(t)$：

$$\alpha_i(t+1) = \alpha_i(t) + \delta \times \text{MarketCondition}(t) \qquad (10-20)$$

$$\beta_i(t+1) = \beta_i(t) + \delta \times \text{MarketCondition}(t) \qquad (10-21)$$

$$\gamma_i(t+1) = \gamma_i(t) + \delta \times \text{MarketCondition}(t) \qquad (10-22)$$

其中，δ 是调整步长，$\text{MarketCondition}(t)$ 是市场条件函数，可以通过市场指标（如用户活动、系统负载等）来定义。

（二）参数优化

参数优化是通过调整模型参数来提高其性能。常见的参数优化方法包括遗传算法、模拟退火算法等。

1. 遗传算法

遗传算法是一种模拟自然选择和遗传机制的优化方法，适用于全局优化问题。假设我们当前的参数为 x，则遗传算法的更新规则为：

（1）选择：根据适应度函数选择较好个体。

（2）交叉：通过交叉操作生成新的个体。

（3）变异：通过变异操作引入随机性。

适应度函数可以定义为：

$$\text{Fitness}(x) = -\sum_{i=1}^{n} (1 - x_{k,i} - x_{k,i+1}) \times P_i \times I_i \qquad (10-23)$$

2. 模拟退火算法

模拟退火算法是一种基于物理退火过程的优化方法，也适用于全局优化问题。假设我们当前的参数为 x，则模拟退火的更新规则为：

（1）生成候选解：生成一个新的参数 x'。

（2）评估适应度：计算新的适应度 Fitness (x')。

（3）接受新解：以概率 $\exp\left(\dfrac{\text{Fitness}(x) - \text{Fitness}(x')}{T}\right)$ 接受新解，其中 T 是温度参数。

适应度函数可以定义为：

$$\text{Fitness}(x) = -\sum_{i=1}^{n}(1 - x_{k,i} - x_{k,i+1}) \times P_i \times I_i \qquad (10-24)$$

（三）数据预处理

数据预处理是通过清洗、归一化、特征选择等手段来提高模型的输入数据质量。良好的数据预处理可以显著提升模型的性能。我们将重点讨论几种常见的数据预处理方法。

1. 数据清洗

数据清洗是去除数据中的噪声和异常值。常见的数据清洗方法包括：

（1）删除缺失值：将含有缺失值的数据点删除。

（2）填充缺失值：使用均值、中位数或插值方法填充缺失值。

（3）去除异常值：通过统计方法或机器学习方法识别并删除异常值。

例如，假设我们有一组历史数据 X，可以使用以下方法去除异常值：

$$X_{\text{clean}} = \{x \in X : |x - \mu| \leq k \times \sigma\} \qquad (10-25)$$

其中，μ 是数据的均值，σ 是数据的标准差，k 是一个阈值。

2. 数据归一化

数据归一化是将数据转换到同一量级，以避免不同量级的数据对模型的影响。常见的数据归一化方法包括：

（1）最小—最大归一化：将数据转化为 $0 \sim 1$ 之间的值。

（2）Z - score 归一化：将数据转化为均值为 0、标准差为 1 的分布。

例如，假设我们有一组数据 X，可以使用最小—最大归一化方法：

$$X_{\text{norm}} = \frac{X - \min(X)}{\max(X) - \min(X)} \qquad (10-26)$$

3. 特征选择

特征选择是从原始数据中选择最相关的特征，以提高模型的准确性和计算效率。常见的特征选择方法包括：

（1）过滤方法：基于统计测试选择特征。

（2）包装方法：通过模型的性能来选择特征。

（3）嵌入方法：在模型训练过程中选择特征。

例如，假设我们有 m 个特征，可以使用过滤方法选择特征：

$$S = \{i : \text{corr}(X_i, Y) > \theta\} \qquad (10-27)$$

其中，$\text{corr}(X_i, Y)$ 表示特征 X_i 与目标变量 Y 的相关系数，θ 是一个阈值。

第二节　隐私信息保险对决策影响的定性与定量分析

在隐私信息保护领域，隐私信息保险作为一种新兴的保险产品，对于个人和组织在面对隐私风险时提供了一种额外的保障手段。随着信息技术的迅速发展，个人隐私数据的泄露和滥用已成为一个全球性挑战，给个人、企业以及整个社会带来了巨大的风险和损失。因此，深入研究隐私信息保险对决策的影响，无论是从定性还是定量的角度，都具有重要的理论和实践意义。首先，我们需要了解隐私信息保险的背景和相关概念。隐私信息保险是一种针对隐私信息泄露和滥用风险的保险产品，旨在为个人和组织提供经济补偿和法律支持，帮助其应对潜在的损失和风险。隐私信息保险通常包括数据泄露责任保险、网络安全责任保险、身份盗用保险等多种形式，覆盖范围广泛，适用于不同类型和规模的个人和组织。其次，我们需要探讨隐私信息保险对决策的影响。隐私信息保险的推出和实施涉及诸多因素，包括市场需求、保险产品设计、定价策略等。因此，对隐私信息保险对决策的影响进行深入分析，有助于我们更好地理解其在风险管理和保险业务中的地位和作用，进而指导相关决策的制定和实施。

一、隐私信息保险的博弈模型

（一）博弈模型构建

随着信息技术的迅猛发展和互联网的普及，个人和企业的隐私信息面临着越来越多的安全威胁。泄露个人隐私信息可能导致身份盗窃、财产损失甚至个人安全受到威胁。而企业的商业秘密、客户资料等重要信息一旦泄露，不仅可能造成巨大的经济损失，还可能影响企业的声誉和市场地位。隐私信息保险的出现填补了传统保险产品在隐私信息保护方面的空白，为个人和企业提供了一种新的风险管理方式。通过购买隐私信息保险，个人和企业可以在隐私信息泄露或侵权事件发生时获得经济赔偿和法律支持，有效降低隐私信息安全风险带来的损失。大数据环境使得隐私信息保险与其他保险有显著不同，由于数据损失评估难以进行、信息不对称等特点，投保人将风险转移给保险公司，保险公司根据潜在威胁者确定风险与理赔金额，保险公司容易遭受投保人的欺诈并造成损失。保险公司、投保人和潜在威胁者三者的博弈关系如图 10 - 1 所示。

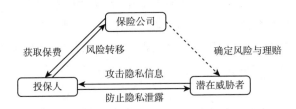

图 10 - 1　保险公司、投保人与潜在威胁者三方博弈关系

为了进一步探讨隐私信息保险的决策过程，本书构建了一个博弈模型，该模型主要包括以下几个参与者：投保人（个人或企业）、保险公司、潜在威胁者（黑客、内鬼等）。每个参与者的策略和收益如下：

（1）投保人：可以选择购买保险或不购买保险。

（2）保险公司：可以制定不同的保费政策、保险覆盖范围以及理赔流程。

（3）潜在威胁者：可以选择进行攻击或不进行攻击。

（二）收益矩阵

假设投保人在面临隐私信息泄露风险时，不购买保险的预期损失为 L，购买保险的预期损失为 αL，其中 $0 < \alpha < 1$ 表示保险的减损效果，保险公司制定的保费为 P，保险覆盖范围为 C（C 是 $0 \sim 1$ 之间的一个数值，表示保险的保障程度），理赔流程的复杂度为 T（T 是 $0 \sim 1$ 之间的一个数值，表示理赔的便捷程度，0 为最便捷，1 为最复杂）。假设潜在威胁者进行攻击的成本为 C_a，收益为 G。则构建的收益矩阵如图 10 - 2 所示。

	潜在威胁者不攻击	潜在威胁者攻击
不购买保险	0	$L - G$
购买保险	$-P$	$\alpha L - P - G$

图 10 - 2　考虑隐私泄露风险的投保人收益矩阵

（三）参与者的策略

（1）投保人的策略：如果潜在威胁者不攻击，投保人的收益为 0 或 $-P$。如果潜在威胁者攻击，投保人的收益为 $L - G$ 或 $\alpha L - P - G$。因此，投保人选择购买保险的条件是 $\alpha L + P \geqslant L$，即，$P \leqslant (1 - \alpha)L$。

（2）潜在威胁者的策略：如果投保人不购买保险，潜在威胁者的收益为 G。如果投保人购买保险，潜在威胁者的收益为 G。潜在威胁者选择攻击的条件是：$G \geqslant C_a$。

（3）保险公司的策略：保险公司需要合理定价保费 P，以确保在覆盖风险的同时吸引投保人。保险覆盖范围 C 和理赔流程复杂度 T 也会影响投保人的决策。保险公司的目标是最大化利润，即：$\pi = P - E(L)$。

（4）均衡分析。在纳什均衡下，每个参与者都不会单方面改变自己的策略，因为这会导致其收益下降。假设在纳什均衡下，投保人选择购买保险，潜在威胁者选择攻击，则：投保人选择购买保险的条件为 $P \leqslant (1 - \alpha)L$；潜在威胁者选择攻击的条件为 $G \geqslant C_a$。

保险公司的最优策略是：保费 P 应该等于 $(1 - \alpha)L$；保险覆盖范围 C 应该尽可能高，以吸引投保人；理赔流程复杂度 T 应该尽可能低，以提高投保人的满意度。

（四）模型应用

通过这个博弈模型，可以更深入地理解投保人、保险公司和潜在威胁者之间的相互作用。保险公司可以通过调整保费、保险覆盖范围和理赔流程，来吸引更多的投保人，同时降低自身的风险。投保人则可以通过评估保险的减损效果和保险费用，来决定是否购买保险。

（五）模型扩充

为了使模型更加全面，本书引入以下因素：（1）投保人的风险意识 R。R 从 0 到 1 变化，表示投保人对隐私信息泄露风险的敏感程度。（2）潜在威胁者的成功率 S。S 从 0 到 1 变化，表示潜在威胁者在攻击中成功的概率。（3）保险公司的赔偿比例 β。β 是 0~1 之间的一个数值，表示保险公司在理赔时能够赔偿的比例）。则收益矩阵如图 10-3 所示。

	潜在威胁者不攻击	潜在威胁者攻击
不购买保险	0	$S(L-G)$
购买保险	$-P$	$-P(1-S)+S[\alpha L-P-G+\beta(1-\alpha)L]$

图 10-3　考虑多种因素下的隐私泄露风险的收益矩阵

其中，潜在威胁者攻击成功，投保人的最终损失为 $\alpha L-P-G+\beta(1-\alpha)L$，表示保险公司在理赔时能够部分补偿投保人的损失。

算例：假设某企业面临以下参数：预期损失 $L=50000$ 元，保险的减损效果 $\alpha=0.6$。潜在威胁者的攻击成本 $C_a=3000$ 元，潜在威胁者的攻击收益 $G=10000$ 元，潜在威胁者的成功概率 $S=0.8$。保险公司的赔偿比例为 $\beta=0.7$。则：

（1）投保人不买保险的预期收益为：$S(L-G)=32000$（元）。

（2）投保人购买保险的预期收益。当潜在威胁者不攻击，预期收益为 $-P$；当潜在威胁者攻击，预期收益为 $-P(1-S)+S[\alpha L-P-G+\beta(1-\alpha)L]=-P+27200$。

（3）投保人选择购买保险的条件为 $-P+27200\geqslant32000$，故 $P\leqslant4800$。

（4）潜在威胁者选择攻击的条件：$G\geqslant C_a$。

故保险费应为：$P=(1-\alpha)L=(1-0.6)\times50000=20000$（元）。

本算例得出以下结论：（1）在给定的条件下，投保人选择购买保险的条件是 P ≤ 4800 元，然而，保险公司的最优保费策略是 P = 20000 元，超过了投保人的购买意愿。因此，保险公司需要调整保费，使其更加合理，以吸引投保人购买保险。（2）在给定的条件下，潜在威胁者选择攻击，因为 10000 元 ≥ 3000 元，即 $G > C_a$。（3）保险公司的策略取决于和投保人、潜在威胁者的博弈关系。

（六）具体策略建议

（1）对于投保人。首先，评估风险意识，了解自己对隐私信息泄露风险的敏感程度。其次，如果保险公司的保费 P 在合理范围内例如 $P \leq (1-\alpha)L$，则选择购买保险。最后，加强内部管理，提高安全投入，以进一步降低风险。

（2）对于保险公司。首先，根据市场和风险评估，调整保费 P，使其在吸引投保人和覆盖风险之间取得平衡。其次，提供更广泛的保险覆盖范围 C，以增强投保人的信任。最后，简化理赔流程，降低复杂度 T，提高投保人的满意度。

（3）对于潜在威胁者。首先，潜在威胁者将要评估攻击成本 C_a 和收益 G，从而确定是否攻击。其次，企业通过加强网络安全措施，增加潜在威胁者的攻击成本 C_a，从而降低其攻击意愿。

二、考虑动态条件下的动态微分方程模型

（一）模型构建

为了更详细地分析隐私信息保险的动态影响，我们可以构建一个动态微分方程模型。假设 $X(t)$ 表示投保人在时间 t 时面临的隐私信息泄露风险，$Y(t)$ 表示投保人在时间 t 时的损失，$U(t)$ 表示投保人在时间 t 时的保险费用。

（二）动态方程

（1）风险变化方程：

$$\frac{\mathrm{d}X(t)}{\mathrm{d}t} = aX(t) - bU(t) \tag{10-28}$$

其中，a 表示风险的自然增长率，b 表示保险对风险的减缓率。

（2）损失变化方程：

$$\frac{\mathrm{d}Y(t)}{\mathrm{d}t} = cX(t) - gU(t) \qquad (10-29)$$

其中，c 表示风险对损失的影响率，g 表示保险对损失的减缓率。

（3）保险费用变化方程：

$$\frac{\mathrm{d}U(t)}{\mathrm{d}t} = mY(t) - nU(t) \qquad (10-30)$$

其中，m 表示损失对保险费用的影响率，n 表示保险公司调整保险费用的速率。

（三）模型求解

通过求解上述动态方程，可以得到 $X(t)$、$Y(t)$ 和 $U(t)$ 的变化趋势。假设初始条件为 $X(0) = X_0$、$Y(0) = Y_0$ 和 $U(0) = U_0$，则有：

$$X(t) = X_0 \mathrm{e}^{(a-bU_0)t} \qquad (10-31)$$

$$Y(t) = Y_0 + c\int_0^t X(s)\mathrm{d}s - d\int_0^t U(s)\mathrm{d}s \qquad (10-32)$$

$$U(t) = U_0 + m\int_0^t Y(s)\mathrm{d}s - n\int_0^t U(s)\mathrm{d}s \qquad (10-33)$$

（四）模型解释

（1）风险变化动态模型：风险 $X(t)$ 会随着时间自然增长，但购买保险会减缓这种增长。

（2）损失变化动态模型：损失 $Y(t)$ 会随着风险的增加而增加，但购买保险会减少这种损失。

（3）保险费用变化动态模型：保险费用 $U(t)$ 会随着损失的增加而增加，但保险公司会根据市场情况进行调整。

（五）模型应用

通过动态微分方程模型，保险公司可以更准确地预测投保人在不同时间点的隐私信息泄露风险和损失，从而动态调整保险费用和保险策略。投保人可以更好地理解购买保险的动态效益，作出更有信心的决策。例如，如果风险增长较快，投保人可能会倾向于购买保险，保险公司则会提高保险费用以覆盖更高的风险。

三、动态模型扩充一

（一）模型构建

假设 $X(t)$ 表示投保人在时间 t 时面临的隐私信息泄露风险，$Y(t)$ 表示投保人在时间 t 时的损失，$U(t)$ 表示投保人在时间 t 时的保险费用。另外，我们引入 $Z(t)$ 表示投保人的安全投入（例如，用于加强网络安全的技术投入和培训费用）。

（1）风险变化方程：

$$\frac{dX(t)}{dt} = aX(t) - bU(t) - cZ(t) \qquad (10-34)$$

式中，a 表示风险的自然增长率，b 表示保险对风险的减缓率，c 表示安全投入对风险的减缓率。

（2）损失变化方程：

$$\frac{dY(t)}{dt} = fX(t) - mU(t) - nZ(t) \qquad (10-35)$$

式中，f 表示风险对损失的影响率，m 表示保险对损失的减缓率，n 表示安全投入对损失的减缓率。

（3）保险费用变化方程：

$$\frac{dU(t)}{dt} = gY(t) - hU(t) \qquad (10-36)$$

式中，g 表示损失对保险费用的影响率，h 表示保险公司调整保险费用的速率。

（4）安全投入变化方程：

$$\frac{dZ(t)}{dt} = iY(t) - jZ(t) \qquad (10-37)$$

式中，i 表示损失对安全投入的影响率，j 表示企业调整安全投入的速率。

（二）初始条件

假设初始条件为：$X(0) = X_0$，$Y(0) = Y_0$，$U(0) = U_0$，$Z(0) = Z_0$。

（三）模型求解

为了求解这个系统，我们需要使用数值方法或解析方法。这里我们采用数值方法（例如欧拉方法）来求解。

假设某企业面临以下初始条件和参数：$X_0 = 1$（初始风险水平），$Y_0 = 0$（初始损失为零），$U_0 = 0$（初始保险费用为零），$Z_0 = 0$（初始安全投入为零）；$a = 0.1$（风险自然增长率），$b = 0.05$（保险对风险的减缓率），$c = 0.05$（安全投入对风险的减缓率），$f = 0.5$（风险对损失的影响率），$m = 0.3$（保险对损失的减缓率），$n = 0.1$（安全投入对损失的减缓率），$g = 0.02$（损失对保险费用的影响率），$h = 0.01$（保险公司调整保险费用的速率），$i = 0.03$（损失对安全投入的影响率），$j = 0.01$（企业调整安全投入的速率）。

（四）数值求解

使用欧拉方法进行数值求解，假设时间步长 $\Delta t = 0.1$，求解时间范围为 $t = 0$ 到 $t = 10$。

Python 代码实现

```python
import numpy as np
import matplotlib.pyplot as plt

# 初始条件
X_0 = 1
Y_0 = 0
U_0 = 0
Z_0 = 0
```

```
# 参数
a = 0. 1
b = 0. 05
c = 0. 05
f = 0. 5
m = 0. 3
n = 0. 1
g = 0. 02
h = 0. 01
i = 0. 03
j = 0. 01


# 时间步长和时间范围
dt = 0. 1
t_min = 0
t_max = 10


# 初始化变量
X = X_0
Y = Y_0
U = U_0
Z = Z_0


# 存储结果
t = np. arange(t_min, t_max, dt)
X_values = [X]
Y_values = [Y]
U_values = [U]
Z_values = [Z]


# 欧拉方法求解
for _ in t：
    dX = a * X - b * U - c * Z
    dY = f * X - m * U - n * Z
```

```
dU = g * Y - h * U
dZ = i * Y - j * Z

X + = dX * dt
Y + = dY * dt
U + = dU * dt
Z + = dZ * dt

X_values. append( X)
Y_values. append( Y)
U_values. append( U)
Z_values. append( Z)

# 绘制结果
plt. figure( figsize = ( 12,8))

plt. subplot( 2,2,1)
plt. plot( t, X_values[ : - 1], label = '风险水平 X( t)')
plt. xlabel( '时间 ( t)')
plt. ylabel( '风险水平')
plt. title( '风险水平随时间变化')
plt. legend( )

plt. subplot( 2,2,2)
plt. plot( t, Y_values[ : - 1], label = '损失 Y( t)')
plt. xlabel( '时间 ( t)')
plt. ylabel( '损失')
plt. title( '损失随时间变化')
plt. legend( )

plt. subplot( 2,2,3)
plt. plot( t, U_values[ : - 1], label = '保险费用 U( t)')
plt. xlabel( '时间 ( t)')
plt. ylabel( '保险费用')
```

```
plt. title('保险费用随时间变化')
plt. legend( )

plt. subplot(2,2,4)
plt. plot(t,Z_values[: -1],label = '安全投入 Z(t)')
plt. xlabel('时间（t)')
plt. ylabel('安全投入')
plt. title('安全投入随时间变化')
plt. legend( )

plt. tight_layout( )
plt. show( )
…
```

（五）结果解释

运行上述代码后，将得到风险水平、损失、保险费用和安全投入随时间的变化趋势4个图。

根据风险水平随时间变化趋势仿真结果（见图10-4）可知：风险水平随时间呈指数增长，但由于保险和安全投入的减缓作用，增长速度逐渐减缓。

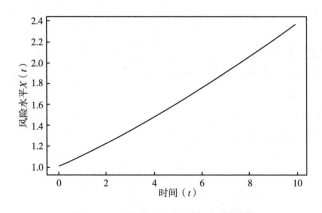

图 10-4　风险水平随时间变化趋势

根据损失随时间变化趋势仿真结果（见图 10 – 5）可知：损失随着时间的增加而增加，但由于保险和安全投入的减缓作用，损失的增长逐渐放缓。

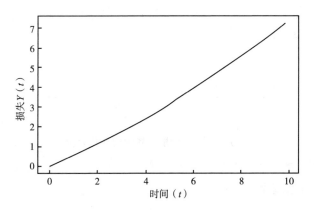

图 10 – 5　损失随时间变化趋势

根据保险费用随时间变化趋势仿真结果（见图 10 – 6）可知：随着时间的增加，损失会增加，保险费用随着损失的增加也会增加，但保险公司会根据市场情况进行调整，使其保持在一个合理的水平。

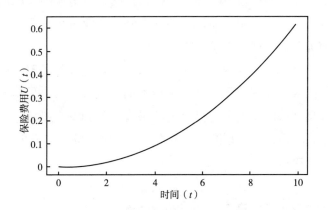

图 10 – 6　保险费用随时间变化趋势

根据安全投入随时间变化趋势仿真结果（见图 10 – 7）可知：随着时间的增加，损失进一步增加，安全投入也随之增加，但企业会根据实际情况进行调整，使其保持在一个合理的水平。

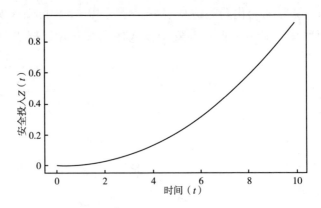

图 10 - 7 安全投入随时间变化趋势

（六）模型应用

通过这个动态微分方程模型，企业和个人可以更清晰地看到隐私信息保险和安全投入在风险管理中的作用和效果。具体应用如下：

（1）企业策略。一是风险管理。企业可以根据模型预测的风险水平和损失，调整保险费用和安全投入，以实现最优的风险管理。二是策略制定。企业可以制定灵活的保险策略和安全投入策略，以适应不同的风险环境和市场需求。三是成本控制。通过模型的预测，企业可以在确保风险得到有效管理的前提下，合理控制保险费用和安全投入成本。

（2）个人策略。一是风险识别。个人可以通过模型了解自己面临的隐私信息泄露风险，并评估保险和安全措施的有效性。二是保险选择。个人可以根据模型预测的损失，选择合适的保险产品和安全措施。三是成本效益分析。个人可以通过模型的定量分析，评估保险费用和安全投入的效益，作出更合理的决策。

四、动态模型扩充二

（一）模型构建

假设 $X(t)$ 表示投保人在时间 t 时面临的隐私信息泄露风险，$Y(t)$ 表示投保人在时间 t 时的损失，$U(t)$ 表示投保人在时间 t 时的保险费用。另外，我们引入 $Z(t)$ 表示投保人的安全投入，如加强网络安全的技术投入和培训费用。考虑潜在威胁者的攻击强度，$A(t)$ 表示在时间 t 时潜在威胁者的攻击强度。

（二）动态方程

（1）风险变化方程：

$$\frac{\mathrm{d}X(t)}{\mathrm{d}t} = aX(t) - bU(t) - cZ(t) + \delta A(t) \qquad (10-38)$$

式中，a 表示风险的自然增长率，b 表示保险对风险的减缓率，c 表示安全投入对风险的减缓率，δ 表示潜在威胁者攻击对风险的加剧率。

（2）损失变化方程：

$$\frac{\mathrm{d}Y(t)}{\mathrm{d}t} = eX(t) - fU(t) - gZ(t) \qquad (10-39)$$

式中，e 表示风险对损失的影响率，f 表示保险对损失的减缓率，g 表示安全投入对损失的减缓率。

（3）保险费用变化方程：

$$\frac{\mathrm{d}U(t)}{\mathrm{d}t} = hY(t) - iU(t) \qquad (10-40)$$

式中，h 表示损失对保险费用的影响率，i 表示保险公司调整保险费用的速率。

（4）安全投入变化方程：

$$\frac{\mathrm{d}Z(t)}{\mathrm{d}t} = jY(t) - kZ(t) \qquad (10-41)$$

式中，j 表示损失对安全投入的影响率，k 表示企业调整安全投入的速率。

（5）潜在威胁者攻击强度变化方程：

$$\frac{\mathrm{d}A(t)}{\mathrm{d}t} = l\left(1 - \frac{A(t)}{m}\right) \times (Y(t) - n) \qquad (10-42)$$

式中，l 表示潜在威胁者对损失的敏感度，m 表示攻击强度的上限，n 表示潜在威胁者攻击的容忍损失水平。

（三）模型求解

通过求解上述动态方程，可以得到 $X(t)$、$Y(t)$、$U(t)$、$Z(t)$ 和 $A(t)$ 的变化趋势。假设初始条件为 $X(0) = X_0$、$Y(0) = Y_0$、$U(0) = U_0$、$Z(0) = Z_0$ 和 $A(0) = A_0$。

Python 代码实现

```python
import numpy as np
import matplotlib.pyplot as plt

# 定义参数
a = 0.1    # 风险的自然增长率
b = 0.05   # 保险对风险的减缓率
c = 0.05   # 安全投入对风险的减缓率
δ = 0.02   # 潜在威胁者攻击对风险的加剧率
e = 0.5    # 风险对损失的影响率
f = 0.3    # 保险对损失的减缓率
g = 0.1    # 安全投入对损失的减缓率
h = 0.02   # 损失对保险费用的影响率
i = 0.01   # 保险公司调整保险费用的速率
j = 0.03   # 损失对安全投入的影响率
k = 0.01   # 企业调整安全投入的速率
l = 0.04   # 潜在威胁者对损失的敏感度
m = 1.0    # 攻击强度的上限
n = 30,000   # 潜在威胁者攻击的容忍损失水平

# 初始条件
X_0 = 1
Y_0 = 0
U_0 = 0
Z_0 = 0
A_0 = 0.1
```

```
# 时间步长和时间范围
dt = 0. 1
t_min = 0
t_max = 10

# 初始化变量
X = X_0
Y = Y_0
U = U_0
Z = Z_0
A = A_0

# 存储结果
t = np. arange( t_min , t_max , dt)
X_values = [ X ]
Y_values = [ Y ]
U_values = [ U ]
Z_values = [ Z ]
A_values = [ A ]

# 欧拉方法求解
for _ in t:
    dX = (a * X - b * U - c * Z + δ * A) * dt
    dY = (e * X - f * U - g * Z) * dt
    dU = (h * Y - i * U) * dt
    dZ = (j * Y - k * Z) * dt
    dA = l * (1 - A / m) * (Y - n) * dt

    X + = dX
    Y + = dY
    U + = dU
    Z + = dZ
    A + = dA
```

```
            X_values. append( X)
            Y_values. append( Y)
            U_values. append( U)
            Z_values. append( Z)
            A_values. append( A)

    # 绘制结果
    plt. figure( figsize = ( 12,8) )

    plt. subplot( 3,2,1)
    plt. plot( t,X_values[ : -1] ,label = '风险水平 X( t)')
    plt. xlabel( '时间 ( t)')
    plt. ylabel( '风险水平')
    plt. title( '风险水平随时间变化')
    plt. legend( )

    plt. subplot( 3,2,2)
    plt. plot( t,Y_values[ : -1] ,label = '损失 Y( t)')
    plt. xlabel( '时间 ( t)')
    plt. ylabel( '损失')
    plt. title( '损失随时间变化')
    plt. legend( )

    plt. subplot( 3,2,3)
    plt. plot( t,U_values[ : -1] ,label = '保险费用 U( t)')
    plt. xlabel( '时间 ( t)')
    plt. ylabel( '保险费用')
    plt. title( '保险费用随时间变化')
    plt. legend( )

    plt. subplot( 3,2,4)
    plt. plot( t,Z_values[ : -1] ,label = '安全投入 Z( t)')
    plt. xlabel( '时间 ( t)')
    plt. ylabel( '安全投入')
```

```
plt. title('安全投入随时间变化')
plt. legend( )

plt. subplot(3,2,5)
plt. plot(t,A_values[:-1],label='攻击强度 A(t)')
plt. xlabel('时间（t）')
plt. ylabel('攻击强度')
plt. title('攻击强度随时间变化')
plt. legend( )

plt. tight_layout( )
plt. show( )
…
```

（四）结果解释

运行上述代码后，将得到风险水平随时间变化、损失随风险水平变化、保险费用和安全投入随损失变化、攻击强度随时间变化的趋势。

（1）风险水平 $X(t)$ 随时间呈指数增长，但由于保险和安全投入的减缓作用，增长速度逐渐减缓。潜在威胁者的攻击强度对风险水平有加剧作用。

（2）损失 $Y(t)$ 随着风险水平的增加而增加，但由于保险和安全投入的减缓作用，损失的增长逐渐放缓。

（3）保险费用 $U(t)$ 随着损失的增加而增加，但保险公司会根据市场情况进行调整，使其保持在一个合理的水平。

（4）安全投入 $Z(t)$ 随着损失的增加而增加，但企业会根据实际情况进行调整，使其保持在一个合理的水平。

（5）攻击强度 $A(t)$ 随时间变化，受到损失的影响。当损失超过潜在威胁者的容忍水平 n 时，攻击强度会增加。

（五）模型应用

通过这个动态微分方程模型，本书可以更深入地分析投保人、保险公司和潜在威胁者之间的相互作用。

（1）投保人。首先，通过模型预测的风险水平，投保人可以了解自己面临的隐私信息泄露风险。其次，根据模型预测的损失，投保人可以评估保险费用的合理性，决定是否购买保险。最后，通过模型预测的安全投入，投保人可以了解应该在哪些方面加强安全措施，以降低风险。

（2）保险公司。首先，保险公司可以根据模型预测的损失，合理定价保费，以确保在覆盖风险的同时吸引投保人。其次，保险公司可以提供更广泛的保险覆盖范围，以增强投保人的信任。最后，简化理赔流程，降低复杂度，提高投保人的满意度。

（3）潜在威胁者。首先，通过模型预测的损失和攻击强度，潜在威胁者可以评估攻击的成本和收益，决定是否进行攻击。其次，投保人可以通过加强安全投入，提高潜在威胁者的攻击成本，从而降低其攻击意愿。

五、隐私信息保险决策的实践案例与策略制定

（一）实践案例一：中小型企业风险管理

一家中小型企业面临着日益增多的网络安全威胁，担心个人和客户的隐私信息泄露可能对企业造成严重损失。经过定性分析，企业识别出可能面临的隐私信息安全威胁，如网络攻击、内部员工泄露、第三方服务提供商的不安全操作等。随后，企业评估了每种风险事件发生的可能性和可能导致的损失，特别是网络攻击造成的潜在经济损失和客户信任度的下降。因此，企业认识到购买隐私信息保险可以为其提供经济支持和法律援助，降低风险带来的损失。

经过多家保险公司的比较，企业选择了保费为 5000 元的保险产品。根据历史数据和行业报告，企业估计在发生隐私信息泄露事件时，平均损失可能达到 50000 元。购买保险后，企业可以将 80% 的损失转移给保险公司，即预期损失减少到 10000 元。因此，企业的净收益为 35000 元。

（二）实践案例二：跨国企业跨境业务风险管理

一家跨国企业在不同国家和地区开展业务，面临着复杂多样的法律环境和监管政策。经过定性分析，企业识别出各地区的隐私信息安全威胁，如不同国家的网络攻击强度、法律要求严格程度等。随后，评估了各地区

风险事件发生的可能性和可能导致的损失，特别是不同法律环境下的法律责任和罚款。企业认识到购买隐私信息保险可以为其提供灵活的风险管理方案，满足不同地区的法律要求。由于企业意识到隐私信息保险对跨境业务的重要性，因此，通过定量分析评估了不同地区的隐私信息安全风险和保险需求。

经过风险评估，其中国家 A 的风险发生概率为 15%，每次事件的平均损失为 70000 元。国家 B 的风险发生概率为 5%，每次事件的平均损失为 30000 元。国家 C 的风险发生概率为 10%，每次事件的平均损失为 40000 元。通过成本效益分析发现：国家 A 的保险费用为 10000 元，预期收益为 60000 元，净收益为 50000 元。国家 B 的保险费用为 3000 元，预期收益为 27000 元，净收益为 24000 元。国家 C 的保险费用为 5000 元，预期收益为 36000 元，净收益为 31000 元。

因此，企业制定了精准的风险防范策略。其中在国家 A 购买保费为 10000 元、覆盖范围广泛的隐私信息保险，重点保护客户数据和法律支持。在国家 B 购买保费为 3000 元、覆盖范围较窄的隐私信息保险，重点关注基本的经济损失补偿。在国家 C 购买保费为 5000 元、覆盖范围适中的隐私信息保险，平衡了成本和风险转移效果。

（三）实践案例三：金融机构移动支付产品风险管理

一家金融机构在推出新的移动支付产品时，面临着用户隐私信息保护的挑战。首先，通过定性分析，企业识别出可能的隐私信息泄露风险，如黑客攻击、应用程序漏洞等。随后，企业评估了这些风险事件发生的可能性和可能导致的损失，特别是用户的财产损失和信任度下降。企业认识到购买隐私信息保险可以为用户提供经济赔偿和法律支持，提高用户对移动支付产品的信任。为了提高用户信任和降低风险，金融机构决定为该产品购买专门的隐私信息保险。

通过风险评估，评估了购买保险后可能获得的收益，包括用户信任的提高和用户流失率的降低。企业发现网络攻击风险的发生概率为 20%，每次事件的平均损失为 100000 元。应用程序漏洞风险的发生概率为 10%，每次事件的平均损失为 50000 元。通过成本效益分析，分析了购买保险后能够转移的风险，以及转移该风险可能带来的经济效益。企业选择了保费为 15000 元的综合覆盖范围广泛的隐私信息保险，包括用户数据泄露赔偿、法律支持和数据恢复服务。

（四）策略建议

根据以上三个案例，本书提出以下策略建议。

1. 对于个人

首先，通过风险评估工具了解自身面临的隐私信息泄露风险。其次，比较保险产品。选择保费合理、覆盖范围广泛、理赔流程简便的保险产品。最后，提高安全意识。加强个人隐私保护意识，采取必要的技术措施和操作规范，减少风险发生概率。

2. 对于企业

首先，全面风险评估。通过定性和定量的方法，全面评估企业面临的隐私信息安全风险。其次，灵活选择保险。根据企业的实际需求和风险情况，选择合适的保险产品和方案。再其次，加强内部安全管理，提高员工的网络安全意识和操作规范。与信誉良好的保险公司建立长期合作关系，确保在风险事件发生时能够快速获得支持。最后，了解并适应不同地区的法律环境和监管政策，确保保险产品的合规性和有效性。

（五）结论

隐私信息保险作为一种新兴的保险产品，对个人和企业的隐私信息安全起到了重要的保护作用。通过结合定性和定量分析，个人和企业可以更科学、更客观地评估隐私信息保险的效益和风险，从而作出更合理的决策。合理的保险策略和方案不仅能够降低隐私信息安全风险带来的损失，还能够提高个人和企业的信任度和市场竞争力。

第十一章　社交媒体用户隐私感知风险对数据要素流通程度的影响

　　隐私感知风险指的是用户基于自身经历、外界信息等，对个人隐私在社交媒体环境中可能遭受侵害的主观认知和担忧。这种隐私感知风险对数据要素流通程度产生了不可忽视的影响。从微观层面看，用户若担忧隐私泄露，可能会拒绝授权社交媒体平台收集和使用某些数据，或者减少在平台上的信息分享，这直接限制了数据的产生和获取，阻碍了数据在不同主体间的流动。从宏观层面讲，用户普遍的高隐私感知风险会导致整个社交媒体生态系统的数据流通活跃度下降，影响数据要素市场的健康发展，进而对社交媒体平台数据要素的流动性造成制约，影响平台的商业价值和整个数据经济的生态。数据要素的流通对于推动社交媒体商业模式、促进相关行业的发展以及加强知识传播具有不可或缺的作用。数据流通的广度和速度直接关联到社交媒体平台的用户活跃度、市场营销效率以及创新能力。因此，社交媒体平台在制定管理策略和政策时，必须慎重考虑由用户隐私感知风险引起的数据流通问题。

第一节　隐私感知风险的类型及用户分类模型构建

　　在进入信息时代的今天，社交媒体的迅猛发展已经重塑了人类的交流和信息分享方式。一方面，这种技术进步为人们提供了前所未有的便利，让地理距离不再是沟通的障碍，人与人之间的连接更加紧密和实时。然而，随着这种连接的加深和个人数据量的爆炸式增长，隐私保护问题逐渐浮出水面，引发了全社会的关注和讨论。个人数据的安全性和隐私权的保护，在享受社交媒体带来的诸多便利的同时，已成为用户们急需解决的问题。另一方面，用户在社交媒体上的行为和互动模式千差万别，导致他们对隐私和数据保护的需求和感知也大不相同。这种差异性不仅体现在个体层面，还在某种程度上决定了社交媒体平台上数据流通的模式和效率。正因为如此，探讨隐私感知风险的类型及用户分类模型的构建，成为这一领域研究的重要内容。本节旨在深入分析社交媒体环境中存在的隐私风险类型，理解它们如何影响用户的行为和态度，以及如何根据用户对隐私感知的差异，构建有效的用户分类模型。通过这样的研究，我们不仅能够更好地识别和描绘用户对隐私保护需求的多样性，还能够为社交媒体平台提供更加精准的数据管理和隐私保护策略，从而增强用户的信任度，提升平台的整体安全性和可持续性。

一、构建隐私感知风险的类型和划分维度

（一）隐私感知风险的类型

1. 信息收集风险

这类风险主要涉及社交媒体平台在未获得用户明确同意的情况下积极收集个人信息的行为。这不仅包括基本身份信息，如姓名和邮箱地址，还包括更加敏感的数据，如地理位置信息和用户的浏览习惯。信息收集风险的核心问题在于缺乏透明度和用户控制能力的缺失。

2. 信息使用风险

该风险关注点在于用户数据如何被使用，特别是当这些数据被用于用户未能预见或未被明确告知的目的时。例如，个人数据可能被用于定制广告或被未经授权的第三方获取，这通常超出了用户最初的预期。

3. 信息泄露风险

信息泄露风险指通过网络攻击、系统漏洞或内部管理不善等途径导致的数据泄露事件。这类风险可能导致个人隐私被公开，造成身份盗用或其

他形式的网络犯罪。信息泄露风险不仅会对个人造成伤害，还会对企业和社会产生负面影响。对企业来说，信息泄露可能导致客户信任度下降、商业机密泄露、声誉受损等问题，进而影响企业的经营和发展。对于社会来说，大规模的信息泄露事件可能会引发公众的恐慌和不安，破坏社会的稳定和秩序。

（二）划分维度

1. 用户对隐私侵犯的敏感度

这一维度涉及用户对其个人信息被收集、使用或泄露的关注程度和可能的反应。一些用户可能对其数据的小规模收集持开放态度，而对大规模监控或数据收集则表现出强烈的反对。

2. 数据处理的透明度

透明度是衡量数据收集和使用的政策与程序被清晰且可访问地传达给用户的程度。较高的透明度可以提升用户的信任感，降低其对隐私风险的感知程度。

3. 用户对社交媒体平台的信任度

这一维度涉及用户对平台保护其隐私的能力和意愿的信任。信任度的高低通常基于过去的经验、平台的政策和公众形象等因素。

二、用户分类模型

（一）隐私极端主义

隐私极端主义者强烈反对任何形式的个人信息收集和使用。他们通常采取极端保护措施避免隐私被侵犯，如使用复杂的隐私保护软件、匿名浏览工具，甚至完全避免使用可能泄露个人信息的社交媒体平台。

（二）隐私实用主义

隐私实用主义者在分享个人数据和保护个人隐私之间寻找平衡。他们对哪些信息可以被收集及其使用方式持开放态度，但这是基于明确的利益权衡，如获得更优质的服务或更个性化的体验。

（三）不关心隐私

对于不关心隐私的用户，他们可能由于对技术的高信任度、对隐私保护知识的缺乏或认为自己没有什么不可以公开的信息而不采取任何隐私保护措施。这一群体可能无视隐私设置，默认接受所有数据收集和使用条款。

三、社交媒体隐私素养对用户隐私保护行为的影响机制研究

（一）现实研究背景

随着技术社会的到来，数据化与智能化成为发展的定向趋势，社交媒体也日渐成为社会的基础设施，社交媒体与隐私保护两者的交织是一个复杂且极具现实性的问题。隐私保护可以帮助防止个人信息被用于欺诈行为、身份被盗用、广告骚扰或其他不法活动。此外，保护消费者隐私还有助于建立信任，促进社交媒体和消费者之间更健康的关系。保护消费者隐私可以确保用户在社交媒体上能够自由而安全地分享，减少个人信息被滥用的风险，是推动可持续和安全数字环境的关键因素。

1. 消费者隐私保护的内涵界定

隐私第一次成为法律概念或权力始于沃伦和布兰代斯发表于 1890 年的论文《隐私权》。依二人之见，隐私权是保护个人生活不受干扰、保持独处的权利。目前，隐私保护还处于起步阶段，范围难以确定。但是是随着信息技术的发展而变化的，同时还要考虑不同人的特性和背景。隐私保护含义范围较广，刘凌、罗戎（2017）认为具体定义取决于法律、社会、文化和技术背景。谢毅等（2020）提出消费者隐私包括：人口统计特征、生活方式特征、购买习惯、金融数据、个人识别信息。消费者隐私是存在悖论的，一方面，在商业领域中，既通过更为便利、获得个性化服务及其他好处如忠诚度方案等有益于消费者，也因提升客户忠诚度及降低成本而使公司受益；另一方面，这些给消费者和公司带来上述益处的技术进步，同时又由于存在监视的可能性而增加了对隐私方面的关注。

2. 社交媒体的发展特点

社交媒体是为使用者提供以价值共识为原则进行自身社会关系重构

可能性的媒体，更加指向社交的本质属性，指向区别于传统媒体的价值观传播特性，摆脱社交媒体的泛化。目前，社交媒体已经不再是过去单纯的社交平台或者渠道了，随着社交媒体的全面整合，许多消费市场是建立在社交媒体市场之上的，这也使得经营者通过各种新颖的经营模式来吸引社交媒体上的用户，从而促进消费，推动社会经济发展。这么说来，社交媒体作为 Web 2.0 时代的产物，正在逐渐成为某种"工具"或"武器"，而利用社交媒体的基本作用机制就是通过信息渠道完成对各个信息主体的操纵。

3. 隐私保护的法律环境

尽管社交媒体上的消费者在意识上对隐私保护非常重视，但在实际上，他们往往愿意为了获得某些便利或服务而轻易地分享个人信息。因此《中华人民共和国数据安全法》要求建立数据分类分级保护制度，制定数据安全应急预案，采取相应的管理措施。《中华人民共和国民法典》也在人格权编中明确了对隐私权和个人信息的保护，为个人信息保护提供了民法基础，特别是通过司法解释对面部识别技术处理个人信息的应用进行了规范。《中华人民共和国网络安全法》规定网络运营者收集、使用个人信息必须遵循合法、正当、必要的原则，并明示收集、使用规则。《中华人民共和国个人信息保护法》明确规定了任何组织、个人不得非法收集、使用、加工、传输他人个人信息，不得非法买卖、提供或者公开他人个人信息。

4. 社交媒体下隐私保护的影响因素

目前很多学者都从用户心理学角度出发探索隐私保护的影响因素。其中 APCO 理论模型、整合隐私计算理论、社会契约理论和计划行为理论格外强调"自我信息披露"是隐私保护的关键因素；沟通隐私管理理论和隐私计算理论都提到"隐私关注"的重要性；社会交易理论聚焦研究"隐私关注、感知收益和在线购买习惯"；保护动机理论通过研究信息源（包括外界因素和个人因素）来探索认知中介过程（威胁评估和应对评估），以此得出保障机制（隐私政策的存在和隐私个性化）。

5. 理论研究总结

目前大部分学者的研究聚焦在大数据时代背景下用户隐私保护的影响因素，而对社交媒体下消费者隐私保护的路径研究相对较少，大部分路径类研究以"隐私关注、隐私保护意愿、隐私保护行为"维度为主。此外，虽然关于"隐私素养"的研讨近年来已有一定的成果，但目前还是聚焦在将它作为一个变量提出其测量指标与指标体系，并没有将它纳入隐私保护的路径中。而"隐私素养""隐私保护意愿""隐私关注""隐私保护"之间是否存在因果关系，研究其相关性是否构建成一套"隐私保护"的路径，这在当前研究中并不能找到确切答案。本研究采取"认知—态度—行为"的思路，将从上述拟解决的问题着手，通过实证研究方法，对隐私保护的因子进行探索，并通过结构方程模型探索一套可行的隐私保护路径。

（二）理论基础与研究假设

本研究基于谈津（2023）等学者构建的"隐私关注—隐私保护意愿—隐私保护行为"框架，将"隐私素养"作为自变量加入模型中，探究隐私关注和隐私保护意愿的中介作用，隐私关注和隐私保护意愿中介效应的发现扩展了对隐私保护行为的研究。本研究在隐私素养、隐私保护意愿、隐私关注直接影响隐私保护行为的基础上探讨其内部效应。

"隐私素养"是个人对隐私概念、隐私权利、隐私保护方法以及隐私风险的理解和认识能力，其侧重理解在线共享信息的责任和风险。"隐私关注"是用户对于隐私是否被披露或侵害等问题所产生的主观意识，是个人应对某种特定隐私情境的主观感受。刘鸣筝和孙冬鑫（2023）验证了社交网络用户素养的增加，会使其更加关注隐私问题，对隐私风险的感知能力会有所提升。故本研究提出假设 H1：隐私素养可以正向促进隐私关注。

"隐私保护意愿"指个体为达到期望的隐私水平而采取各类隐私保护措施的行为意向。隐私素养越高的人对隐私的保护意愿程度越高。除此之外，当人们的隐私遭受侵犯时，隐私素养越高的人对隐私保护意愿的需求越强烈。故本研究提出假设 H2：隐私素养可以正向促进隐私保护意愿。

消费者隐私关注一直是个性化精准营销需要面对的重要问题，消费者为了使用网络服务，自愿或非自愿地向网站披露了个人信息，可能会引发其对隐私信息泄露的忧虑。目前已有研究发现，长期处于信息采纳较少状态的社交媒体用户会存在社交媒体倦怠和潜水行为（佟林杰和赵怀宇，

2023）。故本研究提出假设 H3：隐私关注可以正向促进隐私保护行为。

在网络环境下，隐私保护意愿成为隐私研究中的重要变量。当人们具有强烈的隐私保护意识或者需求时，他们会更加关注隐私保护行为，有了这种隐私保护的意愿，人们将在原有的隐私素养的基础上增加隐私保护意识、引导隐私保护行为、提高隐私保护能力。故本研究提出假设 H4：隐私保护意愿可以正向促进隐私保护行为。

贾若男等（2021）认为隐私关注正向影响隐私保护意愿。用户在通过社交媒体获取信息、进行自我表露和人际互动、扩展人际关系时，越来越担心自己的隐私受到侵犯，会对社交媒体的安全性产生关注，这种关注促使他们采取相应的措施来保护自己的隐私。普遍来看，个人隐私的关注是推动他们采取保护措施的主要驱动力。故本研究提出假设 H5：隐私关注可以正向促进隐私保护意愿。

国外学者研究证实，隐私素养不仅是有效信息控制的重要前提，也是判断个人是否具有隐私保护意识、采取何种保护行为、避免侵犯他人隐私的关键。虽然在保护隐私安全方面，政策法规的约束必不可少，但从用户的角度出发探讨社交媒体用户的隐私素养与隐私保护行为也至关重要。由于网络素养差异引发的数字鸿沟影响着人们对网络的接入和使用，形成了用户在网络信息控制能力上的差异，这种差异决定了用户会在不同程度上采取隐私保护行为。故本研究提出假设 H6：隐私素养正向影响隐私保护行为。

（三）研究对象与方法

1. 研究对象

本次调查采用分层随机抽样的方法，将调查问卷发放给某高校的在校大学生，根据学校不同层次学历学生人数所占比例确定学校抽样人数，并按照该学校不同学院学生人数的比例随机抽取学生调查。共发放问卷 323 份，检索有效问卷 251 份。问卷的有效率为 77.7%。

2. 研究方法

（1）文献研究法。确立了本研究目标后，通过图书馆、档案馆等渠道查阅了"隐私素养""隐私保护意愿""隐私关注""社交媒体"等内容，搜索相关信息，大量阅读期刊、论文，并进行分类整理，查看社交媒体用户对隐私保护的意识现状、面临的困境和一些解决路径，掌握其理论体系，为本研究实施奠定坚实的基础。

（2）问卷调查法。本次研究的问卷调查分为五个部分，包括基本信息的调查、消费者隐私素养、消费者隐私保护意愿、消费者隐私关注和消费者隐私保护行为。基本信息调查表仅包括性别、年龄、受教育程度以及每天使用移动社交媒体的平均时长。

本研究中量表采用正向赋分。用户隐私素养维度共3个条目；隐私关注维度共5个条目；隐私保护意愿维度共4个条目；隐私保护行为维度共3个条目。本研究采用利克特五分评分法，根据"完全同意""基本同意""不确定""基本不同意""完全不同意"进行1~5分计分。

（3）统计分析法。本研究运用SPSS 20软件AMOS 24.0软件进行统计学分析。调查数据的检验采用信度分析和效度分析，通过因子分析提取公因子，采用相关性分析和结构方程模型进行影响因素分析，$p < 0.05$为差异有统计学意义。

（4）质量控制。在调查开展前对收集、调查进行统一的培训。采用匿名问卷，对回收的问卷进行审核，将主体部分的填写完整率不低于90%且填写用时超过2分钟的问卷判定为有效问卷，并且剔除无效问卷，保证数据的可靠性。

（四）实证检验与结果

1. 预实验

本研究在正式检验前先通过线上收回有效问卷54份，数据用于检验本问卷设计的内部一致性，对正式实验的变量做初步探索性因子分析，从而提高实验效率。进一步探索实验可能存在的潜在问题，确保实验的科学性。

根据初步的信效度分析，量表总体的 $\alpha = 0.944 > 0.9$，说明本问卷信度良好（见表11-1）。再经过探索性因子分析共得到4个因子，由表11-2可知，它们的解释能力分别为23.496%、21.612%、14.379%和13.682%，总解释能力为73.169% > 60%，表明筛选出的4个因子具有良好的代表性（见表11-3）。

表 11 −1   可靠性统计量

维度	克隆巴赫 Alpha	项数
量表整体	0.944	22

表 11 −2   解释总方差

成分	初始特征值			提取平方和载入			旋转平方和载入		
	合计	方差的 %	累积 %	合计	方差的 %	累积 %	合计	方差的 %	累积 %
1	10.245	46.568	46.568	10.245	46.568	46.568	5.169	23.496	23.496
2	3.086	14.026	60.594	3.086	14.026	60.594	4.755	21.612	45.109
3	1.618	7.353	67.947	1.618	7.353	67.947	3.163	14.379	59.487
4	1.149	5.223	73.169	1.149	5.223	73.169	3.01	13.682	73.169
5	0.86	3.908	77.078						
6	0.817	3.715	80.792						
7	0.653	2.967	83.759						
8	0.629	2.857	86.617						
9	0.418	1.9	88.517						
10	0.414	1.881	90.397						
11	0.354	1.608	92.005						
12	0.319	1.448	93.453						
13	0.294	1.338	94.791						
14	0.232	1.056	95.847						
15	0.2	0.91	96.758						
16	0.162	0.735	97.493						
17	0.147	0.667	98.16						
18	0.12	0.547	98.707						
19	0.094	0.426	99.133						
20	0.077	0.35	99.483						
21	0.063	0.285	99.768						
22	0.051	0.232	100						

提取方法：主成分分析。

表 11 - 3 旋转成分矩阵

题项	成分			
	1	2	3	4
7. 您认为自己是否充分了解移动社交媒体能够公开使用用户的数据	0.189	0.029	0.269	0.839
17. 在使用社交媒体时，您会提供虚假的个人信息	0.187	0.359	0.298	0.736
5. 您认为移动社交媒体能否反映真实的情感交流	0.114	0.386	0.03	0.715
11. 您担心详细的个人信息可能被用于定向广告投放和个性化推荐	0.14	0.871	0.202	-0.054
14. 您担心在使用转发和分享功能时兴趣动向被推测或泄露	0.087	0.864	0.145	0.177
12. 您担心在使用移动社交媒体平台时个人信息会受到病毒、黑客等的攻击而泄露	0.085	0.854	0.048	0.176
10. 您担心注册并使用移动社交媒体的个人隐私会受到泄露或侵犯	0.066	0.773	0.193	0.149
13. 您担心在发布信息、使用签到等功能时生活轨迹等个人信息被推测或泄露	0.085	0.773	0.17	0.124
15. 在使用社交媒体时，您会定期删除自己的搜索记录和浏览记录	0.333	0.683	0.141	0.106
25. 有了国家隐私法律法规的保护，您相信隐私安全将会得到有力的保障	0.872	0.062	0.285	-0.079
9. 您认为自己是否充分了解各移动社交媒体产品的隐私设置	0.796	0.122	0.34	0.085
16. 在使用社交媒体时，您会主动了解隐私说明并设置个人信息访问权限	0.776	0.299	0.245	0.17
23. 当您的个人隐私在社交媒体上被侵犯时，能够利用社交媒体进行补救	0.74	0.169	0.109	0.386
6. 您认为移动社交媒体上的交易都是虚拟性的	0.683	0.315	0.062	0.262
26. 您国家目前的隐私法律法规能够有效保护社交媒体用户的隐私安全	0.621	0.131	0.403	-0.058

续表

题项	成分			
	1	2	3	4
19. 您能控制个人隐私信息如何不被社交媒体服务商或其他人收集和利用	0.62	0.018	0.149	0.437
24. 有了社交媒体的制度保障，您相信个人隐私将会被妥善保管并得到合理的利用	0.599	−0.109	0.144	0.473
8. 您认为移动社交媒体能够共同享受用户使用过程中的衍生利益	0.283	0.191	0.839	0.222
22. 您认为社交媒体有保护用户个人信息的能力	0.267	0.289	0.774	0.101
21. 您会通过使用隐私保护功能保护您的个人信息不被其他用户获取并利用	0.396	0.325	0.624	0.314
20. 您会通过使用隐私保护功能有效限制社交媒体过度搜集和利用您的个人信息	0.521	0.219	0.599	0.439
18. 当您的个人信息被非法利用时，您会向社交媒体服务商投诉	0.46	0.205	0.57	0.332

提取方法：主成分分析。
旋转法：具有 Kaiser 标准化的正交旋转法。

注：旋转在 25 次迭代后收敛。

通过观察因子载荷系数，将因子 1 初步命名为"隐私保护意愿"因子；因子 2 初步命名为"隐私关注"因子；因子 3 初步命名为"隐私保护行为"因子；因子 4 初步命名为"隐私素养"因子。各个测量题目项的因素负荷量均大于 0.5，故此量表具有良好的结构效度，可以作进一步研究。

2. 问卷样本基本特征

本次调查采取线上发放问卷，收回有效问卷 251 份，其中男生 96 人，占 38.2%；女生 155 人，占 61.8%。年龄在 18 ~ 26 岁的人最多，有 191 人，占全体人数 76.1%。受教育程度为本科的有 191 人，占 76.1%。一天使用社交媒体时间在 2 小时以下的有 17 人，占 6.8%；2 ~ 4 小时的有 91 人，占 36.2%；4 ~ 6 小时的有 82 人，占 32.7%；6 小时及以上的有 61 人，占 24.3%（见表 11 - 4）。

表 11 -4   调查对象基本信息（n = 251）

组别		频率	百分比（%）
性别	男	96	38.2
	女	155	61.8
年龄	18 岁以下	28	11.1
	18～26 岁	191	76.1
	27～35 岁	25	10.0
	36～44 岁	4	1.6
	45 岁及以上	3	1.2
受教育程度	高中及以下	27	10.7
	专科	23	9.2
	本科	191	76.1
	硕士及以上	10	4.0
一天使用社交媒体的时间	2 小时以下	17	6.8
	2～4（含）小时	91	36.2
	4～6（含）小时	82	32.7
	6 小时以上	61	24.3

3. 信度检验

在本次研究中，主要的因素均通过量表的形式进行测量，因此对于测量结果的数据质量进行检验是保证后续分析具有意义的重要前提。克隆巴赫系数 α 取值范围在 0～1 之间，检验结果系数值越高，信度越高。如表 11 - 5 所示，量表总体的 $\alpha = 0.902 > 0.9$，说明本问卷信度很好，所使用的量表均具有很好的内部一致性。

表 11 -5   可靠性统计量

维度	克隆巴赫系数 α	项数
量表整体	0.902	22

4. 效度检验

根据因子分析结果共得到 4 个因子，因子载荷系数如表 11 - 6 所示。通过因子分析和调研内容，删除在四个维度上载荷无效的题项和内容与公因子不符合的题项后，我们将通过效度检验的有效题项保留。将因子 1 命名为"隐私关注",包括第 10、11、12、13、14 题项;因子 2 命名为"隐私保护意愿",包括第 16、23、24、25 题项;因子 3 命名为"隐私保护行为",包括第 18、20、21 题项;因子 4 命名为"隐私素养",包括第 5、7、17 题项。

表 11 - 6   旋转成分矩阵

题项	成分			
	1	2	3	4
5. 您认为移动社交媒体能否反映真实的情感交流（A1）	0.134	0.053	0.314	0.719
7. 您认为自己是否充分了解移动社交媒体能够公开使用用户的数据（A2）	-0.060	0.404	0.031	0.679
17. 在使用社交媒体时,您会提供虚假的个人信息（A3）	0.291	0.249	-0.019	0.609
10. 您担心注册并使用移动社交媒体的个人隐私会受到泄露或侵犯（B1）	0.726	0.082	0.235	0.036
11. 您担心详细的个人信息可能被用于定向广告投放和个性化推荐（B2）	0.658	-0.023	0.305	0.211
12. 您担心在使用移动社交媒体平台时个人信息会受到病毒、黑客等的攻击（B3）	0.818	0.113	0.163	-0.042
13. 您担心在发布信息、使用签到等功能时生活轨迹等个人信息被推测或泄露（B4）	0.764	0.095	0.169	0.163
14. 您担心在使用转发和分享功能时兴趣动向被推测或泄露（B5）	0.780	0.118	0.080	0.100
16. 在使用社交媒体时,您会主动了解隐私说明并设置个人信息访问权限（C1）	0.323	0.547	0.031	0.225
23. 当您的个人隐私在社交媒体上被侵犯时,能够利用社交媒体进行补救（C2）	0.074	0.612	0.352	0.119
24. 有了社交媒体的制度保障,您相信个人隐私将会被妥善保管并得到合理的利用（C3）	0.141	0.670	0.292	0.063
25. 有了国家隐私法律法规的保护,您相信隐私安全将会得到有力的保障（C4）	0.214	0.512	0.462	-0.066

续表

题项	成分			
	1	2	3	4
18. 当您的个人信息被非法利用时,您会向社交媒体服务商投诉(D1)	0.459	0.027	0.529	0.110
20. 您会通过使用隐私保护功能有效限制社交媒体过度搜集和利用您的个人信息(D2)	0.290	0.250	0.537	0.265
21. 您会通过使用隐私保护功能保护您的个人信息不被其他用户获取并利用(D3)	0.314	0.277	0.494	0.332

提取方法:主成分分析。

旋转法:具有 Kaiser 标准化的正交旋转法。

注:旋转在 25 次迭代后收敛。

5. 隐私保护量表验证性因子分析

(1)隐私保护模型适配度检验。根据假设构建结构方程模型,由表 11 −7 的模型适配检验结果可以看出,CMIN/DF(卡方自由度比)= 1.761,在 1 ~ 3 的优秀范围内;RMSEA(近似误差均方根)= 0.055 < 0.08;SRMR(标准化残差均方根)= 0.000 < 0.05。另外的增值拟合指数(IFI)、非规范拟合指数(TLI)以及比较拟合指数(CFI)的检验结果均达到了 0.9 以上的优秀水平。综合本次的分析结果可以说明,隐私保护的模型具有良好的拟合度。

表 11 −7　　　　　　　　　　模型整体拟合度

指标	参考标准	实测结果
CMIN/DF	1 ~ 3 为优秀,3 ~ 5 为良好	1.761
RMSEA	<0.05 为优秀,<0.08 为良好	0.055
SRMR	<0.05 为优秀,<0.08 为良好	0.000
CFI	>0.9 为优秀,>0.8 为良好	0.950
TLI	>0.9 为优秀,>0.8 为良好	0.937
IFI	>0.9 为优秀,>0.8 为良好	0.951

(2)隐私保护量表收敛效度和组合信度检验。在隐私保护量表模型具有良好适配度的前提条件下,进一步检验量表各个维度的收敛效度(AVE)

和组合信度（CR）。检验流程需要通过建立的模型计算出各个测量题项在对应维度上的标准化因子载荷，然后通过 AVE 和 CR 的计算公式计算出各个维度的收敛效度值和组合信度值。计算公式为：

$$AVE = \left(\sum \lambda^2 \right) / n \qquad (11-1)$$

$$CR = \left(\sum \lambda^2 \right) / \left[\left(\sum \lambda^2 \right) + \sum \delta \right] \qquad (11-2)$$

从表 11-8 的检验结果可以看出，在本次隐私保护效度检验中，隐私关注的 AVE 值达到了 0.5 以上，CR 值达到了 0.7 以上，而隐私素养、隐私保护意愿和隐私保护行为的 AVE 值虽然没有达到 0.5，但其 CR 值达到了 0.6 以上，此收敛效度也可以接受（Fornell，1981）。

表 11-8 模型收敛效度和组合信度检验

路径关系			估计值	AVE	CR
A3	<---	隐私素养	0.606		
A2	<---	隐私素养	0.621	0.3901	0.6572
A1	<---	隐私素养	0.646		
B5	<---	隐私关注	0.731		
B4	<---	隐私关注	0.785		
B3	<---	隐私关注	0.767	0.5558	0.862
B2	<---	隐私关注	0.704		
B1	<---	隐私关注	0.738		
C4	<---	隐私保护意愿	0.622		
C3	<---	隐私保护意愿	0.697		
C2	<---	隐私保护意愿	0.656	0.4081	0.7329
C1	<---	隐私保护意愿	0.574		
D3	<---	隐私保护行为	0.743		
D2	<---	隐私保护行为	0.702	0.476	0.7305
D1	<---	隐私保护行为	0.619		

（3）描述性统计及正态性检验。表 11-9 为本次研究所使用因素现状描述统计分析和正态性检验结果。根据描述统计的分析结果可以看出，各个变量的均值得分均在 2~4，量表计分方式为 1~5 正向计分，因此可以看

出本次研究对象群体在隐私保护上的认知、态度和行为水平都是在中等水平以上。各个测量题项的正态性检验采用偏度和峰度进行检验，根据克兰（Kline，1998）提出的标准，本次研究中各个测量题项的偏度系数绝对值在 3 以内，峰度系数绝对值在 8 以内，因此可以说明各个测量题项数据均满足近似正态分布。

表 11 - 9   描述性统计和正态性检验

维度	测量题项	M	SD	偏度	峰度	总体 M	总体 SD
隐私素养	A1	2.86	1.134	-0.129	0.298	2.8606	0.90703
	A2	2.69	1.242	0.015	-0.536		
	A3	3.03	1.154	-0.102	-0.346		
隐私关注	B1	3.49	1.26	-0.601	-0.110	3.5538	0.95821
	B2	3.58	1.208	-0.591	-0.213		
	B3	3.60	1.143	-0.510	-0.056		
	B4	3.61	1.173	-0.566	-0.158		
	B5	3.49	1.191	-0.549	-0.073		
隐私保护意愿	C1	3.12	1.293	-0.318	-0.361	3.0896	0.93055
	C2	2.96	1.291	-0.424	-0.166		
	C3	2.98	1.239	-0.221	-0.241		
	C4	3.31	1.206	-0.521	-0.086		
隐私保护行为	D1	3.47	1.253	-0.516	-0.257	3.3081	0.96645
	D2	3.22	1.192	-0.317	-0.360		
	D3	3.24	1.158	-0.267	-0.388		

6. 相关性分析

本研究通过 Pearson 相关分析对多个变量之间进行探索性分析。由表 11 - 10 可以看出，在隐私保护内部路径的相关性分析中，隐私素养与隐私关注的相关系数为 0.318；隐私素养与隐私保护意愿的相关系数为 0.464；隐私素养与隐私保护行为的相关系数为 0.435；隐私关注与隐私保护意愿的相关系数为 0.399；隐私关注与隐私保护行为的相关系数为 0.556；隐私保护意愿与隐私保护行为的相关系数为 0.548。根据相关系数的结果可以看出，各个变量之间的相关系数 r 均大于 0，综合可以说明在本次分析中，各个变量之间均为显著的正相关关系，并且都是在 1% 的显著性水平上显著。

表 11 - 10 相关性分析

维度	项目	隐私关注	隐私保护意愿	隐私保护行为
隐私素养	Pearson 相关性	0.318	0.464	0.435
	显著性（双侧）	0.000	0.000	0.000
	N	251	251	251
隐私关注	Pearson 相关性		0.399	0.556
	显著性（双侧）		0.000	0.000
	N		251	251
隐私保护意愿	Pearson 相关性			0.548
	显著性（双侧）			0.000
	N			251

注：p 表示在 0.01 水平（双侧）上显著相关。

（五）结构方程模型检验

本研究以谈津（2023）理论为依据，在相关性分析的基础上，参考相关文献，将隐私素养、隐私保护意愿、隐私关注、隐私保护行为纳入结构方程模型（见图 11 - 1）以检验本研究提出的 6 项假设。

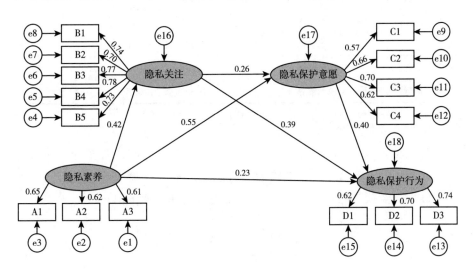

图 11 - 1 结构方程模型

1. 路径关系假设检验结果

根据表 11-11 的分析结果可以看出，在本次研究的路径假设关系检验中，自变量（隐私素养）正向影响因变量（隐私保护行为）（系数 $c = 0.664$，$p < 0.01$），主效应存在，中介效应的前提成立。自变量（隐私素养）对中介变量 M_1（隐私关注）的系数 $a_1 = 0.423$，且显著，说明存在自变量对中介变量 M_1 的正向作用；自变量（隐私素养）、中介变量 M_1（隐私关注）同时对因变量（隐私保护行为）正向作用，系数 $b_1 = 0.389$，且显著。自变量（隐私素养）对中介变量 M_2（隐私保护意愿）的系数 $a_2 = 0.547$，且显著，说明存在自变量对中介变量 M_2 的正向作用；自变量（隐私素养）、中介变量 M_2（隐私保护意愿）同时对因变量（隐私保护行为）正向作用，系数 $b_2 = 0.403$，且显著。同时系数 $c' = 0.227$，且显著，可进一步进行中介效应检验。

表 11-11　　　　　　　　　路径关系检验结果

路径			估计值	S. E.	C. R.	P	Label
隐私保护行为	<---	隐私素养	0.664	0.121	5.406		c
隐私关注	<---	隐私素养	0.423	0.118	4.473		a_1
隐私保护意愿	<---	隐私素养	0.547	0.128	4.552		a_2
隐私保护行为	<---	隐私关注	0.389	0.078	4.944		b_1
隐私保护行为	<---	隐私保护意愿	0.403	0.137	3.424		b_2
隐私保护意愿	<---	隐私关注	0.256	0.074	2.949	0.003	d
隐私保护行为	<---	隐私素养	0.227	0.137	2.032	0.042	c'

2. 中介效应检验

在心理学和其他社科研究领域，中介效应检验的方式有多种，国内的大多学者认可温忠麟对中介检验的核心研究，本研究验证效应在回归方程式（11-3）~式（11-6）描述变量的基础上展开（见图 11-2）。

$$Y = cX + e_1 \qquad\qquad (11-3)$$

$$M_1 = a_1 X + e_2 \qquad\qquad (11-4)$$

$$M_2 = a_2 X + e_3 \qquad\qquad (11-5)$$

$$Y = c'X + b_1 M_1 + b_2 M_2 + e_4 \qquad\qquad (11-6)$$

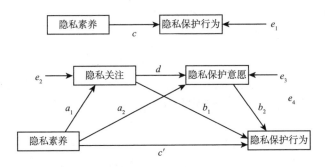

图 11 – 2　中介效应关系示意

逐步检验回归系数和 Sobel 法直接检验都可以验证中介效应，非参数百分位 Bootstrap 法，检验力高于 Sobel 检验（温忠麟和叶宝娟，2014）。式（11 – 3）的系数 c 表示的是本研究中自变量对因变量的影响总效应；式（11 – 4）的系数 a_1 表示的是自变量对中介变量 M_1 的影响；式（11 – 5）的系数 a_2 表示的是自变量对中介变量 M_2 的影响；式（11 – 6）中，c' 表示构建的模型中自变量对因变量的直接效应，b_1 是中介变量 M_1 对因变量的效应，b_2 是中介变量 M_2 对因变量的效应。

中介效应等于间接效应，即系数乘积 ab，本研究中为 $a_1b_1 + a_2b_2$。在此前所有假设成立的基础上，本研究采用非参数百分位 Bootstrap 法，将一个容量为 251 的样本当作总体，从中有放回地重复取样得到 5000 个 Bootstrap 样本，这 5000 个 Bootstrap 样本可以得到 5000 个系数乘积（ab）的估计值，将它们按数值从小到大排序，如果 95% 的置信区间不包含零，则可以认为中介效应的点估计是显著的（赵江等，2021），如果 95% 的置信区间包括零，则认为中介效应的点估计不是显著的。

由表 11 – 12 可知，在 95% 的概率水平下，模型总效应的置信区间在 [0.524，1.140]，不包括零，隐私素养影响隐私保护行为的总效应显著（$p = 0.000 < 0.01$）；中介效应 1 的置信区间在 [0.076，0.415]，不包括零，隐私关注发挥的中介效应显著（$p = 0.002 < 0.01$）；中介效应 2 的置信区间在 [0.072，0.698]，不包括零，隐私保护意愿发挥的中介效应显著（$p = 0.007 < 0.01$）；中介效应 3 的置信区间在 [0.008，0.175]，不包括零，隐私关注和隐私保护意愿一起发挥中介效应显著（$p = 0.021 < 0.05$）。

表 11 –12　　　　　　　　　中介效应检验结果

参数	估计值	下限	上限	P 值
中介效应 1（隐私素养→隐私关注）	0.203	0.076	0.415	0.002
中介效应 2（隐私素养→隐私保护意愿）	0.272	0.072	0.698	0.007
中介效应 3（隐私素养→隐私关注→隐私保护意愿）	0.054	0.008	0.175	0.021
总效应（隐私素养→隐私保护行为）	0.807	0.524	1.140	0.000
r1（中介效应 1/总效应）	0.251	0.089	0.533	0.002
r2（中介效应 2/总效应）	0.337	0.078	0.826	0.008
r3（中介效应 3/总效应）	0.067	0.008	0.219	0.025
diff1（中介效应 1 – 中介效应 2）	– 0.069	– 0.452	0.229	0.706
diff2（中介效应 1 – 中介效应 3）	0.149	– 0.004	0.396	0.056
diff3（中介效应 2 – 中介效应 3）	0.218	0.040	0.654	0.013

通过观察表 11 – 12 各中介效应对总效应的占比和中介效应的差值可以得出，隐私保护意愿发挥的中介作用比隐私关注要好。

四、研究小结

（一）研究结论及启示

研究结果发现，隐私素养可以正向影响隐私保护行为，该结论与我们的假设是一致的。首先，隐私素养是隐私保护行为的基础和指导，它帮助个体理解和识别在不同场合下的隐私需求，指导个体采取适当的隐私保护行为。其次，隐私关注、隐私保护意愿在隐私素养和隐私保护行为之间发挥中介作用，这印证了隐私态度作为中介会导致隐私悖论消失的结论。更重要的是，隐私保护意愿的中介作用比隐私关注的中介作用强。二者在影响隐私保护行为的作用机制和效应强弱上存在差异，隐私保护意愿作为中介变量，不仅关注隐私泄露的风险，还积极促使个体采取实际行动来保护自己的隐私。而隐私关注的关键点是对隐私泄露的后果和风险的担忧，对隐私保护行为的直接推动作用相对较弱。基于此可以得到以下启示：

第一，对于社交媒体的用户而言，要从主观层面提高自己的隐私素养、隐私关注和隐私保护意愿。从衡量隐私素养高低的角度来说，就是提高用户自身的隐私风险判断力、隐私保护功能掌握力、隐私保护功能学习力、隐私政策知晓力、隐私维权力和隐私保护人际影响力。这需要用户在平时多多关注学习隐私保护的新闻动态和法律政策，及时更新互联网隐私保护知识技能库，这样才能自如地面对隐私泄露风险。此外，在培育自身隐私素养的基础上，促使个体实施隐私保护行为最关键的在于不仅要警惕对危险的感知，即提高隐私关注，更重要的是自发地树立良好的隐私保护意愿。

第二，对于社交媒体运营商而言，应当以用户的隐私关注为中心。运营商必须规范对用户信息的谨慎处理，在隐私设置功能上要满足不同隐私素养用户的隐私关注，对目标顾客实施隐私关注的需求调研。要激发隐私素养较低的用户产生良好的隐私保护意愿。

第三，对于政府部门而言，应该从被动层面发挥资源调动优势以助力全民隐私素养提升。一方面，要实现政府带头，监督各社交媒体对相关政策文件的落实；另一方面，要不断填补网络法律缺口，完善法律法规在社交媒体用户中的普及深度。这不仅仅是加强用户的维权知识和法律政策的理解，更重要的是引导全民提高隐私素养，加强隐私保护意愿，实现互联网时代全民在隐私保护上的"共同富裕"。

（二）研究启示

（1）隐私风险等级的设定。根据用户对隐私侵犯的敏感程度、他们愿意公开的信息种类和程度以及使用隐私保护工具的频率等因素，可以为用户设定不同的隐私风险等级。从高度警觉到完全不关心，这些等级反映了用户对隐私问题的不同态度和反应。

（2）影响用户行为的分析。分析表明，在高隐私风险感知下，用户倾向于限制其在社交媒体上的信息分享，使用更多隐私保护设置并减少与不信任源的互动。相反，对于那些对隐私不太关心的用户，他们可能更加活跃地在平台上分享个人信息，忽略风险防护措施。

（3）对策略和措施的启示。透过对隐私感知风险等级及其对用户行为影响的分析，可以发现提高数据处理透明度、提升用户教育和增强平台的隐私保护措施是促进用户信任、增加用户满意度和减少隐私风险感知的有效途径。这对社交媒体平台和政策制定者在设计满足不同用户需求的隐私保护政策方面提供了有价值的见解。

第二节　隐私感知风险模型对社交媒体数据要素流通的影响

在当今信息时代，社交媒体的快速发展为人们的交流和信息共享提供了前所未有的便利。然而，这一切的便捷性同时也带来了隐私保护方面的挑战。个人信息在这些平台上的流通引起了广泛的担忧，尤其是当这些数据要素在未经用户充分知情同意的情况下被收集、处理和分发时。为了理解并应对这一问题，建立隐私感知风险模型对于研究社交媒体平台上个人数据流通的影响至关重要。

一、隐私感知风险在博弈模型中的应用分析

在数字化社会中，隐私保护与数据利用之间的平衡日益成为一个复杂且敏感的议题。随着个人数据价值不断被挖掘，如何在保护用户隐私和促进数据流通之间找到一个合理的平衡点，成为企业、用户及政策制定者共同面临的挑战。在这样的背景下，应用博弈理论分析隐私感知风险不仅有助于更好地理解参与者之间的动态互动，而且为设计有效的隐私保护机制提供了新的视角。

（一）隐私感知风险

阐述隐私感知风险概念，即用户对其个人信息被未经授权收集、使用可能导致的不利后果的主观评估。假设模型包含两类参与者，一类是数据提供者（DP），另一类是数据需求者（DR）。数据提供者可以选择共享数据或不共享数据，数据需求者可以选择是否信任共享数据或不信任。数据提供者对隐私的敏感度不同，隐私感知风险的强度会影响其决策。数据需求者对共享数据的隐私风险进行评估，影响其信任决策。数据提供者的收益为经济或其他形式回报，但如果隐私泄露，会有损失；不共享数据，则没有损失，也没有收益。数据需求者的收益则是成功利用数据带来的收益，但是如果数据不可信或隐私问题严重，会有损失。

（二）参数定义

（1）数据质量 Q。它是数据需求者对数据质量的要求，高数据质量可能会增加其对数据的信任度。

（2）数据共享成本 C_{DP}。它是数据提供者在共享数据时需要承担的成本，包括技术成本和时间成本。

（3）数据使用成本 C_{DR}。它是数据需求者在信任并使用数据时需要承担的成本，包括技术成本和时间成本。

（4）隐私保护技术 $T_{privacy}$。它是数据提供者采用的隐私保护技术的强度，可以减少隐私风险。

（5）法律法规影响 L_{law}。法律法规对数据共享和使用的影响，可以增加或减少双方的收益和损失。

（三）收益矩阵

数据提供者的收益：

$$U_{DP}(S,T) = R_{DR} - C_{DP} - L_{DP}(R_{risk}(T_{privacy})) \qquad (11-7)$$

$$U_{DP}(S,N) = -C_{DP} - L_{DP}(R_{risk}(T_{privacy})) \qquad (11-8)$$

$$U_{DP}(N,T) = 0 \qquad (11-9)$$

$$U_{DP}(N,N) = 0 \qquad (11-10)$$

数据需求者的收益：

$$U_{DR}(S,T) = R_{DR}(Q) - C_{DR} - L_{DR}(R_{risk}(T_{privacy})) - L_{law} \qquad (11-11)$$

$$U_{DR}(S,N) = -C_{DR} \qquad (11-12)$$

$$U_{DR}(N,T) = -C_{DR} - L_{law} \qquad (11-13)$$

$$U_{DR}(N,N) = 0 \qquad (11-14)$$

（四）风险评估函数更新

隐私保护技术不断革新且日益多样化，从传统的加密算法到新兴的差分隐私、同态加密等技术，它们在保障用户隐私方面发挥着重要作用。这些隐私保护技术的广泛应用，势必会对隐私风险评估产生深刻影响。本书构建了以下隐私风险评估函数：

$$R_{risk}(DP,DR) = f(DP_{privacy}, DR_{trust}, T_{privacy}) \qquad (11-15)$$

（五）信任度函数更新

在当今高度数字化且数据流动频繁的环境下，信任度作为衡量数据交互主体之间可靠性和安全性的关键指标，其准确评估与动态更新至关重要。特别是在涉及数据接收方（data receiver，DR）与数据提供方的数据交互场景中，DR 的信任度评估更是保障数据合法、有效、安全流通的核心要素。而信任度函数更新则是确保信任度评估能够及时反映实际情况变化的重要手段。因此，DR 的信任度与数据质量和法律法规密切相关。本书构建了以下函数：

$$DR_{trust} = g(Q, L_{law}) \qquad (11-16)$$

（六）均衡分析

通过更新的收益矩阵和信任度函数，重新计算纳什均衡点。

当 $R_{DR}(Q) > C_{DR} + L_{DR}(R_{risk}(T_{privacy})) + L_{law}$ 且 $R_{DR} - C_{DP} > L_{DP}(R_{risk}(T_{privacy}))$ 时，（S，T）可能是纳什均衡点。若考虑参与者采取混合策略的情况，可通过求解均衡概率分布来分析。

（七）敏感性分析

（1）高数据质量可能会增加数据需求者的信任度，从而影响其决策。

（2）高的共享成本可能会降低数据提供者共享数据的意愿。

（3）高的使用成本可能会降低数据需求者信任和使用数据的意愿。

（4）强的隐私保护技术可以显著降低隐私风险，提高数据提供者共享数据的意愿。

（5）严格的法律法规可能会增加数据需求者使用数据的成本，但也可能提高数据需求者的信任度。

二、不同类型用户的决策分析与行为模式

在当今高度个性化和数据驱动的商业环境中，了解不同类型用户的决

策分析与行为模式对于产品设计、市场营销策略和用户体验优化等方面具有至关重要的意义。用户决策动态是一个多方面的现象，它受到社会心理因素、文化背景、个人偏好以及市场和技术条件等因素的影响。对这些动态的深刻理解不但可以帮助企业更好地满足用户需求，还能够促进用户参与度和忠诚度的提升。首先，重视对用户行为的分析是实现个性化服务和提升用户满意度的基础。通过识别和分类不同类型的用户行为模式，研究者和实践者可以更有效地预测用户的需求和偏好，进而制定针对性的策略来满足这些需求。这包括利用定量研究方法，如调查问卷、数据挖掘和机器学习算法，来收集和分析用户数据。其次，深入探讨不同类型的用户如何进行信息处理和决策制定，可以揭示用户选择产品或服务时的行为驱动因素。这些因素也许与用户的心理特质、认知风格、情感状态以及社交影响等有关。同时，了解这些行为驱动因素对于设计符合用户期望的互动界面和提供更加个性化的服务体验具有不可忽视的价值。最后，研究工作应该集中在将行为模式分析结果转化为实际应用。这包括开发基于用户行为模式的推荐系统、个性化内容展示以及动态定价策略等。同时，必须考虑到用户隐私保护和数据安全问题，确保在获取用户行为决策的同时也保护了他们的隐私。

（一）用户类型划分与特性描述

1. 用户类型基于隐私关注的划分

在社交网络环境下，依据用户对隐私保护的关注程度，可将用户划分为三类。第一类为隐私敏感型用户。这类用户极为重视自身数据与信息的使用情况，对数据和信息的流向、用途等保持着高度的警惕性。他们在社交网络中进行信息分享时，会采取十分谨慎的态度，会对每一次分享行为进行反复权衡，充分考量分享内容可能带来的潜在隐私风险，往往只有在确认风险处于可控范围之内时，才会选择分享少量必要的信息。第二类是隐私中立型用户。此类型用户试图在隐私保护与社交互动这两个方面找到一个平衡点。他们在决定分享内容时，会进行细致的斟酌。既不会像隐私不关注型用户那样积极主动地大量分享个人信息，也不会像隐私敏感型用户那样对所有信息分享都抱有高度戒备。不过，他们也并非完全不在意隐私问题，会对隐私信息可能被不当利用存在一定程度的担忧，只是这种担忧尚未达到促使他们完全限制自身信息分享行为的程度。第三类是隐私不关注型用户。这些用户对个人信息的分享持有较为开放的态度，几乎不会过多担忧个人信息在社交网络上的传播可能引发的隐私问题。他们积极活跃于社交媒体平台，热衷于在上面分享自己的个人生活点滴、兴趣爱好、观点见解等各类信息，享受通过分享与他人建立联系和互动的过程。

2. 用户的基本特性描述

每种类型的用户都有特定的行为特征。例如，隐私敏感型用户可能会定期检查他们的隐私设置，限定谁可以看到他们的帖子和分享的内容；而隐私不关注型用户可能对社交媒体平台默认的隐私设置漠不关心，甚至完全不了解。这些差异导致了他们在信息泄露风险面前的行为大不相同。

3. 用户行为模式影响因素分析

影响用户行为模式的因素包括个人经历、文化背景、社会网络的大小和质量，以及对社交媒体技术的熟悉程度。用户的决策过程是对这些因素综合评估的结果，包括他们对社交媒体平台的信任水平以及对隐私侵犯潜在风险的个人估计。

（二）用户决策分析

1. 隐私意识与风险评估的影响

隐私意识高的用户在决策时会更加考虑可能的隐私风险和后果。他们可能会使用各种工具和策略来管理自己在社交网络上的隐私，例如通过调整隐私设置，限制某些用户的访问权限，或者使用伪装的身份信息进行互动。

2. 预期收益与成本的权衡

所有类型的用户在分享信息前都会进行一种内心的分享收益与分享成本的权衡，考虑分享所可能带来的社交连接强化、认同感，以及可能的隐私风险或损失。隐私敏感型用户可能在预期收益与潜在隐私成本之间看到更大的鸿沟，因此可能更加保守。

3. 不确定性与信任的作用

社交媒体平台如何处理用户数据的不确定性，以及用户对平台的信任程度显著影响他们的行为。高信任水平可能促进用户更频繁地分享，而不确定性可能使用户犹豫不决，特别是在隐私敏感型用户中更为明显。

（三）行为模式动态模拟与分析

1. 决策模型构建

通过构建基于不同用户类型的决策树模型，可以详细模拟在面对不同隐私威胁和社交回报时用户可能的行为路径。这种模型可以包含以下变量：隐私关注度（P）、风险感知水平（R）、信任度（T）以及社交媒体使用频率（F），模型如式（11 – 17）所示。其中，θ_1，θ_2，θ_3，θ_4 是权重系数，表示各个变量对用户决策的影响程度。

$$U_{user} = \theta_1 \times P + \theta_2 \times R + \theta_1 \times T + \theta_4 \times F \tag{11 – 17}$$

2. 用户行为模拟实验设定

利用上述决策模型式（11 – 17），设计一系列仿真实验来探索不同情境下用户的行为变化。例如，提高或降低对隐私侵犯的预期成本，或改变社交回报的大小，观察不同用户类型对这些变化的反应。本节提出用多要素线性回归模型预测用户行为，具体表示为：

$$y = \sigma(\theta_1 \times P + \theta_2 \times R + \theta_1 \times T + \theta_4 \times F + \theta_5 \times C_{privacy} + \theta_6 \times C_{social})$$
$$\tag{11 – 18}$$

其中，y 是用户选择增加社交活动或减少社交媒体活动的概率，σ 是逻辑回归函数（Sigmoid 函数）：

$$\sigma(x) = \frac{1}{1 + e^{-x}} \tag{11 – 19}$$

3. 仿真结果分析与行为预测

通过对仿真实验结果的分析，可以揭示不同用户类型可能的行为模式，如隐私敏感型用户在面对高隐私风险时更可能减少社交媒体活动，而隐私不关注型用户的行为则相对稳定，倾向于增加社交媒体活动。这一分析有助于预测在未来特定政策、技术变革或社会事件影响下，用户行为的可能变化。

三、用户隐私风险感知对数据要素流通的影响研究

在数字经济时代，数据的价值被广泛认可且成为推动社会经济发展的

关键要素。然而，伴随着数据要素的高速流通，个人隐私泄露的风险日益凸显，用户对于个人信息保护的关注也随之升高。用户隐私风险感知，即用户对其个人信息被收集、处理及传输过程中可能遭受侵害的主观评估，对数据流通产生重要影响。如何平衡数据利用与隐私保护，确保数据流通的健康发展，成为政府、企业乃至整个社会必须面对的重要课题。

（一）用户隐私风险感知的形成

1. 隐私感知的社会心理基础

隐私感知的形成是一个复杂的过程，涉及个体与社会环境的互动。社会心理学提供了一些解释框架，帮助我们理解这一过程。例如，社会比较理论指出，个体往往通过与他人进行比较来评估自己的情况，这可能包括对其他人的隐私偏好的比较。在社交媒体上，用户可能会通过观察他人的隐私设置和信息分享行为来调整自己的行为。此外，社会认知理论指出，个体会根据他们的认知和判断来解释和评估信息。因此，媒体对隐私事件的报道可能会影响用户对隐私风险的感知。例如，大规模的数据泄露事件通常会引起公众的恐慌和担忧，从而提高用户对隐私风险的敏感度。

2. 技术进步与隐私风险感知

随着技术的不断进步，数字化生活已经成为现实，个人数据在网络中的流通变得更加普遍和频繁。从智能手机到智能家居，从社交网络到在线购物，个人数据被广泛收集、分析和利用。然而，随之而来的是用户对于个人隐私的担忧不断加剧。大数据技术的发展使得个人数据的规模和多样性大大增加，用户担心这些数据可能被滥用或泄露，导致个人隐私权受损。特别是在社交媒体等平台上，用户产生的数据量巨大，包括文字、图片、视频等形式的信息，这些信息可能包含个人隐私信息，例如地理位置、个人喜好、社交关系等。因此，用户对于自己数据的控制权和隐私保护变得越来越重要。

3. 法律政策与教育在塑造隐私风险感知中的作用

法律政策和教育在塑造用户对隐私风险的感知和认知中发挥着重要作用。在全球范围内，各个国家和地区都出台了相关的数据保护法律和隐私政策，旨在保护个人数据安全和隐私权益。例如，欧盟的《通用数据保护条例》规定了个人数据的收集、处理和使用必须符合一系列法律要求，否则将面临严厉的处罚。法律的出台增强了用户对自身隐私权的认识和保护意识。同时，隐私保护教育也推动用户隐私意识的提升。学校、企业和政府部门开展相关隐私保护培训和教育活动，帮助用户了解隐私保护的重要性，掌握保护个人隐私的技能和方法。

（二）用户隐私风险感知对数据要素流通的影响

1. 用户对数据共享行为的调整

用户对数据共享行为的调整是隐私风险感知的一种直接体现。随着用户对于个人隐私风险的敏感度提高，他们往往会采取一系列措施来保护自己的隐私。首先，用户可能会减少在社交网络等平台上的信息披露。他们可能会审查自己的帖子内容，删除或编辑一些可能泄露个人隐私的信息，如地理位置、家庭成员、个人习惯等。其次，用户可能会选择更加私密的通信方式，如使用端到端加密的通信应用，以确保自己的通信内容不被第三方窃取或监控。此外，用户还可能会选择匿名或伪造信息来保护自己的隐私，例如使用假名注册社交账号，避免使用真实姓名、生日等个人信息。

2. 对企业数据收集行为的回应

企业数据收集行为的透明度和合法性对用户隐私风险感知有着重要影响。用户通常会对企业如何收集、处理和利用他们的个人数据进行评估，并根据评估结果作出相应的反应。如果用户认为企业的数据收集行为不够透明或合法，他们往往会采取一些防御措施来保护自己的隐私。例如，用户可能会选择限制自己的数据共享权限，通过调整隐私设置或使用隐私保护工具来限制企业对自己数据的访问和利用。另外，用户可能会选择抵制那些他们认为侵犯隐私的企业或产品。

3. 用户参与数据保护措施的程度

用户参与数据保护措施的程度反映了他们对隐私风险的认知程度和保护意愿。随着用户对隐私问题的关注度提高，他们越来越倾向于使用各种隐私保护工具和服务来保护自己的数据安全。这些工具和服务包括虚拟专用网络（VPN）、密码管理器、隐私浏览器、匿名化搜索引擎等。用户使用这些工具和服务的原因多种多样，包括保护个人隐私、防止个人信息被跟踪、避免个人数据被商业公司用于广告目的等。研究显示，随着用户对隐私保护工具和服务的了解程度提高，他们的使用意愿和实际使用行为也相应增加。

（三）提升数据要素流通中的隐私保护水平

1. 技术创新与隐私保护的结合

隐私保护的技术创新是提升数据要素流通中隐私保护水平的重要手段之一。传统的隐私保护技术往往存在局限性，如无法充分保护用户的隐私数据免受数据泄露和滥用的风险。因此，研究人员不断探索新的技术手段，以提高数据的隐私保护水平。例如，区块链技术被认为具有很大的潜力，可以实现数据的去中心化存储和加密传输，从而有效保护用户的隐私数据不被第三方篡改和窃取。另外，匿名化技术也是一种重要的隐私保护手段，可以将用户的个人身份和行为数据进行匿名处理，以防止用户个人隐私被泄露。

2. 政策和法律框架的完善

隐私保护的政策和法律框架是保障用户隐私权益的重要工具。当前，全球范围内已经出台了一系列的数据保护法律和隐私政策，但随着科技的发展和数据要素流通的不断扩大，现有的法律框架往往存在一些不足之处。因此，需要进一步完善和加强相关的政策和法律框架，以更好地保护用户的隐私权益。具体来说，政府部门可以加大对数据滥用行为的监管力度，加强对违法行为的惩罚力度，提高违法成本，从而有效遏制数据滥用的行为。另外，政府部门还可以加强对数据处理透明度的监督，要求企业在收集、处理和利用用户数据时必须公开透明，明确告知用户数据使用的目的和方式，以增强用户对数据处理行为的信任度。

3. 提高用户隐私保护意识与能力

提高用户的隐私保护意识和能力是保障用户隐私权益的关键举措。在当前数字化生活的背景下，用户面临着越来越复杂和多样化的隐私安全威胁，因此，必须加强对用户的隐私保护意识和能力培养。教育部门可以加强对隐私保护知识的普及，开展相关的隐私保护教育活动，提高用户对隐私保护的重视程度。企业和社会组织可以开发并推广各种隐私保护工具和服务，如隐私浏览器、隐私搜索引擎、匿名通信应用等，帮助用户更好地保护自己的隐私数据。另外，政府部门也可以加大对隐私保护教育和培训的投入力度，提供相关的培训课程和资料，帮助用户提升隐私保护意识和能力。

第三节　多维度下的隐私风险评估及综合权重计算

随着大数据和人工智能技术的飞速发展，个人隐私面临着前所未有的风险。社交媒体平台、移动应用以及各种在线服务的普及，使得个人数据被大量收集和处理，进而引发了对隐私侵犯的担忧。了解和识别隐私风险的各个维度至关重要，每一维度都可能成为个人隐私泄露的潜在风险点。因此，需要深入探索隐私风险的多维度特性，以及这些特性如何影响总体的隐私风险评估。基于多维度隐私风险评估和综合权重的计算，研究者和政策制定者可以更加精准地识别高风险领域，并制定相应的隐私保护措施。这将促进个人数据的安全使用，增强公众对数字服务的信任，并为维护数字社会的隐私安全作出贡献。

一、直觉模糊聚类方法在隐私风险评估中的应用

随着信息技术的迅速进步以及大数据的普及应用，隐私风险评估已经成为了数据安全领域的一项重要任务。当个人数据被广泛收集和分析，保护用户隐私的需求变得尤为迫切。在实际操作中，由于隐私数据的多样性和不确定性，常规的隐私风险评估方法面临许多挑战，例如难以准确描述数据特征、处理隐私信息的不精确性和模糊性等。针对这些挑战，直觉模糊聚类方法（intuitionistic fuzzy clustering），作为一种有效处理不确定性信息的数学工具，在隐私风险评估中的应用逐渐引起了研究者的关注。首先，直觉模糊聚类方法通过引入隶属度和非隶属度的概念来处理信息的不确定性，这在处理隐私数据时显得尤为重要。不同于传统聚类方法只考虑元素对聚类中心的隶属度，直觉模糊聚类同时考虑了元素不属于该聚类中心的程度，从而提供了一个更为全面和准确的数据分类机制。其次，应用直觉

模糊聚类方法于隐私风险评估，能够帮助研究者更好地识别和评估数据中的风险因素。这种方法能够将模糊不清和直觉难以准确判断的数据分类问题转化为可计算的数学模型，进而为风险评估提供更可靠支持。这不仅对于数据管理者来说是一种创新的评估工具，对于用户隐私保护也有着实际的促进作用。最后，针对直觉模糊聚类在隐私风险评估中的应用，研究者需要探讨适应不同数据特征和隐私保护需求的聚类算法。本研究旨在探讨直觉模糊聚类方法在隐私风险评估中的应用潜能，并对如何改进该方法以适应隐私保护的不同场景进行深入分析。通过这一方法，期望能提出更为精确和灵活的隐私风险评估工具，增强隐私保护的有效性，支持数字时代的数据安全管理。

（一）直觉模糊聚类方法的理论基础

1. 模糊聚类方法的概念和原理

模糊聚类是一种基于模糊集合理论的聚类方法，它允许一个样本属于多个聚类中心，而不是像传统聚类方法那样只能属于一个中心。该方法通过计算样本与聚类中心之间的隶属度来判断样本所属的聚类，从而实现对样本的分组。模糊聚类方法的核心思想是考虑到现实世界中很多问题的复杂性和不确定性，将样本的分类过程变得更加灵活和适应性强。

2. 直觉模糊聚类方法的特点

直觉模糊聚类方法是一种基于人类直觉的模糊聚类方法，它将人类的主观认知和专家经验引入聚类过程中，以提高聚类结果的准确性和可解释性。与传统的数学模型相比，直觉模糊聚类方法更加符合人类的认知规律和思维方式，能够更好地反映样本之间的相似性和差异性。该方法通常通过构建模糊相似度矩阵和模糊聚类中心来实现对样本的聚类，其中模糊相似度矩阵用于衡量样本之间的相似程度，模糊聚类中心用于表示聚类的中心位置。

3. 直觉模糊聚类方法在隐私风险评估中的应用

直觉模糊聚类方法在隐私风险评估中具有重要的应用价值。首先，该方法能够充分考虑到隐私数据的复杂性和不确定性，能够更准确地判断样本之间的相似性和差异性，从而更精确地评估隐私风险。其次，直觉模糊聚类方法能够将人类的主观认知和专家经验纳入到聚类过程中，能更好地解释聚类结果，为隐私风险评估提供更多的参考依据。最后，该方法能够实现对隐私数据进行聚类分析，发现数据中潜在隐私风险点和敏感信息，为隐私保护提供更有针对性的建议和措施。

（二）直觉模糊聚类方法的应用案例分析

1. 基于直觉模糊聚类方法的隐私风险评估模型构建

在实际应用中，基于直觉模糊聚类方法的隐私风险评估模型通常包括数据预处理、模糊相似度计算、模糊聚类中心确定和聚类结果解释等步骤。首先，需要对原始数据进行预处理，包括数据清洗、数据归一化等操作，以减少数据噪声和提高数据质量。然后，利用直觉模糊聚类方法计算样本之间的模糊相似度，确定模糊聚类中心，并将样本分配到相应的聚类中心。最后，通过对聚类结果进行解释和分析，发现数据中的隐私风险点和敏感信息，为隐私保护提供建议和措施。

2. 基于直觉模糊聚类方法的个人隐私保护

个人隐私保护是直觉模糊聚类方法的一个重要应用领域。通过对用户的个人信息进行聚类分析，可以发现用户之间的相似性和差异性，从而为个人隐私保护提供更加精准和个性化的建议和措施。例如，在社交网络中，通过对用户行为数据进行聚类分析，可以发现用户的社交关系和兴趣爱好，为用户提供个性化的隐私保护设置，包括隐私设置、好友推荐等。另外，在电子商务平台中，通过对用户购买行为数据进行聚类分析，可以发现用户的消费偏好和购物习惯，为用户提供个性化的商品推荐和优惠活动，同时保护用户的隐私数据不被滥用。

3. 基于直觉模糊聚类方法的企业隐私保护

企业隐私保护是直觉模糊聚类方法的另一个重要应用领域。通过对企业内部数据进行聚类分析，可以发现数据中的敏感信息和隐私风险点，为企业提供隐私保护策略和措施。例如，在金融行业中，通过对客户交易数据进行聚类分析，可以发现客户的金融行为模式和风险偏好，为企业提供个性化的金融服务和风险管理策略，同时保护客户的隐私数据不被泄露。另外，在医疗健康领域中，通过用户健康数据进行聚类分析，可以发现患者的疾病模式和治疗效果，为医疗机构提供个性化诊疗方案和健康管理服务，同时保护患者隐私数据不被非法获取和滥用。

（三）直觉模糊聚类方法在隐私风险评估中的未来发展

1. 算法优化和改进

随着对隐私风险评估需求的不断增加，直觉模糊聚类方法的算法优化和改进是未来的重要方向之一。目前的直觉模糊聚类方法虽然在一定程度上能够满足实际需求，但仍然存在一些问题，如计算效率低、聚类结果不稳定等。因此，需要进一步研究和改进算法，提高算法的计算效率和聚类结果的稳定性，以适应大规模数据和复杂场景的需求。

2. 多模态数据融合

隐私数据往往具有多样性和复杂性，包括文本、图像、视频等多种形式的数据。未来的直觉模糊聚类方法需要考虑如何有效地融合多模态数据，实现对多种类型数据的聚类分析和隐私风险评估。例如，可以采用深度学习等方法，将不同类型的数据进行特征提取和表示学习，从而实现对多模态数据的统一处理和分析。

3. 隐私保护与数据效用的平衡

隐私保护与数据效用之间存在着一种权衡关系，即如何在保护用户隐私的同时充分利用数据的信息价值。未来的直觉模糊聚类方法需要考虑如何在隐私保护和数据效用之间找到一个平衡点，既能够有效保护用户的隐私，又能够充分利用数据的信息价值。例如，可以采用差分隐私等方法，在保护用户隐私的同时尽可能保留数据的有效信息，实现隐私保护与数据效用的双赢。

二、基于直觉模糊的隐私风险评估指标体系构建

在数字化和网络化日益深入的今天，个人隐私保护问题已经成为全球社会关注的热点。隐私风险评估作为识别和预防个人隐私泄露的重要手段，其科学性和准确性直接关系到隐私保护措施的有效实施。因此，构建一个合理的隐私风险评估指标体系，以及对这些指标权重的精确计算，对于提升隐私风险评估的质量至关重要。首先，建立隐私风险评估指标体系是一个复杂而多维的过程。需要综合考虑数据的特性、处理环节、使用目的、技术保障措施以及数据主体的感知等方面，确保指标体系能够全面涵盖隐

私风险的各个层面。同时，指标的选取应当体现隐私保护法律法规的要求，与国际通行做法相衔接，以提升评估的普适性和有效性。其次，隐私风险评估指标的权重计算对于确定各项风险因子的相对重要度具有决定性作用。权重的准确计算不仅关系到评估结果的科学性，还能够指导实际操作中对重点保护区域的合理资源分配。计算权重的方法很多，包括专家打分法、德尔菲法、层次分析法（AHP）、数据包络分析法（DEA）等，而选择合适的计算方法需要基于隐私风险评估的实际需求和特点进行。最后，构建指标体系和计算权重的过程需要不断征求行业内外专家的意见，并结合实际案例进行验证和调整。在实践中，还应考虑指标体系的动态更新机制，以适应隐私保护环境的变化以及新出现的风险类型。

（一）隐私风险评估指标体系的构建

1. 隐私风险评估的概念和重要性

隐私风险评估是指通过对数据处理流程、数据类型、数据流通环节等多个方面进行分析，评估潜在的隐私风险，以便采取相应的防护措施，确保个人数据的安全和隐私权的保护。在数字化时代，隐私风险评估至关重要，不仅能帮助组织识别和控制数据处理中的隐私风险，还能保障用户的隐私权和数据安全。

2. 构建隐私风险评估指标体系的原则

（1）全面性。指标体系应涵盖隐私风险评估的各个方面，包括数据类型、数据处理、数据流通、技术措施、法律合规、用户知情权等。

（2）针对性。指标体系应根据不同应用场景和领域的特点，设计特定的评估指标，确保评估结果的实用性和可行性。

（3）可操作性。评估指标应便于操作和量化，确保评估过程和结果的可行性和准确性。

（4）动态性。评估指标应随着技术发展、法律法规变化和用户需求变化而更新，以适应不断变化的隐私风险形势。

3. 隐私风险评估指标体系的层次结构

隐私风险评估指标体系通常采用层次结构，包括以下三个层次：

一级指标：最高层次的评估指标，通常涵盖隐私风险评估的主要方面，如数据安全、数据处理、法律合规等。

二级指标：一级指标的细分，具体体现了隐私风险评估的各个方面，如数据存储安全、数据传输安全、数据处理合规等。

三级指标：二级指标的进一步细分，具体量化和操作隐私风险评估的各个方面，如数据加密措施、数据访问控制、用户知情权保护等。

（二）基于直觉模糊综合评价法构建完善的隐私风险评估指标体系

直觉模糊综合评价法（intuitionistic fuzzy comprehensive evaluation，IFCE）是一种结合模糊数学和直觉模糊集理论的多准则决策方法，它不仅考虑了模糊性，还引入了犹豫度的概念，能够更全面地处理评估中的不确定性和模糊性。本书将基于直觉模糊综合评价法，构建一个完善的隐私风险评估指标体系，并进行详细分析。本书将指标分为以下四类：第一类是数据安全指标；第二类是数据处理合规性指标；第三类是数据使用透明性指标；第四类是数据使用限制性指标。

1. 指标体系构建

（1）数据安全指标包括：数据存储安全（X_1）；数据传输安全（X_2）；数据处理安全（X_3）。

（2）数据处理合规性指标包括：合法性评估（X_4）；用户知情权（X_5）；用户选择权（X_6）。

（3）数据使用透明性指标包括：数据使用披露（X_7）；数据共享透明度（X_8）；数据处理记录（X_9）。

（4）数据使用限制性指标包括：数据最小化（X_{10}）；数据使用目的限制（X_{11}）；数据保留限制（X_{12}）。

2. 直觉模糊集的基本概念

直觉模糊集 A 由隶属度 μ、非隶属度 ν 和犹豫度 π 组成，其中 $\pi = 1 - \mu - \nu$。直觉模糊数 $A = (\mu, \nu, \pi)$ 可以表示一个元素在某个集合中不确定程度。

3. 权重计算

邀请信息安全、法律合规和数据管理等领域的多位专家，对每个指标进行评分。评分结果用直觉模糊数表示，具体评分范围为 $0 \sim 1$，其中 μ 表示肯定程度，ν 表示否定程度，π 表示不确定性。假设五位专家对各个指标的评分结果如表 11 - 13 所示。

表 11 - 13　专家对各指标的评分结果

指标	专家1 (μ_1, ν_1, π_1)	专家2 (μ_2, ν_2, π_2)	专家3 (μ_3, ν_3, π_3)	专家4 (μ_4, ν_4, π_4)	专家5 (μ_5, ν_5, π_5)
X_1	(0.8, 0.14, 0.06)	(0.75, 0.19, 0.06)	(0.79, 0.15, 0.06)	(0.77, 0.17, 0.06)	(0.81, 0.13, 0.06)
X_2	(0.7, 0.22, 0.08)	(0.65, 0.27, 0.08)	(0.69, 0.23, 0.08)	(0.67, 0.25, 0.08)	(0.71, 0.21, 0.08)
X_3	(0.6, 0.32, 0.08)	(0.65, 0.27, 0.08)	(0.61, 0.31, 0.08)	(0.63, 0.29, 0.08)	(0.59, 0.33, 0.08)
X_4	(0.5, 0.4, 0.1)	(0.4, 0.5, 0.1)	(0.55, 0.35, 0.1)	(0.5, 0.4, 0.1)	(0.45, 0.45, 0.1)
X_5	(0.7, 0.2, 0.1)	(0.65, 0.25, 0.1)	(0.75, 0.15, 0.1)	(0.7, 0.2, 0.1)	(0.6, 0.3, 0.1)
X_6	(0.56, 0.34, 0.1)	(0.59, 0.31, 0.1)	(0.6, 0.3, 0.1)	(0.57, 0.33, 0.1)	(0.6, 0.3, 0.1)
X_7	(0.65, 0.25, 0.1)	(0.7, 0.2, 0.1)	(0.6, 0.3, 0.1)	(0.65, 0.25, 0.1)	(0.6, 0.3, 0.1)
X_8	(0.58, 0.32, 0.1)	(0.62, 0.28, 0.1)	(0.59, 0.31, 0.1)	(0.61, 0.29, 0.1)	(0.6, 0.3, 0.1)
X_9	(0.7, 0.2, 0.1)	(0.75, 0.15, 0.1)	(0.7, 0.2, 0.1)	(0.65, 0.25, 0.1)	(0.6, 0.3, 0.1)
X_{10}	(0.55, 0.35, 0.1)	(0.5, 0.4, 0.1)	(0.6, 0.3, 0.1)	(0.55, 0.35, 0.1)	(0.5, 0.4, 0.1)
X_{11}	(0.59, 0.31, 0.1)	(0.61, 0.29, 0.1)	(0.62, 0.28, 0.1)	(0.58, 0.32, 0.1)	(0.6, 0.3, 0.1)
X_{12}	(0.65, 0.25, 0.1)	(0.6, 0.3, 0.1)	(0.65, 0.25, 0.1)	(0.6, 0.3, 0.1)	(0.55, 0.35, 0.1)

4. 指标权重计算

（1）直觉模糊数的聚合。本书使用直觉模糊数的算术平均法聚合专家评分：

$$(\mu, \nu, \pi) = \left(\frac{1}{n} \sum_{i=1}^{n} \mu_i, \frac{1}{n} \sum_{i=1}^{n} \nu_i, \frac{1}{n} \sum_{i=1}^{n} \pi_i \right) \qquad (11-20)$$

（2）直觉模糊数的转换。将直觉模糊数转换为一个单一的数值，例如使用得分函数 $S = \mu - \nu$ 或准确度函数 $H = \mu + \nu$。

（3）计算权重。使用层次分析法或德尔菲法确定每个指标的权重。

算例：假设通过层次分析法确定一级指标权重如下：数据安全指标为 0.4；数据处理合规性指标为 0.2；数据使用透明性指标为 0.2；数据使用限制性指标为 0.2。并假设每个一级指标内的二级指标的权重均等分配。

首先，计算各指标的聚合直觉模糊数，结果如表 11-14 所示。

表 11-14　　　　　　　　　各指标聚合后直觉模糊数

指标	聚合后的直觉模糊数 (μ, ν, π)
X_1	(0.78, 0.16, 0.06)
X_2	(0.68, 0.24, 0.08)
X_3	(0.62, 0.3, 0.08)
X_4	(0.5, 0.4, 0.1)
X_5	(0.68, 0.24, 0.08)
X_6	(0.58, 0.32, 0.1)
X_7	(0.65, 0.27, 0.08)
X_8	(0.6, 0.3, 0.1)
X_9	(0.64, 0.26, 0.1)
X_{10}	(0.56, 0.34, 0.1)
X_{11}	(0.6, 0.3, 0.1)
X_{12}	(0.61, 0.29, 0.1)

其次，使用得分函数 $S = \mu - \nu$ 转换直觉模糊数，各指标得分见表 11-15。

表 11-15　　　　　　　　　各指标得分

指标	X_1	X_2	X_3	X_4	X_5	X_6	X_7	X_8	X_9	X_{10}	X_{11}	X_{12}
得分（$S = \mu - \nu$）	0.62	0.44	0.32	0.1	0.44	0.26	0.38	0.30	0.38	0.22	0.30	0.36

数据安全指标：$\dfrac{1}{3}$

数据处理合规性指标：$\dfrac{1}{3}$

数据使用透明性指标：$\dfrac{1}{3}$

数据使用限制性指标：$\dfrac{1}{3}$

最后，根据一级指标权重和二级指标权重计算三级指标的综合权重：

$W_1 = 0.4 \times \dfrac{1}{3} \times 0.62 = 0.0827$；$W_2 = 0.4 \times \dfrac{1}{3} \times 0.44 = 0.0587$；$W_3 = 0.4 \times \dfrac{1}{3} \times 0.32 = 0.0427$；$W_4 = 0.2 \times \dfrac{1}{3} \times 0.10 = 0.0067$；$W_5 = 0.2 \times \dfrac{1}{3} \times 0.44 = 0.0293$；$W_6 = 0.2 \times \dfrac{1}{3} \times 0.26 = 0.0173$；$W_7 = 0.2 \times \dfrac{1}{3} \times 0.38 = 0.0253$；$W_8 = 0.2 \times \dfrac{1}{3} \times 0.30 = 0.0200$；$W_9 = 0.2 \times \dfrac{1}{3} \times 0.38 = 0.0253$；$W_{10} = 0.2 \times \dfrac{1}{3} \times 0.22 = 0.0147$；$W_{11} = 0.2 \times \dfrac{1}{3} \times 0.30 = 0.0200$；$W_{12} = 0.2 \times \dfrac{1}{3} \times 0.36 = 0.0240$。

5. 指标体系应用示例

假设公司 A 采集的各个指标的实际得分如表 11–16 所示。

表 11–16　　　　　　　　公司 A 的各指标得分

指标	X_1	X_2	X_3	X_4	X_5	X_6	X_7	X_8	X_9	X_{10}	X_{11}	X_{12}
得分	0.8	0.7	0.6	0.5	0.6	0.55	0.65	0.6	0.7	0.6	0.65	0.7

使用上面算例中计算得出的各指标综合权重作为公司 A 各指标的权重，则其综合评估值 V 可以通过式（11–21）计算：

$$V = \sum_{i=1}^{12} W_i \times V_i \qquad (11-21)$$

具体计算如下：

$$V = 0.0827 \times 0.8 + 0.0587 \times 0.7 + 0.0427 \times 0.6 + 0.0067 \times 0.5$$
$$+ 0.0293 \times 0.6 + 0.0173 \times 0.55 + 0.0253 \times 0.65 + 0.0200 \times 0.6$$
$$+ 0.0253 \times 0.7 + 0.0147 \times 0.6 + 0.0200 \times 0.65 + 0.0240 \times 0.7$$
$$= 0.262595$$

（三）结果分析与改进建议

1. 结果分析

以应用示例中的公司 A 为例。公司 A 的综合评估值为 0.262595，表示该公司在隐私风险管理和数据保护方面表现较为一般。具体来看：数据存储安全权重较高，得分也较高，说明公司在数据存储安全方面做得较好，但仍需持续改进；数据传输安全权重较高，得分中等，公司在数据传输安全方面需要进一步加强；数据处理安全权重较高，得分较低，这是公司需要重点改进的领域；数据处理合规性权重较低，得分中等，公司在合规性方面还需提高；数据使用透明性权重较低，得分较高，公司在透明性方面表现良好，但仍有提升空间；数据使用限制性权重较低，得分中等，公司在数据使用限制性方面表现一般。

2. 改进建议

（1）针对数据处理安全技术问题，首先加强对数据匿名化技术的使用，减少数据泄露的风险。其次，确保数据收集遵循最小化原则，仅收集必要的数据。最后，建立更严格的权限管理机制，确保数据访问和使用的权限合理分配。

（2）从数据处理安全问题合规性看，确保公司的数据处理活动严格遵守相关的法律法规，如《个人信息保护法》《网络安全法》等。在数据收集和使用过程中，明确告知用户数据的用途和范围，确保用户充分了解并同意。同时，提供用户更多的选择权，允许用户选择是否同意某些数据的收集和使用，增强用户的控制感。

（3）从数据使用透明性来看，应当定期发布透明度报告，披露公司数据使用和共享的详细情况；进一步更新和优化隐私政策，使其更加清晰易懂，方便用户阅读和理解。同时，通过多渠道向用户普及数据保护和隐私保护的知识，提高用户的隐私保护意识。

（4）通过监督和反馈机制，及时发现数据处理和使用的合规性和透明性，并对相关问题进行跟踪，定期发布改进报告，公开公司对隐私保护和数据安全措施的改进情况。每季度进行一次隐私风险评估，确保评估体系的时效性和准确性。将隐私保护和数据安全纳入员工绩效考核，激励员工积极参与隐私保护工作。持续关注数据保护和隐私技术的最新发展，引入先进的技术和方法，提升数据处理的安全性和合规性。根据评估结果和业务变化，适时调整各个指标的权重，确保评估体系的实用性和适应性。建立标准化的数据处理和隐私保护流程，明确每个环节的操作规范，减少人为误差。

通过构建基于直觉模糊综合评价法的隐私风险评估指标体系，公司可以更全面地评估和管理隐私风险。该体系不仅考虑了各个指标的模糊性和不确定性，还引入了专家评分和实际数据采集，确保评估结果的科学性和可靠性。公司应根据评估结果制定相应的改进措施，并通过持续监测和反馈机制，确保隐私保护措施的有效性和及时性。最终，通过持续改进和优化，公司可以建立一个完善的隐私保护体系，增强用户信任和合规性。

第十二章　社交媒体数据要素流通过程中的隐私风险防范和保护路径

　　针对社交媒体数据流通过程中的隐私风险进行深入分析和制定有效的保护策略尤为关键。首先，全面了解社交媒体数据流通的特点，是防范隐私风险的前提。社交媒体平台通过复杂的算法处理用户数据，旨在提升用户体验和实现精准营销。这一过程中涉及大量的个人信息，包括但不限于个人身份信息、位置信息、通信记录等敏感数据。这些数据的处理、存储和分享过程中存在的安全漏洞，都可能成为隐私泄露的潜在风险点。其次，基于社交媒体数据流通的不同环节和参与方特征，制定针对性的隐私保护措施至关重要。对于社交媒体平台，应加强数据安全技术的应用，比如使用加密技术保护数据传输过程，实行严格的数据访问控制，以及及时修复系统安全漏洞。对于用户而言，提供足够的隐私保护工具和设置选项，使用户能够根据自己的隐私需求，对信息公开程度进行个性化调整。此外，制定透明的数据政策和用户协议，确保用户在明确知情的基础上同意数据的收集和使用。同时，加强对用户的隐私保护教育，提升他们的隐私意识和自我保护能力，是降低隐私风险的有效方式。这包括教育用户识别和防范网络钓鱼、社交工程学等常见的信息安全威胁，鼓励用户定期修改密码、使用多重认证等安全措施，以及引导用户审慎处理个人信息的公开和分享。本章将通过对社交媒体数据流通特点的深入分析，综合考虑技术、法律和教育等多方面因素，提出一套全面的隐私风险防范和保护机制。从社交媒体平台、用户和监管机构三个层面出发，旨在营造一个既能发挥社交媒体正面作用又能有效保护用户隐私的网络环境，为构建数字时代安全、健康的社交媒体生态作出贡献。

第一节　数据要素流通对隐私政策的影响与应对策略

社交媒体数据要素流通对隐私政策的影响是一个复杂而重要的议题。首先，数据要素流通可能涉及大量用户个人信息的收集、存储、处理和传输，存在潜在的隐私泄露和滥用风险。其次，不同社交媒体平台的隐私政策和数据处理方式存在差异，可能导致用户对隐私保护的认知和期待不同，进而影响其对数据要素流通的态度和行为。因此，研究数据要素流通对隐私政策的影响，分析其中存在的隐私风险，制定相应的应对策略，对于维护用户隐私权益、促进社交媒体健康发展具有重要意义。本节将从数据要素流通对隐私政策的影响入手，首先分析数据要素流通可能带来的隐私风险，包括个人信息泄露、隐私权侵犯等问题；然后探讨当前社交媒体隐私政策存在的不足和挑战，以及如何通过优化隐私政策和加强监管来提升用户隐私保护水平。最后，我们将提出针对性的应对策略，包括加强用户教育、完善数据保护技术和强化监督管理等方面，以期为社交媒体数据要素流通过程中的隐私保护提供有益的参考和指导，推动社交媒体行业健康可持续发展。

一、数据要素流通对隐私政策的技术、运营、法律影响分析

数据要素流通对隐私政策的影响是一个涉及技术、运营和法律等多方面因素的复杂问题。在当今数字化时代，社交媒体平台已经成为人们日常生活中不可或缺的一部分，用户通过这些平台进行信息交流、社交互动、内容分享等活动。然而，随着社交媒体的普及和数据要素流通的增加，用户个人信息的保护面临着日益严峻的挑战。

首先，技术方面的影响是数据要素流通对隐私政策产生影响的重要原因之一。随着信息技术的不断发展，社交媒体平台可以通过各种技术手段收集、存储、处理和传输用户数据，实现个性化推荐、精准营销等功能。然而，技术的进步也带来了隐私保护的新挑战，例如数据泄露、算法偏倚

等问题。因此，需要对技术手段进行全面分析，评估其对用户隐私的潜在影响，以及如何通过技术手段保护用户隐私。其次，运营方面的影响也是不可忽视的。社交媒体平台的运营方式、商业模式以及数据处理流程都会对用户隐私产生影响。例如，一些社交媒体平台可能通过用户数据获取广告收入，从而存在滥用个人信息的风险；同时，运营者的隐私保护意识和管理水平也会影响到隐私政策的执行效果。因此，需要对社交媒体平台的运营方式和商业模式进行深入分析，探讨如何在商业利益和用户隐私之间取得平衡。最后，法律方面的影响也是至关重要的。随着隐私保护意识的提升，各国和地区纷纷出台了相关的法律法规和政策措施，以保护用户的个人信息和隐私权益。然而，由于社交媒体跨境传播的特点，法律的适用范围和执行效果存在一定的局限性，加之技术的快速发展带来了法律法规的滞后性，使得隐私保护法律体系面临诸多挑战。因此，需要对不同国家和地区的隐私法律进行比较分析，探讨如何构建跨境隐私保护机制，以应对社交媒体数据要素流通带来的法律挑战。综上所述，数据要素流通对隐私政策的技术、运营、法律影响分析是一个涉及多方面因素的复杂问题。

（一）数据流通技术的发展

1. 数据采集技术进阶

在物联网领域，数据采集的自动化和智能化正日益成熟。随着技术的不断进步，新的数据采集技术不断涌现，例如边缘计算设备能够在靠近数据源的地方进行初步的数据处理，这不仅减少了数据传输的需求，还显著提高了处理速度，使得实时数据分析和决策变得更加迅速和高效。此外，进阶分析可能还需要关注一些关键问题。首先，边缘计算如何影响数据隐私和安全策略是一个重要议题。边缘计算的引入虽然在处理速度上带来了优势，但也可能增加数据在边缘设备上的存储和管理风险，对于隐私保护和安全策略提出了新的挑战。其次，物联网设备的隐私保护设计也是一大亮点。例如，通过内置数据最小化和本地处理等隐私保护措施，可以在数据收集和处理过程中最大程度地减少敏感信息的暴露，保护用户隐私。最后，物联网设备与智能城市、智能医疗等领域的互动及其带来的隐私影响也不容忽视。在这些应用场景中，大量的物联网设备将产生并处理海量数据，如何在这些数据交互中确保隐私和安全是推动物联网技术广泛应用的关键。因此，深入探讨和解决这些问题，对于物联网技术在各领域的广泛应用和隐私保护具有重要意义。

2. 数据存储技术的未来

随着云服务和分布式存储技术的不断演进，数据存储变得更加复杂但也更加灵活。在这种背景下，我们可以深入探讨几个关键话题。首先，分布式账本技术（DLT）如何为数据存储提供新的安全层次是一个值得关注的问题。DLT 通过去中心化的数据存储和共享机制，提供了更高的数据透明性和不可篡改性，从而增强了数据存储的安全性。其次，云服务提供商正积极采用最新的安全措施。例如，基于角色的访问控制（RBAC）和零信任架构（zero trust architecture）等技术的应用，显著提升了数据访问的安全性和管理效率。另外，关于如何通过分布式存储和云存储实现数据的地理位置敏感性和法规遵循，也是一个重要的研究方向。这种存储方案允许企业根据数据的地理位置需求和相关法规要求来灵活调整数据存储策略，确保合规性，同时通过分布式存储的冗余和容错特性提高数据的可靠性和可用性。因此，随着技术的进步和安全标准的不断更新，企业和个人在选择数据存储方案时将有更多的优化和安全保障手段。

3. 数据处理技术的边界扩展

在 AI 和大数据处理领域，越来越多的隐私保护机制被引入，以确保在数据分析和处理过程中保护用户的隐私。除了已经广泛讨论的差分隐私技术，还有其他几种关键技术值得深入探讨。首先，联邦学习作为一种先进的分布式机器学习方法，能够在不直接共享用户数据的情况下进行模型训练。通过在本地设备上训练模型并仅共享更新参数，联邦学习显著降低了隐私风险，提升了用户数据的安全性。其次，AI 模型的可解释性（explainability）在隐私保护中也发挥着重要作用。可解释性使研究人员和决策者能够理解模型的决策依据，从而评估和监测数据处理对隐私的影响。透明的模型运行机制有助于识别潜在的隐私泄露点，并采取相应的保护措施。此外，高级数据掩盖技术，如生成对抗网络（GANs），也被越来越多地用于隐私保护。GANs 能够生成与原始数据相似但无实际风险的数据副本，通过这种合成数据的使用，可以减少对真实数据的直接访问，从而保护用户隐私。这些技术和方法的综合应用，为 AI 和大数据处理提供了在数据利用和隐私保护之间达到平衡的途径，推动了数据科学和技术领域的可持续发展。

4. 数据传输技术的量子飞跃

随着量子计算技术的不断进步，传统加密方法的安全性正面临前所未有的挑战。在这个背景下，新兴的量子加密技术正在迅速发展，并有望重新定义数据安全标准。首先，量子密钥分发（QKD）作为一种前沿的技术，通过利用量子物理原理来实现安全的密钥分发。QKD 的进展使数据传输的安全性得到了根本性的提升，因为它能够检测到第三方对密钥的截获，从而避免数据泄露。其次，为了对抗量子计算带来的潜在威胁，新型的加密技术也在积极研发之中。例如，格基密码学（Lattice-based cryptography）作为一种抗量子的加密方法，其发展状态备受关注。这些基于数学难题的新加密算法展示出了对抗量子计算攻击的潜力，为未来信息安全提供了新的选择。此外，量子互联网的概念也正在逐渐形成。数据加密与隐私保护技术是量子互联网的重要组成部分，它的构建将为未来互联网的安全性和隐私保护带来深远影响。通过量子通信和量子加密技术的整合，未来的量子互联网将能够提供前所未有的信息传输安全保障，推动整个信息技术领域的革新。因此，量子计算的进步不仅是对传统加密技术的挑战，更是推动新兴安全技术发展和应用的重要契机。

（二）技术与隐私政策的互动加深

1. 隐私技术的跨界融合

随着人工智能、区块链等前沿技术与隐私保护技术的深度融合，新的隐私保护模式正在不断涌现，这为数据安全和隐私保护带来了全新的解决方案。深入分析这些新兴技术及其应用，可以从以下几个方面展开。首先，人工智能与区块链技术的结合在隐私保护上展现出巨大潜力。例如，智能合约可以在数据使用协议上发挥重要作用，通过自动化和不可篡改的合约机制，确保数据的合法使用和隐私保护。其次，区块链技术通过其去中心化的特性，为数据隐私提供了全新的解决方案。与传统的中心化数据管理模式相比，区块链通过分布式账本技术，显著降低了单点故障风险，增强了数据的安全性和可靠性。此外，新一代隐私保护技术，例如基于区块链的隐私保护协议和智能合约，正在为数据共享和协作提供安全保障。这些技术能够在数据交换过程中保持数据的私密性，确保数据的访问和使用仅在授权和透明的框架内进行，从而促进了数据价值的挖掘和利用。综上所述，人工智能、区块链等技术与隐私保护技术的融合，不仅为数据安全带来了创新的保护手段，也为推动新一代隐私保护技术和应用的发展提供了重要驱动力。

2. 技术漏洞与隐私策略的影响

技术漏洞不仅对隐私构成严重威胁，还可能削弱用户对技术解决方案的信任，因此，深入研究并有效管理这些漏洞至关重要。我们可以进一步探讨以下几个方面。首先，系统漏洞和软件补丁管理是提升安全性的关键环节。实施系统漏洞评估和及时的软件补丁管理，如定期扫描系统漏洞、及时应用安全补丁，可以有效减少技术漏洞的暴露。最佳实践包括建立严格的漏洞管理流程、设立专门的安全团队进行监控和响应，以及采用自动化工具进行漏洞扫描和补丁管理。其次，网络安全和隐私风险评估的整合方法也是保护数据隐私的重要策略。这包括采用综合的风险评估工具和方法，对网络架构、数据流和用户行为进行全面分析，识别潜在的安全和隐私风险。通过定期的安全审计和渗透测试，企业可以及时发现并修复安全漏洞，提升整体安全性。此外，通过案例学习，我们可以了解如何通过预防、检测和应对策略减轻技术漏洞带来的风险。案例学习能够提供实际的背景和情景，帮助企业和组织理解漏洞产生的机制及其影响，从而制定更为有效的预防和应对策略。例如，学习成功的漏洞应对案例，可以借鉴其预警系统、应急响应计划以及事后分析的流程，提升自身的应对能力。综上所述，通过系统漏洞和软件补丁管理的最佳实践、网络安全和隐私风险评估的整合方法，以及通过案例学习积累的预防、检测和应对策略，企业和组织可以显著提升技术解决方案的安全性，增强用户信任，有效保护数据隐私。

3. 隐私政策与技术创新的关系

随着技术的不断演进，隐私政策必须与时俱进，以适应新的技术现实，确保用户隐私得到充分保护。深入探讨这一话题，涉及以下几个关键方面。首先，法规需要适应数字化身份、人工智能决策和物联网等新兴技术带来的新现实。这些技术的发展不仅提高了生活和工作的效率，同时也带来了前所未有的隐私挑战。因此，制定能够涵盖这些新兴技术应用的隐私法规，确保其能够在保护隐私的同时促进技术创新，是当前的重要任务。其次，在多方数据共享的环境中，隐私政策面临诸多挑战。数据共享增强了数据的流动和应用，但也增加了隐私泄露的风险。为此，隐私政策需要明确各方在数据共享中的角色和责任，制定数据共享的标准和规范，确保数据的合法使用和隐私保护。此外，科技公司与政策制定者之间的协作也是确保技术进步符合社会价值和隐私保护要求的关键。通过建立有效的沟通机制和协作平台，科技公司可以在技术设计和应用中融入隐私保护原则，而政策制定者则可以提供科学合理的指导和监管。这样的协作模式有助于在推动技术进步的同时，保障社会价值和隐私权益，实现技术发展与隐私保护的双赢。综上所述，随着技术的快速演进，隐私政策的更新和完善不仅是技术发展的必然要求，也是保障用户隐私和社会价值的重要途径。通过法规的适应性调整、多方数据共享环境下的隐私保护策略，以及科技公司与政策制定者之间的协作，我们能够为技术的健康发展提供坚实的隐私保护基础。

（三）从技术挑战到隐私政策的深度反思

1. 构建持续监测的智能机制

在不断发展的技术环境中，实现对隐私影响的实时监控成为保障数据安全和用户隐私的重要措施。进一步的分析包括以下几个方面。首先，利用人工智能和机器学习技术对数据访问模式进行模式识别和异常检测，是提升隐私保护效率的关键。通过这些先进技术，系统可以自动分析和识别正常的数据访问行为模式，并检测出异常访问行为，从而及时预警潜在的隐私泄露风险。此外，物联网设备和智能城市项目的实施也为数据保护带来了新的挑战和机遇。在这些项目中，动态数据保护措施的实施至关重要。例如，采用基于行为的访问控制策略，实时更新权限和访问规则，以适应设备和应用的动态变化，保障数据的动态安全。最后，构建数据隐私风险评估的自动化工具，能够帮助企业和组织快速响应潜在威胁，提升应对效率。这些自动化工具通过集成多种评估模型和实时数据源，能够快速识别和评估数据隐私风险，提供即时风险报告和应对建议。

2. 推动技术透明度与用户赋能

加强技术操作的透明度，确保用户能够轻松理解自己的数据是如何被处理和保护的，是提升数据隐私保护的重要策略。为此，我们可以采取以下具体措施。首先，开发用户友好的隐私界面，使用户能够直观地了解数据收集、处理和传输的各个步骤。这些界面应当清晰、简洁，并且易于操作，使用户能够一目了然地掌握自己的数据踪迹，增强对数据处理的信任感。其次，利用数字化工具，如自服务门户，进一步增强用户对自己数据的控制能力。通过这些工具，用户可以自主管理个人数据，包括查看、修改、删除和限制数据的使用权限，从而实现更为精细化的数据管理。此外，采用可视化技术也是提高透明度的重要手段。通过数据使用情况和共享图谱的可视化展示，用户可以直观地看到其数据的流向和使用场景，理解和评估数据共享的风险和影响，更好地作出知情决策。

3. 平衡创新与隐私保护的策略设计

在追求技术创新的同时有效保护隐私，需要运用一种精细化的策略权衡，以确保隐私保护与创新发展的双赢。深入探讨这一话题，涉及以下几个关键方面。首先，在不同阶段引入隐私考虑因素是一种重要的策略。从概念设计到产品发布的整个生命周期中，隐私保护应贯穿始终。在概念设计阶段，应当进行隐私影响评估（PIA），识别和评估潜在的隐私风险；在开发阶段，实施隐私保护设计，确保隐私保护机制与功能需求同步实现；在测试和发布阶段，进行隐私合规检查和用户反馈，持续优化隐私保护措施。其次，通过案例研究，我们可以探讨企业如何在推出新技术时进行隐私影响评估，并根据评估结果调整技术和策略。例如，某企业在新产品发布前进行了详细的隐私影响评估，识别出潜在的数据泄露风险，并在此基础上增强了数据加密和访问控制措施，成功降低了隐私风险。最后，应深入讨论在保护个人隐私与促进数据驱动创新之间寻找平衡的策略和方法。这包括建立隐私保护框架，确保数据使用的合法性、公平性和透明性；采用数据匿名化、假名化和差分隐私等技术，减少隐私泄露的风险；以及通过用户参与和信任建设，增强用户对数据使用的信心。

二、隐私风险管理策略的建议与实施路径

在数字化时代，数据已经成为全球经济和社会活动中最宝贵的资产之一，特别是随着大数据、云计算和人工智能等技术的广泛应用，个人数据的潜在价值不断被开发和利用。然而，大规模的数据应用和处理带来了巨大的隐私泥潭，关于个人隐私保护的讨论已经成为公共议题和政策制定的

重心。这种背景下，探讨隐私风险管理策略及其实施路径变得尤为重要。首先，要进行有效的隐私风险管理，关键在于识别和评估与个人数据处理相关的各种风险。这包括从技术泄露到操作不当，再到监管不力等多方面的挑战。保护个人数据的完整性、机密性和可用性是这一过程中的基本要点。因此，必须从源头开始，对数据的收集、处理、存储和共享等各环节进行严格的隐私考量，并建立起一套全面的隐私治理机制。其次，在制定隐私风险管理策略的同时，我们必须为这些策略提供清晰的实施路径。实施路径显著影响策略的成功，不仅需要符合现行法律法规，更要贴近实际操作，并且预见到未来科技的演变趋势。为了有效执行这些策略，我们需要建立跨部门、跨行业和跨国界的合作机制，包括技术标准的制定、合规性评估的标准化和隐私保护措施的推广。最后，应当认识到隐私风险管理并非一成不变，它需要动态调整以适应不断变化的技术和法律环境。这就要求建立一个持续监测隐私风险、定期评估风险管理措施并及时调整策略的机制。同时，用户教育和意识提升也是重要环节，了解和维护自己隐私权益的能力对用户来说至关重要。

（一）隐私风险评估

1. 全面数据处理活动审查

为了全面了解组织内部数据处理的情况，可以形成跨部门的团队进行数据处理活动的审查。这样的审查团队可以涵盖信息技术、法律、隐私等多个领域的专业知识，从而更全面地审查数据处理活动，识别涉及个人数据处理的业务单元、流程或系统。其次，使用数据流图等工具可以帮助识别和文档化个人数据的流向，这对于发现潜在的隐私风险源至关重要。通过绘制数据流图，组织可以清晰地了解数据是如何在系统中流动的，从而更容易地发现数据可能遭受侵犯的薄弱环节。

2. 新兴技术风险分析

首先，随着新技术的不断涌现，例如物联网设备、大数据分析工具等，组织需要对引入的每项新技术进行隐私影响评估。这意味着在技术选型和部署之前，需要全面评估新技术可能带来的隐私风险，以及如何通过适当的措施进行控制。其次，针对每种新技术，可以创建风险档案，包括可能存在的漏洞、数据收集方式以及数据处理和存储的安全措施。这有助于组织更系统地管理和监控新技术引入过程中的隐私风险，并及时采取措施加以应对。

（二）风险量化与分类

1. 建立风险量化模型

为了更有效地评估和管理隐私风险，组织可以开发一套包括影响级别和发生概率的风险评估标准。这样的标准可以帮助组织对不同的隐私风险进行量化，并确定哪些风险需要重点关注和处理。可以借助软件工具或风险评估模板加速风险量化过程，并保持评估结果的一致性和可比性。这有助于组织更快速、更准确地评估隐私风险，并及时采取相应的措施。

2. 风险分类与优先级设置

隐私风险可以根据其性质和影响进行分类，例如技术风险、合规风险、声誉风险等。对隐私风险进行分类有助于组织更好地理解和管理不同类型的风险，从而有针对性地制定相应的缓解策略。为每个风险类别分配一个负责团队，负责制定和实施缓解策略。这样可以确保针对不同类型的风险能够有专门的团队负责，提高缓解措施的针对性和效果。

（三）数据保护措施

1. 最小化数据原则实践

审查数据收集和处理程序，确保仅收集必需的个人数据。在设计新的数据处理系统时，应默认不收集额外个人信息，以显著减少隐私风险。实践数据最小化原则是保护用户隐私的基本举措之一，有助于降低数据处理活动带来的隐私风险。

2. 加强数据保护措施

首先，采用端到端加密技术保护数据在传输过程中的隐私安全，确保数据传输过程中不会被未经授权的人员访问或篡改。其次，实施数据匿名化和伪匿名化技术，尤其是在分享和公布大数据分析结果时，可以减少对个人隐私的直接冲击。通过数据匿名化，可以在一定程度上保护用户隐私，同时保留数据的分析有效性。

3. 强化访问控制和监督机制

设定基于角色的访问控制，确保只有被授权人员能够访问敏感信息。

这样可以有效控制数据的访问范围，降低数据被非法访问的风险。采用先进的用户行为分析（UBA）工具监控对敏感数据的访问行为，及时发现和应对异常访问模式。通过监控用户的行为，可以更及时地发现可能存在的安全风险，并及时采取相应的措施加以应对。通过以上风险评估、量化和缓解的措施，组织可以更全面、更系统地管理和保护用户隐私，有效降低隐私风险的发生概率，提高数据处理活动的合规性和透明度。同时，也可以增强组织的信誉和竞争力，赢得用户和利益相关方的信任和支持。

（四）隐私保护策略设计

1. 制定全面的隐私政策

一份全面的隐私政策应该覆盖数据处理的各个阶段，包括数据的收集、处理、存储、共享、转移和销毁等。这样的政策可以帮助组织明确自身在处理个人数据时的责任和义务，为用户提供清晰的数据使用说明。隐私政策还应明确指出数据主体（如客户、员工）的权利，包括访问、更正、删除其个人数据的权利等。这有助于增强用户对个人数据控制感和信任感，提升用户对组织的满意度和忠诚度。

2. 法律和合规性融入策略设计

为了确保隐私政策的合规性，组织需要深入理解适用的国家/地区和行业特定隐私法律和标准，如欧盟的 GDPR、美国的 CCPA 等。只有了解并遵守这些法律法规，组织才能有效保护用户隐私并避免法律责任。为了及时应对法规变动，组织应设立合规性监控团队，负责持续追踪法规变动，并及时更新组织的隐私保护策略。这种持续的合规性监控机制可以帮助组织及时调整策略，确保隐私政策始终符合最新的法律要求。

3. 隐私设计原则的落地实施

首先，在产品或服务设计初期，应将隐私保护考虑纳入产品和业务流程设计中，确保"隐私默认"。这意味着在设计产品或服务时，默认情况下应该最大程度地保护用户隐私，只有在用户明确同意的情况下才能收集和使用个人数据。其次，为开发团队提供隐私设计工具箱和指南，帮助他们在设计过程中考虑和实施隐私保护措施，确保隐私保护在产品或服务的整个生命周期中得到充分考虑和落实。

4. 隐私增强技术的应用

首先，评估并实施匿名化工具和技术以保护数据，在不影响数据功能的前提下减少个人数据的使用。匿名化可以帮助降低数据的敏感性，减少个人身份的暴露风险，从而提高数据的安全性和隐私性。其次，利用数据保护影响评估工具，在项目和新技术部署前对隐私影响进行评估和缓解。通过对项目和新技术的隐私影响进行评估，可以及早发现和解决潜在的隐私问题，确保组织在引入新技术时能够作出明智的决策。

（五）隐私合规与审计渠道建设

隐私合规与审计渠道建设是确保组织隐私保护措施有效执行的关键环节。通过建立合规性监控机制、审计程序以及违规处理和整改机制，组织可以及时发现、应对和纠正隐私合规方面的问题，从而保障用户隐私和数据安全。

1. 合规性监控与报告

（1）动态合规性监控框架。建立一个动态监控框架是保证隐私合规性的关键。该框架应利用自动化工具跟踪和评估组织内外部环境的变化对隐私合规性的影响。这包括设置实时警报和通知机制，以便快速识别可能的合规风险和违规行为。通过动态监控，组织可以及时调整策略和措施，确保隐私合规性始终得到有效维护。

（2）定期和临时合规报告。创建定期（如季度、年度）合规性报告流程是确保组织隐私合规性的重要手段。报告内容应涵盖合规性状态评估、识别的风险以及已实施的和计划中的缓解措施。此外，针对特定事件（如数据泄露、安全事件）或法律要求，还需要制定快速响应机制，及时生成临时合规性报告以应对突发情况。

2. 审计与第三方评估

（1）内部审计计划。设立持续的内部审计计划是确保隐私合规性的重要步骤。该计划应涵盖所有关键的隐私和数据保护流程和实践。审计活动应侧重于评估组织政策与流程的有效性，以及员工对这些政策和流程的遵循情况。通过内部审计，组织可以及时发现并解决存在的合规性问题，提高隐私保护的有效性和可持续性。

（2）外部第三方评估。与专业第三方机构合作进行独立的隐私和安全评估是确保组织合规性的另一重要手段。第三方评估可提供客观的视角，帮助识别组织内部可能存在的盲点和改进建议，从而增强组织隐私和数据保护策略的透明度和公信力。通过与第三方机构的合作，组织可以获得专业的评估服务，为隐私合规性提供更加可靠的保障。

3. 违规处理和整改

（1）违规事件响应计划。制订和执行一套全面的违规事件响应计划是确保组织隐私合规性的关键措施。该计划应包括违规识别、评估、通报和处理程序。它应当能够确保在任何潜在的隐私侵犯事件发生时，能够快速响应并最小化损失。通过违规事件响应计划，组织可以有效管理和控制可能存在的风险，保护用户隐私和数据安全。

（2）持续改进机制。基于内外审计发现、违规事件处理结果以及最新的法律法规要求，组织应定期更新和改善隐私策略和实践。促进跨部门协作，确保所有改进措施得以高效、有序地实施。持续改进机制可以帮助组织不断提升隐私保护水平，适应不断变化的法律和业务环境，确保隐私合规性始终得到有效维护。

（六）技术与流程整合

1. 技术工具的隐私管理

（1）先进技术工具的集成。采用数据分类和数据流分析工具，以自动化地识别和分类个人数据，帮助组织更好地管理和保护数据。利用数据损失预防（DLP）、访问控制和行为分析工具，增强对数据处理活动的监控。通过技术工具的集成，组织可以实现对数据的全面管理和保护，提高数据安全性和隐私合规性。

（2）自动化流程和数据治理。实施自动化流程是提高隐私管理效率与一致性的关键。例如，自动化处理数据访问请求和数据删除请求可以减少人为错误和提高响应速度。同时，建立健全的数据治理框架，通过标准化的数据分类和处理流程，加强对数据处理活动的控制。通过技术和流程的整合，组织可以实现对数据的有效管理和保护，确保隐私合规性和数据安全性。

2. 流程优化和改进

（1）持续的流程审查和优化。定期审查隐私相关流程的效率和有效性，识别和纠正工作流程中的弱点和瓶颈。应用六西格玛或精益管理等流程优化方法，提高流程质量和灵活性。持续的流程审查和优化可以帮助组织不断改进隐私管理流程，提高管理效率和响应速度。

（2）跨部门协作与沟通。促进各业务单元、IT部门和法律团队间的紧密合作，确保隐私管理的各项措施和流程得到全面和及时的实施。通过定期会议和工作小组，加强隐私工作的透明度和参与度，确保所有相关方对隐私战略和实施计划保持一致理解和支持。跨部门协作和沟通可以帮助组织整合资源，共同推动隐私管理的顺利进行。

3. 数据治理与透明度

（1）清晰的数据治理政策。明确数据所有权、责任和权限，建立数据分类和处理的明确标准。确保数据处理活动与组织的数据治理政策和目标一致，支持组织商业目标的同时保护个人隐私。建立清晰的数据治理政策可以帮助组织规范数据处理活动，降低数据泄露和滥用的风险。

（2）加强隐私通知和透明度。提供清晰、易懂且随时可访问的隐私通知，明确告知数据主体他们的数据如何被收集、使用和保护。建立收集和响应数据主体的查询和投诉机制，提高组织的隐私透明度和责任感。加强隐私通知和透明度可以增强组织与用户之间的信任，提升用户满意度和忠诚度。

三、个人隐私保护意识和行动策略推荐

步入更加数字化的现代社会，隐私保护成了全球性的热点议题，这不仅仅是因为数据泄露和隐私侵犯事件屡见不鲜，更重要的是，人们开始意识到维护个人隐私权是人权保障的重要组成部分。尽管社会大众对于个人隐私保护的认识日渐增强，真正的隐私保护意识和行动策略的落实与推广却远远不够。面对这样的背景，深入研究并广泛推广个人隐私保护意识的提升和具体的行动策略就显得尤为重要与迫切。

（一）个人隐私保护意识提升

1. 了解隐私保护的重要性

个人信息泄露可能导致多种严重风险，如因为身份信息被盗用导致的

金融诈骗、个人隐私被恶意监控导致的心理压力等情况。在社交网络时代，个人隐私的泄露范围和速度比以往任何时候都快，一旦信息泄露，撤回的可能性几乎为零。例如，黑客攻击可能导致大量的用户数据泄露，包括电子邮件地址、密码、个人身份信息等，这些数据一旦落入不法分子手中，可能被用于实施诈骗，损害用户的财产和声誉。此外，社交网络上的公开信息或不当分享可能导致个人隐私的广泛传播，给用户带来心理压力和社交困扰。通过分析真实案例，如某大型社交平台发生的大规模数据泄露事件，用户数据被非法获取和交易，导致大量用户遭受金融诈骗和身份被盗用，读者可以直观地理解隐私泄露的严重后果。因此，加强个人信息保护，提高隐私防范意识，是每个用户在数字化生活中不可忽视的重要环节。

2. 熟悉个人信息的范围

细分个人信息和敏感个人信息，对于社保号、银行账户信息、指纹、面部识别信息等高度敏感的个人信息，应当予以特别保护。这些信息之所以被归类为高度敏感，是因为它们一旦泄露，可能直接导致金融诈骗、身份被盗用等严重后果。因此，必须采取严格的保护措施。首先，通过不同级别的密码保护机制来保障不同类别的信息安全，例如，设置高强度密码和双因素认证（2FA）可以有效防止未经授权的访问。其次，信息加密技术也是保护敏感数据的重要手段。使用端到端加密技术，可以在数据传输过程中保证信息的安全，即使数据被拦截，也无法被轻易解密。此外，还应建立完善的数据访问控制策略，确保只有被授权人员才能访问敏感信息。

在实际操作中，提供以下实用建议有助于增强信息保护。首先，避免在公共场合讨论或透露敏感信息，因为这些场合的隐私保护不足，容易导致信息泄露。其次，不在未加密的网页上输入个人信息，因为这类网页缺乏足够的安全保障，存在被中间人攻击的风险。使用 HTTPS 协议的加密网页，可以提高数据传输的安全性。最后，定期检查和更新隐私设置，关闭不必要的账户和信息共享权限，也是保护个人信息的重要步骤。因此，通过明确的分类和严格的保护措施，可以有效保护个人信息和敏感数据，降低隐私泄露的风险。

3. 认识网络环境中的隐私威胁

针对常见的网络安全威胁，提供深入的分析和有效的防护建议，是确保个人信息安全的重要手段。首先，在社交媒体使用中，用户可能面临多种隐私泄露风险，如错误配置隐私设置导致信息外泄，以及与陌生人分享过多个人信息。这些行为可能使敏感数据如生日、住址、工作地点等落入不法分子之手，增加身份被盗用和网络诈骗的风险。因此，用户应当定期检查并正确配置社交媒体的隐私设置，限制信息可见范围，谨慎对待信息分享，避免与不明身份的人分享敏感信息。其次，在使用公共 Wi-Fi 时，也需特别注意保护个人隐私。公共 Wi-Fi 通常缺乏足够的安全保护措施，容易被黑客利用，进行中间人攻击，窃取用户的敏感信息。因此，建议在使用公共 Wi-Fi 时，不进行涉及敏感操作的在线活动，如网银交易、输入密码、访问私密账户等。如果必须进行敏感操作，应优先使用虚拟专用网络（VPN）服务，加密数据传输，保护隐私。此外，避免使用不明来源的 Wi-Fi 网络，连接已知安全的网络，并确保设备上安装了最新的安全补丁和防病毒软件，以提高网络安全性。

（二）个人信息保护的技术工具和策略

1. 使用隐私保护工具

使用隐私保护工具是确保个人信息安全的重要手段。首先，密码管理器是提高账户安全的基础工具。密码管理器可以帮助用户生成高强度、唯一性的密码，并安全地存储和自动填写密码，减少因重复使用弱密码而导致的账户泄露风险。常见的密码管理器如 1Password、LastPass 等，用户应选择信誉好、功能强的产品，并启用双因素认证（2FA）以增强安全性。其次，虚拟专用网络（VPN）是保护网络活动隐私的重要工具。VPN 通过在用户设备和互联网之间建立加密隧道，隐藏用户的真实 IP 地址，防止数据在传输过程中被拦截和窃取。用户在连接公共 Wi-Fi 或访问敏感网站时，应启用 VPN 服务，常见的 VPN 工具如 ExpressVPN、NordVPN 等，选择时应考虑服务提供商的信誉、服务器分布和加密协议的强度。另外，隐私浏览器是保护在线隐私的另一种有效方式。隐私浏览器如 Tor Browser 和 Brave，通过阻断跟踪器、加密数据传输和匿名化用户活动，减少广告追踪和数据收集。用户在使用隐私浏览器时，应避免点击不明链接，不访问不信任的网站，以最大化隐私保护效果。

此外，加密通信工具也是保护沟通隐私的关键。使用端到端加密的即时通信应用如 Signal 和 WhatsApp，可以确保消息在发送端和接收端之间完全加密，防止第三方截获信息内容。用户应启用加密通信功能，并定期检查应用的安全设置，确保隐私保护措施处于最佳状态。最后，定期使用隐私保护软件进行系统扫描和清理，如 CCleaner 和 Malwarebytes，可以帮助检测和清除潜在的恶意软件，优化系统性能，保护个人信息安全。用户应定期更新软件，确保使用最新版本的功能和安全补丁。可见，通过合理使用密码管理器、VPN、隐私浏览器、加密通信工具和隐私保护软件，用户可以建立多层次的隐私保护体系，有效保障个人信息安全，减少隐私泄露的风险。

2. 社交媒体隐私设置

检查和修改社交媒体平台的隐私设置，避免个人信息被不必要的公开，是保护隐私的关键。首先，用户应定期访问社交媒体的隐私设置页面，检查当前的隐私设置。例如，在脸书中，点击右上角的下拉菜单，选择"设置与隐私"，然后进入"隐私设置"。在这里，用户可以调整谁可以看到个人资料、帖子、故事和照片的可见性，建议将默认设置更改为"仅限朋友"或"自定义"，限制信息的公开范围。其次，讨论哪些信息应该被谨慎分享在社交媒体上，如位置信息、旅行计划等，以及如何设置只与特定人分享。位置信息和旅行计划是高度敏感的内容，一旦泄露，可能被不法分子利用进行跟踪或实施犯罪。用户应避免实时发布这些信息，或在分享前将可见性设置为"仅限亲密朋友"或"仅个人"。例如，在 Instagram 中，用户可以创建多个分享列表，确保特定的帖子和故事只对特定人群可见。

此外，要会识别社交媒体平台上的隐私风险，收到陌生人信息时要采取正确处理方式。首先，用户应警惕不明链接和文件，避免点击或下载，以防止恶意软件的侵入。对于陌生人发来的信息，应保持谨慎，不轻易提供个人信息或点击不明链接。如果收到的信息内容可疑，应立即举报并封锁该用户，避免进一步的隐私侵害。同时，定期检查社交媒体平台的隐私通知，了解新功能的隐私影响，并及时调整设置以适应新的隐私需求。

3. 数据加密和备份

理解使用加密软件对个人敏感数据进行加密的重要性并掌握基本操作

方法，是保护数据安全的基础。首先，通过加密软件如 VeraCrypt、BitLock-er 等，可以对个人敏感数据如财务记录、身份信息等进行加密，确保即使在数据泄露的情况下，也无法被轻易读取。基本操作包括选择要加密的文件或文件夹，设置强密码，并选择适合的加密算法（如 AES），然后进行加密操作。加密后的数据在未经解密前呈现为不可读的乱码，提高数据安全性。其次，强调定期备份个人重要数据的必要性，提供多种备份方案（如云备份、外部硬盘备份等）及其优缺点分析。数据备份是防止数据丢失的关键措施，常见的备份方案包括：一是云备份。通过云存储服务如 Google Drive、Dropbox 等，用户可以将数据上传至云端进行备份。优点是方便快捷，可随时从任何设备访问数据，且具有一定的数据恢复能力。缺点是依赖互联网连接，部分敏感数据上传云端存在隐私风险。二是外部硬盘备份。使用 USB 外部硬盘，定期将数据复制到硬盘中进行备份。优点是数据存储于本地，访问速度快，不依赖网络。缺点是硬盘可能损坏或丢失，单一备份点存在风险，建议定期更换硬盘。三是多重备份。结合云备份和外部硬盘备份，确保数据有多个备份点，提高数据安全性和恢复能力。

最后，在设备丢失或被盗时，同样需要保护数据安全，包括远程锁定、数据擦除等措施。使用设备管理工具如 Find My iPhone（苹果设备）或 An-droid Device Manager（安卓设备），用户可以远程锁定设备，防止数据被访问。若确定设备无法找回，应远程进行数据擦除操作，彻底清除设备中的个人数据，防止隐私泄露。同时，启用设备的自动锁定功能，设置复杂的解锁密码，降低设备落入他人之手后的数据泄露风险。

（三）个人隐私保护的行为规范

1. 谨慎分享个人信息

谨慎分享个人信息是保护隐私的重要策略。首先，在网上填写表单或参与问卷调查时，需要判断信息的必要性，避免透露过多个人信息。用户在填写在线表单或参与调查前，应仔细阅读隐私政策，了解信息用途和存储方式，判断信息是否真正必要。例如，一些表单可能要求提供身份证号、银行账户等敏感信息，除非是涉及法律义务或财务交易，否则应避免提供。如果信息与服务无关，用户有权拒绝分享。

其次，不法分子或不道德的商家可能通过看似正常的活动，诱导用户分享个人信息，如通过赠品吸引用户注册、使用"限时优惠"引诱填写详细信息等。用户应保持警惕，不轻易相信不明来源的促销活动，避免因小恩小惠而泄露重要信息。同时，对于频繁弹出的请求权限或收集信息的提示，应谨慎对待，避免无意间授权过多的数据访问。此外，如果必须分享个人信息，如进行在线购物或注册服务，用户应选择信誉良好的平台，并优先考虑提供隐私保护措施的平台。在提供信息时，尽量使用化名或匿名方式，减少真实信息的泄露。同时，定期检查账户活动，监控个人信息的使用情况，及时发现并处理异常行为。

2. 增强信息安全防护意识

增强信息安全防护意识是保护个人信息安全的重要前提。首先，定期更新操作系统和应用程序非常重要。操作系统和应用程序的定期更新能够修补已知的安全漏洞，防止黑客利用这些漏洞进行攻击。用户应开启自动更新功能，确保系统和软件始终处于最新版本。例如，在 Windows 操作系统中，可以在"设置"菜单中找到"更新和安全"选项，启用自动更新功能。

其次，钓鱼邮件通常伪装成合法机构，诱导用户点击恶意链接或下载附件。用户应学会识别可疑邮件，如发送者地址不熟悉、邮件内容含有拼写错误或紧急措辞、请求提供个人信息等。收到可疑邮件时，应避免点击邮件中的链接，而是直接访问相关网站，输入网址进行确认。如果无法确认邮件的真实性，建议直接删除或举报该邮件。此外，多因素认证（MFA）是通过多种验证方式，增加账户的安全性，即使密码泄露，黑客也难以通过其他验证手段登录账户。常见的多因素认证方式包括短信验证码、身份验证应用和安全密钥。用户应尽可能为重要账户启用多因素认证，如银行账户、电子邮件账户和社交媒体账号等。以支付宝账户为例，用户登录支付宝后，可在"我的"页面点击右上角"设置"图标，进入设置页面后选择"账号与安全"选项，然后在该页面中找到并启用"安全保护工具"里的"刷脸""指纹"等多因素认证方式。

3. 积极参与隐私权保护行动

积极参与隐私权保护行动是提升个人和集体隐私安全的重要途径。首先，鼓励公众参与隐私保护的相关活动和论坛，提高公众对个人隐私权的认识和保护意识。用户可以通过加入隐私保护组织、参加相关的网络研讨会或阅读相关的书籍和文章，了解最新的隐私保护趋势和技术。此外，参与在线论坛和社交媒体群组，分享隐私保护的经验和技巧，与他人交流隐私问题的解决方案，共同提高隐私保护意识。其次，根据隐私保护的相关法律，用户有权要求访问、更正或删除其个人数据。例如，如果用户的个人信息被不当收集或使用，可以通过书面请求或在线表格，向数据控制者提出访问、更正或删除数据的请求。在此过程中，用户应保存相关通信记录，以便在必要时提供证据。此外，用户可以通过日常对话、分享文章或组织小型讲座，向亲友和同事介绍隐私保护的重要性，提高他们的隐私意识。例如，可以分享如何设置社交媒体隐私设置，如何避免在公共网络上泄露信息等实用技巧。通过集体努力，共同提高团队或社区的隐私防护能力，创造一个更加安全的信息环境。

四、案例分析：新浪微博用户数据泄露事件

2020 年 3 月，新浪微博发生了一起大规模用户数据泄露事件，上亿条微博用户数据在暗网被公开售卖，包括用户的 ID、昵称、性别、地理位置等信息。尽管新浪微博在官方声称这些数据是通过"公开接口"抓取的，而非通过系统漏洞获取，但事件仍然引发了广泛关注和争议。[①] 这一事件引发了对社交媒体平台数据安全的质疑，暴露了社交媒体平台在数据接口管理上的不足。即使数据是通过"公开接口"获取的，平台也应对数据的抓取和使用进行严格监控。从用户隐私保护角度看，尽管泄露的数据不涉及敏感信息，但用户的公开信息被大规模收集和售卖，仍然对隐私构成威胁，尤其是在数据被用于恶意用途时。这一事件引发了对中国数据保护法律体系的反思。2021 年，《中华人民共和国个人信息保护法》正式实施，为数据隐私保护提供了更严格的法律依据。该事件提高了公众对数据隐私的重视，同时也促使企业加强技术防范措施，如数据加密、访问控制等。

新浪微博用户数据泄露事件是中国互联网领域的一起典型数据安全

---

① 祖爽. 5 亿新浪微博用户数据遭泄露？个人信息安全该如何守护［EB/OL］.（2020 - 03 - 26）［2025 - 02 - 11］. https://baijiahao. baidu. com/s? id = 1662218495454814263&wfr = spider&for = pc.

事件，反映了社交媒体平台在数据管理和隐私保护方面的挑战。数据泄露事件揭示了数据要素流通对隐私政策的重要性。企业在数据流通过程中应加强数据安全保护，建立健全的隐私政策和管理机制。同时，政府应加强对隐私政策的监管，确保数据流通的合法合规。个人也应增强隐私意识，主动保护个人信息安全。

数据要素流通对隐私政策的影响是一个复杂而严峻的问题。随着技术的发展和社会的进步，这一问题将愈发凸显。因此，政府、企业和个人需要共同努力，加强合作，制定更加完善和有效的隐私政策和管理机制，共同维护个人隐私权，推动信息社会的健康发展。

第二节 社交媒体数据要素流通过程中的隐私风险分析

随着社交媒体在全球信息交流中扮演的角色日益重要，用户产生并共享的数据量呈指数级增长。这些数据不仅涉及个人基本信息，还包括用户的行为数据、兴趣偏好、社交网络等要素。尽管社交媒体为用户提供了一个前所未有的互动和自我表达平台，但数据的广泛流通也带来了诸多隐私风险，这些风险在数据流通过程中愈加显著。因此，深入分析社交媒体数据流通过程中的隐私风险不仅是对个人隐私保护的支持，更是维护整个数字生态安全的重要组成部分。首先，了解社交媒体数据要素的种类和特征是分析隐私风险的起点。社交媒体平台上的数据多种多样，从基本个人资料到实时地理位置信息，再到用户之间的互动记录和个人发布的内容，这些数据要素的多样性和敏感性构成了隐私保护的基础。在这个过程中，明确哪些数据要素被视为敏感信息，尤其是那些可能被第三方收集和使用的数据，是评估隐私风险的关键。其次，社交媒体数据流通过程中的隐私风险可从多个维度进行分析。一方面，技术层面上的风险，如数据泄露、非法访问和滥用等，需要被识别和评估；另一方面，从用户行为的角度来看，用户的共享习惯和隐私设置的使用情况也直接影响数据的隐私风险。此外，第三方应用程序和服务对社交媒体数据的访问和使用同样引发了一系列隐私保护的问题，包括数据的二次使用、不透明的数据处理实践以及潜在的数据滥用等。进一步地，针对社交媒体数据流通过程中的隐私风险，我们还需探讨现行的隐私保护措施和策略的有效性。这包括社交媒体平台自身的隐私政策和用户数据保护机制，以及国家和国际层面上的法律法规和标准。用户个人在保护隐私方面可以采取的自我防护措施，如隐私设置的优化、对数据共享和发布的审慎考虑，也是减少隐私风险的重要环节。最后，面对不断演进的社交媒体环境和隐私风险，未来的隐私保护措施需要不断创新和适应。这不仅要求社交媒体平台在技术和政策上作出调整，还需要用户、政策制定者和技术开发者之间形成有效的沟通与合作机制。通过共同努力，构建一个透明、公正并尊重用户隐私的社交媒体生态系统，是我们面临的共同挑战和目标。

在数字化和网络化深度融合的时代，社交媒体数据的隐私保护不仅关乎个人隐私的安全，也关系到社会的信任和稳定。通过对社交媒体数据流通过程中隐私风险的深入分析，本书旨在为实现更有效的隐私保护提供理论依据和实践指南，共同推进数字社会的健康发展。

一、社交媒体数据生命周期模型下的隐私风险分析

当今社会海量的数据在社交媒体平台上被创建、共享、存储和分析，这些数据的每一次迁移和转换都是在数据的生命周期内不断演进的过程。随之而来的，是关于如何在社交媒体数据生命周期（SMDLC）模型下，有效识别和分析数据所承载的隐私风险的问题。个人数据的任何一次不当处理，都有可能导致隐私泄露和滥用，带来严重的后果。

（一）SMDLC 模型下的隐私风险识别

在社交媒体 SMDLC 模型框架下，数据的生成、存储、使用、共享和销毁等各阶段均伴随着特定的隐私风险与挑战。在数据生成阶段，用户通过互动行为产生的数据可能包含敏感信息，如何在技术层面保护这些数据成为首要问题。例如，用户发布的公开内容可能被恶意抓取或滥用，而私密信息则需要通过加密等技术手段加以保护。在数据存储和使用阶段，平台需要在用户隐私保护与商业利益之间找到平衡，例如通过数据匿名化或加密技术降低泄露风险。数据共享阶段则面临第三方访问可能

导致的隐私泄露问题，特别是在数据跨境传输或与外部合作伙伴共享时。此外，数据销毁阶段的潜在风险也不容忽视，例如数据销毁不彻底可能导致信息长期留存。通过系统化分析各阶段的特点和风险，可以为社交媒体平台提供全面的隐私保护框架，帮助其在复杂的数据生命周期中有效管理隐私风险。

进一步深入分析 SMDLC 模型中的关键步骤，可以更清晰地识别数据在生产、汇集、处理和传播过程中可能遭遇的隐私威胁。在用户参与互动阶段，平台算法对用户数据的处理可能放大隐私风险，例如通过行为分析揭示用户的敏感信息。第三方数据访问则进一步加剧了隐私泄露的可能性，尤其是在数据跨境传输或与外部合作伙伴共享时。此外，不同类型的数据（如公开数据、私密数据和敏感数据）在其生命周期中需要采取差异化的保护策略。例如，公开数据虽然看似低风险，但在大规模汇集和分析后仍可能暴露用户隐私；而敏感数据则需要更严格的技术和管理措施，如加密存储和访问控制。通过系统化考察这些环节，可以为社交媒体平台提供针对性的隐私保护建议，帮助其在复杂的数据生命周期中有效管理隐私风险。

（二）SMDLC 模型下的隐私保护机制

在 SMDLC 模型的每个环节中，隐私保护机制的推广和应用至关重要。例如，在数据生成和存储阶段，数据加密技术和匿名化处理可以有效降低隐私泄露风险；在数据使用和共享阶段，访问控制和用户隐私设置则成为关键措施。这些保护措施的实施难易程度和实际成效也需要被评估，例如匿名化技术在不同场景下的适用性，以及用户隐私设置在实际操作中的普及程度。同时，监管框架在隐私保护中扮演着重要角色，例如欧盟的《通用数据保护条例》（GDPR）和美国的《加州消费者隐私法案》（CCPA）等法律法规对数据最小化原则和用户同意的要求，促使平台在数据生命周期中更加注重隐私保护。这些法律法规的实施不仅影响了平台的技术设计，也推动了全球范围内隐私保护标准的提升。

随着人工智能和机器学习技术在社交媒体中的广泛应用，数据处理能力显著提升，但同时也带来了新的隐私风险。例如，AI 算法可能通过深度分析用户行为数据揭示更多敏感信息，而机器学习模型的训练数据可能包含未充分保护的隐私信息。因此，未来的隐私保护策略需要不断更新，以适应技术发展的需求。例如，通过技术创新（如差分隐私和联邦学习）可以在保护用户隐私的同时提升数据利用效率。此外，监管框架也需要与时俱进，以应对新兴技术带来的挑战。通过预见未来潜在的风险点，例如数据滥用和算法偏见，可以为社交媒体平台提供前瞻性的隐私保护建议，推动隐私保护在社交媒体领域的进一步发展和创新。这不仅有助于提升用户信任，也为构建更加安全的数字生态系统提供了重要支持。

（三）社交媒体数据收集阶段的隐私风险分析

在社交媒体数据的生命周期中，数据的收集阶段是隐私风险最初暴露的时期。这一阶段涉及用户个人信息的获取和存储，存在着多种潜在的隐私风险。

首先，社交媒体平台在收集用户数据时，往往会收集大量的个人信息，包括但不限于用户的身份信息、地理位置、社交关系等。这些信息的收集可能违反用户的隐私偏好，使用户的个人信息暴露于未经授权的情况下。其次，社交媒体平台在数据收集过程中可能存在数据安全方面的漏洞，导致用户数据被黑客或恶意用户非法获取。这种情况下，用户的隐私权利可能受到侵犯，个人信息可能被滥用或泄露。此外，社交媒体平台可能会通过隐私政策等方式收集用户数据，但用户对于这些政策的理解和认知程度可能存在差异，导致用户在数据收集过程中难以真正保护自己的隐私权益。因此，社交媒体数据收集阶段存在着诸多隐私风险，需要社交媒体平台和相关监管机构加强监管和管理，确保用户隐私得到有效保护。

（四）社交媒体数据存储和处理阶段的隐私风险分析

社交媒体数据在存储和处理阶段也面临着诸多隐私风险，这一阶段涉及对用户数据的存储、分析和利用，存在着数据安全和隐私保护方面的挑战。首先，社交媒体平台需要对用户的数据进行存储和管理，这涉及数据的加密、备份等技术手段，如果这些措施不到位，可能导致用户数据被黑客攻击或意外泄露。其次，社交媒体平台在数据处理过程中可能会利用用户数据进行个性化推荐、广告投放等活动，但如果这些活动不符合用户的隐私偏好，可能引发用户的不满和投诉。此外，社交媒体平台在数据存储和处理过程中还可能存在员工滥用权限、数据泄露等内部管理风险，这也会给用户隐私带来潜在威胁。因此，社交媒体平台在数据存储和处理阶段需要加强数据安全管理，建立健全的数据保护机制，确保用户数据在存储和处理过程中得到充分保护。

（五）社交媒体数据传播和分享阶段的隐私风险分析

在社交媒体数据传播和分享阶段，用户的数据可能会被传播到更广泛的范围，存在着诸多隐私风险。首先，用户在社交媒体上发布的内容可能被他人分享和转发，这可能导致用户的个人信息被未经授权的第三方获取，进而引发隐私泄露和滥用问题。其次，社交媒体平台在数据传播和分享过程中可能存在数据安全漏洞，导致用户数据被黑客攻击或恶意获取，从而造成用户隐私权益受损。此外，社交媒体上的内容传播可能会引发舆论风险和社会责任问题，如果用户发布的内容涉及侵权、虚假信息等问题，可能给他人造成损失，同时也会损害社交媒体平台的声誉和信誉。因此，社交媒体平台和用户在数据传播和分享阶段需要加强对数据安全和隐私保护的重视，建立健全的信息审核机制和隐私保护政策，共同维护用户的隐私权益和社会秩序。

二、数据要素流通过程中的潜在隐私风险点识别与评估

识别和评估在数据要素流通过程中出现的隐私风险点，对于保护个人隐私、增强数据安全和建立用户信任至关重要。首先，要理解数据流动的基本过程以及在这个过程中数据对个人隐私可能带来的风险。数据流动通常包括数据的收集、传输、存储和处理几个阶段。每个阶段都存在着特定的隐私风险。这些因素包括所涉及数据的性质（如是否涉及敏感信息）、数据处理的目的，以及所实施的数据保护措施的有效性。此外，技术环境的变化，如新兴技术的应用，也可能引发新的隐私风险，需要在评估中得到充分考虑。其次，识别隐私风险的方法包括但不限于隐私影响评估、技术和组织措施的评估，以及合规性审核等。通过这些方法，组织可以识别潜

在的隐私风险点，评估这些风险的严重性，并确定缓解风险的措施。此外，对于隐私风险的识别与评估，并非仅仅是一个静态过程。随着环境的变化、技术的发展和法规的更新，隐私风险的景观也在不断变化。因此，持续的监控和周期性的评估对于及时识别新出现的隐私风险、调整保护措施至关重要。最后，隐私风险评估并不是一个孤立的过程，它需要多方面的参与和合作，包括技术人员、法律顾问、数据保护官和最终用户。一个跨部门和跨学科的方法有助于全面理解数据流动中的隐私风险，并制定有效的策略以保护个人隐私和数据安全。

（一）数据要素收集环节的潜在隐私风险点识别与评估

在数据要素流通过程中，数据的收集环节是最容易暴露潜在隐私的环节之一。在这一环节，个人信息被收集并存储在各种数据库中，存在着多种潜在的隐私风险。首先，数据收集环节可能存在信息获取方式不透明的问题。很多时候，个人并不清楚自己的信息是如何被收集、存储和使用的，这可能导致信息泄露的风险。其次，数据收集过程中可能存在信息安全保护不足的问题。如果数据收集方没有采取足够的安全措施，个人信息可能会被黑客攻击或非法获取，进而导致隐私泄露。此外，数据收集环节还可能存在信息共享和交易的问题。一些数据收集方可能会将个人信息出售给第三方，从而牟取利益，这也会增加个人隐私受到侵犯的风险。因此，在数据要素收集环节，需要对潜在的隐私风险进行识别和评估，并采取相应的措施加以防范和应对。

（二）数据要素传输和存储环节的潜在隐私风险点识别与评估

数据要素流通过程中的传输和存储环节也是潜在隐私风险的重要环节。在这一环节，数据要素需要在各个系统之间传输和存储，存在着数据安全和隐私保护方面的挑战。首先，数据传输过程中可能存在数据泄露的风险。如果数据传输通道不安全或者没有采取加密等措施，数据可能会被黑客攻击或非法获取，从而导致个人隐私泄露。其次，数据存储环节也可能存在数据安全问题。如果数据存储系统的安全性不足，可能会面临被黑客攻击或内部人员滥用权限的风险，导致个人信息的泄露和滥用。此外，数据传输和存储环节还可能存在数据管理不当的问题。如果数据管理不当，可能会导致数据被篡改或丢失，进而影响个人信息的完整性和可靠性。因此，在数据要素传输和存储环节，需要对潜在的隐私风险进行识别和评估，并采取相应的措施加以防范和应对。

（三）数据要素利用和共享环节的潜在隐私风险点识别与评估

数据要素流通过程中的利用和共享环节也是潜在隐私风险的关键环节。在这一环节，数据要素被用于各种用途，并可能被共享给其他机构或个人，存在着多种潜在的隐私风险。首先，数据要素的利用可能存在滥用个人信息的风险。如果数据使用方未经授权或超出了个人信息收集的范围，可能会导致个人隐私受到侵犯，进而引发隐私泄露和滥用问题。其次，数据共享环节可能存在信息泄露的风险。如果数据共享方未能采取有效的安全措施，可能会导致数据被非法获取或传播，进而影响个人隐私的安全性和保密性。此外，数据利用和共享环节还可能存在数据传递不透明的问题。个人可能无法清楚地了解自己的数据被用于何种目的，被分享给了哪些机构或个人，这也会影响个人对自己隐私权的感知和保护意识。因此，在数据要素利用和共享环节，需要对潜在的隐私风险进行识别和评估，并采取相应措施加以防范和应对。

三、隐私保护策略的综合应对措施建议

当下，海量的个人数据在全球范围内被收集、分析和传播，这对个人隐私的保护提出了新的挑战。构建有效的隐私保护策略，以及实施全面的应对措施成为了迫切的需求。

（一）隐私保护综合生态体系构建

首先，要认识到现代社会个人数据泄露和滥用的普遍性与严重性。随着大数据、人工智能、物联网等先进技术的应用，个人信息更容易被收集和处理，而且处理过程往往缺乏透明度。这不仅威胁到个人的隐私安全，也对社会的信任基础构成挑战。因此，从理论和实践两个层面，对隐私保护策略进行综合性的研究和应用显得尤为重要。其次，隐私保护策略的建

议和实施，需要基于对现行隐私保护法律法规、技术手段以及组织实践的深入理解。隐私保护法律与政策的发展，提供了隐私保护的法律框架。技术手段，如数据加密、匿名处理等，为数据安全提供了技术保障。而组织内部的隐私保护措施和文化，则是确保政策和技术得以有效实施的基础。再次，面对复杂多变的隐私威胁，隐私保护策略需采取动态的、多维度的应对措施。这包括但不限于加强法律法规的制定与执行，推进隐私保护技术的创新与应用，以及提升公众和企业的隐私意识和能力。同时，跨国界、跨部门的合作在隐私保护中也发挥着不可或缺的作用。此外，隐私保护的未来方向和应对措施不应仅停留在应对当前问题上，还应预见未来技术发展对隐私保护可能带来的新挑战，并在策略制定时考虑到这些潜在的变化。这意味着隐私保护策略的建议和实施需要是前瞻性的、灵活的，并能够适应技术和社会环境的快速变化。最后，应当认识到，隐私保护不仅是技术和法律的问题，更是一个社会价值和人权的问题。确保隐私保护策略的有效性，需要从尊重和保护个人隐私权的角度出发，构建一个全社会共同参与的隐私保护生态系统。

（二）隐私保护法律法规与标准建设

隐私保护法律法规与标准的建设是保障个人隐私的重要基础，为有效应对数据要素流通中的隐私风险提供了制度保障和规范指引。首先，政府部门应加强隐私保护法律法规的制定和完善，建立健全的隐私保护法律体系。这包括明确个人信息的收集、存储、处理和共享规则，规范数据要素流通行为，加强对违法行为的处罚力度，提升法律的可执行性和威慑力度。其次，相关行业组织和标准化机构应加强隐私保护标准的制定和推广，建立行业自律机制。通过制定行业标准和规范，引导企业规范数据要素流通行为，加强对数据安全和隐私保护的管理，提高企业的责任意识和自律性。此外，政府部门还应加强对隐私保护技术的研发和应用，促进隐私保护技术的创新和推广。通过技术手段加强对个人信息的加密、匿名化和安全存储，有效防范隐私泄露和滥用风险，保障个人隐私权益。

（三）企业隐私管理机制与技术手段强化

在数据要素流通过程中，企业作为数据的收集、存储、处理和共享主体，承担着重要责任和义务，应加强隐私管理机制建设，提升隐私保护的能力和水平。首先，企业应建立健全的隐私管理机制，包括内部组织架构、人员培训、流程管理等方面。通过建立专门的隐私保护部门或岗位，明确隐私保护责任和权限，加强对隐私保护政策和流程的监督和执行，提升企业的隐私管理能力。其次，企业应加强对数据安全和隐私保护技术的应用，采取有效措施保障个人信息的安全和保密，包括加强对数据的加密、脱敏、匿名化等技术手段，建立安全的数据存储和传输系统，防范黑客攻击和数据泄露风险，保障个人隐私权益。此外，企业还应加强对第三方数据服务提供商的管理和监督，确保其符合隐私保护法律法规和标准要求，合法合规地处理个人信息，防止因第三方服务提供商导致的隐私泄露和滥用风险。

（四）个人隐私意识与保护能力提升

个人作为信息的主体和数据要素流通过程中的重要参与者，应加强个人隐私意识的培养和保护能力的提升，主动保护个人隐私权益。首先，个人应增强对隐私保护法律法规和政策的了解，了解自己的隐私权利和保护责任。通过学习和了解相关法律法规，提高对个人信息泄露和滥用风险的认识，增强自我保护意识和能力。其次，个人在使用社交媒体和其他网络服务时，应审慎对待个人信息的提供和分享，避免过度暴露个人隐私。注意保护个人账号和密码安全，避免个人信息被非法获取和滥用。此外，个人应加强对隐私保护技术和工具的应用，通过使用加密软件、防火墙等工具，加强对个人信息的保护，降低个人隐私泄露和滥用的风险。综上所述，个人隐私意识与保护能力的提升是保障个人隐私的重要手段，个人应增强对隐私保护的认识和自我保护能力，积极维护个人隐私权益，共同构建安全可靠的信息社会环境。

第三节　社交媒体数据要素流通的
监管控制路径构建

构建有效的监管控制路径，保障社交媒体数据要素流通的健康与安全，已经成为了防止社交媒体数据泄露的一个重要议题。首先，必须认识到社交媒体平台在数据流通中所扮演的角色。社交媒体不仅仅是信息共享的场所，更是收集、分析和利用用户数据的高效工具。这些平台通过算法推荐、广告定向等方式，使得个人数据成为重要的经济资产。但是，这也意味着用户的私人信息面临着被滥用和泄露的风险，从而威胁到个人的隐私安全和公共利益。其次，监管控制路径的构建需要考虑到社交媒体数据流通的复杂性。这不仅涉及数据的收集、存储、处理和传播等多个环节，也包括了广泛的参与方，如社交媒体平台运营商、第三方应用开发者以及最终用户等。因此，监管策略必须能够跨越边界和领域，实现对整个数据流通生态链的有效管理。最后，构建监管控制路径还需要国际协作。社交媒体数据的流通不受国界限制，这就要求全球范围内的监管者加强合作，共同推动建立跨国数据保护的标准和机制，以实现对社交媒体数据流通的全球性监管。

一、个人隐私风险策略在监管控制中的定位与作用

在当今数字化世界中，个人隐私的保护日益成为公众、政策制定者和企业关注的焦点。随着网络技术的飞速发展和社交媒体的普及，大量个人信息在互联网上的流动为人们的生活带来便利的同时，也暴露出了显著的隐私风险。这些风险不仅影响个人的信息安全和私生活保护，还可能带来更广泛的社会、经济乃至政治层面的问题。因此，个人隐私风险策略在监管控制中的定位与作用成为了一个紧迫且复杂的议题。首先，强调个人隐私风险策略在监管框架中不可或缺的重要性是必要的。个人隐私风险策略是指为了评估、识别和缓解个人信息在收集、存储、使用过程中可能面临的风险而采取的一系列措施。这些措施不仅能够帮助个人保护自己的隐私，也为企业和组织提供了处理个人数据时的指导原则，从而在维护公众利益和促进技术发展之间找到平衡。其次，个人隐私风险策略的有效实施，需要政府监管机构、行业组织和公众三方的紧密合作。政府监管机构通过制定和执行隐私保护法律法规，为个人隐私风险策略提供法律基础和执行力度；行业组织则可以制定更具体、更灵活的行业标准和指南，帮助成员机构更好地实施隐私风险策略；公众的参与和意识

提升，则是推动个人隐私保护实践不断前进的动力。最后，实现个人隐私风险策略的有效落地，要求监管控制策略既要有强大的法律支撑，也要有切实可行的技术解决方案，还需要公众的积极参与和支持。通过构建多方参与、技术赋能、法律支持的全面隐私保护网络，可以确保个人隐私在数字时代得到有效保护。总之，随着数字技术的不断进步和信息社会的深入发展，个人隐私风险策略在监管控制中的定位与作用显得越来越重要。本研究旨在深入探讨并提出个人隐私风险策略在监管控制中应有的定位、作用以及实施方法，为促进个人隐私保护和信息社会健康发展提供理论支持和实践指导。

（一）个人隐私风险的监测与识别

在监管控制中，个人隐私风险的监测与识别是首要任务。监管机构需要建立健全的监测体系，密切关注社交媒体数据生命周期中的关键节点，包括数据收集、存储、处理、传播等环节，及时发现和识别潜在的隐私风险。首先，监管机构可以通过建立数据安全监测系统，对社交媒体平台和相关企业的数据收集和处理行为进行监控。通过监测数据流动情况、数据安全事件和用户投诉等信息，及时了解数据要素流通中存在的隐私风险，为后续的监管和控制提供数据支撑。

其次，监管机构可以加强对隐私政策和用户协议的审查和监督，确保社交媒体平台和相关企业的隐私政策合规，用户协议明确、透明，用户能够清晰了解个人信息的收集、使用和保护情况，提高用户对个人隐私的保护意识。同时，监管机构还可以积极借助技术手段，利用人工智能、大数据等技术对社交媒体数据进行分析和挖掘，发现潜在的隐私风险和问题。通过建立数据安全预警机制，及时发现和应对个人隐私泄露和滥用事件，保障用户的隐私权益。

（二）个人隐私保护政策与规范的制定与执行

个人隐私保护政策与规范的制定与执行是监管控制的重要手段。监管机构需要加强对社交媒体平台和相关企业的监督和指导，推动其建立健全的个人隐私保护政策与规范，加强对个人信息的合法合规管理和保护。首先，监管机构可以通过发布行业标准和指导意见，引导社交媒体平台和相关企业建立健全的个人隐私保护政策和流程，规范个人信息的收集、存储、处理和共享行为，明确责任主体和管理权限，加强对个人信息安全的管理和保护。其次，监管机构可以加强对个人隐私保护政策和规范执行的监督。通过开展定期检查和抽样检查，评估社交媒体平台和相关企业的隐私保护水平，发现和纠正存在的问题和不足，促进其提升隐私保护的能力和水平。同时，监管机构还可以加强对违法违规行为的处罚力度，加大对隐私泄露和滥用行为的打击力度。对于违法违规行为，依法追究责任，加强惩处力度，形成对违法行为的强大震慑，维护个人隐私权益和社会秩序。

（三）个人隐私权益保护与救济机制的建立与完善

个人隐私权益保护与救济机制的建立与完善是监管控制的重要内容。监管机构需要加强对个人隐私权益的保护和维护，建立健全的救济机制，为受到侵害的个人提供及时有效的救济途径。首先，监管机构可以加强对个人隐私权益的宣传和教育，向公众介绍个人隐私权益的重要性和保护方法，引导公众增强对个人隐私的重视和保护意识。其次，监管机构可以建立健全个人隐私权益保护和救济机制，为受到侵害的个人提供及时有效的救济途径。包括设立个人信息保护投诉举报平台、建立个人信息保护纠纷调解机构等，为用户提供便捷的投诉举报和纠纷解决渠道，保障其合法权益。同时，监管机构还应加强对个人隐私侵权行为的打击和惩处，维护个人隐私权益和社会秩序。对于违法侵权行为，依法追究责任，加大处罚力度，形成对违法行为的强大震慑，保护公民的合法权益和社会公平正义。此外，监管机构还可以加强对个人隐私保护技术和工具的推广和应用，提高个人对隐私保护的能力和水平。通过向公众介绍隐私保护技术和工具的使用方法和效果，引导公众积极采用加密软件、隐私保护浏览器等工具，加强对个人信息的保护，降低个人隐私泄露和滥用的风险。

二、企业、个人、政府三方的隐私保护责任与建议

明确企业、个人、政府三方在隐私保护中的责任与建议，对于构建健

康的数字环境、保护公民个人隐私、促进社会和谐发展具有重要意义。三方之间的责任并非孤立的，而是相互交织和影响的。企业的隐私保护措施需要个人的理解和支持，个人的隐私保护意识又依赖于企业和政府的引导和教育。政府制定的政策和法规需要企业的执行和个人的遵守。因此，构建一个有效的隐私保护机制，需要企业、个人和政府共同努力，相互配合。总之，隐私保护是一个复杂而全面的任务，涉及企业的责任执行、个人的自我保护和政府的监管引导等多个方面。

（一）企业隐私保护责任与建议

隐私保护对于企业而言是一项重要的社会责任和商业义务。企业应当认识到个人隐私的重要性，积极履行隐私保护责任，建立健全的隐私保护机制和管理体系。首先，企业应加强对个人信息的合法合规管理和保护。建立健全的个人信息管理制度，明确个人信息的收集、使用、存储、传输等各个环节的规范和流程，确保个人信息的安全和保密。其次，企业应加强对员工的隐私保护意识和培训。通过开展隐私保护培训和教育活动，提高员工对个人隐私的认识和保护意识，规范员工的行为，防范个人信息泄露和滥用风险。同时，企业应加强对第三方服务提供商的管理和监督。建立健全的供应商管理制度，对第三方服务提供商进行严格的评估和审查，确保其符合隐私保护法律法规和标准要求，合法合规地处理个人信息。

（二）个人隐私保护责任与建议

个人隐私保护不仅是企业和政府的责任，也是每个个人的义务和责任。个人应增强隐私保护意识，积极采取措施保护个人隐私权益。首先，个人应注意保护个人信息的安全。在使用社交媒体和其他网络服务时，谨慎对待个人信息的提供和分享，避免过度暴露个人隐私，注意保护个人账号和密码安全，防止个人信息被非法获取和滥用。其次，个人应加强对隐私保护技术和工具的应用。通过使用加密软件、隐私保护浏览器等工具，加强对个人信息的保护，降低个人隐私泄露和滥用的风险。同时，个人应增强对隐私保护法律法规和政策的了解。了解自己的隐私权利和保护责任，提高对个人信息泄露和滥用风险的认识，增强自我保护意识和能力。

（三）政府隐私保护责任与建议

政府作为社会管理者和监管主体，承担着维护个人隐私权益和社会公共利益的重要责任。政府应加强对隐私保护的监管，保障个人隐私权益。首先，政府应加强隐私保护法律法规的制定和完善。建立健全的隐私保护法律体系，明确个人信息的收集、使用、存储、传输等各个环节的规范和标准，加强对违法行为的监管和处罚力度。其次，政府应加强对社交媒体平台和相关企业的监管和指导。推动企业建立健全的个人隐私保护政策和规范，加强对个人信息的合法合规管理和保护，维护用户的隐私权益。同时，政府应建立健全的个人隐私权益保护和救济机制。为受到侵害的个人提供及时有效的救济途径，加强对个人隐私侵权行为的打击和惩处，维护个人隐私权益和社会公平正义。

三、隐私保护问题的监管控制路径设计及相关建议的提出

（一）隐私保护问题的监管设计基础

首先，完善的法律法规是监管控制路径设计的基石。隐私保护立法不仅需要明确认定数据处理的合法性、正当性和透明度要求，还需要为技术发展和创新留出空间。同时，隐私法规要能够及时响应新兴技术和商业模式所带来的挑战，适用多变的数据应用环境，并为数据主体提供足够的权利保障。其次，在监管控制路径设计中，要求监管机构充分发挥其权威性和专业性，建立科学的监管机制。此外，公众参与也是监管控制不可忽视的一环。提高公众的隐私保护意识，鼓励公众成为隐私保护的积极参与者，不仅能够增强个体的自我保护能力，还可以通过公众的力量监督企业和政府的隐私保护行为，形成社会共治的良好局面。最后，国际合作在隐私保护监管控制路径设计中具有越来越显著的地位。数据的跨境流动使得隐私保护成为一个全球性问题，需要国际社会共同努力，协调立法和监管标准，推进国际协议的达成和执行。

（二）隐私保护问题的监测与识别路径设计

隐私保护问题的监测与识别是保障个人隐私权益的首要任务。在监管

控制中，需要建立有效的监测体系，及时发现和识别隐私保护领域存在的问题和风险，为后续的监管控制提供有力支持。首先，监管机构可以通过建立数据安全监测系统，对社交媒体平台和相关企业的数据收集、存储、处理、传输等环节进行全面监控。通过监测数据流动情况、数据安全事件和用户投诉等信息，及时发现数据安全风险和隐私泄露问题。其次，监管机构可以加强对隐私政策和用户协议的审查和监督。确保社交媒体平台和相关企业的隐私政策合规，用户协议明确、透明，用户能够清晰了解个人信息的收集、使用和保护情况，提高用户对个人隐私的保护意识。同时，监管机构还可以利用技术手段，如人工智能、大数据等技术对社交媒体数据进行分析和挖掘。通过建立数据安全预警机制，及时发现和应对个人隐私泄露和滥用事件，保障用户的隐私权益。

（三）隐私保护问题的规范与管理路径设计

隐私保护问题的规范与管理是保障个人隐私权益的重要环节。监管机构需要推动社交媒体平台和相关企业建立健全的隐私保护机制和管理体系，加强对个人信息的合法合规管理和保护。首先，监管机构可以发布行业标准和指导意见，引导企业建立健全的个人隐私保护政策和流程。规范个人信息的收集、使用、存储和传输行为，明确责任主体和管理权限，加强对个人信息安全的管理和保护。其次，监管机构可以加强对企业隐私保护政策和规范执行的监督。通过开展定期检查和抽样检查，评估企业的隐私保护水平，发现和纠正存在的问题和不足，推动企业提升隐私保护的能力和水平。同时，监管机构还可以加强对第三方服务提供商的管理和监督。对第三方服务提供商进行严格的评估和审查，确保其符合隐私保护法律法规和标准要求，合法合规地处理个人信息。

（四）隐私保护问题的救济与维权路径设计

隐私保护问题的救济与维权是保障个人隐私权益的重要保障措施。监管机构需要建立健全的个人隐私权益保护和救济机制，为受到侵害的个人提供及时有效的救济途径。首先，监管机构可以建立个人信息保护投诉举报平台，提供便捷的投诉举报渠道。及时受理用户投诉举报，调查处理隐私侵权行为，保障用户的合法权益。其次，监管机构可以建立个人信息保护纠纷调解机构，为用户提供纠纷解决的便捷途径。通过调解解决个人信息保护纠纷，保障用户的合法权益和社会公平正义。同时，监管机构还应加强对隐私侵权行为的打击和惩处。对于违法违规行为，依法追究责任，加大处罚力度，形成对违法行为的强大震慑，维护个人隐私权益和社会秩序。

第十三章　结论与展望

在信息生态视阈下，社交媒体数据要素流通及隐私保护的研究已成为信息社会中备受关注的重要议题。本书以系统性的方式，深入探讨了这一领域的多个方面，旨在为学术界、产业界和政策制定者提供有益的理论支持和实践指导。针对本书研究框架中提出的数据要素流通的核心问题，本书从社交媒体数据要素流通的内涵、尺度和标准出发，对社交媒体数据流通的现状和隐私边界模糊性进行了深入剖析。通过比较国内外主要社交媒体平台的隐私条款差异性，我们揭示了不同平台对用户隐私保护的态度和措施。同时，我们构建了数据开放尺度框架模型，为后续研究提供了理论基础和方法论。此外，我们还分析了社交媒体数据要素流通与用户行为的关系，探索了用户在社交媒体平台上的数据分享意愿和行为背后的动机和因素。这一系列研究为我们更深入地理解社交媒体数据要素流通的机制和用户隐私保护行为提供了重要线索和依据。针对隐私风险的核心问题，本书重点关注了社交媒体数据要素流通对隐私暴露风险的识别与评估。通过聚类分析和交叉分析的方法，我们确定了不同程度数据要素流通对用户隐私行为活动的影响程度，并构建了隐私保护评估的基础模型。同时，我们考虑了社交媒体信任和网络人际信任等中介变量对用户隐私风险的影响，进一步细化了隐私保护评估的实施过程。这些研究成果为我们更准确地评估隐私风险、制定有效的隐私保护策略提供了理论和方法支持。针对动态均衡的核心问题，本书着重探讨了信息生态视阈下社交媒体数据要素流通和隐私保护的动态均衡机制设计。我们构建了动态博弈框架，分析了数据生成者、数据收集者和监管者之间的利益关系和博弈策略，为实现数据要素流通和隐私保护的动态均衡提供了理论指导。同时，我们还考虑了网络保险的风险控制模型，提出了相应的监管控制路径，以应对不断涌现的隐私泄露风险。这些研究为构建更安全、更可信的社交媒体信息生态环境提供了重要思路和方法。针对隐私保护协同的核心问题，本书探讨了社交媒体用户隐私感知风险对数据要素流通程度的影响以及隐私风险防范和保护路径。本书将隐私感知风险分为不同类型，并分析了其对社交媒体数据要素流通的影响。同时，本书提出了一系列针对个人隐私风险的防范和保护策略，包括技术、运营和法律等多方面的综合措施。这些研究成果为企业、个人和政府部门提供了有效的隐私保护方案和实践路径，有助于实现社交媒体数据要素流通和隐私保护的协同发展。综上所述，本书的研究内容涵盖了信息生态视阈下社交媒体数据要素流通和隐私保护的多个方面，为推动社交媒体信息生态的健康发展和用户隐私权益的保护提供了重要的理论和实践支持。我们希望这些研究成果能够为相关领域的学者、从业者和政策制定者提供有益的参考和借鉴，促进社交媒体信息生态的可持续发展和社会的和谐进步。

第一节　研究结论和主要创新

在本书的研究过程中，我们深入探讨了信息生态视阈下社交媒体数据要素流通和隐私保护的多个方面，得出了一系列重要的结论，并展现了主要的创新成果。

一、本书学术观点

（1）本书得出了关于社交媒体数据要素流通和隐私保护处于动态均衡之中的学术观点。传统上，人们往往将社交媒体数据要素流通和隐私保护视为对立甚至互相排斥的因素。然而，在信息生态视阈下，本研究认识到社交媒体数据要素流通和隐私保护并非简单的对立关系，而是处于动态均衡之中。这一观点的提出，拓展了学术界对社交媒体信息生态的认知，为解决数据流动与隐私保护之间的矛盾提供了新的思路和方法。

（2）本书强调了在信息生态视阈下需要通过多种手段加强用户隐私保护的重要性。随着社交媒体的快速发展，用户隐私泄露的风险日益凸显，因此加强用户隐私保护显得尤为重要。我们提出了通过隐私保险等手段加强用户隐私保护的观点，认为这是保护用户隐私权益、维护社交媒体信息生态健康发展的关键。

（3）本书对社交媒体数据要素流动过程中的用户隐私暴露风险提出了防范措施和隐私保险补偿机制。社交媒体数据要素流通的过程中，用户隐私暴露风险不可避免，因此我们需要采取有效的防范措施。同时，为了弥补因隐私泄露而造成的损失，本书提出了隐私保险补偿机制，旨在为用户提供一种有效的风险保障和补偿方式。

（4）本书提出数据要素流通程度与隐私策略相关，故应将其置于隐私保护的框架内，而不是将其作为单独的研究变量。这一观点的提出，使我们能够更加全面地考虑社交媒体数据要素流通与隐私保护之间的关系，为制定更加科学合理的隐私保护策略提供了重要参考。

通过深入探讨社交媒体数据要素流通和隐私保护的关系，本书得出了一系列重要的结论，并展现了主要的学术创新。这些成果不仅为相关领域的学者提供了新的研究思路和方法路径，也为产业界和政策制定者提供了有益的参考和借鉴，推动了社交媒体信息生态的健康发展和用户隐私权益的保护。

二、研究结论

（1）社交媒体数据要素流通的内涵、尺度和标准研究，是对社交媒体数据流通和隐私边界模糊性所带来的挑战的回应。通过比较国内外主要社交媒体平台的隐私条款差异性，我们可以清晰地看到不同平台对用户隐私保护的态度和措施。构建的数据开放尺度框架模型为社交媒体数据要素的开放提供了理论基础，它包括数据使用规则、匿名保护、数据保险等方面，为后续研究提供了框架和方法论。这项研究不仅帮助我们理解社交媒体数据要素流通的具体机制，还为如何在保护用户隐私的前提下实现数据的有效利用提供了思路和方向。

（2）信息生态视阈下的微信用户数据分享意愿和行为研究，探索了用户在社交媒体平台上的数据分享行为背后的动机和因素。通过研究用户感知收益和数据风险两方面，我们可以更好地理解用户对于数据分享的态度和行为。初步构建的用户行为模型，将不同类型的数据要素流通与用户体验和数据分享行为联系起来，为我们提供了更深入的理解和分析工具。这项研究有助于社交媒体平台更好地理解用户需求，制定更符合用户期望的隐私政策和数据管理规范。

（3）实证调研将数据挖掘得到的隐私关系与市场决策相联系，比较了不同社交媒体平台的隐私悖论存在性和表现差异。通过将隐私悖论与市场决策联系起来，我们可以更好地理解隐私保护与商业利益之间的平衡。同时，比较不同平台的隐私政策和表现，可以为社交媒体服务方和用户制定更有效的隐私策略提供依据。这项研究有助于我们更深入地理解隐私保护在不同社交媒体平台上的实际运作情况，为未来的政策制定和实践操作提供指导。

（4）社交媒体数据要素流通对隐私暴露评估的影响范畴的研究，通过直觉模糊方法，确定了不同程度数据要素流通对用户隐私行为活动的影响程度。这项研究为我们理解数据要素流通对用户隐私行为的影响提供了重要线索和依据。隐私保护评估的基础性研究，为未来制定更精准的隐私保护策略提供了理论支持。通过深入分析用户行为特征和数据流通模式，我们可以更好地评估隐私风险，并制定相应的防范措施，保护用户的隐私权益。

（5）社交媒体数据要素流通对隐私影响评估的实施进程的研究，着重分析了数据质量与可信度、跨平台数据整合对用户隐私风险的影响。深入阐述数据收集、存储处理和传输等环节如何影响用户隐私风险，进而影响用户的隐私保护行为。通过实证调研和数据分析，我们可以更准确地把握用户对隐私保护的态度和行为，为社交媒体平台提供更有针对性的隐私保护策略和服务。

（6）在信息生态视阈下，本书构建了数据要素流通与隐私保护的框架设计及均衡模型，为数据资源标准化、分配权益等因素对隐私保护的影响提供了理论支持。这项研究运用微分博弈模型和纳什均衡理论分析了数据生成者、数据收集者和监管者之间的利益关系和博弈策略，为实现数据要素流通和隐私保护的动态均衡提供了理论指导。通过构建动态博弈框架，我们可以更好地理解数据要素流通和隐私保护之间的关系，为相关政策和规范的制定提供理论支持。

（7）在隐私保护程度和隐私泄露防范机制设计中，本书考虑了网络保险的风险控制模型，以及消费者和企业之间的利益关系，为隐私保护提供了实践路径。这项研究通过隐私风险微分博弈模型，探讨了个人隐私信息披露行为及社交媒体企业的决策行为在不同情景下的变化和影响。通过分析消费者和企业的行为变量和利益关系，我们可以更好地理解隐私保护在实际操作中的挑战和机遇。同时，考虑到信息生态视阈下的动态变化，我们还需要建立相应的风险控制机制和监管体系，以应对不断涌现的隐私泄露风险。通过建立网络保险和风险控制模型，我们可以更有效地保护用户的隐私信息，促进社交媒体数据要素的安全流通和合理利用。

（8）社交媒体用户隐私感知风险对数据要素流通程度的影响研究，为我们理解用户在社交媒体平台上的隐私意识和行为提供了重要线索。通过构建多维度的隐私风险评估指标体系，我们可以更全面地评估用户对隐私泄露的感知和反应。利用直觉模糊聚类方法和层次分析法，我们可以更精准地评估不同用户群体在隐私保护方面的需求和偏好，为社交媒体平台提供更个性化的隐私保护服务和策略。

（9）社交媒体数据要素流通过程中的隐私风险防范和保护路径研究，强调了技术、运营和法律等多方面的综合防范策略。通过分析数据要素流通对隐私政策、信息交互、情感交互的影响，我们可以更好地制定个人隐私保护策略和应对措施。基于信息生态下的数据生命周期模型，我们可以系统地分析和防范数据要素流通中可能存在的隐私风险，并提出相应的监管和控制路径。这项研究为社交媒体用户提供了更全面的隐私保护方案，同时为企业和政府部门提供了相关政策和规范的制定建议。

（10）结合信息生态视阈和社交媒体平台的实际情况，我们提出了企业、个人和政府三方在数据要素流通中的隐私保护问题的相关建议。针对不同利益主体的需求和关注点，我们建议社交媒体企业加强用户隐私保护意识，提供更透明和可控的数据管理服务；个人用户应增强隐私保护意识，合理设置隐私权限，主动保护个人隐私信息；政府部门应加强对社交媒体平台的监管和规范，建立健全的数据安全管理体系，保障公民的信息安全和隐私权益。这些建议为实现社交媒体数据要素流通和隐私保护的协同路径提供了具体指导，有助于构建更安全、更可信的社交媒体信息生态环境。

三、主要创新点

本书在研究社交媒体数据要素流通和隐私保护方面呈现出了显著的创新性，其主要体现在学术观点、学术思想和研究方法三个方面。

首先，从学术观点的创新性来看，本书将社交媒体数据要素流动和隐私保护纳入同一研究框架进行探讨，突破了传统研究中将二者视为独立甚至对立的局面。传统上，研究者往往将社交媒体数据要素流动视为推动信息传播和利用的重要动力，而将隐私保护作为限制数据流动的因素之一。然而，在信息生态视阈下，本书提出了一种全新的理念，即社交媒体数据要素流动和隐私保护处于动态均衡之中。这一观点认为，在社交媒体数据要素流动的过程中，必须在维护用户隐私的框架内进行，以实现数据流动程度和隐私保护的动态均衡。这种理念的提出，拓展了我们对社交媒体信息生态的认识，为解决数据流动与隐私保护之间的矛盾提供了新思路。

其次，本书在学术思想创新方面表现突出。通过将社交媒体数据要素流动和隐私保护纳入同一研究框架进行深入探讨，本书提出了一种全新的动态均衡机制。这一机制通过演化博弈论模型，揭示了社交媒体数据要素流动和隐私保护之间的长期均衡关系。传统上，研究者往往将数据流动和隐私保护视为静态的对立关系，难以解决二者之间的矛盾。而本书提出的动态均衡机制，则从演化的角度分析了二者之间的博弈过程，为我们更好地理解和解决社交媒体数据要素流动与隐私保护之间的关系提供了全新的视角和思路。

最后，本书在研究方法上也表现出了创新性。为了深入探究社交媒体数据要素流通和隐私保护的关系，本书采用了多种研究方法，包括案例分析方法、结构方程模型、数据挖掘以及演化博弈论等。这些方法的运用，不仅在理论研究上提供了可行的方法路径，也为政策应用提供了重要支撑。尤其是融合了问卷调查与因子分析等方法，构建了支撑研究需要的方法体系，使得研究结果更具可信度和实用性。

综上所述，本书在研究社交媒体数据要素流通和隐私保护方面呈现出了显著的创新性。通过提出动态均衡机制、强调多种手段加强用户隐私保护以及采用多种研究方法等方式，本书为解决社交媒体信息生态中的重要问题提供了全新的理论支持和实践指导。这些创新性的贡献，将为相关领域的学者、从业者和政策制定者提供有益的参考和借鉴，推动社交媒体信息生态的健康发展和用户隐私权益的保护。

第二节　对未来社交媒体数据要素流通的展望

一、未来社交媒体数据流通的发展特点

随着技术的不断进步，未来社交媒体数据的流通将更加智能化和个性化。例如，基于人工智能和大数据分析技术的推荐系统将更加准确地为用户推荐感兴趣的内容和人群，提高用户体验。同时，隐私保护和数据安全将成为未来社交媒体数据流通的重点关注点。未来社交媒体数据流通的展望是多样化的。随着技术的不断发展，我们可以预见社交媒体数据流通将变得更加智能、个性化和安全化。通过加强隐私保护和数据安全，我们可以更好地利用社交媒体数据，为用户提供更好的服务和体验。

除了智能化、个性化和安全化之外，还有一些重要的趋势和发展方向需要我们关注和思考。首先，未来社交媒体数据的流通将更加多元化和跨平台化。随着不同社交媒体平台的兴起和发展，用户在多个平台上的活动数据也将得到更广泛的应用和交换。这意味着社交媒体数据将更加丰富和多样化，涵盖更多的用户行为和社交关系，为数据分析和应用提供更多的可能性。其次，随着区块链技术的成熟和应用，未来社交媒体数据的流通将更加透明和可信。区块链技术可以提供去中心化的数据存储和交换平台，确保数据的安全性和不可篡改性，减少数据泄露和滥用的风险。这将有助于增强用户对社交媒体数据流通的信任和参与度，促进数据共享和交换的发展。另外，未来社交媒体数据流通的展望还包括数据的自主权和控制权的强化。随着个人隐私意识的增强和数据保护法律的不断完善，用户对自己数据的控制权和使用权将得到更多的保障和尊重。社交媒体平台将需要提供更加灵活和个性化的数据管理服务，满足用户不同的隐私偏好和需求，

从而建立更加健康和可持续的数据生态系统。

最后，未来社交媒体数据流通的发展还将受到人工智能和机器学习等新技术的影响。通过分析和挖掘海量的社交媒体数据，人工智能可以为用户提供更加智能化和个性化的服务，如个性化推荐、智能搜索、情感分析等。这将进一步推动社交媒体数据的流通和应用，为用户带来更好的体验和价值。

综上所述，未来社交媒体数据要素流通的展望是多样化、智能化和安全化的。通过加强数据隐私保护、推动技术创新和加强用户参与，我们可以更好地把握未来社交媒体数据流通的发展趋势，实现数据的合理利用和共享，促进数字社会的健康发展。

二、未来社交媒体数据流通的发展趋势

（一）数据隐私保护

随着社交媒体数据的不断增长，数据隐私保护将成为一个日益重要的议题。未来，人们对个人数据的掌控权和隐私保护的需求将越来越强烈。社交媒体平台需要加强数据安全管理，采取更严格的隐私保护措施，确保用户数据不被滥用或泄露。同时，社交媒体企业需要加强与数据流通相关法规的合规性，如欧盟的 GDPR、美国的 CCPA 等，以确保用户数据的合法使用与处理，进一步明确用户数据的收集、使用和共享规则，并提高透明度。

（二）数据所有权与价值共享

未来，社交媒体数据的所有权与价值共享将成为一个重要议题。用户对于自己数据的所有权意识将进一步增强，他们更加关注自己数据的使用和价值。因此，社交媒体平台需要与用户建立更加平等和透明的数据合作关系，明确用户数据的所有权归属和价值分配机制。同时，社交媒体企业也需要更加注重用户数据的价值挖掘与共享，探索数据流通的多种形式，让用户能够分享自己数据所带来的价值，并从中获益。

（三）数据安全与技术创新

未来，社交媒体数据的安全性将面临更多挑战，社交媒体平台需要加

强技术创新，提升数据安全保障能力。社交媒体数据流通可能向去中心化模式转变，用户通过区块链技术管理自己的数据，并选择性地与平台或第三方共享。包括但不限于加密技术、区块链技术、人工智能等在内的前沿技术将被广泛应用于数据安全领域，提升社交媒体数据的保护水平。同时，社交媒体平台需要加强人才培养和团队建设，建立完善的数据安全管理体系，不断提升应对数据安全挑战的能力。

（四）社会责任与伦理规范

未来，社交媒体企业将承担更多的社会责任和伦理规范。随着社交媒体在人们日常生活中的普及和影响力的增强，社交媒体平台不仅仅是一个信息传播的载体，更是一个塑造公众舆论和社会价值观的重要平台。因此，社交媒体企业需要积极践行社会责任，加强内容审核和管理，杜绝不良信息的传播，促进社会正能量的传播。数据流通将更加生态化，平台与第三方合作伙伴共同构建数据生态系统，通过数据共享实现多方共赢。此外，用户数据的价值化趋势也将更加明显，例如用户通过数据市场直接出售自己的数据。同时，社交媒体平台需要建立健全的伦理规范，明确规定数据使用的道德底线和行为规范，保障用户的合法权益和社会公共利益。

（五）全球化与跨境合作

未来，社交媒体数据流通将更加全球化和跨境化。随着全球化进程的加快和信息技术的发展，社交媒体数据将不受地域限制地流通和应用。因此，社交媒体企业需要加强国际合作与交流，促进全球数据流通的互联互通。同时，社交媒体平台需要适应不同国家和地区的法律法规和文化习惯，加强跨境合规性管理，确保数据流通的合法性和安全性。促进全球社交媒体数据流通的有序发展，推动世界各国共同分享信息资源，实现信息共享、互利共赢的目标。

（六）创新应用与业态发展

未来，社交媒体数据流通将催生出更多的创新应用和新业态。随着技术的不断进步和应用场景的不断拓展，社交媒体数据将被应用于更多领域和行业，推动新的商业模式和服务模式的发展。例如，基于社交媒体数据的个性化推荐系统、精准营销平台、智能客服系统等将逐渐成为商业运营的重要工具和手段。社交媒体数据流通将更加实时化和智能化，平台通过边缘计算和实时分析技术快速处理用户数据，并提供个性化服务。同时，社交媒体数据也将被应用于教育、医疗、金融等领域，推动行业的数字化转型和智能化升级，为人们的生活和工作带来更多便利和价值。

（七）公众参与与民主治理

未来，社交媒体数据流通将促进公众参与和民主治理的深化。社交媒体平台作为公共空间和舆论平台，将更加重视用户参与和意见表达，推动民意的形成和民主决策的实现。通过社交媒体数据的收集和分析，政府部门和公共机构可以更好地了解民意和社会需求，提高决策的科学性和民主性。同时，社交媒体平台也需要加强对用户参与的引导和管理，确保公共舆论的秩序和稳定，促进社会的和谐发展。

三、数据流通的透明度与责任

（一）数据流通管理与监督机制的建立

未来，社交媒体数据的流通将更加注重透明度和责任。用户对数据的使用和流通过程更加关注，社交媒体平台需要提供更加透明的数据流通机制，明确告知用户数据的流向和用途。同时，社交媒体企业需要承担起更多的责任，确保数据在流通过程中的安全性和合法性，防止数据被滥用或用于不当用途。建立更加完善的数据管理与监督机制，加强对数据流通过程的监控和审查，保障用户数据的安全和合法使用。

（二）数据流通透明度的提升

未来，社交媒体平台需要提升数据流通的透明度，让用户更清晰地了解其数据的流向和使用方式。社交媒体企业可以通过技术手段，如数据可视化、用户数据管理平台等，向用户展示其数据的传播路径和使用情况。同时，社交媒体平台还可以加强对数据流通过程的监管和审核，确保数据的流通符合法律法规和用户的意愿。

（三）数据流通责任的强化

为了确保社交媒体数据流通的安全和合法性，社交媒体企业需要承担起更多的责任。他们需要建立完善的数据管理机制，制定严格的数据流通政策，确保数据的流通符合法律法规和道德标准。同时，社交媒体企业还需要加强对合作伙伴的管理和监督，确保他们遵守数据流通的规定和要求，防止数据被滥用或泄露。

（四）用户参与与监督机制

为了增强数据流通的透明度和责任，社交媒体平台可以引入用户参与和监督机制。例如，可以设立用户委员会或专家顾问团队，由用户代表或专家监督数据流通的过程和结果。通过用户参与，可以更好地保障用户数据的安全和合法使用，增强用户对社交媒体平台的信任感。

四、数据共享与开放合作

（一）数据开放与合作

未来，社交媒体数据的共享与开放合作将成为一种趋势。社交媒体平台之间以及社交媒体平台与其他行业的合作将更加频繁和紧密。通过数据共享，社交媒体平台可以更好地理解用户需求和行为，提供更加个性化和优质的服务。同时，社交媒体数据与其他行业数据的结合，也将为创新和发展带来新的机遇和可能性。然而，在数据共享与开放合作中，也需要注意数据安全和隐私保护等问题，加强数据共享的监管和规范，确保数据流通的合法性和安全性。

（二）数据共享的开放性与合作性

未来，社交媒体平台将更加开放和合作，与其他平台或行业分享数据，实现资源共享和优势互补。社交媒体企业可以通过数据共享，获得更多的用户信息和行为数据，为用户提供更加个性化和优质的服务。同时，数据的开放共享也将促进创新和发展，推动数字经济的蓬勃发展。

（三）数据共享的监管与规范

为了确保数据共享的安全和合法性，社交媒体平台需要加强对数据共享的监管和规范。他们可以制定严格的数据共享政策，明确规定数据共享的条件和方式，防止数据被滥用或用于不当用途。同时，社交媒体企业还可以加强对合作伙伴的管理和监督，确保他们遵守数据共享的规定和要求，保障数据流通的安全性和合法性。

（四）数据共享的价值与风险

数据共享既带来了巨大的价值，也存在一定的风险。社交媒体平台需要平衡数据共享的价值与风险，谨慎选择合作伙伴，确保数据共享的双方都能获益。同时，社交媒体企业还需要加强数据安全意识和技术保障，提升数据共享的安全性和可信度，为用户和合作伙伴提供可靠的数据共享环境。

在未来社交媒体数据要素流通的展望中，以上方面的发展趋势将相互交织、相互影响，共同推动社交媒体数据的健康发展和良性运行。随着科技的不断进步和社会的不断发展，社交媒体数据将成为连接人与人、人与信息、人与世界的重要纽带，为构建数字化智能化社会作出更大的贡献。

第三节　对未来社交媒体数据要素流通和隐私保护协同的建议

随着技术的不断进步和社交媒体的持续发展，社交媒体数据的流通将更加频繁和普遍，而隐私保护的需求也将日益迫切。因此，必须采取有效的措施，促进社交媒体数据流通与隐私保护的协同发展，实现数据的合理利用和隐私的有效保护。

一、加强数据流通透明度与隐私保护的协同

（一）建立透明的数据流通机制

在未来，社交媒体平台应当通过建立更加透明的数据流通机制来加强

数据流通的透明度。这包括向用户明确说明其个人数据的收集、处理、传输和共享方式。社交媒体企业可以通过用户界面和隐私设置页面向用户展示数据的流向和使用目的，让用户更清楚地了解和掌控自己的数据。从学术角度来看，透明度可以通过"可解释性人工智能"（explainable AI，XAI）技术实现，使算法决策过程对用户可见。例如，平台可以利用可视化工具展示数据如何被用于个性化推荐或广告投放，帮助用户理解数据的使用逻辑。此外，区块链技术可以用于创建不可篡改的数据流通记录，确保每一步数据操作都被透明记录和验证。

（二）强化隐私保护措施

随着社交媒体数据流通的全球化和跨境化，数据隐私保护显得尤为重要。社交媒体企业应采取更加严格的隐私保护措施，包括数据加密、身份匿名化、访问权限控制等技术手段，确保用户数据在传输和存储过程中的安全性。此外，建立明确的隐私政策和用户协议，以及加强数据保护意识培训，也是保护用户隐私的重要举措。隐私保护的技术手段正在不断进化，差分隐私、联邦学习、同态加密等前沿技术不仅提升了隐私保护水平，也为数据流通提供了新的可能性。

（三）采取差异化数据共享策略

社交媒体平台应根据数据的敏感程度和用户偏好制定差异化的数据共享策略。对于涉及个人隐私的敏感数据，应采取严格的共享限制和加密措施，确保数据不会被未经授权的第三方访问或滥用。同时，社交媒体企业可以与用户建立信任关系，明确向用户解释数据共享的必要性和益处，提高用户对数据共享策略的理解和接受度。差异化数据共享策略的制定需要基于"数据分类与分级管理"（data classification and grading）的理论框架。例如，根据数据的敏感程度，可以将数据分为公开数据、私密数据和敏感数据，并针对每一类数据制定相应的共享规则。前沿研究还提出了"基于情境的访问控制"（context-aware access control）模型，该模型根据用户身份、数据用途和环境因素动态调整数据访问权限，确保数据共享的安全性和灵活性。此外，"数据信托"（data trust）机制正在成为研究热点，通过引入第三方机构管理数据共享过程，确保数据在流通中的合规性和透明性。

二、强化法律法规与技术手段的协同应用

（一）加强数据保护法律法规的制定和执行

政府部门应制定更加严格和具体的数据保护法律法规，明确规定社交媒体数据的收集、使用、传输和共享规则，并加强对违规行为的监管和处罚。同时，社交媒体企业应配合政府部门，建立完善的数据保护机制，确保法律法规的执行和用户隐私权益的保护。法律法规的制定需要基于全球数据流通的复杂性和多样性，结合国际数据隐私保护标准（如 GDPR、CCPA 等），制定具有普适性和针对性的规则。此外，政府部门应建立动态监管机制，利用大数据和人工智能技术实时监测数据流通中的违规行为，确保法律法规的执行。社交媒体企业则需通过内部合规审查和第三方审计，确保数据保护机制的有效性，并通过透明的报告机制向用户和社会公众展示其合规性。

（二）推动技术创新服务数据隐私保护

政府部门可以通过支持和促进技术创新，推动数据隐私保护技术的发展和应用。例如，鼓励研发安全可靠的数据加密和去标识化技术，提高数据传输和存储的安全性。同时，政府还可以支持隐私保护技术的标准化和推广应用，为社交媒体企业提供技术支持和指导。政府部门应设立专项基金，支持学术界和产业界在隐私保护技术领域的前沿研究，如"后量子密码学"（post-quantum cryptography）和"零知识证明"（zero-knowledge proof）等。此外，政府应推动隐私保护技术的标准化，制定统一的技术规范和应用指南，确保不同平台和技术之间的兼容性和互操作性。社交媒体企业则需积极参与技术研发和标准化工作，将最新的隐私保护技术应用于实际业务中，提升数据安全性和用户信任度。

（三）建立跨界合作机制

为了有效应对跨境数据流通和隐私保护的挑战，政府部门、社交媒体企业和技术机构应建立跨界合作机制。通过信息共享、资源整合和技术对

接，共同推动数据流通与隐私保护工作的协同发展，建立起合作共赢的生态系统。政府部门应牵头成立国际数据流通与隐私保护联盟，邀请全球范围内的社交媒体企业、技术机构和学术机构参与，共同制定跨境数据流通的规则和标准。社交媒体企业则需通过技术对接和数据共享协议，确保跨境数据流通的合规性和安全性。技术机构则需提供技术支持，如开发跨境数据流通的加密和追踪技术，确保数据在跨境传输中的安全性和可追溯性。通过跨界合作，各方可以共同应对数据流通与隐私保护的挑战，构建一个安全、可信的全球数据生态系统。

三、提升用户教育与参与意识的协同推进

（一）加强用户数据教育与意识培养

政府部门、社交媒体企业和社会组织应联合开展用户数据教育活动，提高用户对数据流通与隐私保护的认知水平。通过举办培训讲座、发布信息手册和开展在线教育等形式，让用户了解数据共享的利与弊，增强其数据安全意识，培养自我保护意识。为进一步提升教育效果，可以引入互动式学习工具和情景模拟技术，帮助用户在虚拟环境中体验数据泄露和隐私侵犯的后果，从而加深其对数据保护重要性的理解。此外，政府部门可以设立数据保护宣传周，联合媒体和社交平台进行广泛宣传，利用短视频、动画等易于传播的形式普及数据隐私知识。社交媒体企业则应在平台内嵌入教育性内容，例如在用户注册或使用过程中提供数据保护提示和指导，确保用户在使用服务的同时不断强化隐私保护意识。

（二）倡导用户参与数据管理与监督

社交媒体平台应积极倡导用户参与数据管理与监督，设立用户委员会或专家顾问团队，由用户代表或专家监督数据流通过程中的安全性和合法性。通过用户参与，可以及时发现和解决数据流通中存在的问题，增强用户对社交媒体平台的信任感和参与度。进一步提升用户参与的深度和广度，平台可以开发用户反馈机制，允许用户对数据使用政策提出建议或投诉，并定期公布反馈处理结果。此外，平台可以引入"公众监督"模式，鼓励

用户举报数据滥用行为，并对积极参与监督的用户给予奖励或荣誉。政府部门则可以设立第三方监督机构，对社交媒体平台的数据流通行为进行独立审查，并向公众发布审查报告，确保用户监督的透明性和公正性。

（三）保障用户选择与控制的权利

为了增强用户对数据流通的掌控力和自主权，社交媒体平台应保障用户选择与控制数据共享的权利。用户应能够根据自身需求和偏好，灵活管理自己的数据，包括选择数据共享的对象和范围，控制数据使用的目的和方式等。通过这种方式，可以有效保护用户的个人隐私权益，建立起用户与平台之间的互信关系。为进一步提升用户体验，平台可以开发"数据控制面板"，以可视化的方式展示用户数据的流向和使用情况，并提供一键式管理功能，让用户能够轻松调整数据共享设置。此外，平台可以引入"数据使用同意"机制，在每次数据共享前向用户发送通知，明确说明数据使用的目的和范围，并获得用户的明确同意。政府部门则可以制定相关法规，要求平台在用户数据控制方面提供最低限度的功能和透明度，确保用户能够真正实现对自己数据的管理和控制。

四、促进行业自律和社会监督机制的建立

（一）行业自律倡导

社交媒体企业应积极倡导行业自律，共同制定行业准则和规范，建立良好的行业形象和信誉。通过行业协会或联盟组织，加强对社交媒体数据流通与隐私保护的自我监管，引导企业规范行为，提高行业整体水平。为进一步增强行业自律的效果，社交媒体企业可以建立"数据保护承诺机制"，公开承诺遵守行业准则，并定期发布数据保护报告，展示其在数据流通与隐私保护方面的具体措施和成效。行业协会或联盟组织则可以设立"数据保护认证"制度，对符合标准的企业进行认证，并在行业内推广最佳实践。此外，行业自律组织可以定期举办数据保护论坛或研讨会，邀请企业、专家和用户共同探讨数据流通与隐私保护的最新趋势和挑战，推动行业整体水平的提升。

（二）社会监督机制建设

政府部门、媒体和公众社会应当加强对社交媒体数据流通与隐私保护的监督和评估。建立举报投诉平台和监督检查机制，及时发现和处理违规行为，维护用户权益和社会公平正义。同时，鼓励公民、学者和专家参与社交媒体数据安全和隐私保护的研究与讨论，形成多方共治的监督格局。为进一步完善社会监督机制，政府部门可以设立"数据保护监察机构"，专门负责社交媒体数据流通与隐私保护的监督和执法工作，并定期发布监察报告。媒体可以通过深度调查和报道，揭露数据滥用和隐私侵犯行为，提高公众对数据保护问题的关注度。公众社会则可以借助社交媒体平台，发起与数据保护相关的倡议和活动，形成强大的社会舆论压力。此外，政府部门可以支持学术机构开展数据保护研究，提供资金和政策支持，鼓励学者和专家提出创新的解决方案和政策建议，推动数据保护领域的理论研究和实践应用。

五、建立国际合作与信息共享机制

（一）国际标准与合作

社交媒体数据的流通涉及多个国家和地区，需要建立国际标准和合作机制，加强信息共享与交流。政府间组织、国际组织和行业协会应加强合作，共同制定跨国数据流通的标准和规范，推动全球范围内的数据治理和隐私保护。为进一步深化国际合作，可以建立"全球数据流通与隐私保护联盟"，邀请各国政府、国际组织（如联合国、WTO、OECD 等）、行业协会和科技企业参与，共同制定具有广泛适用性的国际标准，例如跨境数据流通的合法性框架、数据主权界定规则以及隐私保护技术规范。同时，可以设立"国际数据流通争端解决机制"，为跨国数据流通中的争议提供高效、公正的解决方案。此外，定期举办"全球数据治理峰会"，为各国政府、企业和学术机构提供交流平台，分享最佳实践，探讨新兴挑战，推动全球数据治理的协同发展。

（二）信息安全与风险防范

加强国际合作，共同应对信息安全和风险挑战。建立国际信息安全合作机制，加强对网络攻击、数据泄露和隐私侵犯等问题的联合防范和打击，维护全球信息安全和网络空间秩序。为进一步提升全球信息安全水平，可以成立"国际网络安全应急响应中心"，由各国网络安全机构联合运营，实时监测全球网络威胁，协调跨国网络攻击事件的应急响应。同时，推动"国际信息安全技术共享平台"的建设，鼓励各国在加密技术、入侵检测、漏洞修复等领域的技术共享与合作研发。此外，可以制定"全球网络安全行为准则"，明确各国在网络安全领域的责任与义务，规范网络攻击行为的定义和应对措施，并通过国际法律框架确保其执行。通过加强国际合作，构建一个安全、可信的全球网络空间，为社交媒体数据的流通与隐私保护提供坚实保障。

通过以上建议的实施，可以进一步完善未来社交媒体数据要素流通和隐私保护的机制和体系，促进数据流通与隐私保护的协同发展，实现数据的安全、合法和有序流通，推动社交媒体数据的良性发展和社会进步。

附　　录

移动社交媒体隐私保护的调查问卷

尊敬的先生/女士

　　您好，非常感谢您参与本次调研问卷。本次调查旨在了解移动社交媒体用户对于隐私安全的看法和相关行为，且调查结果仅作为学术研究之用，涉及您个人信息的部分内容将作严格保密，请您根据实际情况填写。相关调查预计花费 10 ~ 15 分钟，再次感谢您的配合。

　　1. 您的性别

　　□男　　□女

　　2. 您的年龄

　　□18 岁以下　　□18 ~ 26 岁　　□27 ~ 35 岁

　　□36 ~ 44 岁　　□45 岁及以上

　　3. 受教育的程度

　　□高中及以下

　　□专科

　　□本科

　　□硕士及以上

　　4. 您每天使用移动社交媒体的平均时长

　　A. 2 小时以下

　　B. 2 ~ 4（含）小时

　　C. 4 ~ 6（含）小时

　　D. 6 小时以上

　　请您仔细阅读以下陈述，选择一个和您自身实际相匹配的数字。其中：1 = 非常不同意；2 = 比较不同意；3 = 同意；4 = 比较同意；5 = 非常同意。数字越大表示程度越高。

　　5. 您认为移动社交媒体能否反映真实的情感交流

1○　　　2○　　　3○　　　4○　　　5○

　　6. 您认为移动社交媒体上的交易都是虚拟性的

1○　　　2○　　　3○　　　4○　　　5○

　　7. 您认为自己是否充分了解移动社交媒体能够公开使用用户的数据

1○　　　2○　　　3○　　　4○　　　5○

　　8. 您认为移动社交媒体能够共同享受用户使用过程中的衍生利益

1○　　　2○　　　3○　　　4○　　　5○

　　9. 您认为自己是否充分了解各移动社交媒体产品的隐私设置

1○　　　2○　　　3○　　　4○　　　5○

　　10. 您担心注册并使用移动社交媒体的个人隐私会受到泄露或侵犯

1○　　　2○　　　3○　　　4○　　　5○

　　11. 您担心详细的个人信息可能被用于定向广告投放和个性化推荐

1○　　　2○　　　3○　　　4○　　　5○

　　12. 您担心在使用移动社交媒体平台时个人信息会受到病毒、黑客等的攻击而泄露

1○　　　2○　　　3○　　　4○　　　5○

　　13. 您担心在发布信息、使用签到等功能时生活轨迹等个人信息被推测或泄露

1○　　　2○　　　3○　　　4○　　　5○

　　14. 您担心在使用转发和分享功能时兴趣动向被推测或泄露

1○　　　2○　　　3○　　　4○　　　5○

　　15. 在使用社交媒体时，您会定期删除自己的搜索记录和浏览记录

1○　　　2○　　　3○　　　4○　　　5○

　　16. 在使用社交媒体时，您会主动了解隐私说明并设置个人信息访问权限

1○　　　2○　　　3○　　　4○　　　5○

　　17. 在使用社交媒体时，您会提供虚假的个人信息

1○　　　2○　　　3○　　　4○　　　5○

18. 当您的个人信息被非法利用时，您会向社交媒体服务商投诉

1〇   2〇   3〇   4〇   5〇

19. 您能控制个人隐私信息如何不被社交媒体服务商或其他人收集和利用

1〇   2〇   3〇   4〇   5〇

20. 您会通过使用隐私保护功能有效限制社交媒体过度搜集和利用您的个人信息

1〇   2〇   3〇   4〇   5〇

21. 您会通过使用隐私保护功能保护您的个人信息不被其他用户获取并利用

1〇   2〇   3〇   4〇   5〇

22. 您认为社交媒体有履行保护用户个人信息的能力

1〇   2〇   3〇   4〇   5〇

23. 当您的个人隐私在社交媒体上侵犯时，能够利用社交媒体进行补救

1〇   2〇   3〇   4〇   5〇

24. 有了社交媒体的制度保障，您相信个人隐私将会被妥善保管并得到合理利用

1〇   2〇   3〇   4〇   5〇

25. 有了国家隐私法律法规的保护，您相信隐私安全将会得到有力的保障

1〇   2〇   3〇   4〇   5〇

26. 您国目前的隐私法律法规能够有效保护社交媒体用户的隐私安全

1〇   2〇   3〇   4〇   5〇

参考文献

[1] 蔡红云，田俊峰．云计算中的数据隐私保护研究 [J]．山东大学学报（理学版），2014，49（9）：83 – 89.

[2] 陈朝兵，郝文强．国内外政府数据开放中的个人隐私保护研究述评 [J]．图书情报工作，2020，64（8）：141 – 150.

[3] 陈明红，郑洁萍，漆贤军．移动社交媒体用户信息共享持续意愿研究 [J]．情报理论与实践，2017，40（4）：37 – 43.

[4] 陈素白，韦娟．自我效能感的"代价"：智能媒体用户隐私保护行为悖论研究 [J]．现代情报，2024，44（5）：58 – 69.

[5] 陈堂发．论新媒体环境下隐私收缩性保护与价值差序 [J]．湖南师范大学社会科学学报，2019，48（3）：1 – 8.

[6] 陈娅锋，王远，张蕾蕾，等．大数据时代大学生个人信息安全意识及保护的探究 [J]．电脑知识与技术，2018，14（27）：34 – 35.

[7] 承上．数据隐私的权利保护与反垄断监管的协同实施 [J]．情报杂志，2023，42（6）：170 – 179.

[8] 大数据战略重点实验室．块数据 3.0：秩序互联网与主权区块链 [M]．北京：中信出版社，2017.

[9] 邓崧，吕雨婷，杨迪．数据垄断的演化与分类——基于国内公共数据与商业数据 [J]．信息资源管理学报，2022（1）：80 – 90.

[10] 狄振鹏，姜士伟．大数据时代政府数据开放与公民隐私保护问题研究 [J]．情报杂志，2022，41（2）：155 – 159，118.

[11] 丁红发，孟秋晴，王祥，等．面向数据生命周期的政府数据开放的数据安全与隐私保护对策分析 [J]．情报杂志，2019，38（7）：151 – 159.

[12] 窦悦．数据开放共享与个人隐私保护对策研究——层次数据与算法问责 [J]．现代情报，2021，41（7）：146 – 153.

[13] 冯登国，张敏，李昊．大数据安全与隐私保护 [J]．计算机学报，2014，37（1）：246 – 258.

［14］冯海超．大数据的中国机会［J］．互联网周刊，2013（1）：46－49．

［15］高莉．基于利益平衡的数据隐私与商业创新协同保护研究［J］．江苏社会科学，2020（6）：149－156．

［16］高勇．啤酒与尿布［M］．北京：清华大学出版社，2008：1－6．

［17］龚强，班铭媛，刘冲．数据交易之悖论与突破：不完全契约视角［J］．经济研究，2022，57（7）：172－188．

［18］何佳，高彧，孟涓涓，等．个人信息披露决策：强制收集与挤入效应［J］．经济研究，2022，57（5）：158－175．

［19］胡泳，刘纯懿．战争中的社交媒体：社交媒体的武器化与数字化战争的到来［J］．现代传播（中国传媒大学学报），2023，45（6）：131－150．

［20］贾若男，王晰巍，范晓春．社交网络用户个人信息安全隐私保护行为影响因素研究［J］．现代情报，2021，41（9）：105－114，143．

［21］江小涓谈"数据二十条"：数据产权问题继续探讨，要先用起来［EB/OL］．（2023－11－09）［2023－11－27］．https：//topics. caixin. com/2023－11－09/102126618. html．

［22］蒋余浩，贾开．公共数据牵引与数据要素共享式开放：改变现状权的理论视角［J/OL］．电子政务：1－10［2024－02－27］．http：//kns. cnki. net/kcms/detail/11. 5181. TP. 20240220. 1621. 002. html．

［23］蒋余浩．开放共享下的政务大数据管理机制创新［J］．中国行政管理，2017（8）：42－46．

［24］蒋玉石，张红宇，贾佳，杨力，等．大数据背景下行为定向广告（OBA）与消费者隐私关注问题的研究［J］，管理世界，2015（8）：182－183．

［25］李惊雷，崔明利．数据的边界与隐私保护的逻辑探析［J］．新闻爱好者，2023（6）：27－30．

［26］李唯嘉，杭敏．社交媒体中的隐私困境：隐私边界与大数据隐忧［J］．编辑之友，2019（1）：55－60．

［27］李文才．大数据背景下基于个性化推荐的安全隐私问题综述［J］．网络安全技术与应用，2023（5）：67－71．

［28］廖龙龙，叶强，路红．面向移动感知服务的数据隐私保护技术研究［J］．计算机工程与设计，2013，34（6）：1951－1955．

［29］刘凌，罗戎．大数据视角下政府数据开放与个人隐私保护研究［J］．情报科学，2017，35（2）：112－118．

［30］刘鸣筝，孙冬鑫．网络素养对用户隐私关注与隐私保护自我效能的影响［J］．沈阳大学学报（社会科学版），2023，25（1）：47－54，78．

［31］刘帅，谢笑．个性化推荐系统对健康类APP用户不持续使用意愿的影响研究

［J］. 蚌埠学院学报，2021，10（3）：56－61.

［32］刘涛雄，李若菲，戎珂. 基于生成场景的数据确权理论与分级授权［J］. 管理世界，2023，39（2）：22－39.

［33］刘向宇，夏国平，夏秀峰，等. 个性化时空数据隐私保护［J］. 计算机应用，2021，41（3）：643－650.

［34］刘新萍，袁佳蕾，郑磊. 地方政府数据开放准备度研究：框架与发现［J］. 电子政务，2019（9）：2－11.

［35］刘子赫，申来津. 数据赋能：数据要素市场化的基本格局与培育机制［J］. 科技与法律（中英文），2023（3）：47－56.

［36］刘子瑜. 社交媒体国际传播创新发展路径研究［J］. 记者摇篮，2023（9）：24－26.

［37］路越. 基于扰动的网络流量数据隐私保护方法研究［D］. 北京：北京交通大学，2019.

［38］吕耀怀，王恩超. 消费者隐私问题的当代镜像及其伦理检视［J］. 道德与文明，2014（2）：105－111.

［39］毛典辉. 大数据隐私保护技术与治理机制研究［M］. 北京：清华大学出版社，2019.

［40］孟小峰，张啸剑. 大数据隐私管理［J］. 计算机研究与发展，2015，52（2）：265－281.

［41］牛静，孟筱筱. 社交媒体信任对隐私风险感知和自我表露的影响：网络人际信任的中介效应［J］. 国际新闻界，2019，41（7）：91－109.

［42］彭宁波. 国内数据隐私保护研究综述［J］. 图书馆，2021（11）：69－75.

［43］邱江. 面向聚类分析的数据隐私保护方法研究［D］. 长沙：湖南大学，2014.

［44］申卫星. 论数据用益权［J］. 中国社会科学，2020（11）：110－131，207.

［45］沈旺，高雪倩，代旺，等. 基于解释水平理论与调节定向理论的社交网络隐私悖论研究［J］. 情报科学，2020，38（8）：120－127，140.

［46］盛小平，唐筠杰. 国内外数据隐私治理研究综述［J］. 图书馆论坛，2023，43（4）：120－128.

［47］施思. 传播学视阈下数据隐私的自我保护［D］. 武汉：华中师范大学，2019.

［48］孙卓，孙福强. 基于制度信任构建用户大数据隐私制度保护体系［J］. 图书馆学研究，2018（17）：98－101.

［49］谈津，吕欣烨，韩啸. 基于"态度—意愿—行为"框架的个体隐私保护行为影响机制研究［J］. 情报探索，2023（1）：8－15.

［50］陶雪娇，胡晓峰，刘洋．大数据研究综述［J］．系统仿真学报，2013，25（S1）：142－146.

［51］田新玲，黄芝晓．"公共数据开放"与"个人隐私保护"的悖论［J］．新闻大学，2014（6）：55－61.

［52］佟林杰，赵怀宇．国内外社交媒体用户隐私关注研究综述［J］．燕山大学学报（哲学社会科学版），2023，24（6）：26－36.

［53］王晨旭，程加成，桑新欣，等．区块链数据隐私保护：研究现状与展望［J］．计算机研究与发展，2021，58（10）：2099－2119.

［54］王林．大数据"交易自由"还有多远［N］．中国青年报，2022－03－01（006）.

［55］王璐瑶，李琪，乔志林，等．保护动机对社交网络用户隐私关注和隐私安全保护行为的影响研究［J］．情报杂志，2019，38（10）：104－110.

［56］王敏．大数据时代个人隐私的分级保护研究［M］．北京：社会科学文献出版社，2018.

［57］王蕊．论数据隐私保护［D］．郑州：郑州大学，2022.

［58］王淑瑶，刘达，汤吉军，等．数实融合背景下数据要素何以赋能企业供应链韧性与安全［J/OL］．研究与发展管理，1－14［2025－02－11］．https：//doi. org/10. 13581/j. cnki. rdm. 20240435.

［59］王天琦．政府数据开放中个人隐私保护法律问题研究［D］．大连：大连海洋大学，2024.

［60］王雪芬，赵宇翔，朱庆华．社交媒体环境下的用户隐私关注研究现状［J］．情报学报，2015，34（12）：1322－1334.

［61］王亚菲，樊明方．论社交媒体的重新界定［J］．编辑之友，2018（4）：58－62.

［62］王永贵，刘俊琴．消费者隐私保护研究述评与未来展望［J］．北京工商大学学报（社会科学版），2023，38（5）：19－33.

［63］王勇，王蒲生．大数据征信的隐私风险与应对策略［J］．自然辩证法研究，2016，32（7）：118－122.

［64］王忠，殷建立．大数据环境下个人数据隐私治理机制研究——基于利益相关者视角［J］．技术经济与管理研究，2014（8）：71－74.

［65］王忠．大数据时代个人数据隐私泄露举报机制研究［J］．情报杂志，2016，35（3）：79，165－168.

［66］温亮明，李洋，郭蕾．我国开放科学研究：基础理论、实践进展与发展路径［J］．图书馆论坛，2022，42（2）：22－35.

［67］温忠麟，叶宝娟．有调节的中介模型检验方法：竞争还是替补？［J］．心理学报，2014，46（5）：714－726.

［68］相薆薆，冯丽，王佳栋．社交媒体用户隐私悖论行为群体画像构建研究——以微信为例［J/OL］．情报科学，1-21［2024-02-29］．http：//kns.cnki.net/kcms/detail/22.1264.G2.20240129.0956.020.html.

［69］谢毅，高充彦，童泽林．消费者隐私关注研究述评与展望［J］．外国经济与管理，2020，42（6）：111-125.

［70］徐雅斌，胡昕．SaaS 环境下的数据隐私保护机制研究［J］．现代电子技术，2019，42（17）：68-74.

［71］徐漪，沈建峰．大数据时代移动社交媒体中个人隐私泄露的风险与管控［J］．产业与科技论坛，2018，17（15）：38-40.

［72］薛孚，陈红兵．大数据隐私伦理问题探究［J］．自然辩证法研究，2015，31（2）：44-48.

［73］闫境华，石先梅．数据生产要素化与数据确权的政治经济学分析［J］．内蒙古社会科学，2021，42（5）：113-120.

［74］杨祖卿．数字市场中的数据隐私保护：维度拓展、实践困境及路径突破——基于反垄断法视角［J］．南方金融，2023（1）：65-77.

［75］殷乐，李艺．互联网治理中的隐私议题：基于社交媒体的个人生活分享与隐私保护［J］．新闻与传播研究，2016，23（S1）：69-77，127.

［76］曾诗阳．做强做优做大数字经济［N］．经济日报，2022-05-21（002）.

［77］张宝山．数据确权的中国方案：要素市场语境下分类分级产权制度研究［J］．北方法学，2023，17（5）：146-160.

［78］张会平，杨京典，汤志伟．社交媒体用户信息隐私关注的形成机制研究［J］．情报理论与实践，2017，40（6）：40-43.

［79］张晓娟，王文强，唐长乐．中美政府数据开放和个人隐私保护的政策法规研究［J］．情报理论与实践，2016，39（1）：38-43.

［80］张晓娟．网络个人信息安全感及其对政府监管绩效评价的影响［D］．重庆：重庆大学，2020.

［81］张学波，张嘉懿，李慧朋．移动社交媒体用户隐私风险感知与保护策略［J］．新闻世界，2018（3）：49-52.

［82］张艳丰，刘亚丽，彭丽徽．硬规则下移动社交媒体用户隐私政策阅读感知测度实证研究［J］．图书情报工作，2021，65（4）：49-60.

［83］张引，陈敏，廖小飞．大数据应用的现状与展望［J］．计算机研究与发展，2013，50（S2）：216-233.

［84］张玉玲．政府数据开放中的个人隐私保护研究［J］．江南论坛，2019（3）：49-51.

［85］赵江，何诗楠．定向广告中消费者隐私态度对行为意愿的影响机制［J］．系统管理学报，2021，30（2）：373－383．

［86］赵需要，郭义钊，姬祥飞，陈嘉乐．政府开放数据生态链上数据要素价值分析及评估模型构建——基于"数据势能"的方法［J］．情报理论与实践，2022，45（12）：50－59．

［87］赵需要，侯晓丽，徐堂杰，等．政府开放数据生态链：概念、本质与类型［J］．情报理论与实践，2019，42（6）：22－28．

［88］郑大庆，黄丽华，张成洪，等．大数据治理的概念及其参考架构［J］．研究与发展管理，2017，29（4）：65－72．

［89］郑磊，刘新萍．我国公共数据开放利用的现状、体系与能力建设研究［J］．经济纵横，2024（1）：86－92．

［90］中国信息产业网．大数据的四个典型特征［EB/OL］．［2012－12－04］．http：//www. cnii. com. cn/a/2012－12－04/13548292978407. shtml.

［91］周汉华．数据确权的误区［J］．法学研究，2023（2）：3－20．

［92］朱悦．差分隐私用于个人信息保护的实践难点及化解方案［J］．信息通信技术与策，2024，50（1）：37－44．

［93］祝阳，李欣恬．大数据时代个人数据隐私安全保护的一个分析框架［J］．情报杂志，2021，40（1）：165－170．

［94］邹东升．政府开放数据和个人隐私保护：加拿大的例证［J］．中国行政管理，2018（6）：75－82．

［95］Ameen N J，Begum J S. Evolutionary Algorithm Based Adaptive Load Balancing（EA－ALB）in Cloud Computing Framework［J］. Intelligent Automation & Soft Computing，2022，34（2）：1281－1294.

［96］Barnes S B. A Privacy Paradox：Social Networking in the United States［J］. First Monday，2006，11（9）：5.

［97］Barns. Mine Your Data：Open Data，Digital Strategies and Entrepreneurial Governance by Code［J］. Urban Geography，2016，37（4）：554－571.

［98］Barth S，Jong D D M，Junger M，et al. Putting the privacy paradox to the test：Online privacy and security behaviors among users with technical knowledge，privacy awareness，and financial resources［J］. Telematics and Informatics，2019：4155－4169.

［99］Belkin N J，Croft W B. Information Filtering and Information Retrieval：Two Sides of the Same Coin？［J］. Communications of the ACM，1992，35（12）：29－38.

［100］Bilro R G，Dias F. Now I Can See：How Brand Interactions Influence Channel Loyalty and Purchase Intention in Optical Physical Stores［J］，Management Research，2022，

20 (3): 229 – 243.

[101] Borgesius Z F, Gray J, Eechoud V M. Open Data, Privacy, and Fair Information Principles: Towards a Balancing Framework [J]. Berkeley technology law journal, 2015, 30 (3): 2073 – 2131.

[102] Brown B. Studying the Internet Experience [J]. HP Laboratories Technical Report, 2001 (49).

[103] Brown E N. Competition, Not Antitrust, Is Humbling the Tech Giants [EB/OL]. (2023 – 09 – 26) [2023 – 11 – 27]. https://reason. com/2023/09/26/the-tech-giants-werealways-doomed/.

[104] Buckbee M. Data privacy guide: Definitions, explanations and legislation [EB/OL]. [2022 – 04 – 13]. https://www. varonis. com/blog/data – privacy.

[105] Chauvette A, Schick-Makaroff K, & Molzahn A E. Open Data in Qualitative Research [J]. International Journal of Qualitative Methods, 2019 (18): 1 – 6.

[106] Data Privacy [EB/OL]. [2022 – 04 – 13]. https://www. emotiv. com/glossary/data – privacy/.

[107] Debatin B. Ethics, Privacy, and Self – Restraint in Social Networking [M] // Trepte S, Reinecke L. Privacy Online: Perspectives on Privacy and Self – Disclosure in the Social Web. Berlin, Heidelberg: Springer, 2011: 47 – 60.

[108] Dienlin T, Trepte S. Is the Privacy Paradox a Relic of the Past? An In-depth Analysis of Privacy Attitudes and Privacy Behaviors [J]. European Journal of Social Psychology, 2015, 45 (3): 285 – 297.

[109] Drexl J, Hilty R M. Position Statement of the Max Planck Institute for Innovation and Competition on the European Commission's 'Public Consultation on Building the European Data Economy' [J]. Social Science Electronic Publishing, 2017.

[110] Duch – Brown N, Martens B, Mueller – Langer F. The economics of ownership, access and trade in digital data [R]. Joint Research Centre (Seville site), 2017.

[111] Ghani N A, et al. Social Media Big Data Analytics: A Survey [J]. Computers in Human Behavior, 2018 (101): 417 – 428.

[112] Gruzd A, Hernandez-Garcia A. Privacy Concerns and Self – Disclosure in Private and Public Uses of Social Media. [J]. Cyberpsychology, behavior and social networking, 2018, 21 (7): 418 – 428.

[113] Hansen D, O'Keefe C M. Data privacy and patient consent [G] //Liu L, Özsu M T. Encyclopedia of database systems. 2nd ed. New York: Springer, 2018: 803.

[114] Horvitz, E, Mulligan D. Data, privacy, and the greater good [J]. Science,

2015, 349 (6245): 253 – 255.

[115] Huang HH, Lin J W, Lin C H. Data re – identification—A case of retrieving masked data from electronic toll collection [J]. Symmetry, 2019, 11 (4): 550.

[116] Isaak J, Hanna M J. User data privacy: Facebook, Cambridge Analytica, and privacy protection [J]. Computer, 2018, 51 (8): 56 – 59.

[117] Jacobs B. Two of the grand changes through computer and network technology [C] //Privacy and Identity Management for Emerging Services and Technologies: 8th IFIP WG 9. 2, 9. 5, 9. 6/11. 7, 11. 4, 11. 6 International Summer School, Nijmegen, The Netherlands, June 17 – 21, 2013, Revised Selected Papers 8. Springer Berlin Heidelberg, 2014: 1 – 11.

[118] Jan H K, Kristopher H, Ian P M, Bruno SS, et al. Social Media? Get Serious! Understanding the Functional Building Blocks of Social Media [J], Business horizons, 2011, 54 (3): 241 – 251.

[119] Janssen M, Van Den Hoven J. Big and Open Linked Data (BOLD) in Government: A Challenge to transparency and privacy? [J]. Government Information Quarterly, 2015, 32 (4): 363 – 368.

[120] Jonathan A. Obar, Anne Oeldorf-Hirsch. The Biggest Lie on the Internet: Ignoring the Privacy Policies and Terms of Service Policies of Social Networking Services [J], Information, Communication & Society, 2020, 23 (1): 128 – 147.

[121] Jozani M, Ayaburi E, Ko M, et al. Privacy Concerns and Benefits of Engagement with Social Media-enabled Apps: A Privacy Calculus Perspective [J]. Computers in Human Behavior, 2020 (107): 106260.

[122] Kassen M. Open Data and E-Government- Related or Competing Ecosystems: A Paradox of Open Government and Promise of Civic Engagement in Estonia [J]. Information Technology for Development, 2017, 25 (3): 552 – 578.

[123] Keller B, Eling M, Schmeiser H, et al. Big Data and Insurance: Implications for Innovation, Competition and Privacy [M]. Geneva Association – International Association for the Study of Insurance Economics, 2018.

[124] Laufer R S, Wolfe M. Privacy as a Concept and a Social Issue: A Multidimensional Developmental Theory [J]. Journal of Social Issues, 1977, 33 (3): 22 – 42.

[125] Liang H, Shen F, Fu K. Privacy Protection and Self-disclosure Across Societies: A Study of Global Twitter Users [J]. New Media & Society, 2017, 19 (9): 1476 – 1497.

[126] Mosteller J, Poddar A. To Share and Protect: Using Regulatory Focus Theory to Examine the Privacy Paradox of Consumers' Social Media Engagement and Online Privacy Protection Behaviors [J]. Journal of Interactive Marketing, 2017, 39 (1): 27 – 38.

［127］Murray-Rust P. Open data inscience ［J］. Nature Precedings, 2008: 1.

［128］Oetzel M C, Gonja T. The online privacy paradox: a social representations per-spective ［M］//CHI'11 Extended Abstracts on Human Factors in Computing Systems. 2011: 2107 – 2112.

［129］Petronio S. Communication privacy management theory: Understanding families ［M］//Engaging theories in family communication. Routledge, 2017: 87 – 97.

［130］Qi F, et al. A Survey on Privacy Protection in Blockchain System ［J］, Journal of Network and Computer Applications, 2019 （126）: 45 – 58.

［131］Samarati P, Sweeney L. Generalizing data to provide anonymity when disclosing in-formation ［C］//PODS. 1998, 98 （188）: 1 – 13.

［132］Serwadda D, Ndebele P, Grabowski M K, et al. Open data sharing and the Global South—who benefits? ［J］. Science, 2018, 359 （6376）: 642 – 643.

［133］Steinke T. Composition of differential privacy & privacy amplification bysubsam-pling ［J］. arv preprint arv: 2210. 00597, 2022.

［134］Unger R M. False necessity: anti-necessitarian social theory in the service of radi-cal democracy ［M］. Cambridge University Press, 1987.

［135］Victor J M. The EU general data protection regulation: Toward a property regime for protecting data privacy ［J］. Yale LJ, 2013 （123）: 513.

［136］Viljoen S. A relational theory of data governance ［J］. Yale LJ, 2021 （131）: 573.

［137］Warren D S, Brandeis D L. Das Recht auf Privatheit—The Right to Privacy ［J］. Datenschutz und Datensicherheit-DuD, 2012, 36 （10）: 755 – 766.

［138］Wissinger C. Privacy Literacy: From Theory to Practice ［J］. Communications in Information Literacy, 2017, 11 （2）: 378 – 389.

［139］Wu X, Chen Y. Research on Personal Data Privacy Security in the Era of Big Data ［J］. Journal of Humanities and Social Sciences Studies, 2022, 4 （3）: 228 – 235.

［140］Xie W, Fowler-Dawson A, Tvauri A. Revealing the Relationship Between Rational Fatalism and the Online Privacy Paradox ［J］, Behaviour & Information Technology, 2018, 38 （7）: 742 – 759.

［141］Zhang Y, Chen X, Li J, Wong D S, Li H, You I. Ensuring Attribute Privacy Protection and Fast Decryption for Outsourced Data Security in Mobile Cloud Computing. ［J］, Information sciences, 2017 （379）: 42 – 61.

后　记

　　"云中谁寄锦书来？雁字回时，月满西楼。"从古至今，信息的流通形式随时代的变迁而变化，从早期的信笺到网络时代的邮件，再到当前蓬勃发展的移动社交媒体如微信、微博、抖音、小红书等，人和人交流与互动的方式越来越多。然而，随着人与人的交流距离的缩短，人与人之间的隐私边界也逐渐减小。社交媒体如同一个庞大的信息茧房，把人类的交流进一步束缚。特别是随着抖音等新型社交软件的出现，用户的行为能够更好地被算法所追溯，用户的兴趣也能够被社交媒体平台所掌握，从而用户被更加精准地传播信息。用户生成的内容（UGC）逐渐成为社交媒体产生的重要内容源泉，而相关的数据流通则进一步影响了媒体平台的发展。为了探究数据要素的重要作用，本研究团队详细分析了不同类型的平台差异性，并重新审视数据要素在信息传播过程中的重要性。因此，在这本书的创作过程中，我们希望呈现给读者的不仅仅是信息生态视角下的理论框架，而是试图通过构建一个生动的信息生态系统蓝图去诠释如何实现数据流通和隐私保护的和谐共存，充分实现各自的价值与功能。本书从深度剖析信息生态视阈的理论入手，逐步展开对社交媒体平台数据流通与隐私权益关系的解读。本书通过一系列理论模型、案例分析、实证研究以及策略构建，深入挖掘了社交媒体平台数据流通的规律和特点，分析了数据流通对个体隐私权益的影响，力图揭示在数字化时代下，如何在自由的数据要素流通与个体隐私权的保护之间找到可能的协同共生之道。

　　"会当凌绝顶，一览众山小。"当真正地完成本书稿时，更觉得自己只是管中窥豹，还有许多值得深挖的内容，深刻感受到信息生态的博大精深。探索隐私与数据流通之间的平衡，就像是追寻山峰与河流的和谐共生，二者缺一不可。因此，本书的价值不仅是对数据流通理论与隐私经济学理论的探讨与研究成果的展示，更在于探究其中蕴含的深远意义。正如诗词所言，"山重水复疑无路，柳暗花明又一村"，当我们在隐私权和数据利用之间寻找终极答案时，困境与希望总是相伴相生。我衷心地感谢所有参与本研究的相关人员，包括研究生周露妍、曹雨霏等同学。感谢出版社编辑的辛勤工作。同时，感谢那些给予巨大帮助的绍兴文理学院的周鸿勇教授、李小明老师等人，是他们的努力与智慧指导我们前行。感谢好友梁堃、阳欢的大力帮助，正所谓"路漫漫其修远兮，吾将上下而求索"，他们的长期支持和鼓励是我们探索之旅最宝贵的财富。最要感谢的是我的母亲张清容，早年间正是她要求我保持勤奋踏实、认真的态度对待学习，对待工作，始终把国家和人民的利益放在首位，为了国家的繁荣富强而奋斗。希望这本书的出版能告慰她的养育之恩。

　　"长风破浪会有时，直挂云帆济沧海。"本书的研究只是展现数据要素赋能的一叶风帆。在信息快速发展的时代，数据要素的流通始终影响着社会的发展，影响着用户的隐私，这就需要政府制定有效的政策加强市场监督，企业有效地管理数据要素，用户不断提升数据安全意识，最终实现数据流通和隐私保护的有效协同。因此，希望本书能指引企业和用户在浩瀚的信息海洋中，找到隐私保护和数据流通协同发展之路。同时，也希望本书的付梓能够为我国的数据要素流通领域增加一些理论和实践支撑，从而对我国数字经济的发展提供有效的智力支持。愿每位阅读本书的读者都能体会到笔者对知识的无尽追求。同时，敬请读者对书中的不足之处进行批评指正。相信这本书能使读者受益良多，引领大家共同迎接一个更安全、更明亮的数字未来。

赵　江

2025 年 7 月